Erfolgskonzepte Praxis- & Krankenhaus-Management

Ihre Erfolgs-Konzepte für Klinik und Praxis Als Ärztin bzw. Arzt benötigen Sie ein breites Spektrum von Kompetenzen: Teamführung, Qualitätsmanagement, Kodier- und Abrechnungsfragen, Erfüllung gesetzlicher Vorgaben, patientengerechtes Leistungsspektrum, effiziente Abläufe, leistungsgerechte Kostensteuerung.

So können Sie den Erfolg Ihrer Praxis beeinflussen. **Agieren statt reagieren** Gestalten Sie zielgerichtet die Zukunft Ihres Unternehmens - organisatorisch, strategisch und marketingorientiert.

Felix Brokamp

Arztpraxis effizient führen

Analysieren, Digitalisieren, Automatisieren, Delegieren

 Springer

Felix Brokamp ![ORCID]
Praxis Dr. Brokamp
Otterberg, Deutschland

ISSN 2627-2636   ISSN 2627-2644 (electronic)
Erfolgskonzepte Praxis- & Krankenhaus-Management
ISBN 978-3-662-73210-6   ISBN 978-3-662-73211-3 (eBook)
https://doi.org/10.1007/978-3-662-73211-3

Die Deutsche Nationalbibliothek verzeichnet diese Publikation in der Deutschen Nationalbibliografie; detaillierte bibliografische Daten sind im Internet über https://portal.dnb.de abrufbar.

Springer ist ein Imprint der eingetragenen Gesellschaft Springer-Verlag GmbH, DE und ist ein Teil von Springer Nature.
Die Anschrift der Gesellschaft ist: Heidelberger Platz 3, 14197 Berlin, Germany

Vorwort

<u>Praxisführung heute – zwischen Anspruch und Alltag</u>

Die Arztpraxis war einmal ein überschaubarer Ort.

Ein Arzt, ein paar Mitarbeiterinnen, ein volles Wartezimmer – und am Ende des Quartals die Abrechnung.

Diese Zeit ist vorbei.

Heute ist die hausärztliche Praxis ein komplexes System. Sie ist gleichzeitig medizinische Anlaufstelle, Dienstleistungsbetrieb, Arbeitgeberin, Ausbildungsstätte, digitaler Knotenpunkt und wirtschaftlich handelndes Unternehmen. Der Anspruch an Versorgungsqualität ist hoch – und wächst weiter. Gleichzeitig steigen die bürokratischen Anforderungen, die Erwartungen der Patienten, die Abhängigkeit von IT-Systemen, die Notwendigkeit, zu delegieren und wirtschaftlich zu planen.

Hinzu kommt: Die Rahmenbedingungen sind schwieriger denn je.

- Der Generationenwechsel steht unmittelbar bevor – viele niedergelassene Ärztinnen und Ärzte gehen in Rente, während junge Kolleg:innen zögern, eine Niederlassung zu übernehmen.
- Es fehlt an Zeit, an Personal, an Ressourcen – und manchmal auch an Struktur.
- Der ökonomische Druck wächst – während gleichzeitig die eigenen Ansprüche an Work-Life-Balance, Teamkultur und medizinische Exzellenz gestiegen sind.
- Die Attraktivität des Arztberufs in der Niederlassung steht auf dem Prüfstand – zwischen Idealen, realer Versorgung und Verwaltungsaufwand.

Und: Niemand hat uns darauf vorbereitet.

Das Medizinstudium vermittelt exzellentes Fachwissen – aber kaum Führungs-, Management- oder Organisationskompetenz. Wer eine Praxis gründet oder übernimmt, muss sich diese Fähigkeiten mühsam selbst aneignen. Die Folge: Viele Ärzt:innen starten in die Selbstständigkeit medizinisch hochqualifiziert und gleichzeitig alleingelassen, was Praxisstruktur, Teamführung, Abrechnungssystematik oder digitale Prozesse betrifft.

<u>Der Anspruch dieses Buches</u>

Dieses Buch will Sie dabei unterstützen, Ihre Praxis nicht nur medizinisch, sondern auch organisatorisch, wirtschaftlich und digital zukunftsfähig zu gestalten. Es ist aus der eigenen Erfahrung heraus entstanden – aus dem Alltag zwischen Patientengespräch, Abrechnungsprüfung, Teambesprechung und digitalem Umbruch.

Dabei geht es nicht um Ideallösungen, sondern um ein strukturiertes Vorgehen, das praxistauglich ist:

- nicht mit einer breiten Streuung, sondern mit gezielter Präzision,
- nicht theoretisch, sondern anwendungsnah,
- nicht dogmatisch, sondern anpassbar an Ihre Praxisrealität.

Die folgenden Kapitel bieten Ihnen eine Systematik zur Praxisentwicklung, die in jedem Bereich greift: vom Empfang bis zur Abrechnung, vom Labor bis zur Personalarbeit. Die Methode ist einfach – aber wirksam: Analysieren, Digitalisieren, Automatisieren, Delegieren (kurz ADAD).

Wie diese Schritte im Detail funktionieren – und was sie bewirken können –, zeige ich in diesem Buch.

<u>Warum ich dieses Buch geschrieben habe</u>

Ich bin selbst Arzt. Ich habe die Facharztweiterbildung durchlaufen, promoviert und viele Jahre klinisch gearbeitet. Und ich weiß, wie wenig Raum dabei bleibt, sich mit Führung, Abrechnung, Digitalisierung oder Praxisentwicklung zu beschäftigen.

Als ich die Verantwortung für unsere Gemeinschaftspraxis übernommen habe, war ich medizinisch bestens vorbereitet – aber organisatorisch sehr gefordert. In meinem berufsbegleitenden MBA-Studium in Gesundheitsmanagement und Digital Health habe ich dann viele Werkzeuge kennengelernt, die mir heute täglich helfen.

Ergänzend zu meinem medizinischen und betriebswirtschaftlichen Hintergrund begleitet mich seit vielen Jahren das Shaolin Kung Fu und die buddhistische Lehre. Dort habe ich eine Haltung gelernt, die sich auch in der modernen Praxisführung wiederfindet: Klarheit im Denken, Ruhe im Handeln und Disziplin in der Umsetzung. Diese Prinzipien sind – bewusst oder unbewusst – Teil der Methode, die ich in diesem Buch beschreibe: Strukturen schaffen, regelmäßig üben, loslassen, wenn der Prozess funktioniert.

Ich bin außerdem Vater von drei Kindern – und möchte Zeit für meine Familie haben. Das ist für mich kein Widerspruch, sondern eine der wichtigsten Motivationen, unsere Praxis so zu strukturieren, dass sie auch im Alltag funktioniert: wirtschaftlich stabil, menschlich gesund und fachlich stark.

Die besten Ideen, Strukturen und Routinen – und wie sie sich in der Praxis bewährt haben – teile ich in diesem Buch. Was Sie hier lesen, ist keine Theorie, sondern Ergebnis von Erfahrung, Austausch und Umsetzungsversuchen. Vieles, was ich versucht habe, hat funktioniert, manches auch nicht. Genau deshalb ist dieses Buch entstanden: damit Sie schneller vorankommen.

Felix Brokamp

Danksagung Dieses Buch wäre ohne die Unterstützung meiner Frau nicht möglich gewesen. Danke für Geduld, Rückhalt und dafür, dass du mir den Raum gegeben hast, dieses Projekt neben Praxis, Alltag und Familie konsequent zu Ende zu bringen.

Mein besonderer Dank gilt außerdem meinem Team in der Praxis – den MFA und meinen ärztlichen Kolleginnen und Kollegen. Eure Professionalität, Verlässlichkeit und tägliche Zusammenarbeit sind die Grundlage für viele der Strukturen und Routinen, die in diesem Buch beschrieben werden. Was hier steht, ist nicht im stillen Kämmerlein entstanden, sondern aus unserem gemeinsamen Praxisalltag.

Ich gehe auch wegen euch jeden Tag gerne zur Arbeit.

Otterberg, Juli 2026

Interessenskonflikt Der/die Autor*in hat keine relevanten Interessenskonflikte im Zusammenhang mit dieser Publikation.

Hinweis zum Einsatz von künstlicher Intelligenz (KI)

Bei der Erstellung dieses Buches habe ich KI-gestützte Sprachmodelle – insbesondere ChatGPT (OpenAI) – punktuell als Arbeitswerkzeug eingesetzt. Die Unterstützung umfasste vor allem die Strukturierung von Texten, Formulierungsvorschläge, die sprachliche Glättung sowie das Einholen von Ideenskizzen zu Gliederungs- und Beispielvarianten.

Keine Mitautorenschaft der KI:

Die KI wurde nicht als Autorin eingesetzt und ist nicht als Mitautorin dieses Buches anzusehen. Sämtliche Inhalte – insbesondere fachliche Aussagen, Abrechnungsbeispiele, organisatorische Empfehlungen und Praxisberichte – wurden von mir konzipiert, ausgewählt, fachlich geprüft und freigegeben. Die Verantwortung für Inhalt, Struktur, Bewertung und Schlussfolgerungen liegt vollständig bei mir als Autor.

Prüfung auf Richtigkeit und Urheberrecht:

KI-Modelle können fehlerhafte, veraltete oder unvollständige Informationen erzeugen und in Einzelfällen bestehende Texte unbeabsichtigt imitieren. Vor diesem Hintergrund wurden alle KI-unterstützt entstandenen Textpassagen von mir sorgfältig kontrolliert, fachlich überprüft, bei Bedarf überarbeitet oder verworfen. Quellenangaben, Zitate und Literatur wurden unabhängig von der KI recherchiert und nach den Richtlinien des Verlags dokumentiert.

Abbildungen und Grafiken:

Für Abbildungen, Diagramme und Grafiken wurden keine eigenständig von generativer KI erzeugten Bilder verwendet. Sofern in Einzelfällen technische Hilfsmittel zur Verbesserung der Darstellung (z. B. Layout, Auflösung) eingesetzt wurden, beziehen sich diese ausschließlich auf die optische Aufbereitung, nicht auf die inhaltliche Aussage. Generative KI wird für Bildinhalte nur in Übereinstimmung mit den Richtlinien von Springer Nature genutzt und gegebenenfalls in der jeweiligen Bildlegende offengelegt.

Damit entspricht der Einsatz von KI in diesem Buch den vom Verlag vorgegebenen Grundsätzen: KI als unterstützendes Werkzeug – nicht als Urheberin – bei gleichzeitiger voller inhaltlicher Verantwortung durch den Autor.

Inhaltsverzeichnis

Abkürzungsverzeichnis

AAA	Abdominelles Aortenaneurysma (Bauchaortenaneurysma)
ADAD	Analysieren, Digitalisieren, Automatisieren, Delegieren
AM-RL	Arzneimittel-Richtlinie
APK	Arzt-Patienten-Kontakt
ATC	Anatomisch-Therapeutisch-Chemische Klassifikation von Arzneimitteln
BÄK	Bundesärztekammer
BCG	Portfolioanalyse nach Boston Consulting Group
BEP	Break-Even-Point
BIA	Bioelektrische Impedanzanalyse
BMV-Ä	Bundesmantelvertrag-Ärzte
BSC	Balanced Scorecard
BVB	Besonderer Verordnungsbedarf
BWA	Betriebswirtschaftliche Auswertung
CE	CE-Kennzeichnung (Conformité Européenne)
COPD	Chronisch obstruktive Lungenerkrankung
COVID	Coronaviruserkrankung (COVID-19)
CRP	C-reaktives Protein
DAK	DAK-Gesundheit (gesetzliche Krankenkasse)
DATEV©	DATEV© (Genossenschaft für Steuerberatung/Finanzbuchhaltung)
DB	Deckungsbeitrag
DGUV	Deutsche Gesetzliche Unfallversicherung
DHC	Ductus hepatocholedochus (Hauptgallengang)
DICOM	Digital Imaging and Communications in Medicine
DMP	Disease-Management-Programm
DMS	Dokumentenmanagementsystem
DSGVO	Datenschutz-Grundverordnung
DUO	DATEV© UnternehmenOnline
E10	ICD-10: E10 Diabetes mellitus Typ 1
E11	ICD-10: E11 Diabetes mellitus Typ 2

E14	ICD-10: E14 Nicht näher bezeichneter Diabetes mellitus
eArztbrief	Elektronischer Arztbrief
eAU	Elektronische Arbeitsunfähigkeitsbescheinigung
EBM	Einheitlicher Bewertungsmaßstab
eGFR	Estimated Glomerular Filtration Rate
EKG	Elektrokardiogramm
ePA	Elektronische Patientenakte
eRezept	Elektronisches Rezept
G-BA/GBA	Gemeinsamer Bundesausschuss
GFK	Gewaltfreie Kommunikation
GKV	Gesetzliche Krankenversicherung
GOÄ	Gebührenordnung für Ärzte
GOP	Gebührenordnungsposition (im EBM)
GTÜM	Gesellschaft für Tauch- und Überdruckmedizin
ICD	International Classification of Diseases
ICD-10	Internationale statistische Klassifikation der Krankheiten, 10. Revision
INR	International Normalized Ratio (Gerinnungswert)
IT	Informationstechnologie
KBV	Kassenärztliche Bundesvereinigung
KHK	Koronare Herzkrankheit
KI	Künstliche Intelligenz
KIM	Kommunikation im Medizinwesen
KPE	Komplexe physikalische Entstauungstherapie
KREOL	Klar, Realistisch, Erreichbar, Offen für Lösungen
KV	Kassenärztliche Vereinigung
KV-RLP	Kassenärztliche Vereinigung Rheinland-Pfalz
LHB	Langfristiger Heilmittelbedarf
LKW	Lastkraftwagen (hier: LKW-Tauglichkeitsuntersuchung)
LUTS	Lower Urinary Tract Symptoms (untere Harnwegssymptome)
LZ-EKG	Langzeit-Elektrokardiogramm
LZ-RR	Langzeit-Blutdruckmessung
MBA	Master of Business Administration
MFA	Medizinische Fachangestellte
MLD	Manuelle Lymphdrainage
MTK	Messtechnische Kontrolle (medizinischer Geräte)
MVZ	Medizinisches Versorgungszentrum
N18	ICD-10: N18 Chronische Niereninsuffizienz
NT-proBNP	Aminoterminales Pro-Brain-Natriuretisches Peptid
OCR	Optical Character Recognition (Texterkennung)
OE	Organisationsentwicklung
OP	Operation/operativer Eingriff

PACS	Picture Archiving and Communication System
PDF	Portable Document Format
PKV	Private Krankenversicherung
POCT	Point-of-Care-Testing
PPI	Protonenpumpenhemmer
PSA	Prostataspezifisches Antigen
PVS	Praxisverwaltungssystem
QC	Quality Control (Qualitätskontrolle)
QEP	Qualität und Entwicklung in Praxen (QM-System der KBV)
QM	Qualitätsmanagement
QS	Qualitätssicherung
RLP	Rheinland-Pfalz
ROI	Return on Investment
RR	Blutdruck (Riva-Rocci)
SAPV	Spezialisierte ambulante Palliativversorgung
SEP	Strategische Erfolgsposition
SGB	Sozialgesetzbuch (häufig SGB V)
SMART	Spezifisch, Messbar, Attraktiv, Realistisch, Terminiert
SMS	Short Message Service
SMTP	Simple Mail Transfer Protocol
SOP	Standard Operating Procedure
SSB	Sprechstundenbedarf
STK	Sicherheitstechnische Kontrolle
SWOT	Strengths, Weaknesses, Opportunities, Threats
TI	Telematikinfrastruktur
TIMWOOD	Sieben Arten der Verschwendung (Transport, Inventory, Motion, Waiting, Overproduction, Overprocessing, Defects)
TOWS	Strategie-Matrix auf Basis der SWOT-Analyse
VBHC	Value-Based Healthcare
VERAH	Versorgungsassistentin in der Hausarztpraxis
VMP	Verbandmittelpauschale
VZÄ	Vollzeitäquivalent

Über den Autor

Dr. med. Felix Brokamp, MBA ist Facharzt für Innere Medizin. Nach seinem Medizinstudium an der Universität Mainz und seiner Promotion absolvierte er seine Facharztausbildung am Westpfalz-Klinikum Kaiserslautern. Er erwarb fundierte Kenntnisse in der Inneren Medizin und der Intensivmedizin und war lange als Notarzt tätig.

Seit 2018 ist Dr. Brokamp als Hausarzt in der elterlichen Praxis tätig und seit 2020 geschäftsführender Teilhaber der Gemeinschaftspraxis Brokamp. In dieser Position hat er die Praxisführung grundlegend modernisiert und durch die Einführung effizienter, digital gestützter Prozesse die Effektivität spürbar gesteigert – was sich unmittelbar in Versorgungsqualität, Mitarbeiterzufriedenheit und wirtschaftlichen Ergebnissen widerspiegelt. Sein innovativer Ansatz in der Praxisorganisation verbindet medizinische Qualität, digitale Struktur und moderne Führungsprinzipien – und macht so eine patientennahe, wirtschaftlich stabile und menschlich gesunde Versorgung möglich.

Im Rahmen seines berufsbegleitenden MBA-Studiums im Bereich Gesundheitsmanagement und Digital Health konnte Dr. Brokamp sein betriebswirtschaftliches Fachwissen vertiefen und zugleich ein interdisziplinäres Netzwerk im Gesundheitswesen aufbauen. Der fachliche Austausch in diesem Kreis liefert ihm bis heute Impulse für praxisnahe, umsetzbare Lösungen.

Dr. Brokamp ist überzeugt davon, dass eine erfolgreiche Praxisführung sowohl fachliche Kompetenz als auch organisatorisches Geschick erfordert. Dieses Buch gibt daher nicht nur Einblicke in die medizinische Praxis, sondern bietet direkt umsetzbare Konzepte und Strategien zur Führung und Weiterentwicklung moderner Arztpraxen.

1.1 Analysieren: die Basis für zielgerichtete Veränderung

Veränderung beginnt mit Verständnis

Wer seine Praxis wirtschaftlich, organisatorisch oder medizinisch weiterentwickeln will, braucht als Ausgangspunkt eine präzise Analyse der aktuellen Situation. Nur wenn die Ist-Situation klar ist, lassen sich die richtigen Hebel identifizieren und wirksam nutzen.

Viele Verbesserungsversuche scheitern nicht an mangelndem Engagement, sondern daran, dass der Ausgangspunkt nicht sorgfältig betrachtet wurde. Daher steht das Analysieren zu Beginn jeder erfolgreichen Praxisentwicklung.

Relevanz in der Praxis

In der Realität bedeutet Analyse nicht zwangsläufig umfangreiche Studien oder externe Gutachten. Vielmehr geht es darum, die eigenen Prozesse, Routinen und Strukturen mit einer systematischen Brille zu betrachten – und das regelmäßig.

Typische Leitfragen für eine erste Analyse sind:

- Welche Prozesse kosten überproportional viel Zeit oder Nerven?
- Welche Leistungen könnten besser dokumentiert oder abgerechnet werden?
- Welche Aufgaben sind im Alltag unklar verteilt oder doppelt belegt?
- Wo entstehen wiederkehrende Fehler – z. B. in der Abrechnung oder Terminplanung?
- Welche Potenziale könnten durch Digitalisierung oder Umorganisation besser genutzt werden?

Diese Art von Bestandsaufnahme kann bewusst im Führungsteam erfolgen, aus Zahlen und Berichten abgeleitet werden oder durch gezielte Interviews mit Mitarbeitenden. Wie das genau funktioniert, erfahren sie im Verlauf des Buches.

© Der/die Autor(en), exklusiv lizenziert an Springer-Verlag GmbH, DE, ein Teil
von Springer Nature 2026
F. Brokamp, *Arztpraxis effizient führen*, Erfolgskonzepte Praxis- &
Krankenhaus-Management, https://doi.org/10.1007/978-3-662-73211-3_1

1

Tab. 1.1 SWOT-Analyse

Strengths – Stärken)	Was funktioniert gut? Was macht die Praxis besonders?
Weaknesses – Schwächen	Wo liegen Engpässe, Reibungsverluste, Fehlerquellen?
Opportunities – Chancen	Welche Entwicklungen – z. B. Digitalisierung, Förderprogramme, neue Leistungen – könnten genutzt werden?
Threats – Risiken	Welche internen oder externen Risiken gefährden die Praxisentwicklung (z. B. Personalausfälle, Fachkräftemangel, neue Regulierungen)?

Tab. 1.2 Beispielhafte SWOT-Analyse einer Praxis

Stärken	Teamzusammenhalt, etablierte Patientenschaft, gute Infrastruktur
Schwächen	Unklare Verantwortlichkeiten, lückenhafte Abrechnungsprozesse
Chancen	Förderung von Digitalisierungsprojekten, neue Versorgungsmodelle
Risiken	Personalausfälle, IT-Sicherheitslücken, wirtschaftlicher Druck

Doch gerade hier schleichen sich immer wieder typische Fehler ein:

- Annahmen und Entscheidungen beruhen auf Bauchgefühl statt auf Zahlen.
- Einzelmeinungen oder Einzelfälle werden fälschlich verallgemeinert.
- Bestehende digitale Daten werden nicht genutzt – obwohl sie vorliegen.
- Es wird nach Schuldigen gesucht statt nach Ursachen.
- Schwächen werden ausgeblendet oder schöngefärbt – aus Angst vor Konsequenzen.

Dabei braucht es eine klare Analyse, mit Ehrlichkeit und Neugier. In vielen Fällen reichen einfache Fragen im (Führungs)team oder kurze Auswertungen aus dem Praxisverwaltungssystem (PVS).

Die SWOT-Analyse als pragmatisches Werkzeug

Ein besonders hilfreiches Instrument ist die SWOT-Analyse – ursprünglich aus der Unternehmensberatung stammend, aber sehr gut auf die medizinische Praxis übertragbar. Sie dient dazu, die eigene Situation anhand von vier Kategorien zu betrachten (Tab. 1.1 und 1.2).

Diese Analyseform bietet eine klare Struktur und kann als Grundlage für spätere Entscheidungen und Maßnahmen dienen. Sie ist insbesondere dann hilfreich, wenn man Veränderungen nicht „aus dem Bauch heraus", sondern strategisch angehen möchte.

Datenquellen für die Analyse Neben Gesprächen und Beobachtungen gibt es zahlreiche digitale Datenquellen, die eine wertvolle Grundlage bieten:

- Abrechnungsstatistiken aus der Praxissoftware
- Diagnosen- und Ziffernlisten (z. B. EBM-Abgleich)
- Patientenstrukturanalyse (Altersverteilung, Chronikeranteil)
- Terminauslastung und Wartezeiten

- Personalplaner und Arbeitszeiterfassung
- Rückmeldungen aus Teambesprechungen oder Patientenbefragungen

Gerade in digital unterstützten Praxen sind viele dieser Daten bereits vorhanden – sie müssen lediglich gezielt ausgewertet werden.

Vom Analysieren zum Planen: SMART & KREOL Eine gute Analyse ist die Grundlage jeder Entwicklung – doch sie entfaltet erst Wirkung, wenn daraus konkrete Ziele entstehen.

Ziele geben Orientierung, schaffen Prioritäten und machen Fortschritt sichtbar.

Dafür haben sich zwei einfache, aber wirkungsvolle Werkzeuge bewährt: SMART und KREOL.

SMART-Ziele helfen, Vorhaben klar zu formulieren:

- **S**pezifisch: eindeutig beschrieben – kein „Wir wollen effizienter werden", sondern „Die durchschnittliche Befundlaufzeit soll unter 24 h liegen".
- **M**essbar: anhand von Kennzahlen oder Beobachtungen überprüfbar.
- **A**ttraktiv: für das Team erkennbar sinnvoll.
- **R**ealistisch: mit den verfügbaren Ressourcen erreichbar.
- **T**erminiert: mit einem klaren Zeitrahmen versehen.

So werden Ideen überprüfbar und Erfolge messbar. SMART-Ziele übersetzen Analyseergebnisse in konkrete Handlungsschritte.

Das KREOL-Prinzip ergänzt diese Struktur, indem es Offenheit bewahrt:
Klar, **R**ealistisch, **E**rreichbar, **O**ffen für **L**ösungen.

Ziele sollen lösungsneutral formuliert werden – also ohne den Weg schon festzulegen.

So bleibt Raum für Kreativität und Eigeninitiative im Team.

Beispiel:

Nicht: „Wir kaufen eine neue Telefonsoftware, um Wartezeiten zu reduzieren."

Sondern: „Patientenanrufe sollen innerhalb von sechs Monaten zu 80 % beim ersten Versuch angenommen werden."

Damit bleibt das Ziel klar – aber der Weg offen.

Ob durch Technik, Organisation oder Personalstruktur: Das Team kann die beste Lösung gemeinsam entwickeln.

Fazit

Analyse ist kein Selbstzweck, sondern der erste Schritt zu gezielter Veränderung. Wer sich regelmäßig Zeit nimmt, um die eigene Praxis ehrlich zu durchleuchten, legt die Grundlage für jede Form von Optimierung. Die SWOT-Analyse bietet hierfür ein pragmatisches, teamorientiertes Werkzeug. Sie schafft Transparenz, Prioritäten und Motivation – und ist damit der unverzichtbare Startpunkt auf dem Weg zu einer modernen, wirtschaftlich erfolgreichen Praxis. Nur wer nach der Analyse auch klare und erreichbare Ziele for-

Tab. 1.3 SWOT-Analyse POCT-Gerät

Stärken (Strengths)	Schwächen (Weaknesses)
• Schnellere Diagnostik und sofortige Therapieentscheidungen (z. B. bei CRP, HbA1c, Troponin) • Hohe Patientenzufriedenheit durch Ein-Besuch--Modelle • Sichtbare Modernisierung der Praxis • Zeitersparnis für MFA durch Wegfall von Versand und Doppeldokumentation	• Hohe Anschaffungskosten • Erheblicher Schulungs- und Einführungsaufwand • Komplexe Qualitätssicherungsanforderungen • Nicht alle Tests sind unter GKV--Bedingungen wirtschaftlich
Chancen (Opportunities)	Risiken (Threats)
• Verbesserung der DMP-Adhärenz und Therapiesteuerung • Differenzierung der Praxis im Wettbewerb • Neue private Zusatzleistungen (z. B. Vitamin D, PSA) • Integration in hybride Versorgungsmodelle (POCT + Labor)	• Fehlende oder unzureichende Erstattung im EBM • Unregelmäßige Auslastung gefährdet Wirtschaftlichkeit • Technologische Abhängigkeit vom Anbieter • Unklare Einbettung in nationale Leitlinien oder DMP-Vorgaben

muliert – SMART in der Struktur und KREOL im Denken – kann seine Erkenntnisse wirksam umsetzen.

So wird aus Analyse echte Entwicklung: nachvollziehbar, messbar und nachhaltig.

SWOT-Analyse – Einführung eines POCT-Geräts in der Hausarztpraxis (Tab. 1.3) *Kommentar:* Dieses Beispiel zeigt, wie vielseitig die SWOT-Methode einsetzbar ist – nicht nur für abstrakte Strategien, sondern für ganz konkrete Entscheidungen im Praxisalltag. Die Einführung eines POCT-Geräts betrifft medizinische, organisatorische und wirtschaftliche Faktoren – und genau das wird mit der SWOT-Logik sichtbar gemacht.

Zielsetzung mit SMART/KREOL zum POCT-Gerät Die SWOT-Analyse hat gezeigt, dass die Einführung eines POCT-Geräts medizinisch sinnvoll, aber organisatorisch anspruchsvoll ist.

Damit aus dieser Erkenntnis ein umsetzbares Projekt wird, braucht es ein klares Ziel – SMART formuliert und nach dem KREOL-Prinzip gedacht.
SMART-Ziel:

- Bis Ende des nächsten Quartals soll das neue POCT-Gerät für CRP und HbA1c vollständig in den Praxisablauf integriert sein.
- Mindestens 80 % der relevanten Schnelltests sollen innerhalb von 30 min nach Probennahme abgeschlossen und dokumentiert werden.
- Ziel ist eine Verkürzung der Diagnosedauer um durchschnittlich einen Arztkontakt pro Fall.

KREOL-Aspekt:

- Das Ziel bleibt lösungsneutral: Es legt nicht fest, *wie* die Integration erfolgt – ob durch Schulung, Prozessanpassung oder Softwareverknüpfung.
- Entscheidend ist das Ergebnis: schnellere Diagnostik, weniger Doppeltermine, mehr Effizienz.

Kommentar:

Dieses Beispiel zeigt, wie aus einer analytischen Erkenntnis ein klares, überprüfbares Ziel entsteht.

Die Kombination aus SWOT-Analyse und SMART/KREOL-Logik verbindet Denken und Handeln:

Erst verstehen, wo die Praxis steht – dann festlegen, was erreicht werden soll – und den Weg offenlassen für die beste Lösung.

So wird Praxisentwicklung konkret, messbar und teamorientiert – ein Ansatz, der im Alltag ebenso praktikabel wie motivierend wirkt.

1.2   Digitalisieren: Informationen strukturiert nutzbar machen

Daten gelten als das neue Öl, doch in zahlreichen Praxen verbleiben diese Daten noch unverarbeitet und ungenutzt.

Die Digitalisierung in der ambulanten Medizin hat in den letzten Jahren stark an Fahrt aufgenommen – allerdings oft punktuell, unsystematisch und mit vielen Brüchen. Das Ziel dieses Abschnitts ist es, die Grundidee sinnvoller Digitalisierung zu vermitteln: Informationen so zu erfassen, dass sie später leicht wiedergefunden, analysiert und automatisiert verarbeitet werden können.

Strukturiert vs. unstrukturiert: Womit arbeiten wir eigentlich? In einer modernen Praxis entstehen täglich große Mengen an Daten – allerdings in sehr unterschiedlicher Form:

- Strukturierte Daten sind maschinenlesbar, eindeutig, vergleichbar und weiterverwertbar. Dazu gehören z. B. ICD-Codes, EBM-Ziffern, Laborwerte, Medikationslisten, Diagnoseschlüssel oder Abrechnungsinformationen.
- Unstrukturierte Daten dagegen sind frei formulierte Texte, eingescanntes Papier, handschriftliche Notizen, PDFs oder E-Mails. Sie enthalten zwar Informationen – aber in einer Form, die kaum automatisiert nutzbar ist.

Beispiel:

Ein in der Praxissoftware korrekt dokumentierter ICD-Code „E11.9" (Diabetes mellitus Typ 2) kann automatisch erkannt, mit Laborwerten verknüpft und für Abrechnungsregeln genutzt werden.

Ein Freitexteintrag wie „Pat. hat wieder Probleme mit dem Zucker" dagegen ist zwar inhaltlich ähnlich, aber für das System nahezu wertlos.

Die konsequente Digitalisierung in der Praxis bedeutet deshalb nicht nur, Papier zu vermeiden – sondern vor allem, Informationen strukturiert zu erfassen.

Programmbrüche: Digitale Inseln statt integrierter Prozesse Viele Arztpraxen arbeiten heute digital – und trotzdem ineffizient. Der Grund: digitale Insellösungen ohne Verbindung. Der Fachbegriff dafür: Programmbruch

Typische Beispiele:

- Die Anmeldung nimmt Termine telefonisch an, eine MFA überträgt sie händisch in den PVS-Kalender.
- Patient:innen füllen Anamnesebögen auf Papier aus – die Inhalte werden anschließend abgetippt.
- Laborberichte kommen als PDF per Fax oder E-Mail und werden dann in die Akte gescannt.
- Abrechnung, Kommunikation, Verwaltung und Organisation laufen in separaten Tools – ohne Datenschnittstelle.

Solche Brüche kosten Zeit, führen zu Fehlern und verhindern sinnvolle Automatisierung. Sie sind oft historisch gewachsen und nicht immer auf den ersten Blick sichtbar – doch gerade deshalb besonders gefährlich.

Die Digitalisierung zielt genau darauf ab, diese Brüche aufzuspüren und zu schließen – nicht nur technisch, sondern auch organisatorisch. Sie beginnt nicht mit Software, sondern mit Prozessdenken:

- Welche Informationen entstehen wann und wo?
- Wer braucht sie in welcher Form?
- Wie können sie digital erfasst und weitergeleitet werden – ohne Medien- oder Systemwechsel?

Digitalisierung ist kein Selbstzweck Der Einsatz digitaler Tools soll keine Zusatzbelastung darstellen, sondern echte Vorteile schaffen:

- Zeitgewinn durch weniger Doppeleingaben oder Nachfragen
- Qualitätssteigerung durch vollständige und eindeutige Dokumentation
- Wirtschaftlicher Nutzen durch bessere Abrechnung, automatische Hinweise und fundierte Entscheidungen
- Transparenz im Team durch zentrale Informationszugänge

Dafür braucht es kein Großprojekt, sondern konsequente Schritte an den richtigen Stellen. In späteren Kapiteln dieses Buches zeige ich konkrete Tools – von digitaler Leistungsdokumentation über automatisierte Terminvereinbarung bis zur intelligenten Ziffernprüfung.

Fazit

Wer Digitalisierung nur als „Papiervermeidung" versteht, verschenkt enormes Potenzial. Es geht um mehr: Informationen nutzbar zu machen. Dafür braucht es strukturierte Datenerfassung, durchgängige Prozesse und das Bewusstsein für digitale Brüche. Nur so wird Digitalisierung zur Grundlage echter Automatisierung – und damit zum Motor für eine moderne, effiziente Praxis.

Ausblick: Weitere Werkzeuge im Verlauf des Buches Die in diesem Kapitel vorgestellten Instrumente – SWOT-Analyse, SMART-Ziele und das KREOL-Prinzip – bilden den methodischen Startpunkt. Sie zeigen, wie Analyse und Zieldefinition in der Praxis funktionieren können.

Im weiteren Verlauf dieses Buches werden Sie auf weitere Werkzeuge treffen, die an den passenden Stellen vertieft vorgestellt werden – jeweils dort, wo sie praktisch relevant sind.

Dazu gehören unter anderem:

- die Balanced Scorecard (BSC) zur strukturierten Leistungssteuerung,
- die BCG-Matrix zur Portfolioanalyse von Leistungen sowie
- Strategische Erfolgspositionen (SEP) zur langfristigen Positionierung Ihrer Praxis.

Alle diese Methoden greifen ineinander: Sie helfen, die eigene Praxis systematisch zu verstehen, zu entwickeln und zu steuern – Schritt für Schritt entlang des ADAD-Zyklus.

1.3 Automatisieren: Wiederkehrendes systematisch entlasten

Wer etwas zweimal gleich macht, sollte darüber nachdenken, ob es automatisiert werden kann.

In der Arztpraxis wiederholen sich viele Abläufe tagtäglich: Terminbestätigungen, Erinnerungen, Formularausdrucke, Ziffernprüfungen, Dokumentationshinweise. Diese Prozesse kosten wertvolle Zeit – besonders dann, wenn sie manuell ablaufen oder an Medienbrüchen scheitern.

Automatisierung bedeutet, wiederkehrende Abläufe technisch zu entlasten – ohne Qualität zu verlieren. Es geht nicht darum, Menschen zu ersetzen, sondern sie von Routinen zu befreien, damit sie sich auf das Wesentliche konzentrieren können: gute Medizin und gute Kommunikation.

Von digitalen Daten zu automatisierten Prozessen In den vorherigen Abschnitten wurde deutlich, wie wichtig strukturierte Daten und durchgängige Prozesse sind.

Sie sind die Voraussetzung für jede sinnvolle Automatisierung Denn nur was digital, eindeutig und vollständig vorliegt, kann auch automatisch verarbeitet werden.

Beispielsweise können hinterlegte Diagnosen, Ziffern oder Verordnungen genutzt werden, um automatisierte Hinweise auszulösen oder Folgeprozesse anzustoßen – etwa Erinnerungen an fehlende Dokumentation, anstehende Termine oder bestimmte Prüfregeln.

Diese Art von Regelprüfung, Erinnerungslogik oder Ablaufautomation ist in modernen Praxissoftwares (teilweise) bereits enthalten – oder kann über Zusatzmodule, Makros oder externe Tools ergänzt werden.

Welche Prozesse eignen sich zur Automatisierung? Nicht alles lässt sich automatisieren – und nicht alles sollte automatisiert werden. Die besten Kandidaten sind Prozesse, die

- häufig auftreten (z. B. Terminorganisation, Formularabläufe, Erinnerungen),
- klaren Regeln folgen (Wenn-dann-Logik),
- standardisiert ablaufen (z. B. einfache Ziffernprüfungen),
- zeitraubend aber nicht fachlich komplex sind.

Die konkrete Umsetzung dieser Ideen wird in den späteren Kapiteln anhand von Beispielen, Tools und Anwendungsszenarien detailliert dargestellt.

Technik ist nur ein Werkzeug – der Schlüssel ist Prozessdenken Automatisierung funktioniert nicht einfach durch Softwareinstallation. Sie beginnt mit den Fragen:

- Was machen wir immer wieder gleich – und warum?
- Was kostet besonders viel Zeit – obwohl es immer gleich abläuft?
- Was lässt sich in Regeln fassen – die ein System verstehen kann?

Die besten Automatisierungsideen entstehen oft im Team: Die MFA weiß, wo Zeit verloren geht. Die Verwaltung kennt die doppelten Handgriffe. Die Ärzt:innen sehen, wo medizinische Routine dokumentiert werden muss.

Daher gehört zur Automatisierung immer auch eine gute Teamkommunikation.

Fazit

Automatisierung in der Arztpraxis ist kein Hightechprojekt. Sie beginnt bei kleinen, konkreten Verbesserungen: Ein Klick weniger. Ein Erinnerungsfeld mehr. Ein Vorschlag zur passenden Ziffer.

Wer diese Potenziale systematisch nutzt, spart Zeit, vermeidet Fehler – und schafft Freiräume für das, was wirklich zählt.

1.4 Delegieren: Verantwortung teilen, Qualität sichern

Was ich selbst mache, mache ich am besten.

Dieser Satz gehört zu den größten Selbstblockaden in der modernen Praxisführung. Wer alles selbst machen will – oder glaubt, es tun zu müssen –, limitiert nicht nur das eigene Potenzial, sondern auch das der gesamten Praxis.

Delegieren bedeutet, Verantwortung sinnvoll zu teilen, ohne Kontrolle oder Qualität zu verlieren. Es ist ein aktiver Führungsprozess: die bewusste Entscheidung, bestimmte Aufgaben, Entscheidungsbereiche oder Routinen an qualifizierte Mitarbeitende zu übergeben. Ziel ist nicht „Wegdelegieren", sondern Struktur schaffen – mit klaren Zuständigkeiten, Vertrauen und Rückmeldung.

Warum Delegation so schwerfällt Gerade in ärztlich geführten Praxen ist Delegation oft mit inneren oder äußeren Hürden verbunden:

- Perfektionismus: „Das kann nur ich richtig."
- Zeitdruck: „Es geht schneller, wenn ich's selbst mache."
- Verantwortungsgefühl: „Wenn etwas schiefläuft, bin ich haftbar."
- Fehlende Struktur: „Ich wüsste gar nicht, was ich an wen delegieren soll."

Diese Denkweisen sind verständlich – aber auf Dauer hinderlich. Eine gut strukturierte Delegation entlastet die Praxisleitung, fördert die Eigenverantwortung im Team und erhöht die Qualität – weil Aufgaben dort liegen, wo sie organisatorisch und fachlich am besten aufgehoben sind.

Delegieren braucht Struktur – nicht nur Vertrauen Damit Delegation funktioniert, braucht es drei Dinge:

- Klare Zuständigkeiten – Wer ist wofür verantwortlich?
- Transparente Erwartungen – Was genau soll wie erledigt werden?
- Regelmäßige Rückmeldung – Was funktioniert gut? Was muss angepasst werden?

Delegation ist kein einmaliger Akt, sondern ein dynamischer Prozess. Sie braucht klare Kommunikation, definierte Schnittstellen und das Vertrauen, dass andere Aufgaben genauso zuverlässig umsetzen können wie man selbst.

Der Arzt als Moderator, nicht als „Allesmacher" Moderne Praxisführung bedeutet nicht, alles im Blick zu haben – sondern die richtigen Fragen zu stellen, die richtigen Menschen einzusetzen und die richtigen Systeme zu schaffen.

Wer delegiert, gewinnt:

- Zeit für ärztliche Kernaufgaben,
- Qualitätssteigerung durch klare Zuständigkeiten,
- motivierte Mitarbeitende mit Verantwortung,
- robustere Abläufe – auch bei Abwesenheiten.

Gerade in einem zunehmend komplexen Praxisalltag ist Delegation kein Luxus – sondern eine Notwendigkeit, um wirtschaftlich und menschlich stabil zu führen.

Fazit

Delegieren ist keine Entlastung im Sinne von „weg damit", sondern eine Form von Führung, die Strukturen schafft, Menschen einbindet und die Praxis zukunftsfähig macht. Wer Aufgaben sinnvoll verteilt, schafft nicht nur mehr Zeit und Qualität – sondern auch mehr Zufriedenheit im gesamten Team.

1.5   So funktioniert dieses Buch

Praxisführung braucht Struktur – auch beim Lesen.

Die vorangegangenen Abschnitte haben gezeigt: Erfolgreiche Entwicklung in der Arztpraxis beginnt mit einem systematischen Vorgehen. Ob es um wirtschaftliche Abläufe, Abrechnungsprozesse, Digitalisierung oder Teamführung geht – nachhaltige Verbesserung geschieht nicht zufällig. Sie folgt einer wiederkehrenden Logik.

Dieses Buch verwendet daher eine durchgehende Struktur, die in den Abschn. 1.1, 1.2, 1.3 und 1.4 eingeführt wurde:

Analysieren – Digitalisieren – Automatisieren – Delegieren.

Diese vier Schritte, kurz ADAD, bilden das methodische Fundament für die Inhalte des Buchs. Sie helfen, komplexe Themen in der Praxisführung verständlich zu gliedern, Probleme zu erkennen und konkrete Lösungen zu entwickeln.

Ein wiederkehrendes Denkmuster Das Ziel dieser Struktur ist es, Themen nicht isoliert, sondern in einem Handlungskontext zu betrachten. Die vier Perspektiven schaffen Orientierung:

- Analysieren: Was läuft gut – und was nicht? Wo liegen Potenziale oder Reibungsverluste?
- Digitalisieren: Welche Informationen oder Abläufe lassen sich strukturiert erfassen und verfügbar machen?
- Automatisieren: Wo wiederholen sich Prozesse und lassen sich durch Technik oder Handlungsanweisungen entlasten?
- Delegieren: Welche Aufgaben können gezielt an Mitarbeitende übertragen werden, um Führung und Qualität zu sichern?

Diese vier Schritte erscheinen in jedem Fachkapitel erneut – angepasst an das jeweilige Thema. So entsteht ein vertrautes Raster, das die Übertragung auf die eigene Praxis erleichtert.

Jedes Kapitel als Werkzeug Die inhaltlichen Kapitel ab Kap. 2 greifen jeweils ein zentrales Thema der Praxisführung auf – von der Abrechnung über die Verordnung bis hin zur Personalarbeit. Jedes dieser Kapitel ist eigenständig lesbar, folgt aber im Aufbau der gleichen Systematik. Dadurch eignet sich das Buch sowohl für lineares Lesen als auch für gezieltes Nachschlagen.

Die Kapitel kombinieren:

- Praxiswissen aus ärztlicher und organisatorischer Sicht
- Direkt nutzbare Hinweise zur Umsetzung im Alltag
- Digitale und wirtschaftliche Perspektiven auf bestehende Abläufe

Im Vordergrund steht dabei stets der konkrete Nutzen: Welche Handlungsmöglichkeiten ergeben sich für die Praxisleitung? Welche Werkzeuge und Denkweisen lassen sich anwenden? Welche Veränderungen sind mit vertretbarem Aufwand möglich?

Ein praktischer Leitfaden – kein Lehrbuch Dieses Buch ist kein theoretisches Fachbuch, sondern ein Leitfaden aus der Praxis für die Praxis. Es wurde geschrieben, um schnell Orientierung zu geben, Klarheit zu schaffen und Veränderung zu ermöglichen – Schritt für Schritt, Thema für Thema.

Wenn Sie möchten, können Sie bei einem aktuellen Problem einsteigen – oder von vorne beginnen, um sich ein Gesamtbild zu verschaffen. Die Struktur hilft Ihnen dabei, sich im komplexen Feld der Praxisführung sicher zu bewegen. Und sie bietet einen Werkzeugkasten, den Sie je nach Bedarf einsetzen können.

1.6 Hinweis zu Programmen und Beispielen

Dieses Buch beschreibt konkrete Wege, wie Praxisführung im Alltag funktionieren kann – mit echten Beispielen, Werkzeugen und Routinen aus der Praxis.

Dabei werden an einigen Stellen Programme, Plattformen oder Anbieter genannt – zum Beispiel DocSys©, DATEV© UnternehmenOnline, Isynet, MediDOK© und andere.

Diese Nennungen dienen ausschließlich der Veranschaulichung: Sie zeigen, wie bestimmte Aufgaben in der Praxis gelöst werden können.

Sie stellen keine Empfehlung, keine Kooperation und keine Werbung dar. Jede Praxis ist unterschiedlich aufgestellt – technisch, organisatorisch und personell.

Daher soll jede Leserin und jeder Leser die hier beschriebenen Methoden auf die eigene Situation übertragen und prüfen, welche Lösung am besten passt.

Im Mittelpunkt steht immer die Idee: Prozesse zu verstehen, zu strukturieren und zu verbessern – unabhängig vom gewählten System oder Anbieter.

Weiterführende Literatur

Beauchamp, T. L.; Childress, J. F. (1994): *Principles of Biomedical Ethics*.

Hammer, M.; Champy, J. (1996): *Reengineering the Corporation*.

Johnson, G.; Whittington, R.; Scholes, K.; Angwin, D.; Regnér, P. (2018): *Strategisches Management. Eine Einführung*. Pearson.

Kaplan, R. S.; Norton, D. P. (1997): *Balanced Scorecard – Strategien erfolgreich umsetzen*.

Kim, W. C.; Mauborgne, R. (2016): *Der blaue Ozean als Strategie*. Hanser.

Lombriser, R.; Abplanalp, P. A. (2018): *Strategisches Management*. Versus.

Mintzberg, H.; Ahlstrand, B.; Lampel, J. (2012): *Strategy Safari*.

Osterwalder, A.; Pigneur, Y. (2011): *Business Model Generation*. Campus.

Wiesing, U. (2012): *Ethik in der Medizin*. Reclam.

Allgemeine Verwaltungstätigkeit: unsichtbar, aber entscheidend

2

Der Alltag in einer Arztpraxis lebt vom direkten Kontakt mit Patienten – doch im Hintergrund läuft ein zweites Betriebssystem: die Verwaltung. Sie ist selten sichtbar, aber in jeder Minute spürbar. Von der E-Mail-Kommunikation über Lohnabrechnung und Buchhaltung bis hin zur Steuer und Telekommunikation entscheidet sie mit darüber, wie effizient, zuverlässig und stressfrei der Praxisbetrieb funktioniert.

Gerade in der hausärztlichen Versorgung wird Verwaltung oft als notwendiges Übel empfunden – etwas, das nebenherlaufen soll, aber im Alltag meist untergeht. Dabei birgt dieser Bereich enorme Potenziale: Wer hier klare Strukturen schafft, gewinnt nicht nur Zeit und Übersicht, sondern auch Sicherheit, Teamklarheit und letztlich mehr Freiraum für die medizinische Arbeit.

In diesem Kapitel betrachten wir die wichtigsten Verwaltungsbereiche einer modernen Praxis – nicht nur technisch, sondern systematisch. Ob E-Mail-Verwaltung, Lohnbüro, Buchhaltung oder die Frage, wer sich um die Internetverbindung kümmert, – jede dieser Aufgaben trägt zum reibungslosen Funktionieren der Praxis bei. Und jedes Thema bietet die Chance, Ordnung ins Unsichtbare zu bringen.

In den folgenden Abschnitten zeigen wir anhand konkreter Beispiele und Tools, wie zentrale Verwaltungsbereiche wie E-Mail-Management, Steuerprozesse, internes Wissensmanagement und digitale Kommunikationsinfrastruktur mit einfachen, strukturierten Mitteln optimiert werden können – Schritt für Schritt, mit dem ADAD-System als rotem Faden.

F. Brokamp, *Arztpraxis effizient führen*, Erfolgskonzepte Praxis- & Krankenhaus-Management, https://doi.org/10.1007/978-3-662-73211-3_2

2.1 E-Mail als Kommunikationszentrale

In vielen Praxen ist die E-Mail ein Nebenschauplatz – irgendwo zwischen Patientenanfragen und Newsletterflut. In einer gut geführten Praxis kann sie jedoch zu einer echten Steuerungszentrale werden: für Kommunikation, Geräteüberwachung, Dokumentation und digitale Zusammenarbeit.

Gerade für die Geschäftsführung ist die E-Mail heute weit mehr als ein Posteingang – sie ist ein zentrales Informationssystem.

Hinweis: Die E-Mail-Kommunikation mit Patienten wird gesondert im Abschnitt zur digitalen Patientenkommunikation (siehe Abschn. 13) behandelt.

<u>Analysieren</u> – Die Realität im Posteingang

In vielen Praxen zeigt sich ein unübersichtliches Bild: Informationen landen ungefiltert in einem allgemeinen Postfach, Rechnungen kommen teils per E-Mail, teils noch per Post oder Fax, und technische Störungen werden nicht systematisch erfasst.

- Lieferanten schicken Rechnungen per Briefpost oder Fax. Die Geschäftsführung oder Mitarbeitende müssen sie scannen und weiterleiten – ein zeitintensiver, fehleranfälliger Zwischenschritt.
- Technische Probleme – etwa bei Druckern, Servern oder Netzwerken – müssen am Gerät direkt abgelesen oder erfragt werden, weil keine automatische zentrale Rückmeldung erfolgt.
- Auch kritische Prozesse wie die Datensicherung laufen im Hintergrund, ohne dass klar ist, ob sie erfolgreich abgeschlossen wurden – es fehlt ein sichtbares, verlässliches Feedback.

Die Prozesse funktionieren – aber oft nur, weil Menschen sie „zusammenhalten". Eine digitale, strukturierte Lösung wird nötig, um Übersicht, Verlässlichkeit und Reaktionsgeschwindigkeit zu verbessern.

<u>Digitalisieren</u> – Vom Papier zur strukturierten Mail

Der erste Schritt zur E-Mail als Zentrale ist die aktive Umstellung von papierbasierten auf digitale Prozesse:

- Lieferanten werden gezielt gebeten, Rechnungen ausschließlich als PDF an eine zentrale E-Mail-Adresse zu senden.
- Dienstleister, Wartungsfirmen und externe Partner sollen technische Meldungen, Angebote und Protokolle digital übermitteln – standardisiert und nachvollziehbar.
- Geräte wie Drucker, Router, Server, digitale Thermometer oder Laborgeräte werden so eingerichtet, dass sie automatische Status- oder Fehlermeldungen per E-Mail senden können.
- Besonders kritisch: Digitale Thermometer an Impfstoffkühlschrank und Laborgefrierschrank senden tägliche Temperaturverläufe und Warnungen direkt in einen E-Mail-Posteingang.

- Die Datensicherung des Servers oder PVS-Systems sendet bei erfolgreicher Durchführung eine automatische Bestätigungsmail – als verlässlicher Nachweis für Funktion und Kontrolle.

So wird die E-Mail zu einem strukturierten Eingangskanal für systemrelevante Informationen – maschinenlesbar, nachvollziehbar, dokumentierbar.

Automatisieren – Struktur durch

Regeln Damit aus der E-Mail-Flut ein verlässliches System wird, braucht es Filter, Regeln und eine klare Ordnerstruktur:

- Rechnungen von bekannten Absendern werden automatisch erkannt, verschoben oder direkt an die Buchhaltung weitergeleitet.
- Temperaturwarnungen landen in einem eigenen Ordner.
- Technikmeldungen von Geräten werden nach Absender oder Schlüsselwörtern gefiltert und an zuständige Personen oder IT-Dienstleister weitergeleitet.
- Back-up-Systeme senden täglich Erfolgsmeldungen – E-Mail-Regeln sorgen dafür, dass nur Abweichungen (Fehler, fehlende Bestätigung) auffallen.

Durch diese Automatisierungen wird aus dem E-Mail-System ein aktiver Bestandteil der Praxissteuerung – mit hoher Verlässlichkeit bei minimalem Aufwand.

Delegieren – Wer sieht was – und wann?

Nicht jede E-Mail muss bei der Geschäftsführung landen. Die Stärke eines strukturierten Systems liegt auch in der klaren Zuweisung:

- Rechnungen gehen automatisch an die Buchhaltung oder in einen definierten Rechnungsordner zur Freigabe.
- Temperaturwarnungen landen bei der zuständigen MFA oder Praxismanagerin für Kühlkettensicherheit.
- Technikmeldungen werden je nach Thema an eine externe IT-Firma oder den internen Digitalverantwortlichen weitergeleitet.
- Eine assistierende Kraft kann regelmäßig offene Postfächer prüfen, nachhalten und priorisieren.

So bleibt die Praxis handlungsfähig – auch bei Abwesenheiten oder Vertretungen – und die Geschäftsführung wird gezielt entlastet.

Ausblick – Internet of (Medical) Things

Immer mehr medizinische Geräte sind internetfähig und kommunizieren direkt mit ihrer Umgebung – über Cloud, App oder eben E-Mail. Was heute mit Thermometern, Druckern und Routern beginnt, wird sich auf Labore, Diagnostiksysteme und sogar Patienten-Devices ausweiten.

Die E-Mail ist dabei keine Auslauftechnologie, sondern ein stabiles, universelles Protokoll – ideal geeignet als Brücke zwischen technischer Infrastruktur und menschlicher Entscheidung.

Wer sie konsequent in seine Praxisprozesse integriert, schafft eine unsichtbare, aber tragende Säule der digitalen Organisation.

Technischer Hintergrund – SMTP als universelles Sprachrohr
Damit Geräte überhaupt E-Mails senden können, nutzen sie das sogenannte Simple Mail Transfer Protocol (SMTP). Es ist das Standardprotokoll für den Versand elektronischer Nachrichten – einfach, zuverlässig und weltweit kompatibel. Viele Praxisgeräte – vom Server über Drucker bis zum Kühlschrankthermometer – verfügen über eine SMTP-Schnittstelle, über die sie Statusmeldungen direkt an definierte E-Mail-Adressen schicken.

Ein weiterer Vorteil: Die meisten E-Mail-Anbieter – etwa GMX, WEB.DE, Outlook oder Gmail – unterstützen SMTP standardmäßig. Damit können nahezu alle Praxisgeräte ihre Meldungen direkt an bestehende Postfächer senden, ohne dass teure Zusatzdienste oder komplexe Cloud-Lösungen nötig sind.

So entsteht eine stille, aber hochwirksame Kommunikationsebene zwischen technischer Infrastruktur und Management: standardisiert, nachvollziehbar und unabhängig von herstellerspezifischen Systemen.

2.2   Personalbuchführung: digital, korrekt, papierlos

Eine moderne Personalorganisation endet nicht bei der Urlaubsplanung. Gerade im Bereich der Lohnabrechnung und Zusammenarbeit mit der Steuerkanzlei zeigt sich, wie sehr Digitalisierung, Automatisierung und Delegation die Praxisleitung entlasten können – und gleichzeitig für Sicherheit, Nachvollziehbarkeit und Effizienz sorgen.

Was früher über Excel, Ordner und Unterschriftenmappe lief, kann heute vollständig digital und prozesssicher organisiert werden. Voraussetzung ist der bewusste Umstieg – weg vom Papier, hin zu einer integrierten Personalbuchführung.

<u>Analysieren</u> – Papierberge, Fristendruck und Rückfragen
In vielen Praxen läuft die Lohnabrechnung noch überraschend analog:

- Lohnabrechnungen werden ausgedruckt, kuvertiert und persönlich verteilt – ein zeitintensiver und datenschutzkritischer Prozess.
- Kommunikation mit der Steuerkanzlei erfolgt oft unstrukturiert per E-Mail oder Telefon.
- Bescheinigungen, Lohnnachweise oder SV-Daten müssen manuell erstellt und versendet werden.
- Lohnüberweisungen werden manuell durchgeführt, was fehleranfällig und abhängig von Einzelpersonen ist.

Diese Prozesse kosten Zeit, erzeugen Rückfragen – und binden Ressourcen.

<u>Digitalisieren</u> – DATEV© und ArbeitnehmerOnline© als Lösung

Mit DATEV© UnternehmenOnline© kann die Lohnbuchhaltung vollständig digital abgebildet werden:

- Monatliche Abrechnungen werden digital über „ArbeitnehmerOnline©" bereitgestellt – DSGVO-konform und jederzeit abrufbar.
- Steuerkanzlei und Praxis tauschen alle lohnrelevanten Informationen sicher über das Portal aus.
- Bescheinigungen und Dokumente sind digital verfügbar – auch rückwirkend.
- Auswertungen, Reports und Controllingfunktionen bieten Echtzeiteinblicke in Personalkosten und Entwicklungen – ohne Rückfrage bei der Kanzlei.

Die Folge: weniger Papier, weniger Rückfragen, weniger Chaos.

<u>Automatisieren</u> – Abläufe statt Einzelaufgaben

De digitalen Prozesse lassen sich gezielt automatisieren:

- Die Steuerkanzlei erhält automatisch alle nötigen Daten für die Abrechnung.
- Nach Fertigstellung werden die Abrechnungen automatisch in die jeweiligen Mitarbeiterpostfächer übertragen.
- Wiederkehrende Bescheinigungen oder Meldepflichten werden systemseitig ausgelöst und digital abgewickelt.
- Die Lohnüberweisung erfolgt automatisiert:
  - entweder direkt durch die Steuerkanzlei
  - oder als Sammelüberweisung zur Freigabe im Onlinebanking der Praxis – vollständig vorbereitet durch DATEV©.

Damit werden Fristen eingehalten und Abläufe gesichert – ohne zusätzliche manuelle Schritte.

<u>Delegieren</u> – Zuständigkeiten klar regeln

Die digitale Lohnbuchhaltung erlaubt eine präzise Aufgabenverteilung:

- Die Steuerkanzlei übernimmt die Abrechnung und optional auch den Zahlungslauf.
- Die Praxisleitung hat Überblick, aber keine operative Belastung.
- Eine Praxismanagerin oder assistierende Kraft kann neue Mitarbeitende anlegen, Meldungen vorbereiten und als Bindeglied zur Steuerkanzlei fungieren – mit definierten Rollen im System.

Die Auslagerung der Lohnbuchhaltung an ein externes Steuerbüro kann eine sinnvolle Entscheidung sein, wenn das Arbeitsvolumen zu gering für eine eigene Fachkraft, aber zugleich zu komplex oder zeitintensiv für das bestehende Praxispersonal ist.

Tipp zur Umsetzung: DATEV© UnternehmenOnline© wird in der Regel über das betreuende Steuerbüro eingerichtet. Alternativ gibt es vergleichbare Systeme für Lohn- und

Gehaltsabrechnungen, die ähnliche digitale Abläufe ermöglichen – entscheidend ist, dass sie strukturiert, sicher und automatisierbar sind.

Ausblick – DocSys© als internes Personalportal

Während die Lohnbuchhaltung extern organisiert wird, liegt die interne Steuerung des Personals bei der Praxis selbst – und wird in Abschn. 8 beschrieben.

Dort zeigt sich, wie DocSys© als digitales Wissens- und Verwaltungssystem Urlaube, Krankheitstage, Arbeitszeiten und Überstunden strukturiert dokumentiert. Gemeinsam bilden DATEV© und DocSys© eine leistungsfähige Infrastruktur für eine moderne, sichere Personalorganisation.

2.3   Wissens- und Organisationsportal DocSys©: Struktur schafft Entlastung

Moderne Arztpraxen benötigen heute mehr als nur medizinische Fachkompetenz – sie brauchen eine verlässliche Infrastruktur für Wissen, Organisation, Kommunikation und Steuerung. Genau hier setzt ein digitales Praxisportal wie DocSys© an: als zentrale Plattform für Informationen, Abläufe und Aufgaben, die über den gesamten Praxisbetrieb hinweg wirken.

DocSys© ist dabei mehr als ein Tool – es ist ein Business-to-Employee-Portal, also eine digitale Arbeitsoberfläche für das gesamte Team. Es bündelt wichtige Informationen an einer Stelle: von Arbeitsanweisungen und Urlaubsplanung über Ideenmanagement und Aufgabenverteilung bis hin zu Qualitätsmanagement und Inventarverwaltung.

Ein zentrales Element dabei: individuelle Benutzerrechte. Jede:r Mitarbeitende sieht nur das, was für ihn oder sie relevant ist – und kann mit genau den Funktionen arbeiten, die der jeweiligen Rolle entsprechen. So entsteht ein System, das gleichzeitig flexibel und sicher ist und übersichtlich bleibt.

Statt unzählige Mails, Zettel oder Excel-Dateien zu verwalten, stehen Informationen geordnet und versioniert an einem Ort bereit – jederzeit abrufbar, durchsuchbar und nachvollziehbar. Damit wird DocSys© zum organisatorischen Rückgrat der Praxis – für das Team, für die Führung und für die Weiterentwicklung.

Die folgenden Abschnitte zeigen, wie einzelne Module dieser Plattform den Praxisalltag konkret entlasten – jeweils systematisch gegliedert nach Analysieren, Digitalisieren, Automatisieren und Delegieren.

2.3.1   Inventarliste und Gerätemanagement

<u>Analysieren</u> – Zettelwirtschaft, Einzelwissen, Risiko

In jeder Praxis gibt es Geräte, Materialien, Technik und Ausstattung – aber oft keinen zentralen Überblick. Wann wurde der Drucker angeschafft? Welche MTK ist für das EKG fällig? Wo liegt die Bedienungsanleitung für das Notfallbeatmungsgerät?

Häufig läuft das Gerätemanagement nebenher:

- Wartungs- und Prüftermine werden händisch notiert oder in Kalendern versteckt.
- Bedienungsanleitungen liegen lose in Ordnern oder verstreut auf Netzwerklaufwerken.
- Nur einzelne Mitarbeitende wissen, wann ein Gerät zuletzt überprüft oder ersetzt wurde.
- Neue Geräte werden nicht systematisch erfasst, Garantiezeiten laufen unbemerkt ab.

Neben den organisatorischen Risiken ergibt sich daraus auch eine rechtliche Verantwortung: Nach dem Medizinprodukterecht (§ 12 MPBetreibV bzw. MDR) sind Betreiber medizinischer Geräte verpflichtet, die Gebrauchsanleitungen jederzeit zugänglich und aktuell bereitzustellen – für alle, die mit dem Gerät arbeiten.

Fehlt diese Struktur, droht nicht nur Zeitverlust – sondern auch rechtliche und haftungsrechtliche Konsequenzen.

<u>Digitalisieren</u> – Jedes Gerät hat einen Platz

Mit dem Inventarmodul von DocSys© wird jedes Gerät zu einem digitalen Objekt mit eigener Akte:

- Erfassung von Geräten, Verbrauchsmaterialien und sonstigem Inventar mit Seriennummer, Standort, Anschaffungsdatum, Hersteller etc.
- Verknüpfung mit relevanten Dokumenten wie Bedienungsanleitungen, Prüfprotokollen, Wartungsverträgen
- MTK- und CE-Prüfungen werden als Pflichtfelder erfasst und geplant
- Lieferanteninformationen, Kosten, Garantiefristen können zentral dokumentiert werden
- Suchfunktionen und Filter machen das Inventar jederzeit durchsuchbar und aktuell – für alle mit Berechtigung einsehbar
- Die strukturierte Erfassung erleichtert außerdem behördliche Prüfungen durch das Eichamt oder Aufsichtsbehörden, da alle Informationen nachvollziehbar und vollständig vorliegen

Damit wird die Inventarliste zum professionellen Gerätemanagement – übersichtlich, gesetzeskonform und alltagsnah.

<u>Automatisieren</u>   Termine, Erinnerungen, Kontrolle

Geräte können automatisch mit Wartungsintervallen, Erinnerungsfunktionen und Fälligkeitskontrollen verknüpft werden:

- Erinnerungen an MTK-Prüfungen, Garantieabläufe oder Kalibrierintervalle
- Verknüpfung mit dem Aufgabenmodul oder Kalender zur aktiven Steuerung
- Benachrichtigungen an Zuständige, sobald Fristabläufe bevorstehen oder Prüfungen ausstehen.

So entsteht eine wartungsaktive Umgebung, die unabhängig von Kalendervermerken oder persönlichem Wissen funktioniert.

<u>Delegieren</u> – Zuständigkeiten klar definieren
Das System ermöglicht eine präzise Verantwortungszuweisung:

- Gerätegruppen wie Labor, Diagnostik, IT oder Empfang lassen sich bestimmten Personen zuordnen.
- Jede Änderung im Bestand, jede Dokumentenpflege oder Prüfung hat eine zuständige Person – mit Rechteverwaltung, Zugriffskontrolle und Protokollierung.
- Bei Defekten ist sofort sichtbar, wer verantwortlich ist und an welchen Lieferanten man sich wenden kann – inkl. Kontaktdaten.

Das reduziert Rückfragen, erhöht die Reaktionsgeschwindigkeit und stärkt die Betriebssicherheit – gerade in kritischen Bereichen wie Kühlung, Labor oder Diagnostik.

Fazit

Was früher in Köpfen, Zetteln oder Excel-Dateien verstreut war, ist heute zentral erfasst, dokumentiert und automatisiert steuerbar. Das spart nicht nur Zeit und vermeidet Fehler – es ist auch ein Beitrag zu mehr Sicherheit, Gesetzeskonformität und Professionalität im Alltag der Praxisführung.

2.3.2 Controlling und Berichte

<u>Analysieren</u> – Überblick fehlt, Zahlen sind verstreut

In vielen Praxen ist betriebswirtschaftliches Controlling ein „blinder Fleck". Zwar existieren Auswertungen aus dem Steuerbüro – aber sie kommen oft mit zu großem zeitlichen Versatz, bleiben zu wenig praxisnah oder sind zu kompliziert aufbereitet für die direkte Praxisführung.

Typische Herausforderungen:

- Keine aktuelle Übersicht über Fallzahlen oder Umsatzentwicklung – nur quartalsweise rückblickend per BWA.
- Zahlen und Kennwerte sind über mehrere Systeme verstreut (z. B. DATEV©, Praxissoftware, Notizen, Excel).
- Personalrelevante Daten wie Lohnkosten pro Bereich oder Arztstunden sind nicht greifbar.
- Kein einheitliches Dashboard – stattdessen manuelle Zettel, Excel oder Bauchgefühl.
- Teamführung und Strategieplanung basieren eher auf Schätzung als auf verlässlichen Daten.

Das führt zu Unsicherheit in der Führung – und verschenkt Chancen zur Verbesserung.

<u>Digitalisieren</u> – Aktuelle Zahlen, klar visualisiert

Mit DocSys© lassen sich relevante Praxisdaten übersichtlich und flexibel darstellen – entweder durch direkte Eingabe oder Import aus vorhandenen Quellen:

- Fallzahlen und Fallwerte können nach Kassen- und Privatpatienten, Ärzten oder Quartalen erfasst und dargestellt werden.
- Umsatzübersichten lassen sich mit Kontenzuordnung und Zeitreihen abbilden – als Tendenz oder Vergleich zum Vorjahr.
- Eigene Berichte wie z. B. „Arzteffizienz" (Umsatz pro Stunde) oder „MFA-Effizienz" (Umsatz pro MFA-Stunde) sind individuell definierbar.
- Quartalsvergleiche, Diagramme, Profitauswertungen – angepasst an die Praxisrealität.

Die in DocSys© genutzten Controllingdaten stammen aus verschiedenen Quellen und werden am Ende jedes Quartals manuell zusammengetragen:

- Abrechnungsinformationen aus dem Praxisverwaltungssystem,
- Berichte aus dem KV-Praxischeck (z. B. Fallzahlen, GKV-Umsatz, Vergleich zur Arztgruppe) und
- bei Bedarf Kennzahlen aus DATEV©, wie Personalkosten oder Kontobewegungen.

Die Eingabe erfolgt als wiederkehrende Routine und bildet die Grundlage für ein praxisnahes, konsistentes Controlling – auch ohne vollautomatische Schnittstellen.

DocSys© dient damit als internes Controllingcockpit, das Zahlen aus verschiedenen Quellen verständlich zusammenführt – nicht ersetzt, sondern ergänzt.

<u>Automatisieren</u> – Regelmäßige Berichte ohne Aufwand

Einmal eingerichtet, lassen sich viele Auswertungen standardisieren und automatisieren:

- Monats- und Quartalsberichte werden einheitlich erzeugt, gespeichert und zugänglich gemacht. Da in der kassenärztlichen Medizin die meisten Auswertungen und Abrechnungen – auch seitens Kassen und KV – quartalsweise erfolgen, bietet sich für das Controlling ein verbindlicher Quartalsrhythmus an.
- Vergleichswerte aus Vorjahren oder geplante Benchmarks werden automatisch mit dargestellt.
- Dashboards aktualisieren sich bei Dateneingabe automatisch – kein mehrfaches Nachpflegen mehr.
- Für die Führungskraft entsteht ein regelmäßiger Takt, der eine echte Grundlage für strategische Entscheidungen schafft.

<u>Delegieren</u> – Auswertungen, die verständlich nutzbar sind

Das Reporting kann zielgruppengerecht aufbereitet werden:

- Die Geschäftsführung erhält eine übergreifende Gesamtsicht, inkl. Rentabilität, Arztstunden, Personalstruktur.
- Die Praxismanagerin sieht nur die für sie relevanten Kennzahlen – z. B. Personalentwicklungen oder offene Aufgaben.

- In Teambesprechungen lassen sich Teilauswertungen gezielt zeigen, z. B. Entwicklung der MFA-Stunden oder Quartalsumsatz.
- Externe Berater (z. B. Steuerkanzlei, QM-Auditor) können gezielt Zugriff auf einzelne Ansichten erhalten – ohne vollen Systemzugang.

Damit wird das Controlling nicht zur Last, sondern zum Werkzeug – für bessere Entscheidungen und gezielte Praxisentwicklung.

Fazit

Controlling funktioniert nur, wenn die relevanten Daten verfügbar, verständlich und handlungsleitend sind. DocSys© ermöglicht genau das: eine praxisnahe Darstellung von Entwicklung, Leistung und Potenzialen – als Werkzeug der Führung, nicht als theoretische Zahlenspielerei.

So wird betriebswirtschaftliches Denken Teil der Praxisroutine – verständlich für alle Beteiligten und wirksam im Ergebnis.

Kennzahlenraster (4 Perspektiven) – sofort nutzbar, ohne Vorwissen

Warum: Berichte helfen nur, wenn sie Ziele messbar machen – aus Sicht von Finanzen, Patient:innen, Abläufen und Team. Dieses Raster ist eine praxisnahe Kurzform ohne Theorieballast. Ausführlich werden strategische Instrumente in Abschn. 4.4 vorgestellt.

Die 4 Perspektiven (kurz und verständlich):

- Finanzen: Trägt sich der Prozess (z. B. Deckungsbeitrag, offene Posten)?
- Patient:innen: Wird Qualität erlebt (z. B. Erreichbarkeit, Wartezeit, Empfehlungen)?
- Prozesse: Läuft es reibungslos (z. B. Termintreue, Durchlaufzeiten, Fehlerquote)?
- Team und Entwicklung: Bleiben wir arbeitsfähig (z. B. Fortbildungszeit, Einarbeitung, Krankheitsquote)?

So setzen Sie es in 30 min auf:

1. Ziel je Perspektive formulieren (1 Satz, SMART: spezifisch, messbar, attraktiv, realistisch, terminiert).
2. 1–2 Kennzahlen je Perspektive definieren (präzise Definition + Datenquelle).
3. Zielwert und Ampel festlegen (grün/gelb/rot, inkl. Toleranz).
4. Messrhythmus und Rolle bestimmen (wer aktualisiert wann).
5. KREOL-Gedanke: lösungsneutral bleiben (Ziel vor Weg – der konkrete Lösungsweg ergibt sich später aus Analyse/Teamideen).
6. Kurzkommentar ergänzen (1 Satz: „Was bedeutet gelb/rot und was tun wir dann?“).

Minibeispiel (Startbefüllung):

- *Finanzen:* Deckungsbeitrag Terminsprechstunde (€/Std.) – Quelle: Praxissoftware/Controlling; Ziel $\geq$ X €; monatlich; Rolle: Praxismanagement; gelb: -10 % zum Ziel, rot: -20 %.
- *Patient:innen:* Erreichbarkeit 8–10 Uhr (Ø Telefonwartezeit, min) – Quelle: Telefonanlage/PVS; Ziel $\leq$ 3; wöchentlich; Rolle: Anmeldung; gelb: 3–5, rot: >5.
- *Prozesse:* Termintreue (Beginn ±5 min, %) – Quelle: PVS-Log; Ziel $\geq$ 80 %; monatlich; Rolle: Leit-MFA; gelb: 70–79 %, rot: <70 %.
- *Team und Entwicklung:* Fortbildungsstunden/MFA/Quartal – Quelle: DocSys©-Log; Ziel $\geq$ 4 h; quartalsweise; Rolle: Praxisleitung; gelb: 2–3 h, rot: <2 h.

Vormerken: Die BCG-Matrix (siehe Abschn. 4.4.3) unterstützt später die größere ausführliche Steuerung von Leistungen; hier im Tagesgeschäft genügt das Kennzahlenraster mit SMART/KREOL.

2.3.3 Ideenmanagement und Feedback: Innovation braucht Struktur

Analysieren – Gute Ideen, aber kein System

In vielen Praxen sprudeln Ideen: Jemand hat einen Vorschlag zur Terminorganisation, eine andere möchte das Labor effizienter gestalten, ein dritter denkt über neue digitale Tools nach. Doch ohne System verpuffen diese Impulse schnell:

- Ideen gehen im Alltag unter, weil es keinen festen Ort für Sammlung oder Rückmeldung gibt.
- Patientenfeedback wird nicht systematisch erfasst – außer vielleicht in Google-Rezensionen.
- Entscheidungen über Umsetzungen geschehen spontan oder gar nicht.
- Mitarbeitende sind frustriert, wenn gute Vorschläge keine Resonanz oder Rückmeldung erhalten.
- Verbesserungspotenziale bleiben ungenutzt, weil niemand den Überblick hat.

Ohne Struktur bleibt Innovation Zufall.

Digitalisieren – Ideen, Vorschläge und Rückmeldungen erfassen

DocSys© bietet eine eigene Rubrik für Ideenmanagement und internes Feedback – digital, nachvollziehbar, teamfähig:

- Ideenvorschläge können direkt im System eingegeben und optional einer Kategorie zugeordnet werden.
- Statusfelder zeigen den Bearbeitungsstand („neu", „in Prüfung", „umgesetzt").

- Vorschläge können mit Notizen, Fristen, Verantwortlichkeiten und Kommentaren ergänzt werden.
- Rückmeldungen von Patient:innen, z. B. über ein Feedbackterminal oder digitale Formulare, können ebenfalls erfasst und thematisch zugeordnet werden.
- Alle Teammitglieder können Ideen einbringen – unabhängig von Hierarchie oder Rolle.

So entsteht ein gemeinsames Innovationsarchiv, das dokumentiert, was gedacht, geprüft, verworfen oder umgesetzt wurde.

<u>Automatisieren</u> – Sichtbar machen, was passiert

Aktuell bietet DocSys© bereits viele Funktionen zur strukturierten Ideenverarbeitung – eine echte Automatisierung ist aber (noch) begrenzt. Ideen können im System bearbeitet, kommentiert und in Aufgaben überführt werden – aber automatische Benachrichtigungen per E-Mail oder Push-Nachricht sind bislang nicht integriert.

In zukünftigen Versionen ist geplant, dass Mitarbeitende automatisch über den Status ihrer Ideen informiert werden – z. B. bei Übernahme, Ablehnung oder Rückfragen. Auch regelmäßige Erinnerungen an offene Vorschläge in Form von E-Mail-Benachrichtigungen könnten künftig zur Verfügung stehen.

Schon heute lässt sich das Ideenarchiv gut nutzen, um regelmäßig im Teammeeting auf offene Punkte hinzuweisen oder neue Vorschläge sichtbar zu machen – zum Beispiel durch die direkte Anzeige im DocSys©-System oder eine verlinkte Aufgabenliste.

So wird der Innovationsprozess zwar noch manuell gesteuert – aber bereits digital unterstützt und dokumentiert.

<u>Delegieren</u> – Beteiligung ermöglichen, Verantwortung klären

Gutes Ideenmanagement ist Teamarbeit – und braucht klare Rollen:

- Alle Mitarbeitenden können Vorschläge einreichen, ggf. auch anonym.
- Die Praxisleitung oder Praxismanagerin bewertet und priorisiert die Ideen.
- Einzelne Ideen werden Verantwortlichen zugewiesen – z. B. als kleine Projekte.
- Rückmeldungen (z. B. warum eine Idee nicht umsetzbar ist) können systematisch gegeben werden.
- In Kombination mit dem Qualitätsmanagementmodul können Ideen direkt in SOPs, Checklisten oder Prozesse überführt werden.

So wird Beteiligung nicht nur ermöglicht – sondern strukturiert gefördert.

Das aktive Einbringen von Ideen und das Erleben ihrer Umsetzung steigert nicht nur die Qualität der Praxis – es stärkt auch die Zufriedenheit, Motivation und Bindung der Mitarbeitenden. Wer mitgestalten kann, identifiziert sich stärker mit dem Team und der gemeinsamen Aufgabe.

Fazit

Jede Praxis hat Verbesserungspotenzial – aber nur wer Impulse systematisch aufnimmt, bewertet und zurückspielt, kann dauerhaft davon profitieren. Mit DocSys© wird Ideenmanagement zu einem transparenten, motivierenden Prozess: für Mitarbeitende, für die Führung – und für die Qualität der Praxis insgesamt.

2.3.4   Dokumentenverwaltung und Wissensmanagement: Informationen, die verfügbar bleiben

<u>Analysieren</u> – Wo war das nochmal?

Ob Checklisten, Anleitungen, SOPs, Notfallpläne, Verträge oder Fortbildungsunterlagen – jede Praxis produziert, erhält und verarbeitet eine Vielzahl an Dokumenten. Doch oft herrscht das klassische Chaos:

- Wichtige Dokumente sind über verschiedene Laufwerke, E-Mail-Postfächer oder Ordner verstreut.
- Veraltete Versionen kursieren parallel, niemand weiß, was aktuell gilt.
- Es fehlt eine Übersicht, wer was gelesen oder verstanden hat.
- Wissen hängt an Einzelpersonen – wenn diese fehlen, fehlt auch der Zugriff.
- Informationen werden immer wieder neu vermittelt, weil sie nicht zentral auffindbar sind.

Das kostet Zeit, erzeugt Reibung – und birgt im Ernstfall rechtliche Risiken.

<u>Digitalisieren</u> – Struktur statt Suchen

Mit dem integrierten Dokumentenmanagementsystem in DocSys© wird Wissen auffindbar, verbindlich und sicher verwaltet:

- Zentrale Dateiablage mit Kategorien, Metadaten und Schlagworten
- Versionierung aller Dokumente: Wer hat was wann geändert?
- Suchfunktion über Titel, Inhalte oder Schlagworte
- Zugriffsrechte nach Rollen oder Gruppen – z. B. nur für Ärzte, nur für Verwaltung, nur lesend oder bearbeitend
- Lesebestätigungen für Pflichtdokumente, z. B. bei SOPs oder Notfallanweisungen
- Verknüpfung mit Mitarbeitenden und Geräten aus der Inventarliste – z. B. bei Bedienungsanleitungen oder sicherheitsrelevanten Arbeitsanweisungen
- Ablage von Bedienungsanleitungen gemäß Medizinproduktegesetz – zentral, aktuell und jederzeit abrufbar

Dokumente können für ganz unterschiedliche Zwecke eingesetzt werden: z. B. als Protokolle von Teamsitzungen, Arbeitsanweisungen, Troubleshooting-Anleitungen, Ankündigungen oder interne Checklisten.

So entsteht eine strukturierte Wissensdatenbank, die alle relevanten Inhalte an einem Ort bündelt.

<u>Automatisieren</u> – Updates, Lesebestätigungen, Versionsvergleich

Durch die systemgestützte Verwaltung entstehen automatisierte Abläufe:

- Änderungen an Dokumenten werden automatisch versioniert und gespeichert
- Mitarbeitende sehen nur die für sie freigegebenen Inhalte – in der jeweils aktuellen Version

- Bei Änderungen können Lesebestätigungen erneut eingefordert werden
- Archivierte Dokumente bleiben zugänglich – aber klar von aktuellen Versionen getrennt
- Die Lesebestätigung wird dokumentiert und auswertbar, z. B. bei internen Checks oder externen Audits
- Besonders hilfreich: Die Delta-Funktion zeigt beim Öffnen nur die Änderungen zur vorherigen Version – das spart Zeit und erhöht die Compliance beim Lesen

So entsteht eine dokumentierte, rechtssichere Wissensstruktur – ohne zusätzliche Verwaltungsaufwände.

<u>Delegieren</u> – Zuständigkeiten und Pflege definieren

Damit Wissen lebendig bleibt, braucht es klare Rollen:

- Verantwortliche für bestimmte Dokumentenbereiche (z. B. Hygiene, Diagnostik, Verwaltung)
- Pflege der Inhalte kann durch Beauftragte (z. B. Praxismanagerin oder Ärzteteam) übernommen werden
- Schulungsunterlagen oder SOPs können direkt von den zuständigen Personen erstellt oder aktualisiert werden
- Alle Änderungen sind nachvollziehbar – kein „heimliches Überschreiben" mehr

So wird das Wissen nicht nur verwaltet, sondern aktiv gepflegt, geprüft und weiterentwickelt – mit klarer Zuständigkeit.

Fazit

DocSys© macht aus verteiltem Wissen eine strukturierte, zugängliche und rechtssichere Arbeitsplattform. Die Dokumentenverwaltung wird damit zum Rückgrat eines funktionierenden Praxisalltags – transparent, aktuell, delegierbar und auditfähig.

2.3.5 Personalplanung, Steuerung und Controlling in DocSys©

<u>Analysieren</u> – Personalplanung ohne System

In vielen Praxen wird die Personalplanung noch mit einfachen Mitteln durchgeführt: Urlaubslisten an der Pinnwand, Excel-Tabellen für Überstunden, handschriftliche Notizen über Krankheitstage. Das führt zu Unsicherheiten, Doppelbelegungen und aufwendigen Abstimmungen.

- Urlaubsplanung ist häufig unübersichtlich und konfliktanfällig.
- Arbeitszeiten und Überstunden werden uneinheitlich dokumentiert oder gar nicht festgehalten.
- Gesetzliche Nachweispflichten zu Arbeits- und Pausenzeiten (gemäß Arbeitszeitgesetz) sind schwer zu erfüllen.
- Führung und Controlling bleiben reaktiv – Auswertungen erfolgen nur bei Problemen.

Eine strukturierte, digitale Lösung schafft Transparenz, Planbarkeit und eine verlässliche Datenbasis – für Team und Leitung gleichermaßen.

<u>Digitalisieren</u> – DocSys© als Personalsteuerungssystem

DocSys© bietet ein integriertes Modul für Urlaubsplanung, Arbeitszeitkonten und Personalübersichten. Damit wird aus verstreuter Zettelwirtschaft ein klar strukturiertes Planungssystem:

- Urlaubsanträge werden digital gestellt und automatisch in den Teamkalender eingetragen.
- Abwesenheiten und Vertretungen werden visuell dargestellt, Doppelbelegungen sofort erkennbar.
- Zeitkonten erfassen Soll- und Ist-Stunden, Pausen, Mehrarbeit, Fehlzeiten und Fortbildungstage.
- Die gesetzlich vorgeschriebene Dokumentation der Arbeitszeiten ist damit revisionssicher erfüllt.
- Auswertungen ermöglichen einen Überblick über Urlaubstage, Überstunden, Fehlzeiten oder Fortbildungen – jederzeit abrufbar.

DocSys© schafft damit die operative Basis der Personalsteuerung: aktuelle Daten, transparente Planung, revisionssichere Dokumentation.

<u>Automatisieren</u> – Vom Erfassen zum Steuern

Durch die integrierte Logik in DocSys© werden viele Routinevorgänge automatisch abgebildet:

- Anträge auf Urlaub oder Freizeitausgleich werden an die zuständige Person weitergeleitet und nach Freigabe automatisch im Kalender eingetragen.
- Arbeitszeitkonten aktualisieren sich automatisch, wenn Zeiten eingetragen oder genehmigt werden.
- Benachrichtigungen und Erinnerungen informieren über bevorstehende Urlaube oder Überstundengrenzen.
- Auswertungen pro Mitarbeiter:in oder Berufsgruppe (z. B. Arzt, MFA, Verwaltung) können in Echtzeit erstellt werden.
- In Kombination mit DATEV© lassen sich Personalkosten in €/MFA-Stunde oder €/Leistungseinheit auswerten – Grundlage für echtes Personalcontrolling.

Diese Automatisierung sorgt dafür, dass Planung, Steuerung und Auswertung Hand in Hand gehen – ohne zusätzlichen Verwaltungsaufwand.

<u>Delegieren</u> – Klarheit und Verantwortung im Team

Eine gute Personalplanung lebt von klaren Zuständigkeiten:

- Mitarbeitende tragen ihre Abwesenheiten selbst ein oder stellen digitale Anträge.
- Praxisleitung oder Management prüft und genehmigt Urlaube, Freizeitausgleiche oder Fortbildungen.

- DocSys© verwaltet die Daten automatisiert und hält sie für Controlling und Lohnbuchhaltung bereit.
- DATEV© UnternehmenOnline© nutzt die aufbereiteten Daten zur externen Abrechnung.

So entsteht ein transparenter, delegierbarer Prozess, bei dem jede Ebene die passenden Informationen erhält – ohne Redundanzen.

Fazit

DocSys© ermöglicht eine durchgängige digitale Personalsteuerung: von der Urlaubsplanung über Zeitkonten bis hin zum Personalcontrolling. DATEV© ergänzt dieses System um Lohnabrechnung, Sozialabgaben und steuerliche Prozesse.

Gemeinsam bilden beide Systeme die Basis einer modernen, rechtskonformen und effizienten Personalorganisation.

Wünschenswert wäre eine direkte Brücke zwischen DocSys© und DATEV©, die operative Personalplanung und Lohnabrechnung nahtlos verbindet.

Damit wäre die Personalsteuerung in der Arztpraxis nicht nur digital, sondern wirklich integriert.

2.4   Finanzbuchhaltung: klarer Geldfluss, digital gesteuert

<u>Analysieren</u> – Chaos in der Kasse? Nicht selten

Finanzen sind das Rückgrat jeder Praxis – und doch läuft die Buchhaltung in vielen Teams nebenher:

- Belege landen in Papierform in Ordnern, auf Tischen oder in E-Mail-Postfächern.
- Rechnungen werden zu spät freigegeben oder gar übersehen.
- Zahlungsläufe sind abhängig von Einzelpersonen oder umständlich manuell.
- Die Zusammenarbeit mit dem Steuerbüro ist fragmentiert, verspätet oder unübersichtlich.
- Controlling ist oft erst im Nachgang möglich – nicht in Echtzeit.

Das führt zu finanziellen Reibungsverlusten, Mahnungen, Fehlern – und unnötigem Stress.

<u>Digitalisieren</u> – DATEV© UnternehmenOnline© als Plattform

DATEV© UnternehmenOnline© (DUO) ist die zentrale digitale Plattform für die Finanzbuchhaltung in der Praxis. Gemeinsam mit DocSys© bildet sie das organisatorische Fundament der Führung:

- Belege werden digital gesammelt, geprüft und weitergeleitet – per E-Mail-Weiterleitung, Upload oder Scanfunktion.
- DATEV© erkennt Belegdaten automatisch per OCR-Erkennung.

- Belege werden in vordefinierten Ordnern strukturiert (z. B. Apotheke, Labor, Geräte, Büromaterial).
- Innerhalb von DUO können Lieferanten, Regeln und Kategorien hinterlegt werden – für eine noch schnellere Zuordnung.
- Die Steuerkanzlei greift online auf die Belege zu und übernimmt die Kontierung und Buchung.
- Die Geschäftsführung kann jederzeit auf die Bewegungen, Salden, Konten und BWA zugreifen.

Damit wird aus der Buchhaltung ein durchgängig digitaler Prozess – transparent, nachvollziehbar, jederzeit abrufbar.

<u>Automatisieren</u> – Klarer Ablauf, definierte Freigabe

Wiederkehrende Abläufe lassen sich mit DATEV© effizient automatisieren:

- Regelbasierte E-Mail-Weiterleitungen bringen Rechnungen direkt ins DUO-Postfach.
- Die integrierte OCR-Erkennung liest Belegdaten zuverlässig aus – in vielen Fällen ohne manuellen Eingriff. Bei unklaren oder schlecht lesbaren Dokumenten ist eine manuelle Prüfung durch das Team oder die Kanzlei nötig.
- Innerhalb von DUO können Kontakte, Lieferanten und Regelwerke hinterlegt werden – so werden wiederkehrende Belege automatisch zugeordnet und klassifiziert.
- Belegeingang und Zahlungsfreigabe folgen einem klaren Ablauf:
  - Eingang → Prüfung → Freigabe → Überweisung.
- Die Zahlungsfreigabe erfolgt entweder:
  - über eine vorbereitete Sammelüberweisung, die online freigegeben wird,
  - oder durch direkte Zahlung durch das Steuerbüro, wenn beauftragt.
- Wiederkehrende Buchungen (z. B. Leasing, Miete) sind vordefiniert und automatisch verarbeitbar.
- Das Mahnwesen und Fristenkontrollen können durch die Steuerkanzlei automatisiert gesteuert werden.

Das System erinnert – nicht der Mensch. Und auch wenn gelegentlich Nacharbeit nötig ist, bleibt unterm Strich: ein enormer Zeitgewinn und deutlich weniger Fehleranfälligkeit.

<u>Delegieren</u> – Rollenverteilung im Finanzprozess

Ein funktionierender Geldfluss lebt von klaren Zuständigkeiten:

- Eine assistierende Kraft oder Praxismanagerin übernimmt den Beleg-Upload oder die E-Mail-Weiterleitung.
- Die Geschäftsführung prüft und gibt Rechnungen frei.
- Die Steuerkanzlei bucht die Belege und steuert Fristen und Zahlungsverkehr.
- Der Zugriff auf Auswertungen (z. B. BWA) kann gezielt durch die Geschäftsführung erfolgen, ohne dass operative Abläufe gestört werden.

Die BWA („Betriebswirtschaftliche Auswertung") liefert dabei die wichtigsten steuerungsrelevanten Zahlen: Entwicklung der Einnahmen, Kostenstruktur, Liquiditätslage. Sie dient der Praxisführung als monatlicher Gesundheitscheck der Finanzen.

So entsteht ein finanzielles Steuersystem, das unabhängig von Einzelpersonen funktioniert – sicher, nachvollziehbar und delegierbar.

Fazit

Die digitale Buchhaltung mit DATEV© macht aus einem oft unterschätzten Verwaltungsbereich ein zentrales Führungsinstrument. Gemeinsam mit DocSys© bildet sie das organisatorische Rückgrat der Praxis: extern die Finanzen, intern das Wissen – digital verbunden, zuverlässig, steuerbar.

2.5   Lieferantenrechnungen: klein, oft – und doch relevant

<u>Analysieren</u> – Und wieder eine Rechnung auf dem Schreibtisch

In jeder Praxis gehen regelmäßig Rechnungen ein: Laborbedarf, Praxisbedarf, Büromaterial, Wartungskosten, Dienstleistungen. Doch häufig fehlt eine klare Struktur:

- Rechnungen werden irgendwo abgelegt – auf Papier, in Mails oder physisch im Posteingang.
- Die Prüfung erfolgt „nebenher" – häufig von der Geschäftsführung selbst.
- Fristen werden übersehen, Zahlungen verzögert, Mahnungen erzeugt.
- Verantwortlichkeiten sind unklar: Wer bestellt? Wer prüft? Wer gibt frei?
- Papierrechnungen müssen händisch gescannt werden, bevor sie digital weiterverarbeitet werden können.

Gerade dieser Schritt – das Digitalisieren per Scan oder E-Mail-Upload – ist ein oft unterschätzter, aber entscheidender Baustein auf dem Weg zur vollständig digitalen Praxisorganisation.

Auch kleine Beträge summieren sich – organisatorisch und finanziell.

<u>Digitalisieren</u> – Per E-Mail direkt in die Struktur

Die meisten Lieferanten senden Rechnungen inzwischen direkt als PDF per E-Mail. Über Filterregeln kann

- eine zentrale Rechnungsadresse eingerichtet werden (z. B. rechnungen@praxis.de),
- die automatische Weiterleitung an das DATEV©-E-Mail-Postfach erfolgen,
- DocSys© zur internen Aufgabenverfolgung oder Archivierung genutzt werden.
- Papierrechnungen entfallen weitgehend – oder werden einmalig gescannt.

So entsteht ein transparenter, medienbruchfreier Informationsfluss – ohne Zusatzaufwand.

<u>Automatisieren</u> – Einfach. Wiederholbar. Sicher.

- E-Mails werden automatisiert weitergeleitet.
- Belege landen direkt im vordefinierten DUO-Ordner.
- Wiederkehrende Rechnungen (z. B. Reinigungsdienst) werden automatisch zugeordnet.
- Aufgaben in DocSys© erinnern ggf. an Freigaben, Rückfragen oder Eskalationen.

So wird aus einem losen Beleg ein dokumentierter, steuerlich relevanter Vorgang – ganz ohne Zettelwirtschaft.

<u>Delegieren</u> – Wer bestellt, wer prüft, wer zahlt?

Damit auch Kleinausgaben reibungslos ablaufen:

- Bestellberechtigte Teammitglieder erfassen bei Bedarf den Wareneingang.
- Eine assistierende Kraft oder Praxismanagerin leitet die Rechnung weiter oder scannt sie ein.
- Die Geschäftsführung prüft und gibt frei.
- Die Steuerkanzlei löst die Zahlung aus oder stellt eine Sammelüberweisung bereit.

So wird auch die „kleine Rechnung" zur klaren, verlässlichen Routine im Praxissystem.

Fazit

Lieferantenrechnungen sind selten strategisch – aber oft entscheidend für den Praxisalltag. Ein transparenter Ablauf spart Zeit, vermeidet Fehler – und stärkt die Kontrolle über die Ausgaben. Jede eingesparte Minute, jeder korrekt abgelegte Beleg: ein Schritt zur echten Digitalisierung.

2.6   Digitale Infrastruktur und Medienbrüche auflösen: Technik, die mitdenkt

<u>Analysieren</u> – Wenn Papier zur Bremse wird

Trotz aller Digitalisierung kommen viele Informationen in der Praxis noch immer auf analogen Wegen an:

- Arztbriefe per Post
- Befunde per Fax
- Rechnungen als Ausdruck im Briefkasten
- Laborberichte oder Versicherungsunterlagen als PDF im E-Mail-Anhang – aber ohne klare Weiterverarbeitung

Diese Medienbrüche führen zu Mehraufwand:

- Dokumente müssen gescannt, umbenannt, verschoben oder erneut ausgedruckt werden.
- Es existieren keine einheitlichen Speicherorte oder Abläufe.
- Informationen gehen verloren, werden doppelt bearbeitet oder zu spät erfasst.
- Die Zuständigkeiten für diese Prozesse sind oft nicht geklärt.

In vielen Fällen wirken sich diese Medienbrüche direkt auf andere Bereiche aus – etwa auf die Belegverarbeitung in der Finanzbuchhaltung (siehe Abschn. 9) oder die Aufgabenverteilung im Team.

Digitalisieren – Geräte mit Köpfchen statt Zwischenlösungen

Viele dieser Prozesse lassen sich mit einfachster Technik deutlich verbessern:

- Scanner mit One-Click-Funktion, die direkt an definierte E-Mail-Adressen senden (z. B. rechnungen@praxis.de oder docsys@praxis.de)
- Multifunktionsgeräte, die per Tastendruck an DUO, DocSys© oder ein internes Archivverzeichnis senden
- Faxgeräte mit PDF-Ausgabe, die eingehende Faxe automatisch in einem zentralen Verzeichnis auf dem Praxisserver speichern
- Arztbriefe per Post werden gebündelt gescannt und per E-Mail oder Verzeichnisregel an den nächsten digitalen Schritt übergeben

So entsteht ein strukturierter, digitaler Eingangskanal – als Schnittstelle zwischen analoger Welt und digitalem Prozess.

Die Nutzung von E-Mail als zentraler Verarbeitungsstelle ist hier besonders effektiv – siehe dazu auch Abschn. 1. Automatisieren – Der nächste Schritt kommt von selbst

Automatisieren – Der nächste Schritt kommt von selbst

Wenn Scan- oder Faxsysteme richtig eingerichtet sind, lassen sich weitere Schritte automatisieren:

- E-Mail-Filter und Regeln leiten gescannte Dateien automatisch weiter – z. B. an DUO zur Buchhaltung (siehe Abschn. 9) oder DocSys© zur Archivierung (siehe Abschn. 7).
- Überwachungsordner (Watchfolders) auf dem Server erkennen neue Dateien und starten Workflows.
- In DocSys© können eingescannte Dokumente direkt mit Aufgaben, Mitarbeitenden oder Geräten aus der Inventarliste verknüpft werden.
- Einige Systeme ermöglichen eine Vorkategorisierung (z. B. „Rechnung Labor", „Arztbrief"), um Dokumente automatisch einzuordnen.

So wird aus einzelnen Handgriffen ein wiederholbarer, zuverlässiger Ablauf – mit geringem Mehraufwand, aber großem Effekt.

Delegieren – Zuständigkeiten im Team klar festlegen

Damit diese Prozesse zuverlässig funktionieren, sind klare Rollen notwendig:

- Eine definierte Person im Team ist für das tägliche Scannen der Postdokumente verantwortlich.
- Der technische Ablauf (Scannereinstellungen, E-Mail-Weiterleitungen, Verzeichnisstruktur) wird initial durch die Geschäftsführung oder IT eingerichtet und regelmäßig überprüft.

- Die Verantwortung für die Weiterverarbeitung der eingehenden Dokumente liegt je nach Art beim entsprechenden Team – z. B. Buchhaltung, Verwaltung oder Qualitätsmanagement.

Klare Zuständigkeiten machen Digitalisierung verbindlich – und sorgen dafür, dass Technik im Alltag tatsächlich entlastet.

Fazit

Der Weg zur digitalen Praxis besteht nicht nur aus Software und Schnittstellen – sondern aus praktischen, strukturierten Lösungen für alltägliche Medienbrüche. Wenn Scanner, Faxgeräte und Posteingang sinnvoll eingebunden werden, entstehen durchgängige, nachvollziehbare Informationswege. Das spart Zeit, erhöht die Datensicherheit – und schafft eine solide Basis für eine moderne, effiziente Praxisorganisation.

2.7 Posteingang und Postscan: Briefpost ohne eigenen Scanneraufwand

Der Posteingang ist in vielen Praxen der letzte große Medienbruch: Briefe landen im Kasten, werden geöffnet, gescannt, als PDF umbenannt, in Akten oder DMS abgelegt – und das Papier anschließend archiviert oder vernichtet. Mit einem Postscan-Dienst lässt sich dieser gesamte analoge Teil in weiten Teilen aus der Praxis herausverlagern: Die gescannte Post kommt direkt als PDF in Ihr zentrales E-Mail-Postfach und wird von dort so verteilt, wie es in diesem Kapitel bereits für E-Mails und digitale Rechnungen beschrieben wurde.

Analysieren

Typischer Ist-Zustand in der Praxis:

- Post wird täglich geholt, geöffnet und vorsortiert.
- Jede Sendung, die digital weiterverarbeitet werden soll (z. B. KV-Schreiben, Rechnungen, Arztbriefe), wird manuell eingescannt.
- Die Scans müssen benannt, der richtigen Akte, dem richtigen Ordner oder dem DMS/DocSys© zugeordnet werden.
- Das Papier bleibt zunächst als „Sicherheit" liegen, wandert in Ordner oder wird irgendwann vernichtet.

Daraus entstehen:

- viel manueller Umgang mit Papier (öffnen, lochen, scannen, abheften),
- Zeitverluste zwischen Eingang und Bearbeitung,
- abhängige Abläufe, weil „die eine Person mit dem Scanner" alles wissen muss,
- und doppelte Ablagen (Papier + digital).

Die Frage lautet: Wenn E-Mail bereits Ihr Cockpit ist und Rechnungen digital eingehen – warum nicht auch die übrige Briefpost in derselben Logik bearbeiten?

<u>Digitalisieren</u>

Postscan-Dienste funktionieren im Kern immer gleich:

- Ihre Praxis erhält eine Scan-Adresse oder richtet einen Nachsendeauftrag ein.
- Die Post wird dort geöffnet und gescannt.
- Sie erhalten die Briefe als PDF-Dateien – meist gebündelt – direkt per E-Mail oder über ein Portal mit E-Mail-Benachrichtigung.

Für Ihre Praxis bedeutet das:

- Sie holen keine Post mehr ab.
- Sie öffnen und scannen nicht mehr selbst.
- Sie müssen sich nicht um Vernichtung oder Archivierung der Originalbriefe kümmern (das ist Teil der Dienstleistung).

Stattdessen:

- Die gescannten Briefe landen in Ihrem zentralen Praxispostfach.
- Von dort aus verteilen Sie sie – wie in den vorangehenden Abschnitten – in Patientenakte, DMS/DocSys, Finanzbuchhaltung oder Teampostfächer.

Damit wird der physische Briefkasten praktisch zu einem weiteren Eingangskanal Ihres digitalen E-Mail-Cockpits.

<u>Automatisieren</u>

Sobald die Post als PDF im E-Mail-Postfach ankommt, greifen dieselben Mechanismen, die Sie bereits für andere E-Mails nutzen:

- Regeln und Ordner
  - KV-/Kassenpost wird automatisch in einen Ordner „KV" verschoben.
  - Rechnungen von bekannten Absendern landen direkt im Ordner „Eingangsrechnungen" und durchlaufen Ihren digitalen Rechnungsworkflow.
  - Labor- oder Klinikpost kann in eigene Ordner oder Funktionspostfächer (z. B. *arzt@…*, *sprechstunde@…*) geleitet werden.
- Verknüpfung mit bestehenden Prozessen
  - Rechnungen werden genauso behandelt wie bereits beschriebene E-Rechnungen: prüfen, freigeben, an Steuerberatung/FiBu übergeben.
  - Patientenbezogene Schreiben werden aus der E-Mail heraus in die jeweilige Patientenakte oder das Dokumentenmanagement übernommen.

Der entscheidende Punkt: Sie brauchen keinen zusätzlichen manuellen Scanschritt mehr in der Praxis. Postscan „füttert" einfach das System, das Sie mit dem E-Mail-Cockpit und der digitalen Rechnungsverarbeitung bereits eingeführt haben.

<u>Delegieren</u>
Damit Postscan im Alltag funktioniert, braucht es klare Zuständigkeiten – ähnlich wie bisher beim physischen Postkorb:

- Zentrales Posteingangspostfach
  - Ein definiertes E-Mail-Konto (z. B. *posteingang@…*) dient als Sammelstelle für die gescannte Post.
  - Dieses Postfach wird täglich von einer verantwortlichen Person (Praxismanager:in oder leitende MFA) geprüft.
- Aufgabenverteilung
  - Wer ordnet KV-Post zu und legt sie ab?
  - Wer leitet Rechnungen in den FiBu-Prozess weiter?
  - Welche Dokumente müssen der Praxisleitung immer vorgelegt werden (z. B. Verträge, Mahnungen)?
- Klare Regeln, was über Postscan läuft
  - Zum Beispiel: alle allgemeinen Praxis- und Verwaltungsbriefe über den Scan-Dienst.
  - Besonders vertrauliche oder personalbezogene Post kann weiterhin direkt an die Praxisleitung adressiert werden.

Durch diese Delegation entsteht ein schlanker Prozess:

1. Post wird extern gescannt.
2. PDFs landen im zentralen E-Mail-Cockpit.
3. Das Team verteilt sie entlang der bereits etablierten digitalen Wege.

Fazit

Postscan passt nahtlos zu dem Prinzip „E-Mail als Cockpit": Statt in der Praxis zu öffnen, zu scannen, zu verteilen und zu vernichten, erhalten Sie die Briefpost bereits fertig als PDF im zentralen Posteingangsfach. Dort greifen die bekannten Regeln und Workflows – für Rechnungen, KV-Post, Patientenbriefe und Verwaltung. So verschwindet ein kompletter analoger Arbeitsschritt aus der Praxis, ohne dass Sie Ihre digitale Logik ändern müssen: Der Briefkasten wird einfach zu einem weiteren Eingangskanal Ihres bestehenden Systems.

2.8   Digitale Patientenkommunikation: effizient, sicher und patientennah

<u>Analysieren</u> – Kommunikationswege im Wandel
Patient:innen erwarten heute schnelle, flexible und digitale Möglichkeiten, mit ihrer Arztpraxis zu kommunizieren. Doch viele Praxen arbeiten weiterhin mit traditionellen Mitteln:

- Telefonische Erreichbarkeit ist begrenzt, Warteschleifen frustrieren.
- Termine und Rückfragen laufen unstrukturiert über das Telefon oder die Anmeldung.
- Rezept- oder Überweisungswünsche werden handschriftlich notiert, was fehleranfällig ist.
- Rückrufe oder Memos gehen verloren, weil es kein einheitliches System gibt.

Diese Medienbrüche und Engpässe wirken sich auf Effizienz, Patientenzufriedenheit und Teamentlastung aus.

<u>Digitalisieren</u> – Strukturierte digitale Zugänge schaffen

Digitale Patientenkommunikation ermöglicht es, Anfragen gezielt, effizient und nachvollziehbar zu erfassen. Dazu gehören:

- Onlineterminbuchungssysteme, die idealerweise direkt mit dem Arztpraxisprogramm verknüpft sind (z. B. x.webtermin© mit x.isynet©) – damit Termine automatisch im Kalender erscheinen
- Formulare auf der Praxiswebsite zur Bestellung von Rezepten oder Überweisungen
- Vorgeschaltete Telefonmailboxen, über die z. B. Rezeptwünsche als Sprachinformation aufgenommen und gebündelt bearbeitet werden können
- E-Mail-basierte Kommunikationskanäle, die strukturiert und weiterleitbar sind – z. B. info@, rezept@, termin@ etc.

So werden digitale Kommunikationswege nicht zum Selbstzweck, sondern zu einem echten Service.

<u>Automatisieren</u> – Effizienz durch intelligente Prozesse

Digitale Systeme lassen sich gezielt so gestalten, dass sie Team und Patienten gleichermaßen entlasten:

- Standardisierte Onlineformulare mit Pflichtfeldern vermeiden Rückfragen.
- Automatische Empfangsbestätigungen per E-Mail oder SMS schaffen Transparenz und Vertrauen.
- Digitale Rezeptbestellungen können automatisch einer Aufgabenliste oder einem Praxismodul zugeordnet werden.
- Webterminsysteme blockieren Zeitfenster automatisch, vermeiden Doppelbuchungen und reduzieren No-Shows, z. B.: x.webtermin©.
- Alle digitalen Anfragen (außer Telefon) können asynchron bearbeitet werden – das heißt:
- → nicht unter Zeitdruck, sondern zu frei wählbaren Zeitpunkten im Tagesverlauf,
- → genau dann, wenn Ressourcen im Team verfügbar sind.

Das spart Arbeitszeit, reduziert Stress und verringert gleichzeitig Fehlerquellen im Ablauf.

<u>Delegieren</u> – Klare Verantwortlichkeiten im Team

Damit digitale Kommunikation zuverlässig funktioniert, braucht es festgelegte Zuständigkeiten:

- Eine definierte Person oder ein kleines Team bearbeitet digitale Eingänge täglich oder mehrfach pro Tag.
- Technische Systeme (z. B. Formulare, Terminbuchungen) werden regelmäßig überprüft und gepflegt.
- Das Praxisteam wird aktiv geschult, um digitale Kanäle kompetent zu nutzen.
- Patient:innen werden gezielt auf die digitalen Möglichkeiten hingewiesen – z. B. per Terminkarte, Plakat, Website oder im Arztgespräch.

So entsteht ein Kommunikationssystem, das nicht nur technisch funktioniert, sondern auch organisatorisch verankert ist.

Fazit

Digitale Kommunikationswege sind mehr als ein Komfortmerkmal – sie sind ein Wettbewerbsvorteil, ein Qualitätsmerkmal und ein echter Beitrag zur Entlastung des Praxisalltags:

- Patient:innen werden aktiv eingebunden.
- Praxisteams werden entlastet, weil Anfragen strukturierter und automatisierbarer sind.
- Dokumentation und Nachvollziehbarkeit verbessern sich spürbar.
- Und: Digitale Kommunikation kann zeitlich flexibel bearbeitet werden – angepasst an die reale Taktung des Praxistages.

Eine gute digitale Kommunikation ist nicht laut, nicht komplex – sondern einfach, klar und wirksam. Sie macht das Team nicht schneller – sondern frei wählbar effizienter.

2.9   Qualitätsmanagement mit DocSys©: strukturiert, digital, wirksam

Qualitätsmanagement (QM) gehört zu den Anforderungen, mit denen sich jede Arztpraxis auseinandersetzen muss – egal ob freiwillig oder gesetzlich motiviert. Doch obwohl QM häufig mit Pflicht und Bürokratie assoziiert wird, steckt darin ein enormes Potenzial für Struktur, Sicherheit und Praxisentwicklung.

Mit DocSys© lässt sich QM nicht nur formal korrekt, sondern auch alltagstauglich, teamorientiert und digital umsetzen. Dieser Abschnitt zeigt, wie sich die zentralen Anforderungen des Qualitätsmanagements mithilfe der bereits etablierten DocSys©-Strukturen effizient organisieren lassen – nach dem bewährten ADAD-Prinzip.

<u>Analysieren</u> – Wo QM zum Problem wird

In vielen Praxen ist QM ein ungeliebtes Thema – aus nachvollziehbaren Gründen:

- QM-Ordner sind veraltet, unvollständig oder niemand weiß, wo sie stehen.
- Dokumente existieren in verschiedenen Versionen – auf Papier, im Netzlaufwerk, in E-Mails.
- Mitarbeitende haben keinen einfachen Zugriff – oder kennen die relevanten Inhalte nicht.
- Audits oder externe Prüfungen bedeuten hektisches Nacharbeiten statt routinierter Abläufe.
- Zuständigkeiten sind unklar, Rückfragen bleiben offen, Verbesserungsvorschläge versanden.

Dabei ist der Kern des QM nicht die Dokumentation selbst, sondern die gelebte Struktur – und genau hier setzt DocSys© an.

<u>Digitalisieren</u> – QM-Dokumente dort, wo sie gebraucht werden

Mit DocSys© wird Qualitätsmanagement digital, transparent und nutzbar:

- Zentrale Ablage von SOPs, Checklisten, Plänen und Nachweisen – versioniert und auffindbar.
- Rollenspezifische Zugriffsrechte: Mitarbeitende sehen nur, was für sie relevant ist.
- Lesebestätigungen für Pflichtdokumente wie Hygienestandards oder Notfallanweisungen.
- Verknüpfung mit anderen Modulen: z. B. Bedienungsanleitungen im Inventarmodul, QM-Pläne im Aufgabenbereich.
- Suchfunktion und Schlagwortlogik, um Informationen schnell zugänglich zu machen.

QM wird damit nicht nur abgelegt, sondern gelebt – durch einfache Zugänglichkeit und klare Struktur.

<u>Automatisieren</u> – Weniger Aufwand, mehr Wirkung

DocSys© ermöglicht auch im QM-Bereich gezielte Automatisierungsschritte:

- Automatische Erinnerungen zur Aktualisierung von Dokumenten, z. B. jährlich zu überprüfen.
- Versionskontrolle: Änderungen werden automatisch dokumentiert und nachvollziehbar gemacht.
- Delta-Anzeige: Mitarbeitende sehen nur, was sich im Vergleich zur vorherigen Version geändert hat.
- Pflichtlesungen mit Lesebestätigung: Compliance wird nicht nur eingefordert, sondern dokumentiert.
- Erinnerung an Aufgaben aus dem Verbesserungsmanagement oder internen Audits.

So bleibt QM aktuell – ohne dass jemand permanent daran denken muss.

<u>Delegieren</u> – Verantwortung für Qualität im Team verankern

Ein funktionierendes QM-System lebt von klaren Zuständigkeiten:

- Verantwortliche für einzelne QM-Bereiche (z. B. Hygiene, Diagnostik, Datenschutz) können definiert werden.
- Pflege der Dokumente durch Praxismanagerin oder benannte Mitarbeitende – mit Protokollierung.
- Verbesserungsvorschläge können direkt aus dem Ideenmanagementmodul übernommen werden.
- Mitarbeitende erhalten gezielte Aufgaben im Rahmen von QM-Initiativen – z. B. Kontrolle der Einhaltung bestimmter Abläufe.
- Audits und Selbstbewertungen werden vorbereitet, dokumentiert und archiviert – zentral und teamfähig.

DocSys© macht QM zur Teamaufgabe – strukturiert, transparent und delegierbar.

Reviewrhythmus – operativ steuern, strategisch justieren
Ziel: Wirksamkeit sichern ohne „Besprechungsmarathon". Pro Termin bearbeiten wir maximal drei Abweichungen – so bleibt der Fokus hoch und Maßnahmen werden tatsächlich umgesetzt.
Warum „max. 3"?

- Fokus statt Verzetteln: Drei Themen lassen sich mit klaren Maßnahmen sauber verfolgen.
- Mehr Durchsatz: Weniger Parallelbaustellen → schnellere Erfolge (WIP-Limit-Gedanke).
- Lernschleife schließen: Wirkung wird sichtbar und motiviert.

Takt und Rollen:

- Monatlich (30 min):
  1. Ampelblatt (8–10 Kennzahlen aus dem Kennzahlenraster) sichten.
  2. Top-3-Abweichungen wählen (hoher Impact, niedriger Aufwand).
  3. Pro Abweichung eine Maßnahmenkarte anlegen (*wer/was/bis wann*), SMART formuliert und KREOL-lösungsneutral.
- Quartalsweise (60–90 min): Trends und Wirkung prüfen (was wurde grün?), Zielwerte/Schwellen anpassen, Maßnahmenliste aktualisieren.
- Halbjährlich/Jährlich (strategisch): Portfoliocheck der Leistungen (siehe Abschn. 4.4.3) – investieren, halten, prüfen, abbauen.
- DocSys©: Ampelblatt, Maßnahmenkarten und Protokolle versioniert an einem Ort ablegen.

PDCA × ADAD – der Regelkreis hinter gelebtem QM

Idee: Qualität entsteht, wenn wir Ziele planen, Lösungen umsetzen, Wirkung prüfen und Standards nachziehen. ADAD ist dabei der operative Motor innerhalb des PDCA-Rahmens.

- Plan ↔ Analysieren: Ziel SMART formulieren, Kennzahl/Quelle festlegen, Hypothese notieren, Rolle(n) definieren (KREOL: lösungsneutral bleiben).
- Do ↔ Digitalisieren und Automatisieren: Datenfelder/Formulare anlegen, Schnittstellen nutzen, Erinnerungen/Regeln aktivieren, SOP-Entwurf erstellen.
- Check: Messwerte/Ampeln prüfen, Abweichungen begründen (Root Cause kurz festhalten), Evidenzen in DocSys© ablegen.
- Act ↔ Delegieren: SOP/Rollen anpassen, kurz schulen, Version freigeben – und die nächste Messung terminieren (Zyklus wiederholt sich).

Minibeispiel: *Erreichbarkeit 8–10 Uhr* → Ziel: Ø Wartezeit ≤ 3 min (grün). Do: Rückrufslot + Telefonrouting. Check: nach 4 Wochen Ø 4:10 min (gelb). Act: zusätzliche MFA 8:30–9:30, SOP aktualisieren, erneute Messung in 2 Wochen.

Praxisbeispiele: QM im Alltag mit DocSys©

- Ein neuer Hygieneplan wird erstellt, versioniert und mit Lesebestätigung versehen.
- Die zuständige MFA erhält automatisch die Aufgabe zur Kontrolle der Umsetzung.
- Das System erinnert jährlich an die Überprüfung – und dokumentiert die neue Version.
- Ein Vorschlag zur Verbesserung der Impfaufklärung wird aus dem Ideenmanagementmodul direkt in eine neue SOP überführt.
- Beim Audit sind alle Nachweise digital abrufbar – inkl. Lesebestätigungen und Änderungsverlauf.

Tab. 2.1 Übersicht QM-Themen

Bereich	Inhalte	Typische Dokumente (Beispiele)
Patientenversorgung	Diagnostik, Therapie, Notfall	SOP „Blutentnahme", Medikamentenplan, Behandlungspfade
Patientenrechte & Sicherheit	Aufklärung, Datenschutz, Hygiene	Einwilligung, Datenschutzkonzept, Hygieneplan
Personal & Fortbildung	Einarbeitung, Arbeitsschutz	Einarbeitungsplan, Unterweisungen, Fortbildungsnachweise
Organisation & Führung	Geräte, Delegation, Verantwortlichkeiten	Wartungsplan, Delegationsmatrix, Organigramm
Qualitätsentwicklung	Audits, Beschwerden, Ziele	QM-Zeitplan, Auditprotokolle, Maßnahmenplan

Eine Übersicht zentraler QM-Themen bietet Tab. 2.1.

Fazit

Mit DocSys© wird Qualitätsmanagement nicht zur Belastung, sondern zur echten Unterstützung im Praxisalltag. Die digitale Struktur ermöglicht Übersicht, Automatisierung und klare Verantwortlichkeiten – ohne Zettelwirtschaft oder Dauerchaos.

QM wird damit nicht nur erfüllt, sondern gelebt.

Eine Auswahl zentraler QM-Unterthemen findet sich in Tab. 2.2.

Tab. 2.2 QM-Unterthemen

Bereich	Unterthemen	Typische Inhalte	Beispiel-Dokumente
1. Patientenversorgung	Anamnese, Diagnostik, Therapie, Notfälle	• Dokumentation medizinischer Maßnahmen • Standardisierte Abläufe • Notfallmanagement	Anamnesebogen, Ablaufbeschreibung EKG, Blutentnahme, Notfallplan, Behandlungspfade (z. B. Diabetes Typ 2)
	Medikationssicherheit	• Medikationsplan • Umgang mit BTM	Medikamentenplan, Checkliste Multimorbidität, BTM-Dokumentation
	Hygiene	• Desinfektionsabläufe • Umgang mit Medizinprodukten	Hygieneplan, Händehygieneplan, Aufbereitungscheckliste, Temperaturüberwachung
2. Patientenrechte & -sicherheit	Aufklärung und Datenschutz	• Einwilligungsmanagement • Schweigepflicht • Datenverarbeitung	Einwilligungserklärung, Datenschutzerklärung, Entbindung Schweigepflicht
	Fehlermanagement	• Erkennung & Dokumentation von Risiken und Ereignissen	Fehler- und Ereignisdokumentation, FMEA-Analyse, SWOT-Analyse
	Patientenorientierung	• Umgang mit Beschwerden • Information & Kommunikation	Patienteninformationsblätter, Beschwerdeprotokoll
3. Mitarbeitende & Fortbildung	Personalmanagement	• Einstellung, Einarbeitung, Austritt • Arbeitszeiterfassung	Bewerbungscheckliste, Einarbeitungsplan, Zeiterfassungsbogen, Feedbackprotokoll
	Qualifikation & Weiterbildung	• Schulungsnachweise • Ausbildungsmanagement	Fortbildungsplan, Einweisungsnachweise, Ausbildungsplan MFA
	Teamstruktur	• Interne Kommunikation • Sitzungen	Teambesprechungsprotokolle
4. Führung & Organisation	Verantwortlichkeiten	• Praxisleitung & Delegation • Rollenverteilung	Organigramm, Delegationsliste ärztlicher Leistungen, Verantwortlichkeitsmatrix

(Fortsetzung)

Tab. 2.2 (Fortsetzung)

Bereich	Unterthemen	Typische Inhalte	Beispiel-Dokumente
	Geräte & Material	• Wartung & Kontrolle • Dokumentation von Technik	Geräteeinweisungen, Wartungspläne, Bestandsverzeichnis, Temperaturdokumentation
	Arbeitsschutz & Sicherheit	• Gefährdungs-beurteilungen • Hygiene & Brandschutz	Gefährdungsbeurteilung, Hautschutzplan, Brandschutzordnung
	Dokumenten-management	• Versionierung • Archivierung	QM-Dokumentation, SOPs mit Versionierung, Lesebestätigung
5. Qualitätsent-wicklung	Zieldefinition & -verfolgung	• Qualitätsziele • Maßnahmenpläne	Leitbild, Qualitätsziele, QM-Jahresplan, Verbesserungsmaßnahmen
	Evaluation & Audit	• Interne Prüfung • Feedbacksystem	Interner Auditbericht, Patientenbefragung, Mitarbeiterumfrage
	Dokumentation QM-System	• Aufbau & Pflege QM-Handbuch	QM-Handbuchstruktur, Zeitplan Pflege, Änderungsprotokolle

2.10 Raumplanung: Struktur schaffen, Abläufe erleichtern

Räume sind mehr als Wände und Türen – sie sind gebaute Abläufe. Eine durchdachte Raumplanung bzw. Raumnutzung sorgt dafür, dass Arbeit fließt, Wartezeiten sinken und Team wie Patient:innen sich wohlfühlen. Sie verbindet Organisation, Wirtschaftlichkeit und Atmosphäre – und bildet die architektonische Grundlage guter Praxisführung.

Gleichzeitig unterliegt sie rechtlichen und normativen Vorgaben: von Hygieneregeln über Arbeitsschutz bis zur Barrierefreiheit. Wer sie kennt und einhält, vermeidet spätere Umbaukosten und schafft langfristige Rechtssicherheit.

<u>Analysieren</u> – Abläufe und Rahmenbedingungen verstehen

Die Basis jeder Raumplanung ist die Analyse von Prozessen und Pflichten. Neben funktionalen Fragen („Wo entstehen Engpässe?") gehören dazu auch die äußeren Regeln, die den Praxisbetrieb bestimmen:

- Hygieneanforderungen (RKI, IfSG, HygMedVO der Länder): Trennung zwischen „reinen" und „unreinen" Bereichen, Handwaschplätze in jedem Behandlungsraum, glatte und desinfizierbare Oberflächen, adäquate Lüftung oder Klimatisierung
- Arbeitsschutz und DGUV-Vorgaben (DGUV Information 207-022): ausreichende Raumgröße, ergonomische Beleuchtung, Belüftung, Fluchtwege, Sicherheitsabstände bei Geräten und Laborarbeitsplätzen

- Barrierefreiheit (DIN 18040-1): stufenlose Zugänge, Mindestbreiten von Türen ($\geq$90 cm), Bewegungsflächen (150 × 150 cm) in Fluren und Sanitärräumen, kontrastreiche Beschilderung und Notrufsysteme
- Brandschutz und Arbeitsstättenverordnung (ASR A1.2, A3.6 ff.): Mindestraumhöhen, Sichtverbindungen, Fluchtweglängen, Fensterflächen, Notbeleuchtung

Diese Vorschriften sollten früh in die Planung einbezogen werden – am besten gemeinsam mit Fachplanern oder Architekt:innen, die Erfahrung mit medizinischen Betrieben haben.

<u>Digitalisieren</u> – Transparenz und Planungsdaten nutzen

Digitale Tools machen Raumplanung messbar und nachvollziehbar. Raumbelegungssoftware, CAD-Modelle oder sogar einfache Excel-Pläne helfen, Nutzungshäufigkeit, Wege und Terminlast sichtbar zu machen. Daten aus PVS-Statistiken (z. B. Terminverteilung, Diagnostikzeiten) können genutzt werden, um die räumliche Zuordnung zu optimieren – etwa, wann welcher Raum belegt ist und welche Wartezeiten entstehen.

Auch Dokumentationspflichten (z. B. Desinfektionsnachweise, Gerätekontrollen) lassen sich digital verwalten und an Räume koppeln – beispielsweise im DocSys-System, das in Abschn. 3 beschrieben wird.

<u>Automatisieren</u> – Raumfluss organisieren

Effizienz entsteht, wenn sich Räume gegenseitig ergänzen statt blockieren. Praxisbewährte Grundprinzipien:

- Zwei Räume pro Arzt:
- Während im ersten Raum behandelt wird, kann im zweiten bereits der nächste Patient vorbereitet werden. Dadurch entstehen flüssige Übergänge ohne Leerlauf.
- Getrennte Diagnostikbereiche:
- Untersuchungen wie EKG, Lungenfunktion, Belastungs- oder Laboruntersuchungen sollten nicht in den ärztlichen Sprechzimmern stattfinden.
- Sie blockieren sonst wertvolle Arztzeit und Raumkapazität – vor allem, wenn Geräte geteilt werden (z. B. Sonographie).
- Funktionszonen bilden:
- Anmeldung, Diagnostik, Behandlung, Verwaltung und Sozialräume sollten als klar getrennte Einheiten angelegt sein.
- Häufig genutzte Wege (Arzt ↔ MFA ↔ Labor) bleiben kurz, Patientenwege nachvollziehbar.

<u>Delegieren</u> – Verantwortung und Atmosphäre gestalten

Räume strukturieren nicht nur Prozesse, sondern auch Führung. Wenn jeder Funktionsraum klar zugeordnet ist, entstehen Verantwortung und Routine.

- Raumverantwortung: Jede Zone hat eine zuständige Person für Ordnung, Material und Hygienechecklisten.

- Sozialräume: Ein freundlicher Aufenthaltsraum ist kein Luxus, sondern Kulturpflege.
- Gute Stimmung, kurze Pausen und informeller Austausch erhöhen Teamzufriedenheit und senken Fluktuation.
- Besprechungs- und Schulungsräume: fördern interne Kommunikation, QM-Meetings und Patientenschulungen.

Damit werden Räume zu Werkzeugen der Delegation – sichtbar, klar, verbindlich.

Fazit

Raumplanung in der Arztpraxis ist Praxisführung in Architekturform. Sie kombiniert Prozessverständnis mit Normenkenntnis. Wer die äußeren Rahmenbedingungen (RKI, DGUV, DIN 18040, Arbeitsstätten- und Hygieneverordnungen) beachtet, schafft Sicherheit; wer gleichzeitig Arbeitsflüsse und Teamkultur integriert, schafft Effizienz und Zufriedenheit.

So wird aus Raumgestaltung echte Organisationsentwicklung – messbar in Qualität, Motivation und Wirtschaftlichkeit.

2.11   Bestellsystem und Terminorganisation

Struktur statt Wartezimmerchaos

Ein funktionierendes Bestellsystem ist weit mehr als ein organisatorisches Detail – es ist die Grundlage für ruhige Abläufe, zufriedene Patienten und ein entspanntes Praxisteam. Ob Hausarzt oder Facharztpraxis: Termine bestimmen den Takt des Tages. Und wie gut dieser Takt funktioniert, entscheidet über Effizienz, Atmosphäre und Wirtschaftlichkeit.

Analysieren – Wo liegen unsere Zeitfallen?

Ein gutes Terminmanagement beginnt mit Beobachtung. Welche Termine verursachen regelmäßig Wartezeiten? Wo staut es sich? Welche Patienten erscheinen ohne Termin oder sagen kurzfristig ab?

Hilfreiche Leitfragen:

- Wie hoch ist die durchschnittliche Wartezeit pro Patient?
- Wie viele Termine werden täglich vergeben – und wie viele davon werden wahrgenommen?
- Welche Zeitfenster sind regelmäßig überlastet, welche untergenutzt?
- Gibt es „kritische Kombinationen" (z. B. mehrere zeitintensive Untersuchungen hintereinander)?
- Wie unterscheidet sich der Ablauf zwischen Routine- und Akutfällen?

Die Analyse sollte sich an den Zielgruppen und Fachrichtungen orientieren:

- Hausärztliche Praxen haben ein höheres Akutaufkommen und benötigen flexible Pufferzeiten.
- Fachärztliche Praxen können meist stärker terminorientiert planen, müssen aber Spezialfälle oder Notfälle einkalkulieren.

Praxisbeispiel – Sprechzeiten einer hausärztlichen Praxis:
Terminsprechstunde:
Montag–Freitag 7.30–10.00 Uhr
Montag 16.00–16.45 Uhr, Dienstag und Donnerstag 15.00–16.30 Uhr
Akutsprechstunde:
Montag–Freitag 10.00–11.30 Uhr
Montag 17.00–18.00 Uhr, Dienstag und Donnerstag 16.30–17.15 Uhr
In der Terminsprechstunde werden geplante Untersuchungen (z. B. DMP, Check-up, Sonographie) durchgeführt, in der Akutsprechstunde ausschließlich akute Beschwerden behandelt.
Diese klare Trennung schafft Transparenz für Patienten und Team – und reduziert Reibungsverluste.

Lean-Quick-Check (10 min) – Warum und wie wir Staus sichtbar machen
Warum überhaupt? Ein kurzer, regelmäßiger Lean-Check bringt spürbare Effekte mit minimalem Aufwand:

- Kürzere Wartezeiten und höhere Termintreue → bessere Patientenerfahrung.
- Weniger Nacharbeit/Fehler → entlastet das Team, schafft Zeitfenster
- Planbarkeit und Ruhe im Ablauf → weniger Stressspitzen an Anmeldung/ Diagnostik
- Messbare Kleingewinne jede Woche → ADAD wird gelebte Routine (Analysieren → Digitalisieren/Automatisieren → Delegieren)

Was bedeutet „Lean"? *Lean* heißt: Wert für Patient:innen schaffen – ohne Verschwendung. Im Praxisalltag: flüssige Wege, klare Standards, kurze Durchlaufzeiten. Wichtig: Lean ist kein Personalabbau, sondern Verschwendungsabbau.
Die 7 Arten der Verschwendung (TIMWOOD) – mit Praxisbeispielen:

1. Transport – Papierbefunde/EKG-Ausdrucke wandern durchs Haus.
2. Inventory (Bestände) – übervolle Rückruflisten, ungesichtete Befunde.
3. Motion (Bewegung) – MFA läuft für jede Impfdokumentation zum Drucker.
4. Waiting (Warten) – Patient:innen warten auf Räume/Arzt, Team auf Freigaben/ Befunde.
5. Overproduction (Überproduktion) – doppelte Erinnerungen, „Sicherheits"-Ausdrucke.

6. Overprocessing (Überbearbeitung) – doppelte Dokumentation (Papier und PVS), manuelle Überträge.
7. Defects (Fehler/Nacharbeit) – falsche Terminart, fehlende Unterlagen, Doppeltermine.

So geht der 10-Minuten-Check:

1. Einen Datenpunkt wählen: z. B. Ø-Wartezeit, No-Show-Quote, Überziehungen.
2. Mit TIMWOOD scannen: Wo sehen wir heute die größte Verschwendung? (max. 2 Stichpunkte).
3. Engpass priorisieren: hoher Impact, niedriger Aufwand zuerst.
4. Minimaßnahme definieren (1-Woche-Häppchen): Ziel SMART formulieren, Weg KREOL-lösungsneutral lassen.
5. Standard festlegen: z. B. „Ergo-Patient 15 min vor Termin im Raum", „Nicht zwei Sono hintereinander".
6. Wirksamkeit messen: Ampel nach 1 Woche (grün/gelb/rot) + Kurznotiz in DocSys©.

Wenn die Ursache unklar ist: Optional 7M-Ursachendiagramm nutzen: *Mensch, Methode, Maschine, Material, Milieu/Umgebung, Messung, Management* – je Kategorie kurz mögliche Ursachen sammeln.

Minibeispiele (1-Woche-Maßnahmen):

- Recall-SMS auf T-24 h (statt T-48) umstellen.
- Zeitlicher Puffer vor „Sono lang" von 5 auf 10 Minuten verlängern für reibungslosen Ablauf.
- Akutfenster morgens dynamisch nach gestriger Auslastung anpassen.
- Checkliste „Unterlagen vollständig?" an der Terminannahme.

<u>Digitalisieren</u> – Struktur sichtbar machen

Ein modernes Bestellsystem lebt von klaren, digital abgebildeten Regeln. Das bedeutet: Terminarten, Räume und Zeiten müssen im Praxisverwaltungssystem (PVS) eindeutig definiert und nachvollziehbar sein.

Digitale Bausteine:

- Standardisierte Terminarten (z. B. „Sonographie 15 min", „DMP 15 min", „Blutabnahme 5 min")
- Zeitpuffer für Vor- und Nachbereitung:
  - z. B. keine zwei Sonographien direkt hintereinander

- Ergometriepatienten 15 min vor Terminbeginn einbestellen
- Verknüpfung mit Räumen und Geräten: Sono-Raum, EKG, Labor – damit Ressourcenplanung automatisch erfolgt
- Onlineterminbuchung mit automatischer Zuordnung zu Terminarten
- Erinnerungssysteme (SMS, E-Mail) zur Reduktion von No-Shows

Auch klassische Hilfsmittel bleiben wichtig:

- Erinnerungszettel bei mündlicher Terminvergabe
- Farbcodierte Kalenderansichten zur sofortigen Übersicht

So wird aus einem Kalender ein steuerbares Organisationsinstrument.

Automatisieren – Routinen mitdenken

Viele Abläufe wiederholen sich täglich – und eignen sich perfekt zur Automatisierung:

- Automatische Terminerinnerung am Vortag per SMS oder E-Mail
- Automatische Absagefunktion („Termin stornieren")
- Tagesprotokolle: Anzeige, wer erschienen, verspätet oder nicht gekommen ist
- Dynamische Akutfenster: Das System öffnet oder schließt Akuttermine je nach Auslastung

Einige PVS bieten zusätzlich intelligente Steuerungen:

- Warnhinweis, wenn zwei lange Untersuchungen direkt aufeinanderfolgen
- Zeitstempelerfassung, wenn ein Termin gestartet oder abgeschlossen wird (zur Laufzeitanalyse)
- Automatische Raumzuweisung, wenn ein Gerät frei wird

Diese kleinen, konsequent genutzten Automationen machen aus Terminplanung ein Regelwerk statt Bauchgefühl.

Delegieren – Verantwortung im Team verankern

Ein Bestellsystem funktioniert nur, wenn es von allen getragen wird. Delegation bedeutet hier: Die Verantwortung für Planung und Einhaltung wird auf mehrere Schultern verteilt.

Rollen im Terminmanagement:

- MFA „Anmeldung": Erstkontakt, Terminzuordnung, Kommunikation mit Patienten
- MFA „Diagnostik": Überprüfung, ob Räume und Geräte vorbereitet sind
- Ärztin/Arzt: Steuerung komplexer Fälle, medizinische Priorisierung
- Teamleitung: regelmäßige Auswertung der Terminqualität (z. B. wöchentlicher Kurzcheck „Was lief gut, was staut sich?")

Regeln definieren, z. B.:

- Welche Termine dürfen MFA selbst vergeben?
- Wie werden Akuttermine eingestreut?
- Wie geht das Team mit verspäteten oder vorzeitigen Patienten um?
- Wer darf bei Konflikten im Tagesplan umstrukturieren?

Klare Regeln schaffen Sicherheit – und verhindern, dass Terminmanagement zur Dauerbaustelle wird.

Fazit

Ein Bestellsystem nach ADAD-Logik ist keine starre Tabelle, sondern ein lernendes System.

- Analysieren deckt Zeitfallen und Engpässe auf.
- Digitalisieren schafft Transparenz und Struktur.
- Automatisieren entlastet von Routineaufgaben.
- Delegieren verteilt Verantwortung fair und effektiv.

So entsteht ein Terminmanagement, das Praxisräume, Personal und Patientenfluss optimal synchronisiert – und aus Wartezimmerchaos wieder geordneten Praxisalltag macht.

2.12 Verwaltung mit System: unsichtbar, aber wirksam

Die allgemeine Verwaltung ist das Fundament jeder funktionierenden Arztpraxis. Auch wenn sie im Hintergrund abläuft, entscheidet sich genau hier, ob ein Team reibungslos arbeiten kann – oder ob der Alltag immer wieder ins Stocken gerät.

Dieses Kapitel hat gezeigt, wie sich typische Verwaltungsprozesse mit einfachen digitalen Mitteln strukturieren, automatisieren und delegieren lassen: von E-Mail-Organisation über Lohnabrechnung, Dokumentenverwaltung und Aufgabensteuerung bis hin zur Finanzbuchhaltung und Patientenkommunikation.

Dabei wird deutlich: Digitalisierung ist kein Selbstzweck – sie dient dazu, Zeit, Klarheit und Energie für das Wesentliche freizusetzen. Und das beginnt nicht mit neuen Programmen, sondern mit klugen Strukturen.

Im nächsten Kapitel widmen wir uns deshalb genau diesem Wesentlichen: der medizinischen Versorgung und den Arbeitsprozessen im Sprechzimmer.

Digitale Werkzeuge im Überblick

Die Übersicht in Tab. 2.3 zeigt, welche digitalen Tools in der Beispielpraxis für welche Aufgaben im Bereich Verwaltung, Organisation und Personal genutzt werden.

Tab. 2.3 Digitale Werkzeuge

DocSys *Interne Struktur*	DATEV© UnternehmenOnline© *Externe Struktur*	DATEV© ArbeitnehmerOnline© *Mitarbeiterzugang*
Urlaubsplanung	Lohnbuchhaltung	Digitale Lohnabrechnungen
Krankheits- und Abwesenheitsdokumentation	Finanzbuchhaltung (Belegupload, Rechnungsläufe)	Lohn- und Gehaltsnachweise
Arbeitszeit- und Überstundenkonten	Digitale Lohnüberweisung (Sammelüberweisung möglich)	Sozialversicherungs- und Steuerdokumente
Mitarbeiterdokumente (Verträge, Anweisungen)	Controlling: Personalkosten, Lohnentwicklungen	Persönliches Mitarbeiterpostfach
Interne Kommunikation & Gesprächsdokumentation	Schnittstelle zur Steuerkanzlei	Jederzeitiger Onlinezugang für Mitarbeitende
Controllingübersichten (intern)		
Inventarliste & Geräteverwaltung		
Ideenmanagement & Feedbacksammlung		
Wissens- & Dokumentenmanagement		

Weiterführende Literatur

Bertagnolli, F. (2018): *Lean Management*. Springer.

Glasl, F.; Lievegoed, B. (1993): *Dynamische Unternehmensentwicklung*. Haupt.

Hammer, M.; Champy, J. (1996): *Reengineering the Corporation*.

Kaplan, R. S.; Norton, D. P. (1997): *Balanced Scorecard – Strategien erfolgreich umsetzen*.

Laloux, F. (2015): *Reinventing Organizations: Ein Leitfaden zur Gestaltung sinnstiftender Formen der Zusammenarbeit*. Vahlen.

Robertson, B. (2016): *Holacracy – Ein revolutionäres Management-System für eine volatile Welt*. Vahlen.

Scharmer, C. O. (2009): *Theorie U. Von der Zukunft her führen*. Carl-Auer.

Schein, E. H. (2010): *Organisationskultur – The Corporate Culture Survival Guide*. EHP.

Wagner, K.; Patzak, G. (2020): *Performance Excellence*. Hanser.

Abrechnung nach EBM: Wirtschaftlichkeit durch Klarheit

3

Die EBM-Abrechnung ist das wirtschaftliche Rückgrat jeder hausärztlichen Praxis – und gleichzeitig eine der größten Fehlerquellen im Alltag. In kaum einem Bereich liegen Potenzial und Frustration so nah beieinander. Die korrekte Zifferndokumentation entscheidet darüber, ob Leistungen angemessen vergütet werden oder unbemerkt durch das Raster fallen. Und doch bleibt das Thema häufig eine Blackbox: komplex, unübersichtlich, fehleranfällig.

Der Grund dafür liegt nicht in mangelndem Willen, sondern in der Praxisrealität: Zwischen Sprechzimmer, Dokumentation, Verwaltung und Zeitdruck bleibt oft wenig Raum, sich systematisch mit dem Thema EBM auseinanderzusetzen.

Häufige Probleme sind:

- Vergessene Ziffern trotz erbrachter Leistung
- Unklare Regeln bei Gesprächsleistungen oder Pauschalen
- Fehlende Transparenz bei DMP oder Laborabrechnung
- Technisch ungenutzte Daten in der Praxissoftware
- Geringe Automatisierung bei der Ziffernprüfung
- Verpasste Boni durch nicht angesetzte Ausnahmekennziffern

Hinzu kommt: Die endgültige Auszahlung der Kassenärztlichen Vereinigung (KV) erfolgt mit erheblichem zeitlichem Versatz – oft erst mehrere Monate nach Quartalsende. So kann die Restzahlung für das erste Quartal eines Jahres beispielsweise erst im Juli auf dem Praxiskonto eingehen. Das erschwert nicht nur die Liquiditätsplanung, sondern verzögert auch die wirtschaftliche Auswertung und Steuerung.

Ein weiterer Aspekt: In vielen Arztpraxen liegt der Großteil des Umsatzes im GKV-Bereich. In einem typischen Praxisbeispiel ergibt sich häufig ein Verhältnis von etwa 3:1

zugunsten der gesetzlichen Krankenversicherung. Das unterstreicht, wie entscheidend eine strukturierte und vollständige EBM-Abrechnung für die wirtschaftliche Stabilität ist.

Dieses Kapitel will genau hier ansetzen: praktisch, konkret und mit System. Es zeigt, wie die EBM-Abrechnung nicht nur korrekt, sondern wirtschaftlich sinnvoll gestaltet werden kann – ohne Zusatzaufwand, aber mit Struktur.

Der Fokus liegt auf typischen Schwachstellen und den Potenzialen, die sich aus einem besseren Zusammenspiel von medizinischer Dokumentation, Softwareunterstützung und klaren Zuständigkeiten ergeben. Jedes Unterkapitel folgt dabei einer erprobten Logik:

Analysieren – Digitalisieren – Automatisieren – Delegieren

Ob Gesprächsziffer, Laborwert oder Selektivvertrag – wer die zugrunde liegenden Prinzipien versteht und gezielt Werkzeuge einsetzt, kann mit vertretbarem Aufwand spürbar bessere Abrechnungsergebnisse erzielen.

3.1 Werkzeugkasten: Prüfregeln, One-Click-Button und PVS-Umsetzung

3.1.1 Warum Technik zuerst: So nutzen sie dieses Kapitel

Dieses Kapitel ist als Arbeitskapitel gedacht: Sie können es am Stück lesen – oder gezielt als Nachschlagewerk nutzen, wenn Sie eine Ziffer „absichern" möchten. Der Fokus liegt nicht auf theoretischer EBM-Systematik, sondern auf einem praxistauglichen Vorgehen: Leistungen, die korrekt erbracht und dokumentiert sind, sollen auch zuverlässig in der Abrechnung landen.

Viele Honorarverluste entstehen nicht, weil „falsch gearbeitet" wurde, sondern weil sich im Alltag kleine Lücken einschleichen: Ein Kontakt wird dokumentiert, aber die passende Pauschale wird nicht angesetzt; eine Voraussetzung ist erfüllt, aber der Zuschlag wird übersehen; eine Laborleistung ist erbracht, aber der Abrechnungsschritt wird nicht konsequent nachgehalten. Genau hier setzt der Werkzeugkasten an.

In den folgenden Unterkapiteln arbeiten wir mit drei wiederkehrenden Bausteinen:

1. WENN–DANN-Prüfregeln (Logik statt Bauchgefühl)

Eine Prüfregel bildet eine einfache Abrechnungslogik ab: WENN eine oder mehrere Voraussetzungen erfüllt sind, DANN sollte eine Ziffer geprüft, ergänzt oder begründet ausgeschlossen werden. Die Regeln sind bewusst als „prüfen"-Regeln formuliert – nicht als Automatismus. Denn ob eine GOP berechnungsfähig ist, hängt immer auch von Dokumentation, Kontext und regionalen Besonderheiten ab.

2. Listen/Abfragen (Batch-Prüfung statt Einzelfallsuche)

Viele Fragestellungen lassen sich besser in einer Liste prüfen als in der einzelnen Akte: „Welche Patient:innen hatten einen Kontakt, aber keine Versichertenpauschale?" oder

„Wo wurde ein bestimmter Befund dokumentiert, ohne dass die passende Leistung auftaucht?" arbeiten typischerweise mit Kriterien wie Zeitraum (z. B. Quartal), „muss enthalten"/„darf nicht enthalten" sowie optionalen Zusatzfiltern (Alter, ICD, Kontaktart, Dokumentations- oder Laborhinweise).

3. One-Click-Buttons (Entscheidung im Moment des Kontakts)

Manche Prüfungen sind am wirksamsten genau dann, wenn die Akte geöffnet ist: Ein kurzer Systemhinweis oder ein Button erinnert an eine typische Konstellation – und reduziert das Risiko, dass eine Leistung erst Wochen später beim Quartalsabschluss auffällt. One-Click ist kein Selbstzweck, sondern eine gezielte Entlastung für wiederkehrende, klare Situationen.

Damit Sie die Prüflogiken im weiteren Verlauf schnell erfassen können, sind die Regeln im Text einheitlich aufgebaut. Sie finden dabei häufig Kombinationen aus:

- Voraussetzung (WENN): z. B. Karte eingelesen, persönlicher Arzt-Patienten-Kontakt, definierte Dokumentation (Gespräch, Vitalwerte, Befund), Labor-/Diagnostikeintrag, ICD, Altersgrenze,
- Zusatzbedingungen (UND/ODER): z. B. nur im aktuellen Quartal, nur bei bestimmten Patientengruppen, nur bei wiederholten Kontakten,
- Ausschluss (OHNE/darf nicht enthalten): z. B. Ziffer wurde bereits abgerechnet, Pseudoziffer ist gesetzt, bestimmte Konstellation liegt vor,
- Aktion (DANN): „Ziffer prüfen", „Zuschlag prüfen", „Dokumentation ergänzen" oder „Regelkonstellation ausschließen und begründen".

Wichtig: Die technische Umsetzung variiert je nach Praxissoftware, Version und Freischaltungen. Menünamen und Masken können unterschiedlich heißen – das Prinzip bleibt identisch. Entscheidend ist nicht, ob Ihr System exakt die gleichen Begriffe nutzt, sondern ob Sie die Logik als Prüfroutine in Ihrer Praxis abbilden: als Hinweis in der Akte, als regelmäßige Liste oder als standardisierten Schritt im Quartalsabschluss.

Damit die Werkzeuge im Alltag wirken, brauchen sie außerdem klare Zuständigkeiten. Bewährt hat sich eine einfache Rollenlogik:

- Praxisleitung/ärztliche Verantwortung: definiert die inhaltlichen Regeln (wann ist eine GOP plausibel), entscheidet bei Grenzfällen.
- Abrechnungsverantwortliche/r im Team: pflegt und aktualisiert Regeln, sammelt typische Fehlerbilder, organisiert das Quartals-Closing.
- MFA/Praxismanagement: führt Listenprüfungen zu festgelegten Zeitpunkten durch (z. B. monatlich, vor Quartalsende), bereitet auffällige Fälle vor.

Im Anschluss an diesen Werkzeugkasten folgen die wichtigsten Pauschalen und Ziffernkonstellationen in der bekannten Systematik: Sie finden pro Thema eine klare Einordnung, konkrete WENN–DANN-Prüfregeln und Hinweise zur digitalen Absicherung – mit dem Ziel, dass Sie die Logik direkt auf Ihre eigene Praxis übertragen können.

3.1.2 Technische Umsetzung: Was die Praxissoftware kann (und was nicht)

Im Gegensatz zu DMP und GKV-Standardformularen werden für Selektivverträge nicht die KBV-/bundeseinheitlichen Muster genutzt. Die Krankenkassen stellen eigene Einschreibeformulare bereit. Diese sind in der Praxissoftware nicht hinterlegt und müssen manuell verwaltet werden.

Standardisiert: DMP (siehe Abschn. 3.9)

- Automatische Einschreibeverwaltung, Fristenüberwachung, Dokumentenübertragung und Ziffernvorschläge sind in vielen PVS bereits fest implementiert.

Individuell: alle anderen Selektivverträge (siehe Abschn. 3.10)

- Keine tiefgreifende technische Unterstützung
- Eigene Lösungen notwendig, z.B.: Dokumentenmanagement über Wordschnittstellen

Viele Arztsysteme bieten eine Arztbrief-Funktion mit Word-Vorlagen. Hier können Sie Einschreibeformulare als Word-Vorlage hinterlegen. So können Stammdaten direkt eingefügt werden.

Tipp: Falls das Einschreibeformular nur als PDF vorhanden ist: Konvertierung über Onlinetools wie „PDF to Word".

3.1.3 Prüfregeln und Listenabfragen: WENN–DANN als Prüfliste (Batch)

Prüfregeln sind der Kern des Werkzeugkastens. Sie übersetzen Abrechnungslogik in eine einfache, wiederholbare Struktur – und machen damit aus „Bauchgefühl" eine systematische Kontrolle.

Das Grundmuster lautet:

WENN bestimmte Voraussetzungen erfüllt sind,

DANN sollten Sie eine Ziffer prüfen, ergänzen oder begründet ausschließen.

Wichtig ist das Wort prüfen: Eine Prüfregel ist kein „Abrechnungsautomat". Sie ist ein Hinweis darauf, dass eine Konstellation typischerweise zu einer Ziffer passt – oder dass etwas ungewöhnlich ist und kontrolliert werden sollte. Ob eine GOP tatsächlich berechnungsfähig ist, hängt immer auch von Dokumentation, Kontext und regionalen Besonderheiten ab.

Warum Listenabfragen so wirksam sind

Viele Prüfungen funktionieren als Liste besser als im Einzelfall. Denn im Alltag ist nicht das Wissen das Problem, sondern die Konsequenz: Eine klare Liste ermöglicht es, in festen Routinen zu arbeiten (z. B. wöchentlich, monatlich oder vor Quartalsabschluss), statt am Ende des Quartals hektisch „alles irgendwie" zu prüfen.

Eine Listenabfrage ist damit die Batch-Variante der Prüfregel: Das System sucht alle Fälle bzw. Abrechnungsscheine, die die Voraussetzungen erfüllen, und stellt sie als bearbeitbare Prüfliste bereit.

So denkt man Prüfregeln in einer Praxissoftware (prinzipiell)
Unabhängig vom konkreten PVS folgen die meisten Systeme demselben Muster. Eine Abfrage kombiniert Folgendes:

- Zeitraum (z. B. aktuelles Quartal)
- „Muss enthalten" (Voraussetzungen, die erfüllt sein müssen)
- „Darf nicht enthalten" (Ausschlusskriterien, z. B. „Ziffer ist bereits abgerechnet")
- Optional Zusatzfilter (Alter, Kontaktart, ICD, Marker/Pseudoziffern, Dokumentationshinweise)
- Ausgabe/Ergebnisliste (die Fälle, die Sie prüfen)

Das Ziel ist nicht Perfektion, sondern Treffsicherheit: Lieber wenige, klare Regeln, die regelmäßig genutzt werden, als ein theoretisch perfektes Regelwerk, das im Alltag niemand öffnet.

Praxisbeispiel
Hinweis: Bezeichnungen, Masken und Klickpfade können je nach System variieren.
WENN–DANN-Prüfregel
WENN eine Verordnung nach ATC Code B01AA zwischen Quartalsanfang und Quartalsende ODER eine Verordnung nach ATC Code B01AF01 zwischen Quartalsanfang und Quartalsende erfolgte
OHNE die zugehörige Ausnahmekennziffer 32015,
DANN soll der Fall in einer Prüfliste erscheinen („32015 prüfen").
Umsetzung als Prüfliste/Abfrage (Batch-Prüfung)

- Zeitraum: aktuelles Quartal (oder definierter Zeitraum)
- Muss enthalten: Verordnung/Medikation mit ATC B01AA oder B01AF01
- Darf nicht enthalten: Ausnahmekennziffer 32015
- Ausgabe: Patient, Datum/Quartal, ggf. Verordnungs-/Medikationshinweis

Die Abfrage erzeugt eine Patientenliste (Abb. 3.1), die Sie strukturiert abarbeiten (z. B. monatlich und vor Quartalsabschluss):
Pro Fall prüfen Sie, ob die Voraussetzungen für 32015 vorliegen und dokumentiert sind. Falls ja: Ziffer ergänzen. Falls nein: bewusst ausschließen und Begründungslogik dokumentieren.

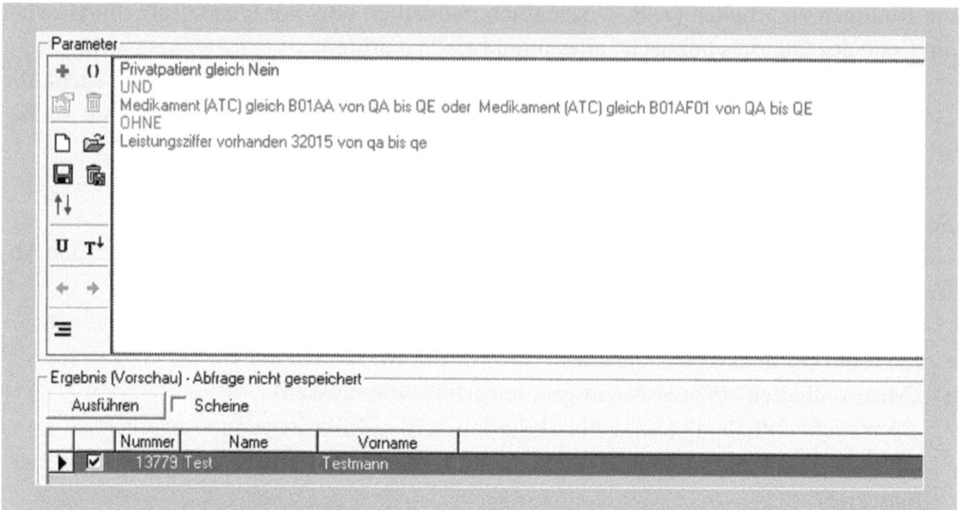

Abb. 3.1. Patientenliste © MedaTixx

Praxistipps: So werden Prüfregeln alltagstauglich

- Starten Sie klein: Beginnen Sie mit 5–10 Regeln, die häufig vorkommen und finanziell relevant sind.
- Benennen Sie Regeln eindeutig: z. B. „AKN 32015 prüfen", „Chroniker-Zuschlag prüfen", „Kontakt ohne VP prüfen".
- Planen Sie die Routine: Wer arbeitet die Liste ab – und wann (z. B. wöchentlich, vor Quartalsende, vor Quartalsabschluss; siehe Abschn. 3.1.8)?
- Pflegen Sie die Regeln: Jede Regel sollte gelegentlich überprüft werden: Trifft sie zu oft (zu viele Fehlalarme) oder zu selten (zu eng)?
- Trennen Sie Inhalt von Technik: Die inhaltliche Regel („Wann wäre eine Ziffer plausibel?") bleibt ärztliche Verantwortung; die technische Pflege kann delegiert werden.

Damit sind Prüfregeln und Listenabfragen der stabile Unterbau Ihres Systems. Sobald eine Regel zuverlässig funktioniert und regelmäßig benötigt wird, lohnt sich der nächste Schritt: die gleiche Logik als Echtzeitprüfung beim Patientenaufruf – also als One-Click.

3.1.4 One-Click: WENN–DANN-Prüfregel „am Patienten" statt erst im Quartalsabschluss

One-Click-Buttons sind kein „Komfortfeature", sondern die sichtbare Spitze einer WENN–DANN-Prüfregel: Im Hintergrund läuft eine definierte Logik (z. B. „WENN X dokumentiert ist UND Y fehlt, DANN prüfen"). Diese Regel wird automatisch beim Patientenaufruf ausgeführt – und nur wenn sie triggert, erscheint in der Oberfläche ein Hinweis oder ein Button.

Der entscheidende Vorteil: Die Prüfung findet im richtigen Moment statt – genau dann, wenn Dokumentation, Leistungserfassung und Korrektur ohne Suchaufwand möglich sind. So wird aus einer abstrakten Regelprüfung eine konkrete Handlung: „Hier ist wahrscheinlich etwas unvollständig – bitte jetzt prüfen."

Konzeptuell besteht ein One-Click-Button immer aus drei Schichten:

Regel (Logik): die WENN–DANN-Struktur – meist als Abfrage mit „muss enthalten"/ „darf nicht enthalten", Zeitraum und optionalen Filtern (Pseudoziffern, Dokumentmarker etc.).

Trigger (Zeitpunkt): Die Prüfung wird gezielt bei einem Ereignis ausgeführt (z. B. beim Aufruf der Karteikarte). Aus Quartalskontrolle wird eine Echtzeiterinnerung im Alltag.

Aktion (One-Click): Der Hinweis bietet eine direkte Anschlussaktion – z. B. Öffnen einer passenden Ansicht, Sprung in den Abrechnungskontext oder Vorschlag zur Ergänzung.

Damit wird das zentrale Prinzip dieses Kapitels technisch greifbar: Nicht die Abrechnung „nacharbeiten", sondern die Abrechnungslogik in den Prozess einbauen. One-Click ist die Brücke zwischen WENN-DANN-Prüfregel und Alltag (ein Klick im richtigen Moment).

Praxisbeispiel (technisch, PVS-/konfigurationsabhängig)
Hinweis: Bezeichnungen, Masken und Klickpfade können je nach System variieren. Ziffern-/Vertragslogik bitte regional/vertraglich prüfen.
WENN–DANN-Prüfregel

- WENN eine Verordnung nach ATC Code B01AA zwischen Quartalsanfang und Quartalsende ODER eine Verordnung nach ATC Code B01AF01 zwischen Quartalsanfang und Quartalsende erfolgte UND
- WENN die zugehörige Ausnahmekennziffer 32015 fehlt,
- DANN erscheint beim Patientenaufruf ein One-Click-Button „32015 AKN NOAK/AOK".

Trigger (Zeitpunkt)

- Ausführung der Prüfung beim Aufruf der Karteikarte/des Patienten (Echtzeithinweis statt Quartalskontrolle).

Aktion (One-Click)

- Klick führt direkt in den passenden Abrechnungskontext zur Ergänzung der Ziffer bzw. zur Dokumentation der Begründung.
- Optional (falls im System so umgesetzt): Klick löst eine direkte Aktion aus (z. B. L:32015; L steht für Leistungsziffer) und trägt die Ziffer ein (Abb. 3.2 und 3.3).

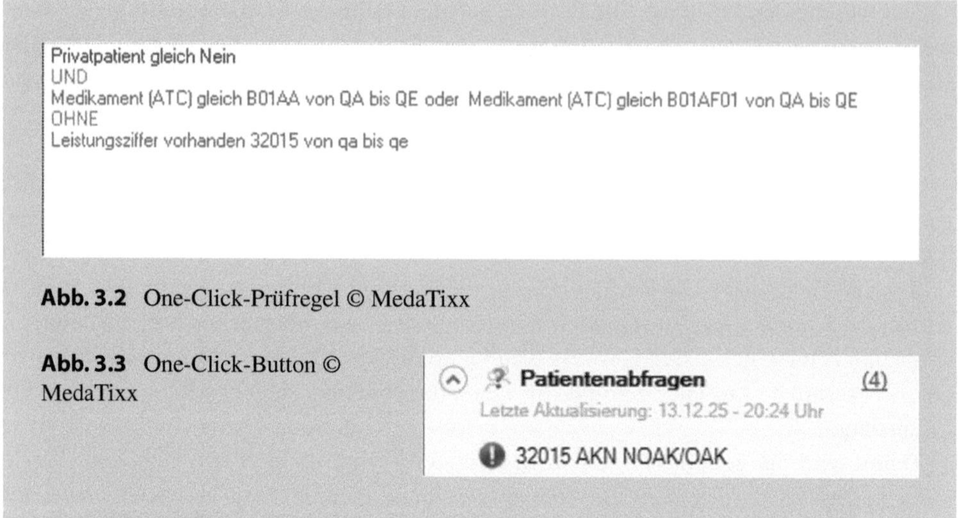

Abb. 3.2   One-Click-Prüfregel © MedaTixx

Abb. 3.3   One-Click-Button © MedaTixx

3.1.5   Pseudoziffern/Statistikziffern: interne Flags für Steuerung und Recall

Pseudoziffern (in vielen Praxisverwaltungssystemen „Statistikziffern") sind interne, nicht abrechenbare Ziffern, mit denen Sie Einschreibungen, Verträge oder Teamhinweise sichtbar im Schein markieren. Sie werden nicht an die KV übermittelt, sind aber filter- und auswertbar in Tages- und Quartalslisten – und damit ideal, um Prüfregeln zu präzisieren sowie Recall- und Wiedervorlageprozesse zuverlässig zu steuern.

Beispiel: 99912 „Vertrag Gesundheit PLUS aktiv".

Wichtig: Diese Flags müssen in der Praxissoftware selbst angelegt werden (interne Kennzeichen ohne Abrechnungsrelevanz).

<u>Analysieren</u>

- Ist-Sicht: Gibt es bereits Statistik-/Pseudoziffern? Wo sind sie sichtbar (Schein, Karteikarte, Statistik)?
- Lücken: Einschreibungen, Verträge oder Einwilligungen ohne klare Kennzeichnung? Teamhinweise, die „verloren gehen"?
- Risiko: Verwendete Codes dürfen keine Patientengeheimnisse verraten (DSGVO) – neutrale Bezeichnungen nutzen.

<u>Digitalisieren</u>

- Kategorien definieren: Verträge/Programme (z. B. HZV/Selektiv), Einwilligungen (SMS/Onlinetermin), Team-/Prozesshinweise (z. B. Wundmanagement aktiv).
- Konvention festlegen: z. B. 999xx reservieren (intern, nicht übermittelbar).
- Anlegen: „Neue interne/Statistikziffer" → nicht abrechenbar, nicht exportieren; Klartextname + Kurzbeschreibung; Rechte/Rollen vergeben (wer darf setzen oder löschen).

<u>Automatisieren</u>

- WENN Pseudoziffer „Vertrag X" im letzten Quartal, DANN prüfen, ob sie im aktuellen Quartal erneut gesetzt ist.
- WENN Pseudoziffer „Vertrag X" gesetzt, DANN prüfen, ob Leistung/Recall/Dokumentation notwendig ist.
- WENN Dokument „Einschreibung.doc" in der Karteikarte, DANN prüfen, ob die zugehörige Pseudoziffer gesetzt wurde.
- Reports/Listen: Tagesliste „heute fällige Verträge", Quartalsliste „aktive Programme", Recallpool.

<u>Delegieren</u>

Wer setzt/entfernt Kennzeichen? Wann (bei Einschreibung, Dokumenteneingang, erstem Quartalskontakt)? Regelmäßige Pflege: Stichproben „Dokumentation ↔ Pseudoziffer konsistent", veraltete Codes archivieren, Kurzschulung im Team („Welche Pseudoziffern setzen wir wann?").

Hinweis: Pseudoziffern ersetzen keine medizinische Dokumentation. Sie sind Signale zur Steuerung. Weniger ist mehr: lieber wenige, konsequent genutzte Flags als eine unübersichtliche Flut.

Praxisbeispiel: Pseudoziffer macht Prüfregeln treffsicher (Pflegeheimkontext)
Pseudoziffer: 99921 „Bewohner: DRK Pflegeheim")
  WENN–DANN-Prüfregel:
  WENN 01413 (Mitbesuch) UND 99921 (Pflegeheimkennzeichen) vorhanden sind
  OHNE 37113 (Zuschlag bei Pflegeheimkooperationsvertrag),
  DANN 37113 prüfen/nachtragen.
  Hinweis: Ohne Kennzeichen müssten Sie den Pflegeheimkontext anderweitig ableiten; mit der Pseudoziffer wird die Abfrage deutlich präziser.

3.1.6   Eigene EBM-Regeln im PVS: Ergänzungen zum EBM

<u>Analysieren</u>

Die meisten Praxissoftwares bieten eine EBM-Regelprüfung an. Dabei werden die Abrechnungsscheine auf Richtigkeit in Bezug auf die offiziellen EBM-Regeln geprüft, z. B. Ausschlussziffern.

<u>Digitalisieren</u>

Viele Praxissoftwares bieten eine Funktion zur Erstellung eigener EBM-Regeln analog zu den offiziellen Regeln des EBM. Diese basieren auf Einschluss- und Ausschlussbedingungen und erlauben so eine individuelle Erweiterung der Logik (Abb. 3.4).

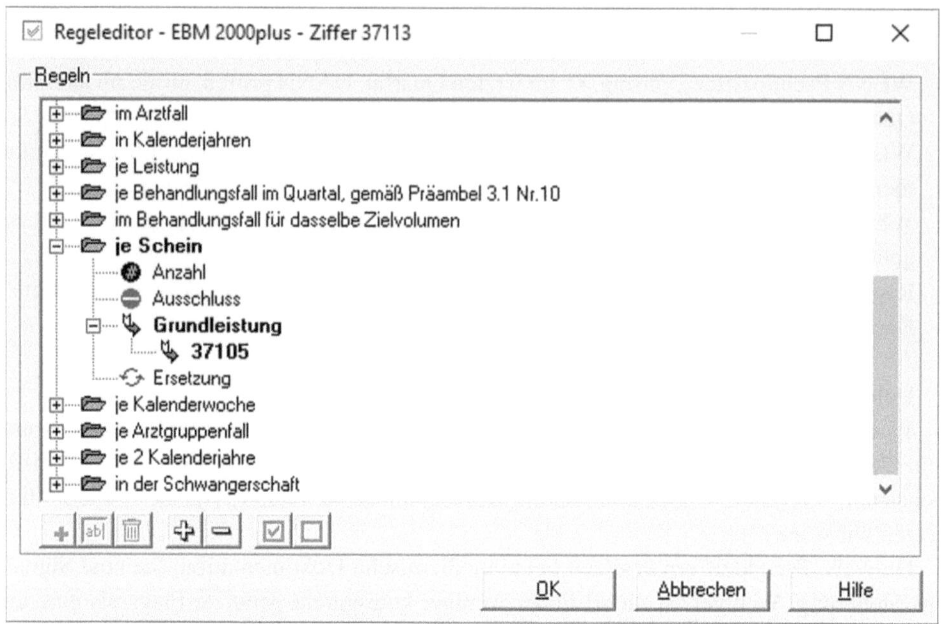

Abb. 3.4 EBM-Regeleditor © MedaTixx

Beispiel: Pflegeheimregel

- 37113: Mitbesuch im Pflegeheim
- 37105: koordinierender Zuschlag für Hausärzt:innen

Wer 37113 abrechnet, hat mit hoher Wahrscheinlichkeit auch 37105 erbracht.
→ Eigene Regel im PVS: „37113 muss im selben Schein mit 37105 kombiniert werden"
→ System erzeugt Warnung, wenn 37105 fehlt (Abb. 3.5)
Automatisieren
Diese Regeln greifen direkt während der Dokumentation – also zu dem Zeitpunkt, an dem die Ziffer erfasst wird. Das macht sie besonders hilfreich, weil eine nachträgliche Recherche entfällt. Die entsprechenden Scheine werden auch bei der EBM-Regelprüfung in der Fehlerliste angezeigt.
Die Regeln können

- automatisch Warnungen oder Erinnerungen erzeugen,
- Einschlussbedingungen (z. B. „Ziffer nur bei bestimmten anderen Ziffern") definieren,
- Ausschlüsse anzeigen (z. B. „Ziffer nicht zusammen mit …").

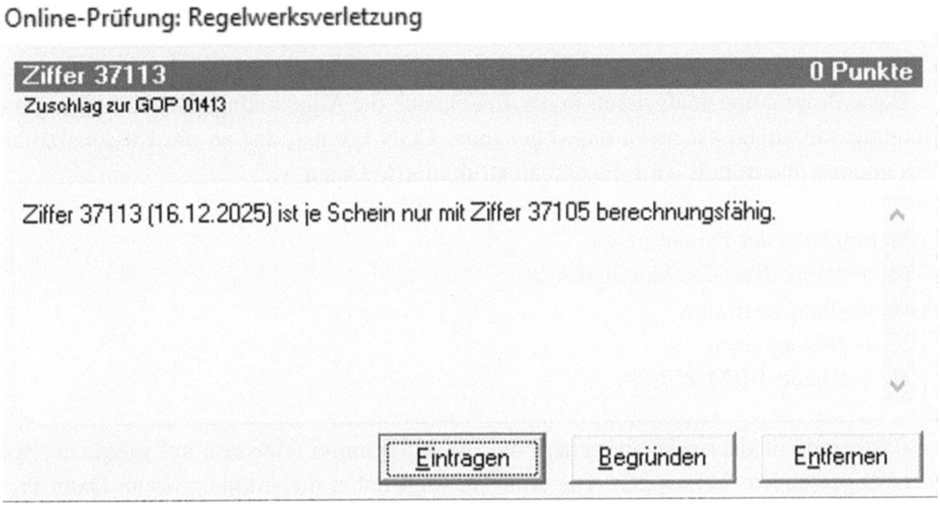

Abb. 3.5 EBM-Regelwerksverletzung © MedaTixx

Delegieren

Die Definition und Pflege solcher Regeln kann – nach ärztlicher Freigabe – durch qualifizierte Abrechnungskräfte oder Praxismanager:innen erfolgen. Oft ist keine Programmierung erforderlich, sondern nur die Nutzung vorhandener PVS-Funktionen.

Fazit

Praxisinterne Prüfregeln im PVS bieten eine einfache, aber effektive Möglichkeit, wirtschaftlich relevante Ziffernkombinationen abzusichern, die von der KV nicht zwingend geprüft werden. Wer diese te chnischen Möglichkeiten nutzt, senkt den Dokumentationsaufwand, reduziert Fehler und verbessert die Wirtschaftlichkeit – ohne Mehraufwand.

3.1.7 Fremdsoftware zur Unterstützung der EBM-Abrechnung

Analysieren

Praxen schöpfen ihr Abrechnungspotenzial häufig nicht aus – oft nicht aus Unkenntnis, sondern weil Ziffern im Praxisalltag untergehen, Dokumentationen unvollständig sind oder Kombinationsregeln übersehen werden.

Viele Praxisverwaltungssysteme (PVS) bieten zwar formale Prüfungen (z. B. auf Ziffernkombinationen, Kassenregeln), aber keine systematische inhaltliche Analyse:

- Was wurde vergessen?
- Was wäre zusätzlich möglich gewesen?
- Was ist formal korrekt, aber wirtschaftlich nachteilig?

Hier setzen externe Softwarelösungen an, die auf digitale Abrechnungsanalyse spezialisiert sind.

Digitalisieren

Diese Programme analysieren in der Regel auch die Abrechnungsdateien vergangener Quartale. Grundlage ist meist das sogenannte CON-Format, das an die Kassenärztliche Vereinigung übermittelt wird. Es enthält strukturierte Daten wie

- Stammdaten der Patient:innen,
- behandelnde Betriebsstätte und Arzt,
- Behandlungszeitraum,
- ICD-10-Diagnosen,
- abgerechnete EBM-Ziffern.

Basierend auf diesen Daten generieren die Programme Hinweise auf mögliche, aber nicht abgerechnete Leistungen. Die Analyse folgt dabei meist einem Wenn-Dann-Prinzip, z. B.:

- WENN Patient:in mit gesicherter Diagnose UND keine entsprechende Ziffer DANN Vorschlag zur Ergänzung
- WENN Dokumentation einer typischen Leistung (z. B. DMP, Gespräch, Hausbesuch) OHNE zugehörige Abrechnungsziffer gefunden DANN Hinweis auf Nachbesserung
- WENN Kombination unzulässig oder unvollständig DANN Warnung

Ziel ist nicht nur die Rückschau, sondern auch eine Strukturhilfe für zukünftige Abrechnung.

Automatisieren

Viele dieser Systeme lassen sich in den Praxisalltag integrieren – entweder als regelmäßige Auswertung (monatlich oder quartalsweise) oder als Tool für gezielte Team- oder Qualitätsbesprechungen.

Typische Funktionen:

- Export als PDF oder Excel
- Visuelle Auswertung (Farbcodes, Ampelsysteme)
- Filterung nach Arzt, Schein, Patient oder Ziffer
- Bewertung von Fehlern, Lücken oder Kombinationsverstößen

Technische Begrenzung:

Diese Programme greifen ausschließlich auf die strukturierte Abrechnungsdatei zu. Sie können nicht:

- Karteieinträge lesen,
- Freitexte, Suchworte oder medizinische Befunde auswerten,

- Scanvermerke, Anhänge oder Formulare erkennen,
- Verknüpfungen zu anderen Programmen, z. B. Archivsoftware oder Ähnliches, auswerten.

Im Unterschied zu den im vorliegenden Buch vorgeschlagenen internen Automatisierungen fehlen ihnen damit Kontextdaten, die nur im PVS sichtbar sind. Ihre Stärke liegt in der präzisen Ziffern- und Diagnosenlogik, nicht in der klinischen Tiefe.

Delegieren

Die Anwendung kann arbeitsteilig erfolgen:

- MFA oder Praxismanager:innen führen die Auswertung durch, markieren relevante Fälle.
- Ärzt:innen oder Abrechnungskräfte erhalten gezielte Hinweise auf eigene Fälle oder häufige Fehler.
- In Teambesprechungen lassen sich wiederkehrende Muster besprechen und Lösungsstrategien entwickeln.

Für größere Praxen, BAGs oder MVZs bieten diese Tools auch einen strukturierten Überblick über Abrechnungsverhalten einzelner Bereiche oder Berufsgruppen.

Fazit

Digitale Abrechnungsanalysen durch externe Programme bieten eine effektive Ergänzung zur PVS-internen Kontrolle. Sie helfen, Lücken zu erkennen, Standardisierungen umzusetzen und wirtschaftliche Potenziale systematisch sichtbar zu machen.

Durch die Begrenzung auf CON-Dateien erfassen sie nur Ziffern, Diagnosen und formale Scheindaten – nicht aber klinische Inhalte oder Karteieinträge. Sie sind daher keine Alternative zur internen Automatisierung, sondern eine ergänzende Außensicht mit klarem wirtschaftlichem Fokus.

Für strukturierte, wirtschaftlich orientierte Praxen ist diese Software ein valider Baustein im Qualitäts- und Abrechnungsmanagement – vorausgesetzt, ihre Ergebnisse werden durch intern gelebte Prozesse ergänzt.

3.1.8   Teamroutinen zur Ziffernprüfung: wann, wie, wer?

Analysieren

Viele Ziffern sind an Bedingungen geknüpft, die nur am Behandlungstag erfüllt werden. Wird die Ziffer vergessen, muss sie nachgetragen werden – oft unter vermehrtem Aufwand. Deshalb ist es wichtig, Ziffern zeitnah zu dokumentieren und regelmäßig zu prüfen, ob etwas fehlt.

Tab 3.1 Routinen zur Ziffernprüfung

Zeitpunkt	Ziel	Beispiele	Zuständigkeit
Täglich	Abrechnungsziffern, die tagesspezifisch gesetzt werden müssen	03220, 03362, 37105, Impfpauschalen	MFA/Ärzt:innen
Monatlich	Leistungsprüfung (Chroniker, DMP etc.)	03221 bei 2 Kontakten, Pseudoziffer ohne Ziffer	Praxismanager:in
Quartalsende	Abrechnungstest, EBM-Regelprüfung, Fremdprüfung	Probeabrechnung, ggf. Fremdsoftware	Abrechnung/ Leitung

Digitalisieren

Praxisverwaltungssysteme bieten meist Listenfunktionen („Schein ohne Pauschale", „ICD ohne Ziffer"), die regelmäßig abgefragt werden können. Die Effizienz steigt enorm, wenn diese Abfragen nach festen Zeitpunkten im Quartal strukturiert werden.

Hinweis: Viele der in diesem Buch beschriebenen Prüflogiken (z. B. bei DMP, Gesprächen, Pflegeheim) lassen sich als Regelvorschläge in eine eigene Kontrolltabelle oder Checkliste überführen – angepasst an die Praxisstruktur.

Automatisieren (Tab. 3.1)

Warum täglich?

Ziffern wie 03220, 03362 etc. müssen am Tag der Ordi dokumentiert werden. Tägliche Listen sind kurz, direkt bearbeitbar – ohne zusätzlichen Aufwand für das Rückdatieren.

Delegieren

Diese Routinen funktionieren am besten, wenn sie teamfähig sind. Deshalb ist es wichtig, feste Zuständigkeiten zu definieren:

- MFA: Tagesprüfungen
- Abrechnung: Monats- und Abschlusskontrollen
- Leitung: Koordination, Rückmeldung, Benchmarking

Ein einfaches Excel-Blatt oder digitales Cockpit kann als Checkliste durchs Quartal führen.

Fazit

Gute Abrechnung entsteht nicht durch Glück – sondern durch kleine, regelmäßige Routinen im Team. Wer Ziffern dort ergänzt, wo sie entstehen, hat am Quartalsende weniger Stress – und mehr Erlös. Ein abgestimmter Ablauf spart Zeit, verhindert Verluste und stärkt die wirtschaftliche Sicherheit.

Tab. 3.2 zeigt eine beispielhafte Routine für die Durchführung von Ziffernprüfungen im Verlauf eines Quartals.

Tab 3.2 Beispiel Abrechnungsroutinen

Zeitpunkt	Ziel	Ziffer(n)	WENN-DANN-Regel (vereinfacht)	Zuständigkeit
Täglich	Abrechnung tagesbezogener Leistungen	03220, 03362, 37105, Impfpauschalen	WENN Kontakt UND relevante Diagnose DANN Ziffer prüfen	MFA/Ärzt:innen
Wöchentlich	Ergänzung vergessener Gesprächsziffern	03230, 35100, 35110	WENN Gespräch ≥10 Min ODER psych. ICD10 DANN Ziffer prüfen	MFA/Ärzt:innen/ Abrechnung
Monatlich	Chroniker-/DMP-Überprüfung	03220, 03221, 90052 ff.	WENN ≥2 APK UND Chronikerdiagnose DANN 03220/03221 prüfen	Praxismanager:in/ Abrechnung
Monatlich	DMP-Einschreibung prüfen	90050 ff.	WENN ICD E11, I25, J44, J45 DANN DMP prüfen	MFA/VERAH/ Praxismanager:in
Monatlich	Formularziffern systematisch ergänzen	01620–01624	WENN Muster 20/50/64 etc. DANN passende Ziffer prüfen	MFA/Abrechnung
Quartalsende	Abrechnungsprüfung/ Plausibilitätscheck	Alle mit Fokus auf Lücken (z. B. Impfungen, DMP, Pflegeheimziffern)	WENN Leistung erbracht OHNE Ziffer DANN nachtragen	Abrechnung/Leitung
Monatlich	Erkennung technischer Leistungen	03324, 03330, 03322, 33042, 01748 etc.	WENN Messung ODER Technikdokumentation DANN Ziffer prüfen	MFA/Ärzt:innen/ Technikverantwortliche
Quartalsende	Externe Prüfsoftware	Alle relevanten Ziffern	Durch die Software	Abrechnung/Leitung

3.2   Honorarstruktur verstehen: Pauschalen vs. leistungsorientierte Ziffern

Die wirtschaftliche Grundlage der hausärztlichen Versorgung basiert auf einem dualen Vergütungssystem innerhalb des EBM: strukturierte Pauschalen auf der einen, einzelleistungsbezogene Ziffern auf der anderen Seite. Beide Elemente greifen ineinander – und beide bergen Risiken für Einnahmenverluste, wenn sie nicht vollständig, korrekt oder zum richtigen Zeitpunkt angesetzt werden.

Pauschalen – das Fundament

Pauschalen sind wiederkehrende Vergütungselemente, die für bestimmte Versorgungsaufträge oder Patientenmerkmale stehen – meist quartalsbezogen, nicht an eine konkrete Maßnahme gebunden. Sie bilden das wirtschaftliche Rückgrat der Versorgung.

Beispiele:

- 03000 – Versichertenpauschale
- 01435 – Bereitschaftsdienstpauschale
- 03220/03221 – Chronikerpauschalen
- 03371 – Palliativpauschale
- 03360/03362 – Geriatriekomplexleistungen

Diese Ziffern müssen in vielen Fällen aktiv durch die Praxis angesetzt werden. Andere – wie 03222 (Zuschlag zur Chronikerpauschale) – werden durch die KV ergänzt, wenn bestimmte Bedingungen erfüllt sind.

Ob aktiv oder automatisch: Fehlen Pauschalen in der Abrechnung, geht bares Geld verloren – häufig, ohne dass es auffällt. Dabei machen sie oft einen Großteil des GKV-Umsatzes aus.

Leistungsorientierte Ziffern – die individuelle Ergänzung

Leistungsziffern stehen für konkret erbrachte Maßnahmen: technische, diagnostische oder kommunikative Leistungen, die unmittelbar mit einem Patientenkontakt verbunden sind.

Beispiele:

- 33012 – Sonographie der Schilddrüse
- 33042 – Langzeit-Blutdruckmessung
- 03321/03322 – Langzeit-EKG, Ergometrie
- 03230 – Problemorientiertes ärztliches Gespräch
- 35100/35110 – Gespräche im Rahmen der psychosomatischen Grundversorgung

Diese Ziffern sind zeit- oder indikationsgebunden, oft mit Zusatzqualifikationen oder strenger Dokumentation verbunden – und fehleranfällig im Alltag, wenn z. B. Gesprächszeiten nicht notiert oder Diagnosen nicht korrekt zugeordnet werden.

3.3   Pauschalen systematisch nutzen

Keine vergessen – keine verschenkt.

Analysieren

Pauschalen machen einen erheblichen Anteil am GKV-Honorar aus – in vielen Arztpraxen sind sie die mit Abstand größte Einkommensquelle. Dennoch: In fast jeder Praxis bleiben Pauschalen unbemerkt, unvollständig oder gar nicht angesetzt. Häufige Ursachen:

- 03000 fehlt trotz tatsächlichem Besuch.
- 03221 wird nicht angesetzt, obwohl Chroniker mehrfach im Quartal gesehen wurden.
- 03362 wird nicht geprüft, obwohl geriatrische Merkmale vorliegen.
- 03371 wird vergessen, obwohl palliativ betreut wurde.
- Usw.

Die zentrale Frage lautet: Welche Pauschalen stehen der Praxis grundsätzlich zu – und wo gehen sie unter?

Digitalisieren

Die meisten Praxisverwaltungssysteme bieten grundlegende Unterstützung bei der Abrechnung – aber die entscheidenden Logiken zur Pauschalenerkennung müssen individuell eingerichtet werden. Ohne gezielte Konfiguration bleiben viele Potenziale ungenutzt.

Beispiele für digitale Ansätze:

- Filter: „Patient mit Besuch, aber ohne 03000"
- Erinnerung bei bestimmten Diagnosen oder Altersgruppen (z. B. Geriatrie)
- Abgleich mit Vorquartalsziffern zur Prüfung auf wiederkehrende Anspruchslagen (z. B. 03220)
- Listenbasierte Prüfung: „Chroniker mit nur einem Arztkontakt"

Hinweis: In den folgenden Unterkapiteln ab Abschn. 3.2. werden die wichtigsten Wenn-Dann-Logiken und digitale Prüfansätze für jede relevante Pauschale konkret erläutert.

Automatisieren

Viele der oben genannten Prüfungen lassen sich (halb-)automatisch einbauen. WENN-DANN-Prüfregeln:

- WENN Karte eingelesen UND Kontakt DANN 03000
- WENN 03220 im Vorquartal UND aktueller Kontakt DANN 03220 erneut prüfen
- WENN Alter >70 UND entsprechende ICD DANN 03362 vorschlagen

Die technische Umsetzung variiert je nach Software. Entscheidend ist: Die Praxis muss die Prüfregeln definieren und anwenden – die Systeme liefern nur das Werkzeug.

<u>Delegieren</u>
Das Absichern der Pauschalen ist keine rein ärztliche Aufgabe. Vielmehr kann – und sollte – ein Teil dieser Verantwortung delegiert werden.
Mögliche Umsetzungen:

- MFA prüft vor Quartalsabschluss systematisch auffällige Fälle ohne 03000
- Praxismanager:in führt monatliche Ziffernüberprüfung durch
- Ziffernverantwortliche im Team entwickelt und pflegt die Wenn-Dann-Regeln
- Regelmäßige Schulung im Team zur Bedeutung der Pauschalen und der Abrechnungskonsequenzen

Fazit
Pauschalen sind das wirtschaftliche Fundament – aber nur dann, wenn sie auch angesetzt werden. Wer sie nicht erkennt, verliert Geld. Wer sie systematisch analysiert, digital prüft, technisch absichert und im Team verantwortet, gewinnt Planungssicherheit.
Die konkreten Umsetzungsideen pro Ziffer folgen in den nächsten Abschnitten.

3.3.1 Versichertenpauschale (03000)

Die 03000 bildet die Grundvergütung pro GKV-Patienten und Quartal bei persönlichem Arzt-Patienten-Kontakt (APK). Sie muss aktiv angesetzt werden.
WENN-DANN-Prüfregeln:

- WENN Karte eingelesen UND persönlicher Arztkontakt DANN 03000 prüfen
- WENN Gespräch, Vitalwerte oder Untersuchung dokumentiert DANN 03000 prüfen
- WENN Abrechnungsschein im Ersatzverfahren erstellt wurde DANN 03000 prüfen

3.3.2 Chronikerpauschale (03220/03221)

Die 03220 ist ein Zuschlag zur 03000 für die Behandlung von Patient:innen mit mindestens einer lebensverändernden chronischen Erkrankung.
Voraussetzung laut EBM ist die sog. 4-3-2-1-Regel:

- 4 Quartale chronisch krank
- 3 Quartale mit Kontakt zur Praxis
- 2 persönliche Arzt-Patienten-Kontakte (APK)
- 1 aktuelle gesicherte Diagnose

Zusätzliche Ziffer:

- 03221 – kann geprüft werden, wenn im selben Quartal mindestens zwei APK stattfinden

Auffälligkeiten laut Abrechnungsanalyse:

- Patienten mit Diagnose, aber unzureichender Kontakthäufigkeit
- Patienten mit ausreichender Häufigkeit, aber fehlender Chronikerdiagnose
- Patienten mit erfüllten Bedingungen, aber keine 03220 oder 03221 dokumentiert

WENN-DANN-Prüfregeln:

- WENN in den letzten 4 Quartalen eine Chronikerdiagnose dokumentiert UND $\geq$ 3 Quartale mit Praxiskontakt UND $\geq$ 2 APK insgesamt DANN 03220 prüfen
- WENN 03220 im Vorquartal UND 03000 im aktuellen Quartal DANN 03220 prüfen
- WENN Patient im DMP eingeschrieben UND Diagnose über 4 Quartale UND aktiver Kontakt DANN 03220 prüfen
- WENN 03220 gesetzt UND $\geq$ 2 APK im selben Quartal DANN 03221 prüfen

3.3.3 Geriatriepauschalen (03360/03362)

Die 03362 honoriert die regelmäßige Betreuung geriatrischer Patient:innen mit komplexem Versorgungsbedarf. Die 03360 kann zusätzlich für ein geriatrisches Basisassessment abgerechnet werden – aber nur bei bestimmten neurologischen Diagnosen oder bestimmtem Alter und höchstens zweimal in vier Quartalen.

Voraussetzungen laut EBM:

- 03362:
  - Alter $\geq$ 70 Jahre und mindestens ein geriatrisches Syndrom
  - oder: Pflegegrad
  - oder: entsprechende neurologische Diagnose auch bei Patient:innen unter 70 Jahren
  - APK + koordinierende oder therapeutische Maßnahmen erforderlich
- 03360:
- Durchführung eines geriatrischen Assessments (z. B. Barthel-Index, Sturzrisikotest, Timed Up-and-Go)

Typische Fehlerquellen aus der Praxis:

- Alter > 70, aber keine passende ICD dokumentiert
- Pflegegrad bekannt, aber nicht kodiert (z. B. Z74.9 fehlt)
- 03362 im Vorquartal, aber kein Wiederansatz trotz erneuter Kontakte
- 03360 wird vergessen, obwohl medizinisch indiziert

WENN-DANN-Prüfregeln:

- WENN Alter ≥ 70 UND geriatrische ICD ODER Pflegegrad DANN 03362 prüfen
- WENN entsprechende Diagnose auch bei Alter < 70 DANN 03362 prüfen
- WENN 03362 im Vorquartal DANN aktuellen Wiederansatz prüfen
- WENN 03362 gesetzt DANN prüfen, ob 03360 möglich/notwendig (z. B. jedes zweite Quartal)

Geriatrische ICD-Beispiele

Zur Prüfung der EBM-Voraussetzungen können u. a. folgende ICD-Codes herangezogen werden:

- Mobilitätsstörung/Sturzrisiko: Z74.0, R26.8, R54
- Kognitive, emotionale oder verhaltensbezogene Störung: R41.8, R46.4
- Frailty-Syndrom: R54
- Dysphagie: R13.9
- Inkontinenz: R32 (Harn), R15 (Stuhl)
- Chronisches Schmerzsyndrom: R52.1
- Pflegebedürftigkeit: Z74.9
- Neurologische Indikationen: F00–F02, G30, G20.1, G20.2
- Usw.

3.3.4   Palliativpauschale (03371)

Die 03371 ist ein Zuschlag zur Versichertenpauschale (03000) für die palliativmedizinische Betreuung in der Arztpraxis. Voraussetzung ist ein persönlicher Arzt-Patienten-Kontakt von mindestens 15 min mit inhaltlicher Palliativbetreuung.

Voraussetzungen laut EBM:

- Persönlicher Kontakt (APK)
- Mindestdauer: 15 min
- Palliativmedizinische Inhalte, z. B.:
  - Schmerztherapie
  - Symptomkontrolle
  - Gespräch über Therapieziel
  - Psychosoziale Begleitung

Ergänzende Ziffern zur Palliativversorgung:

- 03370 – Ersterhebung palliativmedizinischer Betreuungsbedarf
- 03372 – Zuschlag zu den GNR 01410 oder 01413 (Hausbesuch siehe Abschn. 3.11.24)

- 03373 – Zuschlag zu den GNR 01411, 01412 oder 01415 (Hausbesuch siehe Abschn. 3.11.24)
- 01425 – Erstverordnung SAPV
- 01426 – Folgeverordnung SAPV

Typische Fehlerquellen aus der Praxis:

- SAPV-relevanter Fall, aber keine 03371 dokumentiert
- Nur Hausbesuchsziffer abgerechnet, aber kein palliativmedizinischer Zuschlag
- Z51.5 (Palliativbehandlung) als ICD fehlt trotz erbrachter Leistung
- Z51.5 dokumentiert, aber keine Palliativziffer abgerechnet

WENN-DANN-Prüfregeln:

- WENN 01425 im Quartal DANN 03370 und 03371 prüfen
- WENN 01426 im Quartal DANN 03371 prüfen
- WENN 03371 angesetzt UND Hausbesuchsziffer (01410, 01411, 01412, 01413, 01415) DANN 03372 bzw. 03373 prüfen
- WENN SAPV-Verordnung dokumentiert oder Patient gelistet DANN 03371 prüfen
- WENN 03371 im Vorquartal DANN Wiederansatz prüfen
- WENN 03371 abgerechnet DANN passende ICD (z. B. Z51.5) prüfen
- WENN Z51.5 dokumentiert DANN 03371 prüfen
- WENN 01413 UND 03371 DANN 03372 prüfen

3.4 Überweisungen und Auftragsleistungen korrekt abrechnen

<u>Analysieren</u>

Die korrekte Abrechnung bei Überweisungen hängt entscheidend davon ab, was genau auf dem Überweisungsschein angekreuzt ist. Im EBM unterscheidet man drei Hauptarten:

1. Auftragsleistung

   → klar definierte Leistung mit Einschränkung

2. Konsiliaruntersuchung

   → freie diagnostische Tätigkeit, keine Therapie

3. Mit-/Weiterbehandlung

   → Teil- oder Vollübertragung der Behandlung

Die Form des Auftrags bestimmt, welche EBM-Ziffern ansetzbar sind, ob ein eigener Schein eröffnet werden muss – und ob eine therapeutische Maßnahme erlaubt ist.
Typische Konstellationen:

- Überweisung für präoperative Diagnostik (z. B. internistische Abklärung vor OP)
- Überweisung mit dem Auftrag „nur EKG" oder „Blutbild"
- Mitbehandlung bei chronischer Erkrankung (z. B. KHK, Diabetes)

Digitalisieren

Die Form der Überweisung ist auf dem Überweisungsschein eindeutig erkennbar – aber oft nicht systemisch im PVS erfasst.
Wichtig für die Abrechnung:

- 01436: Untersuchung im Rahmen einer Überweisung – abrechenbar bei Mit-/Weiterbehandlung oder Konsil
- 01600: Aufzeichnung und Übermittlung von Untersuchungsdaten bei konsiliarischem Auftrag (z. B. EKG, Lungenfunktion)
- 31600: Postoperative Nachsorge nach operativem Eingriff (Abschn. 31.2 EBM) – durch den Hausarzt, nach Überweisung

Ergänzung zur 31600
Die GOP 31600 ist einmalig innerhalb von 21 Kalendertagen nach einer ambulanten oder stationären Operation gemäß Abschn. 31.2 EBM durch den weiterbehandelnden Hausarzt abrechenbar.
Obligate Inhalte:

- Befundkontrollen
- Befundbesprechungen

Fakultative Inhalte (falls durchgeführt):

- Verbandswechsel
- Drainagenzug
- Medikamentenkontrolle

Wichtig – häufige Fehlerquelle:
Die Abrechnung der 31600 erfordert zwingend:

- das Datum des durchgeführten operativen Eingriffs,
- die OP-Nummer der vorangegangenen Leistung aus Abschn. 31.2 EBM,
- die Seitenlokalisation (z. B. „rechts", „links") bei entsprechenden Eingriffen.

Fehlen diese Angaben in der Dokumentation, kann die Abrechnung regressiert oder gestrichen werden.

Automatisieren

Um Überweisungsleistungen korrekt abzurechnen, ist es wichtig, das „Auftragsfeld" im PVS auszuwerten und ggf. manuell zu dokumentieren.
WENN-DANN-Prüfregeln:

- WENN Auftrag „EKG", „Blutbild", „Spiro" o. Ä. DANN 01436 bzw. 01600 prüfen (kein eigener Schein notwendig)
- WENN Überweisung vom Operateur UND Zeitraum ≤ 21 Tage UND ICD postoperativ DANN 31600 vorschlagen
- WENN Überweisung mit „Konsil" oder „Mitbehandlung" UND Kontakt erfolgt DANN 01436 abrechnungsfähig
- WENN keine aktive Versichertenpauschale im laufenden Quartal UND Leistung auf Überweisung DANN neuen Schein anlegen (Auftragsschein)

Tab. 3.3 listet automatische Hinweise je Überweisungsfeld auf.

Delegieren

Die Anlage und Dokumentation von Überweisungsfällen kann durch das MFA-Team oder Praxismanager:innen strukturiert werden:

- Eingehende Überweisung → digital einscannen + Feld „Auftrag" im PVS erfassen
- Zuordnung zu „Auftrag" oder „Konsil" → ggf. automatisierter Hinweis auf eingeschränkte Abrechnung
- Hausarztnachsorge nach OP (31600) → gezielte Recalllogik im System
- Bei präoperativer Abklärung (z. B. internistisch): separaten Schein als „Auftragsleistung" anlegen, insbesondere wenn keine eigene Pauschale mehr möglich ist

Tab 3.3   Überweisung und Ziffern

Feld auf Überweisung	Ziffern möglich	Hinweise
Auftragsleistung	01436, 01600	Keine Ausweitung des Auftrags erlaubt
Konsiliaruntersuchung	01436 (+ ggf. Diagnostikziffern)	Keine Therapie abrechenbar
Mit-/ Weiterbehandlung	01436 + alle EBM-Ziffern nach Bedarf	Eigener Fall möglich

Teamregel:

Wenn Leistung auf Überweisung erfolgt, immer Auftrag prüfen und Art der Zusammenarbeit dokumentieren – nicht nur ICD eintragen!

Abrechnung bei Überweisung – auf einen Blick (Tab. 3.4)

Tab 3.4 Überweisungssituationen und Ziffern

Situation	Abrechnung	Besonderheit
Überweisung mit klarer Leistungsvorgabe („nur EKG")	01436 + 01600	Keine therapeutische Ausweitung
Konsil zur Diagnostik („Luftnot unklar")	01436	Keine Therapie abrechenbar
Mitbehandlung Diabetes/KHK etc.	01436 + weitere Ziffern	Reguläre Behandlung
Post-OP-Kontrolle durch Hausarzt (nach OP durch Überweisung)	31600	Einmalig innerhalb von 21 Tagen; OP-Datum, -Nummer, Seitenlokalisation erforderlich
Überweisung vor OP zur internistischen Diagnostik	01436 ggf. + Labor, EKG etc.	Eigener Schein sinnvoll
Auftragsleistung + Hausarzt hat keine 03000 im Quartal	01436 + 01600	Kein weiterer Fall nötig

Fazit

Die Art der Überweisung bestimmt den Ziffernrahmen, die Abrechnungslogik und ob ein neuer Schein erforderlich ist. Mit klarer Dokumentation, strukturierter Teamaufteilung und ggf. Automatisierung lässt sich vermeiden, dass Leistungen entweder nicht abrechnungsfähig sind oder unzulässig erweitert werden.

Die oft vergessene 31600 bietet eine zusätzliche Möglichkeit zur honorierten Nachsorge nach OPs – aber nur, wenn der formale Überweisungsweg stimmt und die Dokumentation vollständig ist.

3.5   Labor: Ausnahmekennziffern richtig nutzen

Analysieren

Die korrekte Verwendung von Laborausnahmekennziffern ist ein oft unterschätzter Bestandteil der wirtschaftlichen Praxisführung. Diese Kennziffern ermöglichen es, bestimmte Laborleistungen außerhalb des Laborbudgets abzurechnen, sofern entsprechende Diagnosen bzw. Voraussetzungen vorliegen (z. B. chronische Erkrankungen, bestimmte Infektionskrankheiten, onkologische Diagnosen).

Zu jeder Ausnahmekennziffer ist ein „Ziffernkranz" definiert. Dieser legt fest, welche Laboruntersuchungen bei der Berechnung des arztpraxisspezifischen Fallwerts nicht berücksichtigt werden. Die Untersuchungen selbst können weiterhin uneingeschränkt angefordert und durchgeführt werden, sie fließen lediglich nicht in die Wirtschaftlichkeitsbewertung ein.

Problemstellung:

- Die Ausnahmekennziffern werden in vielen Praxen nicht oder unvollständig verwendet, obwohl die entsprechenden Diagnosen bzw. Voraussetzungen vorliegen.
- Als Folge werden Laborleistungen dem Budget zugerechnet, obwohl sie eigentlich davon ausgenommen wären.
- Dies kann zu einer Budgetüberschreitung führen und in der Konsequenz zu einer reduzierten oder vollständig entfallenden Bonuszahlung.

Digitalisieren

Die für den möglichen Ansatz der Kennziffern relevante Information ist in der Regel bereits digital verfügbar, wird jedoch nicht automatisch verknüpft oder genutzt.

Beispieldatenquellen:

- Diagnosen (z. B. ICD E11 für Diabetes mellitus Typ 2) aus der Karteikarte oder dem Abrechnungsschein
- Verordnungsinformationen (z. B. blutverdünnende Medikamente wie „Marcumar", „Eliquis" etc.) aus der Karteikarte
- Karteikarteneinträge (z. B. ausgestellte Überweisungen zum Onkologen oder Strahlentherapeuten)
- Diagnosen und Ziffern der Abrechnungsscheine aus den Vorquartalen
- Diagnosen und Ziffern des Abrechnungsscheins aus dem aktuellen Quartal, z. B. Laborziffern nach Anforderung und Ausführung durch das Großlabor
- Erhobene Laborwerte des jeweiligen Patienten

Automatisieren

Durch gezielte Regeln oder Abfragen lassen sich die Ausnahmekennziffern systemgestützt überprüfen.

WENN-DANN-Prüfregeln:

- WENN eine ICD10-Diagnose E10, E11, E12, E13 oder E14 (Diabetes) vorliegt DANN Hinweis auf ggf. fehlende Ziffer 32022
- WENN eine ICD10-Diagnose beginnend mit dem Buchstaben C vorliegt (maligne Neoplasien) DANN Hinweis auf ggf. fehlende Ziffer 32012
- WENN eine Verordnung erfolgte z. B. von „Eliquis" ODER die Verordnung eines Medikamentes mit dem ATC-Code B01AA „Vitamin-K-Antagonisten" ODER B01AE „Direkte Thrombin-Inhibitoren" ODER B01AF „Direkte Faktor-Xa-Inhibitoren" DANN Hinweis auf ggf. fehlende Ziffer 32015
- WENN Laborwert „GFR" bzw. die endogene Kreatinin-Clearance kleiner als 25 ml/min ist DANN Hinweis auf ggf. fehlende Ziffer 32018

- War eine Ausnahmekennziffer im vorherigen Quartal angesetzt → Hinweis auf ggf. fehlende entsprechende Ausnahmekennziffer
- WENN eine Ziffer aus dem Ziffernkranz der jeweiligen Ausnahmekennziffer auf dem laufenden Abrechnungsschein angesetzt ist UND entsprechende Diagnose ebenfalls auf dem laufenden Abrechnungsschein gesetzt ist DANN Hinweis auf ggf. fehlende entsprechende Ausnahmekennziffer

<u>Delegieren</u>
Die technische und organisatorische Umsetzung dieses Themas kann sinnvoll auf qualifiziertes Praxispersonal übertragen werden.
Vorschläge zur Delegation:

- Ein in der Abrechnung geschulter Mitarbeiter übernimmt die monatliche Prüfung auf fehlende Ausnahmekennziffern.
- One-Click-Funktion im PVS eröffnet die Möglichkeit, dass jeder Nutzer bei der Öffnung der Karteikarte zur Prüfung der entsprechenden Ausnahmekennziffern aufgefordert wird.

Solche Prozesse können auch Teil der Aufgabenbeschreibung einer Praxismanagerin sein, die gezielt auf wirtschaftliche Praxisoptimierung achtet.

> **Praxisbeispiel: Bonuszahlung bei wirtschaftlicher Laborführung**
> Die KBV regelt die Bonuszahlung für wirtschaftliches Arbeiten im Laborbereich über einen arztgruppenspezifischen Fallwert. Für Hausärzt:innen liegt dieser aktuell zwischen 1,42 € (unterer Fallwert) und 3,37 € (oberer Fallwert).
>
> Um die Bonusfähigkeit zu bewerten, wird der arztpraxisspezifische Fallwert berechnet. Dieser ergibt sich, indem die Summe aller berücksichtigungsfähigen Laborkosten einer Praxis im Quartal durch die Anzahl der relevanten Behandlungsfälle geteilt wird. Nicht berücksichtigt werden z. B. Laborleistungen mit Ausnahmekennziffern sowie bestimmte Auftragsleistungen. Die Fallzahl umfasst alle Fälle, in denen eine Versicherten-, Grund- oder Konsiliarpauschale gemäß EBM abgerechnet wurde.
> <u>Ausgangsdaten:</u>
>
> - 1200 Behandlungsfälle im Quartal
> - Bonus: 19 Punkte je Fall
> - Orientierungspunktwert: 11,4915 Cent
> - Untere und obere Fallwertgrenze (Hausärzt:innen): 1,42 €/3,37 €
>
> <u>Fall 1 – Bonus in voller Höhe</u>
> Die Praxis hat insgesamt Laborwerte im Wert von 1560 € veranlasst bei 1200 Fällen, also Laborkosten von 1,30 € pro Fall.

> → Liegt unterhalb des unteren Fallwerts.
> Berechnung: 19 Punkte × 0,114915 € × 1.200 Fälle × 1 = 2.619,63 € Bonus
> Fall 2 – Bonus anteilig
> Die Praxis hat insgesamt Laborwerte im Wert von 2880 € veranlasst bei 1200 Fällen, also Laborkosten von 2,40 € pro Fall.
> → Liegt zwischen unterem und oberem Grenzwert.
> Wirtschaftlichkeitsfaktor: (3,37 € − 2,40 €)/(3,37 € − 1,42 €) = 0,97 €/1,95 € ≈ 0,497
> Berechnung: 19 Punkte × 0,114915 € × 1.200 × 0,497 = 1.296,71 € Bonus
> Fall 3 – Kein Bonus
> Die Praxis hat insgesamt Laborwerte im Wert von 4044 € veranlasst bei 1200 Fällen, also Laborkosten von 3,37 € pro Fall, exakt am oberen Grenzwert.
> → Wirtschaftlichkeitsfaktor = 0 → kein Bonus.

Fazit

Die konsequente Nutzung von Laborausnahmekennziffern ist ein Beispiel für die Wechselwirkung von medizinischer Dokumentation und wirtschaftlicher Praxisführung. Wer die Daten systematisch analysiert, digitale Strukturen nutzt, automatisierte Hinweise einführt und klare Verantwortlichkeiten schafft, sichert sich relevante Zusatzvergütungen – bei gleichzeitig unverändert hoher Versorgungsqualität.

3.6   Ziffer 01435: wirtschaftlich sinnvoll genutzt in BAG und MVZ

Analysieren

Die EBM-Ziffer 01435 („Haus-/Fachärztliche Bereitschaftspauschale") ist wirtschaftlich attraktiv – wird aber selten genutzt und häufig unterschätzt. Ein häufiges Missverständnis betrifft die Einschränkung:

Die 01435 ist nicht abrechenbar, wenn im selben Arztfall bereits eine Versicherten-, Grund- oder Konsiliarpauschale (z. B. 03000, 04000) abgerechnet wurde.

Wichtig. Es geht nicht um den gesamten Behandlungsfall – sondern nur um den Arztfall.

In Einzelpraxen sind Arztfall und Behandlungsfall identisch. In BAGs oder MVZ kann jedoch ein Patient von mehreren Ärzt:innen behandelt werden – und dabei mehrere Arztfälle erzeugen. Hier kann die 01435 sinnvoll eingesetzt werden.

Digitalisieren

Die Abrechnung ist möglich, wenn

- ein Patient oder Angehöriger aktiv anruft,
- eine ärztliche Beratung erfolgt,
- der Arzt oder die Ärztin keine Pauschale (03000, 04000 etc.) im selben Quartal für den Patienten abgerechnet hat.

Typische Anlässe:

- Akute Beschwerden außerhalb regulärer Termine
- Nachfragen zu bereits laufenden Behandlungen
- Kontaktaufnahme durch Angehörige oder Pflegekräfte

Ausschlüsse:

- Kein Ansatz, wenn in derselben Praxis und im gleichen Quartal durch denselben Arzt bereits eine Pauschale abgerechnet wurde

Automatisieren
WENN-DANN-Prüfregeln für BAG/MVZ:

- OHNE Pauschalansatz 03000 UND Telefonkontakt DANN 01435 prüfen
- WENN Patient ruft an UND Gespräch erfolgt mit anderem Arzt als dem Arzt, der die Ordi gesetzt hat, DANN 01435 prüfen
- WENN 01435 UND 03000 bei gleichem Arzt DANN Warnung: Gefahr der Streichung

Delegieren
Diese Ziffer eignet sich für ein abgestimmtes Vorgehen im Team:

- MFA/VERAH dokumentieren den eingehenden Anruf mit Uhrzeit, Inhalt, ggf. „Patient ruft an" klar vermerken
- Arzt oder Ärztin notiert ärztliche Einschätzung/Beratungsergebnis
- Abrechnung prüft, ob der beratende Arzt im selben Quartal bereits eine Pauschale angesetzt hat

Praxisregel: Wenn ein anderer Kollege den Patienten zuvor gesehen hat und man selbst keinen eigenen Pauschalenansatz hat, ist die 01435 abrechenbar – aber nur, wenn das ärztliche Gespräch sauber dokumentiert ist.

Falldefinitionen im EBM (vereinfachter Überblick) (Tab. 3.5)

Tab 3.5 Falldefinitionen EBM

Falldefinition	Gilt für	Beschreibung
Behandlungsfall	EBM & GOÄ	Behandlung desselben Patienten in derselben Praxis im selben Quartal
Arztfall	nur EBM	Behandlung desselben Patienten durch denselben Arzt im selben Quartal
Krankheitsfall	nur EBM	Quartal + 3 Folgequartale bezogen auf eine bestimmte Ziffer
Betriebsstättenfall	nur EBM	Behandlung in derselben Betriebsstätte im selben Quartal
Arztgruppenfall	nur EBM	TSVG-Fälle: Behandlung durch dieselbe Arztgruppe (z. B. Hausärzte)

Für die 01435 ist der Arztfall entscheidend:

Nur wenn dieser Arzt im laufenden Quartal keine Pauschale angesetzt hat, ist die Ziffer abrechenbar – unabhängig davon, ob Kolleg:innen in derselben Praxis bereits Ziffern abgerechnet haben.

Fazit

Die Ziffer 01435 wird häufig übersehen – ist aber in Berufsausübungsgemeinschaften und MVZ wirtschaftlich sinnvoll nutzbar. Voraussetzung ist die saubere Dokumentation, der richtige Fallbezug (Arztfall, nicht Behandlungsfall!) und die Abstimmung im Team. Wer systematisch prüft, kann ohne Mehraufwand zusätzliche Erlöse erzielen.

3.7 Gesprächsziffern (03230, 35100, 35110): Kommunikation wirtschaftlich abbilden

Analysieren

Gesprächsleistungen gehören zum Alltag jeder (haus)ärztlichen Tätigkeit – und sind doch häufig unterrepräsentiert in der Abrechnung. Insbesondere die Ziffern 03230, 35100 und 35110 bieten die Möglichkeit, zeitintensive Gespräche strukturiert und wirtschaftlich abzubilden. Gleichzeitig bestehen für einige dieser Ziffern formale Hürden, die im Praxisalltag zu Unsicherheiten oder Fehlabrechnungen führen.

03230 wird häufig übersehen, obwohl sie eine der am einfachsten erfüllbaren Gesprächsziffern darstellt – bei gleichzeitig guter Vergütung.

35100 und 35110 sind Genehmigungsziffern im Rahmen der psychosomatischen Grundversorgung und erfordern eine KV-Genehmigung, die regional unterschiedlich geregelt ist (z. B. in Rheinland-Pfalz verpflichtend).

Typische Problemfelder:

- Gesprächsdokumentation fehlt oder ist nicht ausreichend.
- Genehmigung liegt nicht vor – Ziffer wird dennoch angesetzt (Regressgefahr).
- 03230 wird vergessen, obwohl alle Voraussetzungen vorlagen.
- 35110 wird angesetzt, obwohl die Zeitvorgabe nicht erfüllt wurde.
- Die Unterscheidung zwischen 35100 (Untersuchung) und 35110 (Gespräch) ist unklar.

Diese Ziffern stehen exemplarisch für das Potenzial, intellektuelle Leistungen angemessen zu dokumentieren und zu vergüten – wenn sie korrekt angesetzt werden.

Digitalisieren

Die relevanten Informationen für den Ansatz dieser Ziffern sind in den meisten Fällen bereits digital vorhanden – jedoch häufig unstrukturiert oder verteilt.

Mögliche digitale Datenquellen:

- Freitexteinträge in der Karteikarte („ausführliches Gespräch über Ängste", „psychosomatische Beschwerden", „Gespräch über Tumorerkrankung" etc.)
- Gesprächsdokumentation mit Zeitstempel (z. B. Beginn/Ende eines Eintrags)

- Anamneseformulare oder Gesprächsvorlagen im PVS
- Vorliegende KV-Genehmigung für 35100/35110 (z. B. hinterlegt im PVS)
- Diagnosen mit psychosomatischem Bezug (F-Diagnosen, somatoforme Störungen, psychische Belastungen)
- Regelmäßige Gesprächstermine (z. B. durch Serienplanung)

Zusätzlicher Hinweis zur Praxissoftware:
Viele Praxisverwaltungssysteme bieten eine integrierte Stoppuhrfunktion oder die automatische Zeitdokumentation beim Öffnen der Karteikarte. Diese kann zur Nachweisführung bei Gesprächsziffern wie der 03230 sinnvoll eingesetzt werden.
Praxisregel:
Wenn Termine geplant mit $\geq$ 10 min Dauer angesetzt sind (z. B. Gespräch, Verlauf, psychosomatisch), sollte standardmäßig geprüft werden, ob die Abrechnungsziffer 03230 oder 35110 anwendbar ist.
Beispielhafte Konstellation für 03230:

- Patient mit chronischer Erkrankung (z. B. Diabetes)
- Gespräch über medikamentöse Einstellung, Lebensstil, Belastungen
- Gesprächszeit $\geq$ 10 min
- Dokumentation in der Karteikarte mit Gesprächsinhalt

<u>Automatisieren</u>
Mittels strukturierter Regeln lassen sich Hinweise im PVS erzeugen, die auf mögliche Gesprächsziffern aufmerksam machen. Ziel ist nicht die automatische Abrechnung – sondern eine kontextabhängige Erinnerung.
WENN-DANN-Prüfregeln:

- WENN ICD10-Diagnosen F32, F41, F45 ODER ähnliche psychosomatische Codes vorliegen UND ein Eintrag mit Schlüsselwörtern wie „Belastung", „Gespräch", „Psyche", „Stress" erfolgt DANN Hinweis auf 03230 oder 35110 prüfen
- WENN ein Gesprächseintrag über 10 min besteht (z. B. Start-/Endzeit dokumentiert) DANN Hinweis auf möglichen Ansatz 03230
- WENN eine Serienplanung „Gespräch" besteht (z. B. bei Krebspatienten) DANN Hinweis auf möglichen Ansatz 35110
- WENN 35110 abgerechnet wird UND keine Genehmigung im System hinterlegt DANN Warnung: Genehmigung prüfen
- WENN 35100/35110 angesetzt UND keine Diagnose aus dem relevanten F-Spektrum oder kein Gesprächseintrag vorhanden DANN Hinweis auf unvollständige Doku

Hinweis zur Budgetierung von 03230:
Die Ziffer 03230 unterliegt u. a. in Rheinland-Pfalz der Budgetierung über ein Gesprächsbudget, das sich aus der Fallzahl der Praxis multipliziert mit einem Punktwert pro Fall ergibt.

Beispiel (aus Honorarbescheid Q4/Beispieljahr):

- Fallzahl: 3016
- Gesprächsbudget: 64 Punkte je Fall
- Gesamtbudget: 193.024 Punkte
- Eingereichte 03230-Leistungen: 1498 × 128 Punkte = 191.744 Punkte
- Ergebnis: 100 % anerkannt, da Budget nicht überschritten wurde

Das zeigt: Auch budgetierte Ziffern können voll ausgeschöpft und vergütet werden – sofern sie innerhalb der definierten Grenzen bleiben.

Delegieren

Gerade bei Gesprächsziffern ist eine gezielte Aufgabenverteilung sinnvoll, um die ärztliche Dokumentation zu entlasten und gleichzeitig die Abrechnungssicherheit zu verbessern. Delegationsmöglichkeiten:

- Medizinische Fachangestellte (MFA): Sichtung der Karteikarte auf Gesprächseinträge, ggf. Erinnerung an 03230 bei erfüllten Kriterien
- Abrechnungsverantwortliche: Regelmäßige Prüfung von 35100/35110 auf Vorliegen der KV-Genehmigung (z. B. bei neuen Ärzt:innen)
- Praxismanager:in: Organisation der KV-Anträge und Nachverfolgung der Genehmigungspflicht (z. B. in RLP zwingend erforderlich)
- Teaminterne Schulung: Kurze Fortbildung für Ärzt:innen zur sicheren Anwendung und Unterscheidung der Gesprächsziffern

Fazit

03230, 35100 und 35110 sind mehr als Nebenziffern – sie ermöglichen die Abbildung anspruchsvoller Kommunikationsarbeit in der hausärztlichen Versorgung. Wer sie konsequent nutzt, verbessert nicht nur die Abrechnung, sondern auch die Wahrnehmung der eigenen Leistung. Mit klaren Regeln, digitaler Unterstützung und verteilten Aufgaben werden diese Ziffern vom Risiko zum Potenzial – auch unter Budgetbedingungen.

3.8   Wundversorgung sicher abrechnen

Analysieren

Die Abrechnung von Wundversorgungen erfolgt primär über den Abschnitt 2.3 des EBM– Kleinchirurgische Eingriffe. Entscheidend ist die Unterscheidung zwischen:

- Primärer Wundversorgung (Erstversorgung), z. B. nach Sturz, Schnitt, Platzwunde
- Sekundärer Wundversorgung, z. B. bei Heilungsverzögerung, Infektion, Dekubitus

Wichtig: Eine Wunde kann nur einmal primär versorgt und entsprechend nur einmal abgerechnet werden. Folgebehandlungen sind nicht gesondert berechnungsfähig mit GOP 02300–02302.

<u>Digitalisieren</u>
Primäre Wundversorgung:

- 02300 – einfache Wundversorgung (z. B. Reinigung)
- 02301 – Versorgung mittels Naht oder Gewebekleber (ab 12 J.)
- 02302 – Nahtversorgung bei Kindern < 12 J.

Besonderheit: Ein Mehrfachansatz ist nur erlaubt bei:

- T01.- (mehrere offene Wunden)
- D22.- (Nävussyndrom)→ maximal 5-mal pro Behandlungstag, auch nebeneinander

Sekundäre Wundversorgung:
02310 – sekundär heilende Wunden, Dekubitus ist nur mit mind. 3 Arztkontakten im Behandlungsfall möglich. Die digitale Erfassung der Häufigkeit könnte durch das Setzten einer Pseudoziffer erfolgen (z. B. 99912A – 1. Verbandswechsel, 99912B – 2. Verbandswechsel, 99912C – 3. Verbandswechsel). Über den dritten Verbandswechsel hinaus ist eine Dokumentation für die Ziffer 02310 nicht mehr relevant.
<u>Automatisieren</u>
WENN-DANN-Prüfregeln:

- WENN ICD T01.- ODER D22.- DANN mehrfachen Ansatz von 02300–02302 im selben Behandlungstag prüfen
- WENN ICD T81.3 ODER L89.- UND ≥ 3 Arztkontakte im Behandlungsfall DANN 02310 prüfen
- WENN Suchwort „Wunde" in Karteieintrag DANN Ziffer 02300–02302 prüfen
- WENN ICD S51.- (offene Wunde Unterarm) ODER T14.1 (offene Wunde nicht näher bezeichnet) ODER W57.0 (Zeckenbiss) DANN Ziffern prüfen (auch Mehrfachansatz)
- WENN Pseudoziffer 99912C – 3. Verbandswechsel DANN 02310 prüfen

Hinweis: Auf gegenseitige Ausschlüsse achten: GOP 02300–02302 nicht mehrfach ansetzen, wenn keine ICD-Ausnahme vorliegt. Ebenso: Keine Kombination 02300 + 02301 am selben Tag für dieselbe Wunde.
<u>Delegieren</u> (Tab. 3.6)

Tab 3.6 Wundmanagement

Teilprozess	Delegierbar?	Hinweise
Wundreinigung (oberflächlich)	MFA/VERAH	Ohne Naht, keine arterielle Blutung
Naht/Gewebekleber	Arztpflicht	Ärztliche Leistungspflicht
Wunddokumentation	MFA/VERAH	Auch Foto oder Verlauf möglich
Verbandwechsel (Folgekontakt)	MFA/VERAH	Zählt ggf. zur Serie für 02310
Materialanforderung (SSB)		Wirtschaftlichkeit beachten

Überblick Wundversorgungsziffern (Tab. 3.7)

Tab 3.7 Wundmanagementziffern EBM

GOP	Inhalt	Besonderheiten
02300	Reinigung kleiner Wunden	Z. B. Schürf-, Schnittverletzung oder Zeckenbiss ohne Naht
02301	Versorgung mit Naht/Gewebekleber (ab 12 J.)	Bei tieferen Wunden, Platz-, Schnittverletzungen
02302	Versorgung mit Naht bei Kindern < 12 J.	Nur Kinder, Naht erforderlich
02310	Sekundär heilende Wunde(n), Dekubitus	Mind. 3 persönliche Arztkontakte
02312	Chron. Ulcus cruris (meist fachärztlich)	Für Hausärzt:innen meist nicht relevant

Fazit

Die Ziffern zur Wundversorgung wirken auf den ersten Blick redundant – unterscheiden sich jedoch klar in Bezug auf Wundart, Alter und Verlauf.

Eine gute Dokumentation, die korrekte ICD-Zuordnung sowie der bewusste Einsatz von Automatisierung und Pseudoziffern helfen, die Leistungen sicher und vollständig abzurechnen. Fehler durch Mehrfachansätze oder falsche Ziffernkombinationen lassen sich so vermeiden.

3.9 DMP: Strukturierte Versorgung medizinisch und wirtschaftlich nutzen

<u>Analysieren</u>

Disease-Management-Programme (DMP) sind strukturierte Behandlungsprogramme für chronisch kranke Patienten. Für Hausärzt:innen sind insbesondere folgende Programme relevant:

- Diabetes mellitus Typ 2
- Koronare Herzkrankheit (KHK)
- COPD
- Asthma bronchiale

Im fachärztlichen Bereich werden die jeweiligen fachspezifischen Programme durchgeführt, z. B. KHK im Bereich der Kardiologen. Diese Programme sind genehmigungspflichtig und erfordern eine Teilnahmeerklärung bei der Kassenärztlichen Vereinigung. Die Betreuung erfolgt nach strukturierten Dokumentationsvorgaben und wird regelmäßig durch Fachgremien weiterentwickelt.

Typische Herausforderungen:

- DMP-Einschreibung wird vergessen – trotz passender Diagnose.
- Dokumentation fehlt oder wird fehlerhaft übermittelt.
- Zusatzziffern wie Kooperationspauschalen werden nicht genutzt.
- Neue DMP oder Änderungen werden im Team nicht bekannt gemacht.
- Abrechnungsrelevante Dokumentationen erfolgen, aber ohne Ziffernansatz.

Wichtige Hinweise aus der Praxis:

- Verpasste Dokumentationen können zur Ausschreibung des Patienten durch die Krankenkasse führen – auch ohne Rückmeldung an die Praxis.
- Bei Krankenkassenwechsel müssen Patient:innen neu eingeschrieben werden – sonst endet die Teilnahme automatisch.
- Krankenkassen schreiben Patient:innen aktiv an, um sie zur DMP-Teilnahme zu motivieren. Das erzeugt Beratungsbedarf in der Praxis – aber auch Chancen zur Einschreibung.

Digitalisieren

DMP-Daten sind strukturiert, regelmäßig und formularbasiert – damit prädestiniert für digitale Erfassung und Automatisierung.

Typische digitale Datenquellen:

- ICD-10-Codes: E11, I25, J44, J45 etc.
- Laborwerte: HbA1c, LDL, Kreatinin, Lungenfunktion
- Medikation: Antidiabetika, Betablocker, ICS etc.
- Einschreibestatus im PVS (Kennzeichnung, Listen)
- Dokumentationsmodule (PVS-integriert oder externe Dokumentationsportale)

Praxistipp:

Viele PVS-Systeme erkennen relevante ICD-Codes automatisch und geben Hinweise wie:

„Patient mit ICD E11 erkannt – DMP-Einschreibung prüfen?"

Fallstrick bei Diabetes:

Die DMP-Dokumentation Diabetes verlangt u. a. einen aktuellen HbA1c-Wert.

Wird dieser über ein Großlabor bestimmt, liegt er erst am Folgetag vor. Das bedeutet: Zwei Termine (Blutabnahme + Dokumentation) sind notwendig.

Wenn in der Praxis jedoch ein POCT-Gerät zur HbA1c-Bestimmung vorhanden ist, lässt sich beides am selben Tag erledigen – einfacher für Praxis und Patient. Details zur Gerätewahl, Technik und Wirtschaftlichkeit siehe Abschn. 6.3.9

<u>Automatisieren</u>

Ziel eines guten DMP-Workflows ist es, Einschreibung, Verlaufskontrolle und Abrechnung mit möglichst wenig Aufwand zuverlässig abzubilden.

WENN-DANN-Prüfregel:

- WENN ICD vorhanden UND keine Einschreibung DANN Hinweis: DMP-Einschreibung prüfen
- WENN Doku im Vorquartal OHNE Doku im aktuellen Quartal DANN Erinnerung: DMP-Folgedokumentation fällig
- WENN Doku erstellt OHNE Abrechnungsziffer DANN entsprechende Ziffer prüfen
- WENN DMP-Diabetes eingeschrieben UND Augenarztüberweisung ausgestellt DANN 90051 (Kooperationspauschale) prüfen

Hinweis zur Kooperationsziffer:

- GOP 90051: ansetzbar bei dokumentierter Kooperation mit dem Augenarzt (z. B. durch Überweisung) im Rahmen des DMP „Diabetes mellitus Typ 2". Wird häufig vergessen, aber extrabudgetär vergütet. Die Ziffer ist möglicherweise nicht in jedem Bundesland in gleicher Form verfügbar.

<u>Delegieren</u>

Die DMP-Verwaltung lässt sich hervorragend aufteilen – klare Zuständigkeiten entlasten Ärzt:innen und sichern die Abläufe (Tab. 3.8).

Tipp zur Delegation:

Die Kontrolle der Einschreibequote und der offenen DMP-Fälle sollte Teil der regelmäßigen Teambesprechung oder der Aufgabenbeschreibung der Praxismanagerin sein.

Fazit

DMP sind mehr als Bürokratie – sie bieten strukturierte Versorgung, fördern die Patientensicherheit und bringen eine verlässliche, extrabudgetäre Vergütung. Mit klar definierten Abläufen, automatisierten Erinnerungen und guter Teamkommunikation werden sie vom Verwaltungsrisiko zum wirtschaftlichen Vorteil. Wer DMP intelligent nutzt, schafft Mehrwert für Patienten, Team und Praxis.

Tab 3.8 DMP-Aufgabenverteilung

Rolle	Aufgaben
MFA/VERAH	Einschreibung vorbereiten, Laborwerte ergänzen, Dokumentation ausfüllen
Praxismanager:in	Listenpflege, Fristenüberwachung, Kommunikation mit Dokumentationsportalen
Abrechnungskraft	Ziffernkontrolle, landesspezifische Vergütungsregelung umsetzen
Ärzt:in	Medizinische Einschätzung, Verlaufskontrolle, Signatur

3.10 Selektivverträge: Chancen erkennen, Aufwand realistisch einschätzen

<u>Analysieren</u>

Selektivverträge sind besondere Versorgungsmodelle, die außerhalb des Kollektivvertrags mit einzelnen Krankenkassen oder Kassenverbänden abgeschlossen werden. Sie ermöglichen zusätzliche oder speziell vergütete Leistungen – allerdings zu regional unterschiedlichen Bedingungen.

Wichtig: Jedes Bundesland hat eigene Verträge.

Was in Rheinland-Pfalz abrechnungsfähig ist, gilt nicht automatisch in Bayern oder NRW. Selbst innerhalb eines Bundeslandes gelten Verträge nicht für alle Krankenkassen – oft nur für einzelne Betriebskrankenkassen oder spezielle Untergruppen.

Allgemeine Überlegungen:

- Die Verwaltung ist aufwendig: Einschreibung, Dokumentation, Fristen, Vertragsprüfung, Meldung an die KV.
- Für die Teilnahme muss der Arzt sich schriftlich bei der KV anmelden – und teilweise auch die Patient:innen selbst.
- Es lohnt sich nur für große Patientengruppen – bei kleinen Fallzahlen überwiegt der Aufwand.
- Kassen ändern ihre Beteiligung: Verträge laufen aus, neue kommen hinzu – das erschwert Planung und Prozessstabilität.

Praxisbeispiel:

Ein CRP-Schnelltest im Rahmen eines Vertrags mit der VIACTIV oder IKK Südwest ist nur für einen Bruchteil der Patient:innen abrechenbar. Ohne klaren Überblick läuft man Gefahr, die Leistung ohne Vergütung zu erbringen.

<u>Digitalisieren</u>

Eine gute digitale Struktur ist entscheidend, um Selektivverträge effektiv umzusetzen. Oft geht es nicht um Technik – sondern um Transparenz im System: Welche Kasse ist wo beteiligt? Welche Leistungen sind abrechnungsfähig? Welche Dokumentation ist nötig?

Mögliche digitale Quellen und Tools:

- Versichertendaten im PVS mit Kassenkürzel und Status
- Teilnehmerlisten zu Selektivverträgen (z. B. KV-Webseiten oder Abrechnungsportale)
- Verlinkungen oder Hinweise im Patientenprofil („Vertrag: CRP-Test abrechenbar")
- Digitale Vertragsübersichten oder Tabellen in der internen Praxisdokumentation

Beispielhafte Verträge in Rheinland-Pfalz (Stand 2025):

- Gestationsdiabetes
- Hautkrebsscreening (teilweise auch für Hausärzt:innen)

- CRP-Test
- Depression
- Gesundheit PLUS
- Oska-Plus
- Früherkennung Kinder (U10, U11, J2)

Automatisieren

Selektivverträge lassen sich meist nicht vollautomatisch steuern – aber über gezielte Hinweise und Kennzeichnungen gut kontrollieren.
WENN-DANN-Prüfregeln:

- WENN Krankenkasse = „VIACTIV" UND ICD „Infekt" (z. B.: J00) DANN Hinweis auf CRP-Testvertrag
- WENN ICD-Code O09 (Schwangerschaftsdauer) UND Kasse = „AOK/BKK" DANN *Einschreibung in Vertrag (z. B. „Hallo Baby") möglich/gewünscht?*
- WENN Kasse = „TK" UND ALTER 10–12 Jahre DANN Hinweis: Früherkennungsuntersuchung U10/U11 möglich

Delegieren

Selektivverträge erfordern organisatorisches Feingefühl – weniger medizinische Expertise, mehr Strukturverständnis. Sie eignen sich hervorragend zur Delegation an Praxismanager:innen, VERAHs oder MFA mit Abrechnungsaufgaben.
Typische Delegationsbereiche:

- Praxismanager:in: Vertragsmonitoring, Schulung, Anmeldungen bei der KV
- Abrechnungsteam: korrekte Ziffern, Vertragsprüfung
- MFA/VERAH: Information der Patient:innen, Unterlagenmanagement, Fristenüberwachung

Fazit

Selektivverträge lohnen sich, wenn Team, Technik und Patientenzahl zusammenpassen. Je kleiner der Vertrag, desto wichtiger sind Übersicht, Checkliste und interne Steuerung. Mit Pseudoziffern, Word-Vorlagen und Prozessdenken lässt sich auch komplexe Versorgung strukturiert abbilden – und wirtschaftlich nutzen.

3.10.1 Checkliste – Lohnt sich dieser Vertrag für unsere Praxis?

(Siehe Tab. 3.9)
Empfehlung:
Der Beitritt zu diesem Selektivvertrag sollte nur erfolgen, wenn mehr als die Hälfte der Fragen positiv beantwortet wurden.

Tab 3.9 Checkliste Selektivvertrag

Prüfkriterium	Bewertung
Wie groß ist die potenzielle Teilnehmergruppe (Anteil der betroffenen Krankenkassen in der Praxis)?	
Wie groß ist die potenzielle Teilnehmergruppe (relevante Diagnosen/Indikationen)?	
Müssen Geräte oder Materialien angeschafft werden?	
Wie hoch ist der Zeitaufwand für Untersuchungen?	
Können die geforderten Leistungen sinnvoll in bestehende Workflows integriert werden?	
Wie hoch ist der Zeitaufwand für Dokumentation?	
Was ist ärztlich zu erbringen, was kann delegiert werden?	
Wie hoch ist der erwartbare Verdienst pro Fall?	

3.10.2 Analyse eines Beispielvertrags – DAK-Diabetesvertrag (Rheinland-Pfalz)

Hintergrund

Der Vertrag „Frühzeitige Diagnostik und Behandlung von Begleiterkrankungen des Diabetes mellitus" zwischen der DAK-Gesundheit und der KV Rheinland-Pfalz richtet sich an Hausärzt:innen und bietet eine strukturierte Zusatzversorgung für Patient:innen mit Diabetes mellitus. Grundlage ist § 73c SGB V.

Die Versorgung gliedert sich in fünf Module (Versorgungsfelder), die einzeln oder kombiniert genutzt werden können. Die Vergütung erfolgt über exklusive Selektivvertragsziffern, die nicht Bestandteil des EBM sind.

Teilnahmevoraussetzungen

Für die Praxis:

- Teilnahmeerklärung bei der KV
- Technische Ausstattung für einzelne Module notwendig (z. B. Monofilament, ABI-Messung)
- Keine verpflichtenden Schulungen

Für Patient:innen:

- Versicherung bei DAK, KKH, TK oder Hanseatischer Krankenkasse
- Gesicherte Diagnose E10–E14
- schriftliche Teilnahmeerklärung (Einwilligung)

Erläuterung: Früherkennung und Weiterbetreuung
Die vertragliche Versorgung besteht typischerweise aus zwei Stufen:

- Früherkennung – Die gezielte und strukturierte Untersuchung auf eine mögliche Folgeerkrankung des Diabetes, bevor Symptome vorliegen. Ziel ist das rechtzeitige Erkennen und Verhindern eines schweren Verlaufs.
- Weiterbetreuung – Die strukturierte Betreuung bei bereits festgestellter Folgeerkrankung. Ziel ist die Vermeidung von Verschlechterung, Komplikationen oder Klinikaufenthalten.

Für jede Folgeerkrankung gibt es dafür klar definierte ICD-Kombinationen und Wiederholungsfristen.

Versorgungsfelder im Überblick
1. Neuropathie. (Tab. 3.10)
2. LUTS (Blasenfunktionsstörung) (Tab. 3.11)
3. Angiopathie/pAVK (Tab. 3.12)
4. Diabetesleber (Tab. 3.13)
5. Niereninsuffizienz (Tab. 3.14)

Tab 3.10   DAK Diabetes Neuropathie

Leistung	ICD-Voraussetzung	Besonderheiten
Früherkennung	E10–E14, keine Neuropathie in 4 Quartalen	Monofilament erforderlich
Diagnosetest	Nur gemeinsam mit Früherkennung	Teststreifen bereitstellen
Weiterbetreuung	E1*.4/.7 + G59/G63/G99	Bis zu zweimal pro Jahr möglich

Tab 3.11   DAK Diabetes LUTS

Leistung	ICD-Voraussetzung	Besonderheiten
Früherkennung	E10–E14, keine LUTS in 4 Quartalen	Fragebogen durch Patient:in
Weiterbetreuung	R39.1, R39.2, N31.*	Zweimal pro Jahr möglich

Tab 3.12   DAK Diabetes Angiopathie

Leistung	ICD-Voraussetzung	Besonderheiten
Früherkennung	E10–E14, keine pAVK in 4 Quartalen	ABI-Messung empfohlen
Weiterbetreuung	I70.2*, I73.9, G73.0, E1*.5/.6	Doppler sinnvoll, zweimal pro Jahr möglich

Tab 3.13   DAK Diabetes Diabetesleber

Leistung	ICD-Voraussetzung	Besonderheiten
Früherkennung	E10–E14 + kein K76.- in 4 Quartalen	Labor (GGT, GPT) + Sono empfohlen
Weiterbetreuung	E10–E14 + K76.*	Gezielte Überwachung

Tab 3.14 DAK Diabetes Niereninsuffizienz

Leistung	ICD-Voraussetzung	Besonderheiten
Früherkennung	E10–E14, keine N18.- in 4 Quartalen	eGFR + Albumin/Kreatinin-Ratio
Weiterbetreuung	E10–E14 + N18.1–N18.5	Zweimal pro Jahr möglich
Notfallvermeidung	Zum Beispiel N18.4/N18.5, akute Therapie	Einmal pro Quartal bei hohem Risiko

Tab 3.15 DAK Diabetes Checkliste

Prüfkriterium	Bewertung
Teilnehmergruppe (Diabetes + GKV)	Hoch
Kassenbeteiligung (DAK, TK, KKH, HEK)	Solide
Erkrankungen (Neuropathie, pAVK, Leber, Niere, LUTS)	Breit
Gerätebedarf	Moderat
Zeitaufwand für Untersuchung	Gering bis mittel (kombinierbar mit DMP)
Dokumentationsaufwand	Mittel
Delegierbarkeit	Teils gut
Vergütungspotenzial	Etwa 20 € je Feld und Durchführung – gut
PVS-Integration	Manuell lösbar

Automatisierung und Steuerung

Erstellung einer Pseudoziffer, die gesetzt wird, wenn der Patient die Teilnahmeerklärung unterschrieben hat.

WENN-DANN-Prüfregeln:

- WENN Pseudoziffer des Vertrags im Vorquartal DANN prüfen ob der Patient noch eingeschrieben ist und ggf. Ziffer wieder ansetzen
- WENN ICD E10–E14 UND Kasse DAK/TK/KKHDANN Vertragsstatus prüfen
- WENN Pseudoziffer des Vertrags im Vorquartal UND keine Modul-ICD in 4 Quartalen DANN Früherkennungsvorschlag je Modul
- WENN Modul-ICD gesetzt UND Folgequartal DANN Weiterbetreuung (maximal zweimal jährlich) vorschlagen

Bewertung nach Checkliste (Tab. 3.15)

Fazit

Der DAK-Diabetesvertrag bietet ein modular aufgebautes Zusatzprogramm für Diabetespatient:innen mit guter medizinischer Struktur. Wirtschaftlich lohnt sich der Vertrag insbesondere, wenn mehrere Module in einem Termin kombiniert werden – idealerweise in Verbindung mit einem DMP-Kontakt.

Die Vergütung von ca. 20 € pro Feld und Durchführung entspricht in etwa der DMP-Strukturpauschale – bei ähnlichem oder sogar geringerem Aufwand, wenn die Leistungen intelligent integriert werden.

Praxen mit strukturierter Dokumentation, delegierbaren Abläufen und digitalem Überblick können den Vertrag sinnvoll implementieren – auch bei begrenztem technischem Aufwand.

3.11   Vergessene Ziffern systematisch aufdecken

Leistung erbracht – aber nicht abgerechnet?

<u>Analysieren</u>

Im Praxisalltag werden täglich medizinisch sinnvolle Leistungen erbracht – aber nicht als EBM-Ziffer dokumentiert. Gründe dafür sind oft:

- Ziffer nicht präsent oder bekannt
- Zeitdruck   keine Abrechnung im Moment des Kontakts
- Dokumentation erfolgt, aber ohne technische Umsetzung in eine Abrechnungsziffer
- Denkfehler: „Das ist doch sowieso pauschal abgegolten"

Diese Lücken sind kein Einzelfall – sondern systemisch. Deshalb braucht es Gegenstrategien.

<u>Digitalisieren</u>

Die Praxissoftware kann helfen, vergessene Leistungen sichtbar zu machen – wenn sie richtig genutzt oder erweitert wird. Ziel ist es, Hinweise auf erbrachte, aber nicht abgerechnete Leistungen direkt aus der Dokumentation abzuleiten.

Mögliche technische Ansätze:

- Keywords in der Karteikarte erkennen
- Nutzung bestimmter Kategorien (z. B. Sono(graphie), EKG, LuFu etc.)
- Auswertung genutzter Formulare
- Verknüpfung zu Fremdsoftware (z. B. diagnostische Tools, Befundübertragungen)
- Speicherung von Dokumenten wie eArztbriefen, DICOM-Dateien etc.

Teilweise müssen diese Abfragen individuell eingerichtet oder programmiert werden – je nach System und Praxisumgebung.

<u>Automatisieren</u>

Digitale Unterstützung kann durch automatische Prüfung oder intelligente Vorschlagsfunktionen erfolgen:

- Ziffernprüfung beim Quartalsabschluss siehe Abschn. 3.1.3
- One-Click-Buttons siehe Abschn. 3.1.4
- Selbstgestaltete EBM-Regeln siehe Abschn. 3.1.6

Diese Mechanismen müssen in der Regel individuell konfiguriert oder mit externer Unterstützung ergänzt werden.

Delegieren

Die Identifikation vergessener Ziffern kann im Team organisiert werden.

Fazit

Was nicht abgerechnet wird, wird auch nicht honoriert. Wer medizinisch korrekt arbeitet, sollte dies auch vollständig dokumentieren – und keine Leistung „liegen lassen".

In den folgenden Unterkapiteln werden konkrete Konstellationen von Leistung und vergessener Ziffer beschrieben – mit Umsetzungsregeln und Praxishinweisen.

3.11.1 INR-Kontrolle (32026)

Die 32026 ist eine EBM-Leistungsziffer für die Durchführung und Dokumentation der INR-Bestimmung bei oraler Antikoagulation (z. B. Marcumar). Diese Leistung wird in vielen Praxen routinemäßig erbracht – und dennoch oft vergessen abzurechnen.

Typische Fehlerquellen:

- INR-Wert dokumentiert, aber keine Ziffer angesetzt
- Patient mit Marcumar bekannt, aber kein Eintrag zur Verlaufskontrolle

WENN-DANN-Prüfregeln:

- WENN Keyword „INR" in der Karteikarte DANN 32026 prüfen
- WENN Laborblatt enthält INR-Wert DANN 32026 prüfen

3.11.2 iFOBT (01737)

Die Ziffer 01737 kann abgerechnet werden für die Abgabe und Auswertung eines immunologischen Stuhltests (iFOBT) im Rahmen der Darmkrebsfrüherkennung ab 50 Jahren. Die Leistung wird oft erbracht, aber nicht dokumentiert – insbesondere, wenn sie „nebenbei" im Rahmen des Check-ups erfolgt.

Typische Fehlerquellen:

- Testausgabe oder Rückgabe ist dokumentiert, aber keine Ziffer angesetzt
- iFOBT als Laborwert erfasst, aber nicht mit der 01737 verknüpft
- Patient im passenden Alter, aber Leistung wird nicht einzeln abgerechnet

WENN-DANN-Prüfregeln:

- WENN Dokumentation „iFOBT" ODER „Stuhltest" in der Karteikarte DANN 01737 prüfen
- WENN iFOBT-Laborwert im Datenblatt gespeichert DANN 01737 prüfen

Hinweis:

Wird ein Check-up (Ziffer 01732, siehe Abschn. 3.11.4) durchgeführt und der Patient ist 50 Jahre oder älter, sollte standardmäßig die Ausgabe eines iFOBT in Betracht gezogen und die Ziffer 01737 geprüft werden.

In vielen Praxissoftwares kann hierfür ein automatischer Hinweis programmiert werden, der bei Dokumentation der 01732 ab Alter 50 auf die iFOBT-Ziffer 01737 aufmerksam macht.

3.11.3 DMP-Zuschlag Augenarzt (90051)

Die Ziffer 90051 kann für Versicherte im DMP „Diabetes mellitus Typ 2" abgerechnet werden, wenn im Rahmen der Betreuung eine Überweisung an die Augenheilkunde erfolgt ist. Sie wird zusätzlich zur DMP-Dokumentation vergütet – ist jedoch nicht in allen KVen abrechenbar.

Hinweis: Die Ziffer 90051 ist nicht bundesweit abrechenbar. Beachten Sie regionale Abrechnungsbedingungen.

Typische Fehlerquelle:

- Überweisung an Augenheilkunde wurde erstellt, aber 90051 nicht dokumentiert

WENN-DANN-Prüfregeln:

- WENN Überweisung an „Augenheilkunde" UND DMP-Dokumentation (z. B. 90052) DANN 90051 prüfen
- OHNE Überweisung in den letzten 3 Quartalen „Augenheilkunde" DANN Erinnerung auslösen, z. B. bei Erstellung der DMP-Dokumentation

3.11.4 Check-up (01732) ohne Urinuntersuchung (32880)

Die Ziffer 01732 steht für die Gesundheitsuntersuchung (Check-up), die gesetzlich Versicherten ab 35 Jahren alle drei Jahre zusteht. Sie beinhaltet sowohl Anamnese und körperliche Untersuchung als auch Laboruntersuchungen.

Die Urinuntersuchung ist als eigene Ziffer 32880 kodiert und Bestandteil des Check-ups bei Patient:innen ab 35 Jahren.

Typische Fehlerquellen:

- 01732 wird dokumentiert, aber 32880 (Urin) wird vergessen
- Check-up wird vollständig durchgeführt, aber Urinuntersuchung nicht separat erfasst

WENN-DANN-Prüfregel:

- WENN 01732 Alter $\geq$ 35 Jahre DANN 32880 prüfen

Hinweis:
Bei Patient:innen unter 35 Jahren ist die Gesundheitsuntersuchung (01732) ohne Urinuntersuchung vorgesehen. In diesen Fällen darf 32880 nicht abgerechnet werden.

3.11.5 Bescheinigung oder Zeugnis (01620)

Die Ziffer 01620 kann abgerechnet werden für die Ausstellung einer kurzen Bescheinigung oder eines kurzen Zeugnisses, sofern dies auf besonderes Verlangen der Krankenkasse erfolgt – oder beim Ausfüllen definierter Vordrucke.
　　Gilt insbesondere für:

- Muster 50 – Anfrage zur Zuständigkeit einer anderen Krankenkasse

Typische Fehlerquellen:

- Muster 50 wird ausgestellt, aber 01620 nicht angesetzt
- Formular wird als Verwaltungsakt gewertet – ohne Abrechnungsprüfung
- Anfrage wird bearbeitet, aber nicht als eigenständige ärztliche Leistung gesehen

WENN-DANN-Prüfregeln:

- WENN Muster 50 erstellt DANN 01620 prüfen
- WENN Bescheinigung auf Anforderung der Krankenkasse DANN 01620 prüfen

Hinweis:
Die Ziffer 01620 ist nicht auf bestimmte Fachgruppen oder Indikationen beschränkt.
Entscheidend ist, dass die Bescheinigung auf formelle Anforderung der Krankenkasse
ausgestellt wurde – nicht aus Eigeninitiative.
　　Sollten künftig weitere Muster durch die KBV herausgegeben werden, sollte die Abfrage entsprechend erweitert werden. Die jeweils vorgesehene Ziffer wird durch die KBV
auf die Musterformulare aufgedruckt (Abb. 3.6).

> Für die Beantwortung dieser Anfrage ist die Nr. 01620 EBM berechnungsfähig

Abb. 3.6 Muster 50 EBM-Ziffer

3.11.6 Formulare ohne Ziffer (01621)

Die Ziffer 01621 kann abgerechnet werden für das Ausstellen ärztlicher Unterlagen auf besonderes Verlangen der Krankenkasse. Dazu gehören definierte Musterformulare, die medizinisch relevant und formell verpflichtend sind.

Gilt insbesondere für folgende Vordrucke:

- Muster 11 – Bericht für den Medizinischen Dienst
- Muster 53 – Anfrage zum Zusammenhang von Arbeitsunfähigkeitszeiten
- Muster 56 – Antrag auf Kostenübernahme von Rehabilitationssport oder Funktionstraining

Typische Fehlerquellen:

- Formular (z. B. RehaSport-Antrag) wird ausgefüllt, aber Ziffer 01621 wird nicht abgerechnet
- Die Ausstellung erfolgt im Rahmen einer Konsultation und wird nicht separat gewertet
- MFA erstellt Formular, aber der ärztliche Teil wird nicht als abrechnungsrelevant erfasst

WENN-DANN-Prüfregeln:

- WENN Muster 11, 53 oder 56 ausgestellt DANN 01621 prüfen
- WENN Formular auf Veranlassung der Krankenkasse DANN 01621 prüfen

Hinweis:
Die Ziffer 01621 kann für jedes dieser Formulare separat angesetzt werden. Eine Begrenzung pro Quartal besteht nicht – entscheidend ist, dass das Formular nicht aus Eigeninitiative, sondern auf Verlangen der Krankenkasse erstellt wurde.

3.11.7 Kurplan, Gutachten, Stellungnahme (01622)

Die Ziffer 01622 kann abgerechnet werden für ausführliche schriftliche Unterlagen, die auf Anforderung der Krankenkasse erstellt werden. Dazu zählen insbesondere Kurpläne, ärztliche Stellungnahmen und gutachterliche Einschätzungen, wenn sie mit bestimmten Vordrucken verbunden sind.

Gilt insbesondere für:

- Muster 20 a–d – Stufenweise Wiedereingliederung in das Erwerbsleben
- Muster 51 – Anfrage zur Zuständigkeit eines sonstigen Kostenträgers
- Muster 52 – Bericht bei Fortbestehen der Arbeitsunfähigkeit
- Muster 65 – Ärztliches Attest für das Kind

Typische Fehlerquellen:

- Vordrucke werden auf Anforderung korrekt ausgefüllt – aber Ziffer 01622 wird nicht angesetzt
- Formular wird als „reine Bürokratie" eingestuft und ohne Leistungsziffer bearbeitet
- Aufwand der medizinischen Beurteilung wird nicht als abrechnungsfähig erkannt

WENN-DANN-Prüfregeln:

- WENN Muster 20, 51, 52 oder 65 erstellt DANN 01622 prüfen
- WENN ausführliche schriftliche Stellungnahme auf Krankenkassenanfrage DANN 01622 prüfen

Hinweis:

Die 01622 steht für schriftliche Beurteilungen mit medizinischem Inhalt – sie ist deutlich aufwendiger als eine reine Bescheinigung (01620) und sollte entsprechend angesetzt werden. Eine pauschale Ablehnung der Abrechnung ist unzulässig, wenn die Anfrage eindeutig von der Krankenkasse kommt.

3.11.8 Antrag auf ambulante Kur: Ziffer (01623)

Die Ziffer 01623 kann abgerechnet werden für den Kurvorschlag des Arztes zur ambulanten Vorsorgeleistung nach § 23 SGB V. Sie bezieht sich explizit auf die Ausstellung des Musters 25, das für gesetzlich versicherte Patient:innen zur Beantragung einer ambulanten Kur erforderlich ist.

Gilt insbesondere für:

- Muster 25 – Antrag auf ambulante Vorsorgeleistung in anerkannten Kurorten

Typische Fehlerquellen:

- Muster 25 wird korrekt ausgefüllt, aber die Ziffer 01623 nicht ergänzt
- MFA erstellt Formular, ärztlicher Teil wird nicht als eigene Leistung erkannt
- Formular wird als „Verwaltung" wahrgenommen – ohne wirtschaftliche Bewertung
- Es wird nur 01620 (einfache Bescheinigung) abgerechnet – obwohl die umfangreichere Beurteilung nach 01623 vorlag

WENN-DANN-Prüfregeln:

- WENN Muster 25 ausgefüllt DANN 01623 prüfen
- WENN Kurvorschlag mit medizinischer Begründung dokumentiert DANN 01623 prüfen

Hinweis:
Die 01623 ist nicht budgetiert, extrabudgetär vergütet und kann mehrfach pro Quartal angesetzt werden – sofern unterschiedliche Kuranträge oder Wiederholungsbeurteilungen erfolgen. Sie stellt eine ärztlich anspruchsvollere Leistung dar als einfache Atteste und sollte daher auch so dokumentiert und abgerechnet werden.

3.11.9 Verordnung medizinischer Vorsorge für Mütter oder Väter (01624)

Die Ziffer 01624 kann abgerechnet werden für die Verordnung einer medizinischen Vorsorgeleistung gemäß § 24 SGB V, speziell für Mütter oder Väter, bei denen eine stationäre Maßnahme medizinisch angezeigt ist.

Gilt ausschließlich für:

- Muster 64 – Antrag auf medizinische Vorsorgemaßnahmen für Mütter oder Väter

Typische Fehlerquellen:

- Muster 64 wird ausgestellt, aber 01624 wird nicht abgerechnet
- Die Vorsorgemaßnahme wird als „Antrag" verstanden, nicht als medizinische Leistung
- Formular wird durch MFA vorbereitet – ärztlicher Teil bleibt ohne Ziffer

WENN-DANN-Prüfregeln:

- WENN Muster 64 ausgefüllt DANN 01624 prüfen
- WENN Vorsorgemaßnahme für Mutter/Vater nach § 24 SGB V beantragt DANN 01624 prüfen

Hinweis:
Die 01624 ist nicht berichtspflichtig, gehört aber zur fachärztlichen Grundversorgung und wird mit 210 Punkten vergütet. Das Ausstellen des Formulars ist eine abrechnungsfähige ärztliche Leistung – nicht bloße Verwaltung.

3.11.10 eArztbrief: Versand und Empfang (86900/86901)

Die Ziffern 86900 (Versand) und 86901 (Empfang) honorieren die elektronische Übermittlung oder Annahme eines eArztbriefs über einen sicheren Kommunikationsdienst (KIM).

Voraussetzungen laut EBM:

- 86900: Versand eines eArztbriefs
- 86901: Empfang eines eArztbriefs
- Nur über zugelassenen KIM-Dienst
- Maximal 50-mal pro Quartal und Arzt abrechenbar

Typische Fehlerquellen:

- eArztbrief wird tatsächlich empfangen oder versendet, aber Ziffer wird nicht dokumentiert
- System speichert die Nachricht, aber es erfolgt kein Hinweis auf die Abrechnung

WENN-DANN-Prüfregeln:

- WENN eArztbrief empfangen DANN 86901 prüfen
- WENN eArztbrief versendet DANN 86900 prüfen

Hinweis:
In vielen Systemen kann eine automatische Ziffernerinnerung eingerichtet werden – z. B. bei Versand über KIM oder Import eines signierten Dokuments.

3.11.11 ePA: Erstbefüllung und laufende Unterstützung (01648/01647)

Die Ziffern 01648 (Erstbefüllung) und 01647 (Unterstützungsleistung) honorieren ärztliche Mitwirkung bei der elektronischen Patientenakte (ePA). Sie bilden die Grundlage für die digitale, sektorenübergreifende Versorgung – insbesondere durch strukturierte Dokumentation, Metadatenprüfung und technische Umsetzung der ePA-Anbindung.
Voraussetzungen laut EBM:
01648 – ePA-Erstbefüllung

- Speicherung von Daten gemäß ePA-Erstbefüllungsvereinbarung (§ 346 Abs. 6 SGB V)
- Prüfung, ob therapeutische Gründe oder Rechte Dritter der Übermittlung entgegenstehen
- Prüfung und ggf. Ergänzung der zugehörigen Metadaten
- (Fakultativ) Einholung der Zugriffsberechtigung vom Patienten
- Einmalig je Versicherter abrechenbar

01647 – ePA-Unterstützungsleistung

- Erfassung/Verarbeitung/Speicherung von Behandlungsdaten (§ 341 Abs. 2 Nr. 1–5, 10–13 SGB V)

- Prüfung auf Übermittlungshindernisse (z. B. sensible Inhalte)
- Metadatenprüfung und -ergänzung
- (Fakultativ) Einholung der Zugriffsfreigabe
- Einmal je Behandlungsfall, nur in Verbindung mit Versicherten-/Grund-/Konsiliarpauschalen oder definierten Grundleistungen

Typische Fehlerquellen:

- ePA wird technisch befüllt, aber keine Ziffer dokumentiert
- 01647 mehrfach angesetzt im selben Behandlungsfall (unzulässig)
- 01648 vergessen, obwohl erstmalige Befüllung der ePA erfolgt ist
- PVS-Prozesse laufen automatisiert, aber ohne ärztliche Freigabe zur Abrechnung
- Kein interner Hinweis auf bereits abgerechnete 01648 → falscher Doppeleinsatz

WENN–DANN-Prüfregeln:

- WENN erstmaliger ePA-Upload in der Praxis DANN 01648 prüfen
- WENN bereits ePA vorhanden UND neue Einträge im aktuellen Quartal DANN 01647 prüfen

Hinweis zur Praxisanwendung

Die Unterscheidung, ob eine elektronische Patientenakte (ePA) bereits befüllt wurde, ist zentral nicht nachvollziehbar – weder durch die Kassenärztliche Vereinigung noch durch die Krankenkassen.

Daher empfiehlt sich folgende praxisnahe Handregel:

Wer beim ePA-Upload keine vorhandenen Dokumente vorfindet, ist der Erstbefüller – und kann 01648 abrechnen.

Das bedeutet: Wird die ePA im Rahmen eines Arztkontakts geöffnet und zeigt sich dort kein vorhandener Inhalt, ist von einer Erstbefüllung auszugehen. Der Upload ärztlicher Daten im Anschluss (z. B. Arztbrief, Medikationsplan, Befund) erfüllt dann die Voraussetzungen der Ziffer 01648.

Für alle weiteren Befüllungen im Behandlungsverlauf gilt: Ziffer 01647 – je einmal pro Behandlungsfall.

Empfohlene Umsetzung in der Praxissoftware:

- Dokumentation des Uploadvorgangs mit Vermerk „ePA bei Erstzugriff leer"
- Ergänzende Pseudoziffer z. B. 99932 – ePA-Erstbefüllung erfolgt zur internen Steuerung
- Monatliche Kontrollabfrage: „ePA-Nutzung ohne Ziffer 01647 oder 01648?" (Tab. 3.16)

Tab 3.16 ePA-Ziffern

Ziffer	Gültigkeit	Kombination erlaubt mit …
01648	1-mal je Versicherter	Unabhängig vom Fall, aber nur einmal abrechenbar
01647	1-mal je Behandlungsfall	Nur mit Grund-/Versicherten-/Konsiliarpauschalen etc.

Fazit

Die elektronische Patientenakte (ePA) ist ein zentrales Element digitaler Vernetzung. Die Ziffern 01648 (Erstbefüllung) und 01647 (Unterstützung) ermöglichen es Haus- und Fachärzt:innen, diese Aufgabe qualifiziert, strukturiert und wirtschaftlich sinnvoll umzusetzen.

3.11.12 Bauchaortenscreening bei Männern (01747/01748)

Die Ziffern 01747 und 01748 stehen für das einmalige Ultraschallscreening auf Bauchaortenaneurysmen für gesetzlich versicherte Männer ab 65 Jahren.

- 01747: Anspruchsdokumentation/Teilnahmeerklärung
- 01748: Durchführung der sonographischen Untersuchung der Bauchaorta

Typische Fehlerquellen:

- Patient ist berechtigt, aber die durchgeführte Beratung nicht dokumentiert (01747 fehlt)
- Ultraschall Abdomen (33042) wird durchgeführt und abgerechnet, inkl. Aortenuntersuchung – aber 01748 wird nicht ergänzt

WENN-DANN-Prüfregeln:

- WENN Patient männlich UND Alter $\geq$ 65 DANN 01747 prüfen/hinweisen
- WENN 01747 gesetzt UND Sono Abdomen (33042) durchgeführt DANN 01748 prüfen/hinweisen

Hinweis:
Die Untersuchung der Bauchaorta gehört zum Standardumfang einer hochwertigen Abdomensonographie. Wenn bei einem Mann ab 65 eine Abdomen-Sono (33042) durchgeführt wird, sollte daher geprüft werden, ob die Voraussetzungen für die einmalige Abrechnung der 01748 erfüllt sind – insbesondere bei bereits dokumentierter 01747.

3.11.13 Sonographie ohne Ziffer (33012/33042/33081)

Die Ziffern 33012, 33042 und 33081 decken die häufigsten hausärztlichen Ultraschall-untersuchungen ab – z. B. Schilddrüse, Abdomen oder andere Organe. Obwohl diese Leistungen regelmäßig durchgeführt werden, werden sie häufig nicht abgerechnet, weil die Ziffer nicht ergänzt oder vergessen wird.

- 33012 – Sonographie der Schilddrüse
- 33042 – Sonographie des Abdomens
- 33081 – Sonographie weiterer Organe (z. B. Leiste, Haut, Weichteile)

Hinweis: Alle drei Ziffern sind genehmigungspflichtig. Sie dürfen nur nach erfolgreicher Ultraschallqualifikation und Genehmigung durch die KV abgerechnet werden.
Typische Fehlerquellen:

- Ultraschall wird dokumentiert, aber Ziffer wird nicht ergänzt
- Leistung erfolgt im Rahmen eines Check-ups oder bei bekannter Diagnose (z. B. Schilddrüsenknoten), aber keine automatische Erinnerung
- Bilder werden gespeichert (z. B. DICOM), aber keine Ziffer gesetzt

WENN-DANN-Prüfregeln:

- WENN Ultraschallbild gespeichert oder Sono-Befund dokumentiert DANN 33012/33042/33081 prüfen
- WENN ICD für Schilddrüsenerkrankung (z. B. E04.1, E05.1) DANN Hinweis auf Schilddrüsensonographie (33012)
- WENN Check-up erfolgt DANN bei klinischer Relevanz Sonographie prüfen

Hinweis:
Im Rahmen eines Check-ups kann eine Sonographie sinnvoll ergänzt werden – insbesondere bei tastbaren Befunden, kontrollbedürftigen Vorbefunden oder Vorerkrankungen.
Auch bei chronischen Schilddrüsenerkrankungen sollte ein automatischer Hinweis im PVS hinterlegt werden.

3.11.14 Ergometrie ohne Ziffer (03321)

Die Ziffer 03321 steht für die Durchführung einer standardisierten Ergometrie (Belastungs-EKG) in der hausärztlichen Praxis. Sie ist abrechnungsfähig, wenn die Leistung vollständig nach EBM erbracht wurde – inkl. ärztlicher Überwachung und Dokumentation.
Typische Fehlerquellen:

- Ergometrie durchgeführt, aber keine Ziffer 03321 ergänzt
- Technische Durchführung erfolgt, aber nicht in die Abrechnung übernommen

WENN-DANN-Prüfregeln:

- WENN Ergometrie durchgeführt oder gespeichert DANN 03321 prüfen
- WENN Fremdsoftware zur Belastungsdiagnostik genutzt UND Link in der Karteikarte gespeichert DANN 03321 prüfen

Hinweis:
Wird die Belastungsdiagnostik über eine externe Anwendung durchgeführt (z. B. Ergometriesoftware, siehe Abschn. 6.3.1 und 6.3.5), erfolgt die Dokumentation oft außerhalb des PVS.
Ein in der Karteikarte abgelegter Link, Vermerk oder Dateiname (z. B. „Ergo_2025-04.pdf") kann genutzt werden, um automatisiert auf eine fehlende Ziffer 03321 hinzuweisen.

3.11.15 SAPV-Verordnung ohne Ziffer (01425/01426)

Die Ziffern 01425 und 01426 stehen für die Erst- und Folgeverordnung spezialisierter ambulanter Palliativversorgung (SAPV) gemäß § 37b SGB V. Die Verordnung erfolgt mithilfe des Musters 63 und ist abrechnungsfähig, wenn formal und medizinisch korrekt ausgestellt.

- 01425 – Erstverordnung SAPV
- 01426 – Folgeverordnung SAPV

Typische Fehlerquellen:

- Muster 63 wird ausgestellt, aber Ziffer 01425 oder 01426 wird vergessen
- SAPV wird regelmäßig fortgeführt, aber die Folgeziffer wird nicht dokumentiert
- Unterschied zwischen Erst- und Folgeverordnung wird nicht berücksichtigt

WENN-DANN-Prüfregeln:

- WENN Muster 63 erstmalig dokumentiert → DANN 01425 prüfen
- WENN SAPV-Verordnung fortgeführt → DANN 01426 prüfen

Hinweis:
Bei dokumentierter SAPV-Verordnung (01425/01426) sollte zusätzlich geprüft werden, ob die Palliativziffer 03371 (Betreuung in der Praxis) abrechnungsfähig ist (siehe Abschn. 3.3.4).

Querverweise zu 03370, 03372, 03373 sind ebenfalls sinnvoll – insbesondere bei Hausbesuchen oder Betreuungsleistungen im Rahmen der Palliativversorgung.

3.11.16 DMP-Dokumentation ohne Ziffer (90050 ff.)

In vielen Fällen wird die DMP-Dokumentation ordnungsgemäß in der Patientenakte erfasst, jedoch nicht durch eine abrechnungsfähige Ziffer ergänzt. Die Abrechnung erfolgt regional unterschiedlich – die folgenden Ziffern gelten exemplarisch für Rheinland-Pfalz (RLP) (Tab. 3.17).

Typische Fehlerquellen:

- Die DMP-Dokumentation liegt in der Akte vor, aber Ziffer wird nicht angesetzt
- Ersteinschreibung und Folgedokumentation werden verwechselt
- Das DMP-Modul ist genutzt, aber kein Abgleich zur Abrechnung erfolgt

WENN-DANN-Prüfregeln:

- WENN DMP-Dokumentation in der Karteikarte oder im DMP-Modul DANN Ziffer 90052 ff. prüfen
- WENN „Ersteinschreibung" vermerkt DANN 90050, 90150, 90170 oder 90181 prüfen
- WENN „Folgeuntersuchung" dokumentiert DANN 90052, 90151, 90171 oder 90182 prüfen

Hinweis:
Wenn Sie DMP-Dokumentationen regelmäßig durchführen, lohnt sich der Einsatz eines automatisierten Prüfsystems, das auf fehlende Ziffern oder Abweichungen vom Standardablauf hinweist.

Zudem gilt: Jede Patientin oder jeder Patient im DMP-Programm hat per Definition eine chronische Erkrankung und kommt in der Regel quartalsweise zur Betreuung in die Praxis. Deshalb sollten Sie bei jedem DMP-Kontakt auch eine Prüfung auf die Chronikerpauschale 03220 vorsehen (siehe Abschn. 3.3.2).

Tab 3.17 DMP-Ziffern in RLP

Indikation	Ersteinschreibung	Folgeuntersuchung
Diabetes Typ 2	90050	90052
KHK	90150	90151
COPD	90170	90171
Asthma bronchiale	90181	90182

Tab 3.18 EBM-Ziffern
Präoperative Diagnostik

Ziffer	Beschreibung
31010	Neugeborene und Kinder bis 12 Jahre
31011	Jugendliche und Erwachsene bis zum vollendeten 40. Lebensjahr
31012	Erwachsene nach dem 40. Lebensjahr
31013	Erwachsene nach dem 60. Lebensjahr

3.11.17 Operationsvorbereitung ohne Ziffer (31010–31013)

Die Ziffern 31010 bis 31013 stehen für die präoperative Vorbereitung von Patient:innen vor einem geplanten Eingriff. Die Zuordnung richtet sich nach dem Alter der Patientin oder des Patienten (Tab. 3.18).

Typische Fehlerquellen:

- Präoperative Untersuchung (z. B. Labor, Anamnese, EKG) wird durchgeführt, aber keine passende Ziffer angesetzt
- Überweisungsschein mit dem Vermerk „Präoperative Untersuchung" wird angenommen, aber nicht entsprechend abgerechnet
- Laborwerte oder Dokumentation zur OP-Freigabe vorhanden, ohne dass die zugehörige EBM-Ziffer ergänzt wurde

WENN-DANN-Prüfregeln:

- WENN Laborwerte dokumentiert UND Eintrag „präoperativ" in der Karteikarte DANN passende Ziffer 31010–31013 prüfen
- WENN Überweisung mit Auftrag „Präoperative Untersuchung" erstellt DANN 31010–31013 prüfen
- WENN OP-Vorbereitung dokumentiert ODER Arztbrief mit entsprechendem Titel gespeichert DANN 31010–31013 prüfen je nach Alter

Hinweis:

In vielen Fällen liegt die komplette OP-Vorbereitung dokumentiert vor – inkl. Labor, Anamnese und ggf. EKG – ohne dass die altersgerechte Ziffer abgerechnet wurde.

Eine automatisierte Prüfung über die Kombination von Patientenalter + OP-Vorbereitungsdokumentation + Überweisungstext kann helfen, diese Leistungen korrekt zu erfassen.

3.11.18 Hepatitisscreening ohne Ziffer (01734)

Die Ziffer 01734 ist ein Zuschlag zur Gesundheitsuntersuchung (01732) für das einmalige Screening auf Hepatitis-B- und/oder Hepatitis-C-Virusinfektion. Sie ist einmalig ab dem vollendeten 35. Lebensjahr berechnungsfähig.

Voraussetzungen laut EBM:

- Patient:in $\geq$ 35 Jahre
- Gesundheitsuntersuchung nach 01732 durchgeführt
- Screening auf Hepatitis B und/oder C wurde beauftragt
- Ziffer 01734 wurde bisher nicht abgerechnet

Typische Fehlerquellen:

- Screening wird im Labor angefordert, aber Ziffer 01734 wird nicht ergänzt
- Patient ist berechtigt (über 35, Check-up erfolgt), aber Zuschlagsziffer wird vergessen
- Keine Prüfung, ob die Ziffer bereits abgerechnet wurde

WENN-DANN-Prüfregeln:

- WENN Alter $\geq$ 35 UND 01732 dokumentiert UND Hepatitis-Laborwerte erhoben DANN 01734 prüfen
- WENN 01732 angesetzt OHNE 01734 im Krankheitsfall DANN Anspruch auf einmalige Abrechnung prüfen

Hinweis:
Das Hepatitisscreening ist einmalig abrechnungsfähig – eine automatisierte Prüfung, ob 01734 bereits jemals angesetzt wurde, kann helfen, diese einmalige Leistung nicht zu übersehen.

Wird der Check-up 01732 bei Personen über 35 Jahren durchgeführt, sollte die Praxissoftware automatisch auf das mögliche Hepatitisscreening hinweisen, sofern bisher nicht dokumentiert.

3.11.19 Beratung zur Koloskopie ohne Ziffer (01740)

Die Ziffer 01740 steht für die einmalige Beratung zur Früherkennung des kolorektalen Karzinoms mittels Vorsorgekoloskopie. Sie ist einmalig abrechnungsfähig ab dem vollendeten 50. Lebensjahr – unabhängig vom Geschlecht.

Typische Fehlerquellen:

- Beratung zur Koloskopie findet statt, aber die Ziffer 01740 wird nicht abgerechnet
- Die Leistung erfolgt im Rahmen eines anderen Gesprächs oder Termins – ohne separate Ziffernvergabe
- Altersgrenze ist erreicht, aber keine systemgestützte Erinnerung erfolgt

WENN-DANN-Prüfregeln:

- WENN Alter ≥ 50 UND Beratung zur Koloskopie dokumentiert DANN 01740 prüfen
- WENN Koloskopie noch nicht erfolgt UND 01740 bisher nicht abgerechnet DANN 01740 prüfen

Hinweis:
Die Ziffer 01740 ist nur einmal im Leben abrechenbar.
Ein Check-up kann ein geeigneter Anlass sein, diese Beratung anzubieten. Für Patient:innen, die sich gegen eine Koloskopie entscheiden, besteht die Möglichkeit eines iFOBT alle zwei Jahre – dies wird in einem separaten Kapitel behandelt (siehe Abschn. 3.11.2).

3.11.20 Lungenfunktionsdiagnostik ohne Ziffer (03330)

Die Ziffer 03330 steht für die Durchführung einer Lungenfunktionsdiagnostik, typischerweise mittels Spirometrie. Sie ist abrechnungsfähig, wenn die Untersuchung durchgeführt, dokumentiert und medizinisch begründet ist.
Typische Fehlerquellen:

- Spirometrie wird technisch durchgeführt, aber Ziffer 03330 wird nicht dokumentiert
- Ergebnis oder Kurve liegt vor (z. B. in Fremdsoftware), aber keine Ziffer in der Abrechnung

WENN-DANN-Prüfregeln:

- WENN Lufu-Kurve ODER Ergebnisdokumentation vorliegt DANN 03330 prüfen
- WENN bekannte COPD-/Asthmadiagnose UND Verlaufskontrolle erfolgt DANN 03330 prüfen

Hinweis:
Bei chronischen Atemwegserkrankungen wie COPD oder Asthma bronchiale ist eine regelmäßige Lungenfunktionsdiagnostik medizinisch sinnvoll, z. B. zur Verlaufskontrolle, Therapieüberprüfung oder Anpassung der Medikation.
Auch bei Ergometrien sollte geprüft werden, ob ergänzend eine Lungenfunktion (03330) durchgeführt und dokumentiert wurde – und entsprechend abgerechnet werden kann.

3.11.21 Langzeit-EKG ohne Ziffer (03322/03241)

In der hausärztlichen Praxis kommen Langzeit-EKGs (LZ-EKGs) häufig zum Einsatz – z. B. zur Abklärung von Rhythmusstörungen oder unklarer Synkope. Zwei Ziffern können dabei abgerechnet werden:

- 03322 – Aufzeichnung und Übertragung eines Langzeit-EKGs
- 03241 – Computergestützte Auswertung eines kontinuierlich aufgezeichneten LZ-EKGs (mindestens 18 h)

Typische Fehlerquellen:

- LZ-EKG wird aufgezeichnet, aber 03322 nicht dokumentiert
- Aufzeichnung erfolgt, aber die interne Auswertung wird nicht als abrechenbare Leistung erfasst

WENN-DANN-Prüfregeln:

- WENN LZ-EKG aufgezeichnet (z. B. dokumentiert oder in Fremdsoftware abgelegt) DANN 03322 prüfen
- WENN LZ-EKG intern computergestützt ausgewertet ($\geq$ 18 h) DANN 03241 prüfen

Hinweis 1:
Die Ziffer 03241 setzt eine eigene, computergestützte Auswertung voraus. Diese ist mit Softwarekosten und zeitlichem Aufwand verbunden. Wenn Sie lediglich ein Aufzeichnungsgerät besitzen und keine Auswertesoftware einsetzen, kann es wirtschaftlich sinnvoll sein, nur die 03322 zu nutzen.

Ein ausführliches Kapitel zur Geräteausstattung folgt im weiteren Verlauf des Buches (siehe Abschn. 6.3.4).

Hinweis 2:
Sowohl die Aufzeichnung (03322) als auch die Auswertung (03241) sind in vielen KV-Regionen genehmigungspflichtig, etwa in Rheinland-Pfalz. Bitte prüfen Sie, ob Ihre KV-Genehmigung beide Schritte umfasst.

3.11.22 Langzeit-RR ohne Ziffer (03324)

Die Ziffer 03324 steht für die Durchführung und Auswertung einer Langzeit-Blutdruckmessung (LZ-RR) über mindestens 18 h. Sie ist eine häufig genutzte diagnostische Leistung in der hausärztlichen Praxis – vor allem zur Hypertoniediagnostik und -kontrolle.

Typische Fehlerquellen:

- Messung erfolgt, aber Ziffer 03324 wird nicht dokumentiert
- Gerät wird verwendet (z. B. via Fremdsoftware), aber kein Vermerk zur Abrechnung erfolgt
- Leistung wird als Routinekontrolle angesehen und nicht aktiv abgerechnet

WENN-DANN-Prüfregel:

- WENN Langzeit-Blutdruckmessung durchgeführt (z. B. gespeichert oder in Fremd-software hinterlegt) DANN 03324 prüfen

Hinweis 1:
Im Gegensatz zum Langzeit-EKG ist die 03324 nicht genehmigungspflichtig. Die Leistung kann mit handelsüblichen Langzeit-Blutdruck-Geräten erbracht werden – ohne spezifische Zulassung durch die KV.
Hinweis 2:
Die technische Durchführung und Softwareintegration sollte dennoch sorgfältig organisiert sein, damit eine vollständige Auswertung und Dokumentation möglich sind.
Ein weiterführendes Kapitel zur Geräteausstattung und Investitionsentscheidung finden Sie später im Buch (siehe Abschn. 6.3.3).

3.11.23 Urinuntersuchung ohne Ziffer (32033)

Die Ziffer 32033 steht für die qualitative oder semiquantitative Untersuchung von Urin, z. B. per Teststreifen. Sie ist eine einfache, aber separat abrechnungsfähige Laborleistung, die in vielen Arztpraxen regelmäßig durchgeführt wird – insbesondere bei Infektabklärung oder Kontrolle chronischer Erkrankungen.
Typische Fehlerquellen:

- Urinuntersuchung wird durchgeführt (z. B. mit Teststreifen), aber Ziffer 32033 wird nicht abgerechnet
- Befund wird in der Karteikarte oder im Laborblatt dokumentiert, aber nicht als Leistung markiert
- Die geringe Vergütung (ca. 0,50 €) führt zur Unterschätzung der wirtschaftlichen Relevanz

WENN-DANN-Prüfregel:

- WENN Urinuntersuchung dokumentiert ODER Laborwert „U-Stix" o. Ä. hinterlegt DANN 32033 prüfen

Hinweis:
Auch gering vergütete Leistungen wie die 32033 sollten konsequent dokumentiert und abgerechnet werden.
Gerade bei häufig durchgeführten Untersuchungen summiert sich die Vergütung im Quartal erheblich. Die 32033 ist schnell erbracht und technisch unkompliziert – aber nur wirtschaftlich wirksam, wenn sie systematisch erfasst wird.

3.11.24 Hausbesuch ohne Ziffer (01410–01413)

Hausbesuche sind eigenständige, abrechnungsfähige Leistungen. Die Ziffern 01410 bis 01413 bilden die häufigsten hausärztlich relevanten Besuchsleistungen ab. Voraussetzung ist jeweils die medizinische Notwendigkeit der Aufsuchung des Patienten – z. B. wegen eingeschränkter Mobilität oder schwerer Erkrankung (Tab. 3.19).

Die Ziffer 01414 (Visite auf der Belegstation) ist hausärztlich wenig relevant.

Die Ziffer 01415 ist für Hausärzt:innen nicht vorgesehen und daher nicht Bestandteil dieses Kapitels.

Typische Fehlerquellen:

- Besuch erfolgt, aber keine Ziffer dokumentiert
- Unterscheidung nach Uhrzeit oder Anzahl der Patienten nicht berücksichtigt
- Besuch am Wochenende oder nachts, aber nur 01410 statt 01411/01412 angesetzt

WENN-DANN-Prüfregeln:

- WENN Besuch außerhalb der Praxis dokumentiert DANN 01410–01413 prüfen
- WENN Besuch zwischen 19 und 22 Uhr ODER Wochenende/Feiertag tagsüber DANN 01411 prüfen
- WENN Besuch zwischen 22 und 07 Uhr ODER bei Praxisverlassen DANN 01412 prüfen
- WENN mehrere Personen besucht in derselben Familie oder Einrichtung DANN 01413 zusätzlich prüfen

Hinweis 1:

Die Besuchsziffern sind zeit- und situationsabhängig – sie sollten bei jeder Hausbesuchsdokumentation gezielt überprüft werden. Viele Praxissoftwares erlauben automatische Hinweise basierend auf Besuchszeit, Wochentag und Adresse.

Hinweis 2:

Für Besuche im Pflegeheim im Rahmen eines Kooperationsvertrags nach § 119b SGB V kann zusätzlich die Ziffer 37113 angesetzt werden – als Zuschlag zur 01413.

Die genauen Anforderungen sowie die Vertragsbedingungen nach Anlage 27 BMV-Ä werden in einem späteren Kapitel ausführlich besprochen (siehe Abschn. 3.11.26).

Tab 3.19 EBM-Hausbesuchsziffern

Ziffer	Beschreibung
01410	Besuch eines Kranken, wegen der Erkrankung ausgeführt
01411	Dringender Besuch – unverzüglich nach Bestellung ausgeführt, werktags 19–22 Uhr, an Samstagen/Sonntagen/Feiertagen 07–19 Uhr sowie am 24.12./31.12. 07–19 Uhr
01412	Dringender Besuch – nachts (22–07 Uhr), an Wochenenden/Feiertagen nachts oder bei Verlassen der Praxis während der Sprechstunde
01413	Besuch eines weiteren Kranken in derselben sozialen Gemeinschaft oder Einrichtung

3.11.25 Hausbesuch ohne Wegegeld (40220/40222/40224)

Für jeden Hausbesuch nach GOP 01410, 01411, 01412 oder 01415 kann zusätzlich ein Wegegeld abgerechnet werden – abhängig von der Entfernung zwischen Praxis und Besuchsort.

Die abrechenbaren Ziffern sind in Tab. 3.20 aufgelistet.

Typische Fehlerquellen:

- Hausbesuch (z. B. 01410) wird korrekt dokumentiert, aber das zugehörige Wegegeld wird vergessen
- Entfernung wird nicht geprüft oder nicht systematisch im PVS hinterlegt
- Kein automatischer Vorschlag zur passenden 4022x-Ziffer

WENN-DANN-Prüfregel:

- WENN   01410/01411/01412/01415   (Hausbesuch   erfolgt)   DANN 40220/40222/40224 prüfen

Hinweis:

Die Wegegeldziffer muss separat angesetzt werden – sie wird nicht automatisch durch die Hausbesuchsziffer abgedeckt.

In manchen Bundesländern gibt es unterschiedliche Wegegelder bei Tag und Nacht.

3.11.26 Pflegeheimkooperationsvertrag (3700, 37105, 37113)

Seit dem 1. Juli 2016 können Vertragsärzt:innen zusätzliche EBM-Ziffern aus dem Kap. 37 für die Versorgung von Pflegeheimbewohner:innen abrechnen – sofern ein Kooperationsvertrag nach § 119b SGB V mit einer stationären Pflegeeinrichtung besteht.

Grundlage ist die Anlage 27 des Bundesmantelvertrags-Ärzte (BMV-Ä). Die Ziffern gelten auch für stationäre Hospize, nicht jedoch für betreutes Wohnen oder familienähnliche Wohnformen ohne Pflegestufe.

Gilt insbesondere bei:

- stationären Pflegeeinrichtungen mit Kooperationsvertrag,
- hausärztlicher Betreuung mit koordinierender Rolle.

Tab 3.20 Wegepauschalen

Ziffer	Entfernung zur Praxis	Vergütung
40220	Kernbereich (bis 2 km)	4,27 €
40222	Randbereich (2–5 km)	8,39 €
40224	Fernbereich (> 5 km)	12,25 €

Tab 3.21 Kooperationsvertragziffern

Ziffer	Beschreibung
37105	Koordination der ärztlichen/ pflegerischen Versorgung (1-mal je Quartal je Patient)
37100	Betreuung des Heimbewohners in der Praxis – max. 2-mal je Krankheitsfall
37113	Zuschlag zur 01413 bei Kooperationsvertrag → Aufwertung auf 01410-Niveau

Die relevanten Ziffern sind in Tab. 3.21 aufgelistet.
Typische Fehlerquellen:

- Kooperationsvertrag liegt vor, aber Ziffer 37105 wird nicht angesetzt
- 37113 wird vergessen, obwohl 01413 korrekt dokumentiert wurde
- 37100 wird übersehen, obwohl Heimbewohner:in in der Praxis war
- Keine systematische Kennzeichnung von Heimbewohner:innen → fehlende Steuerung

WENN–DANN-Prüfregeln:

- WENN 01413 angesetzt UND Kooperationsvertrag besteht DANN 37113 prüfen
- WENN Heimbewohner:in in der Praxis behandelt DANN 37100 prüfen
- WENN Koordinationstätigkeit erfolgt (z. B. Telefonat, Medikamentenabstimmung) DANN 37105 prüfen

Hinweis zur internen Steuerung

Zur automatisierten Abrechnungskontrolle empfiehlt sich der Einsatz von Pseudoziffern, z. B.:

99921 – Bewohner: Pflegeheim Sonnental

Diese Ziffer kann einmal pro Quartal gesetzt werden, sobald eine Heimbetreuung mit Kooperationsvertrag besteht. Sie ermöglicht in der Praxissoftware eine gezielte Prüfung der zugehörigen Ziffern – etwa per Tages- oder Quartalsliste.

Erweiterte WENN–DANN-Regeln mit Pseudoziffer:

- WENN 99921 DANN 37105 prüfen (Koordination erfolgt?)
- WENN 99921 UND 01413 DANN 37113 prüfen (Zuschlag zum Mitbesuch?)
- WENN 99921 UND Schein mit Praxisleistung DANN 37100 prüfen (Heimbetreuung in der Praxis erfolgt?)

3.11.27 Laborwerte (POCT) ohne Ziffer

In vielen hausärztlichen Praxen werden Laborparameter patientennah direkt in der Praxis (Point-of-Care-Testing, POCT) bestimmt – etwa im Rahmen der Akutdiagnostik, Therapieüberwachung oder Verlaufskontrolle. Diese Leistungen sind abrechnungsfähig, sofern:

- ein qualifiziertes Analysegerät verwendet wird,
- die Untersuchung korrekt dokumentiert ist,
- und die passende EBM-Ziffer ergänzt wird.

Typische Fehlerquellen:

- Laborwert ist im Laborblatt oder als Freitext dokumentiert, aber die Ziffer wird nicht angesetzt
- Die Durchführung erfolgt routinemäßig, wird aber nicht als eigenständige Leistung gewertet
- Es fehlt eine systematische Abfrage nach dokumentierten Werten ohne Ziffer

WENN-DANN-Prüfregel:

- WENN Laborwert in Karteikarte dokumentiert (z. B. CRP, HbA1c) DANN passende Ziffer prüfen (Tab. 3.22)

Hinweis:
Die Durchführung dieser Tests erfordert oft ein spezielles POCT-Analysegerät mit dokumentierter Qualitätssicherung.

Tab 3.22 EBM-Ziffern POCT

Parameter	EBM-Ziffer	Bemerkung
CRP	32128	Achtung: ggf. Überschneidung mit Selektivvertrag prüfen.
Troponin (qualitativer Schnelltest)	32150	Qualitativ. Nicht verwechseln mit quantitativer Messung
D-Dimer (qualitativer Schnelltest)	32117	POCT-Ziffer, nicht 32027 verwenden
NT-proBNP	32097	Messung zur Beurteilung der Herzinsuffizienz
HbA1c	32094	Verlaufskontrolle bei Diabetes
Kreatinin	32089 + 32067	Kombination notwendig (Messung + Krea-Berechnung)
D-Dimer (quantitativ)	32027	Nur bei quantitativer Analyse durch Labor verwenden
Troponin (quantitativ)	32150	Gleiche Ziffer wie qualitativ, aber unterschiedliche Methode und Kontext

Hinweise zur Auswahl, Integration und Wirtschaftlichkeit dieser Systeme finden Sie in Abschn. 6.3.9.

Zusatzhinweis:

Selektivverträge oder der HZV-Kontext bieten eventuell zusätzliche oder andere Abrechnungsmöglichkeiten für einzelne Parameter.

3.11.28 Impfungen ohne Ziffer

Das Impfen ist ein fester Bestandteil der hausärztlichen Versorgung – zugleich aber ein komplexes Abrechnungsthema: Die Ziffern für Impfleistungen sind bundeslandspezifisch geregelt und häufig nur über regionale Impfvereinbarungen oder Selektivverträge zugänglich. Daher sind die systematische Dokumentation und Prüfung besonders wichtig.

Typische Fehlerquellen:

- Impfung wird durchgeführt und dokumentiert, aber die passende Ziffer wird nicht angesetzt
- Die Karteikarte enthält Hinweise auf Impfstoffabgabe oder Eintrag im Impfpass, aber keine Abrechnung erfolgt
- Die regionalen Vorgaben werden nicht berücksichtigtund die regional geforderter Ziffer fehlt oder ist falsch

WENN-DANN-Prüfregel:

- WENN Impfung in Karteikarte dokumentiert DANN impfbezogene Ziffer prüfen (je nach KV-Vertrag)

Hinweis 1: Softwareunterstützung

In Abschn. 6.6 wird ein entsprechender Helfer vorgestellt:

Das System erkennt Impfungen (z. B. durch Dokumentation, Impfpassimport, SSB-Buchung) und schlägt passende Ziffern oder Folgeimpfungen automatisch vor – abhängig vom Bundesland, Alter und Impfschema.

Hinweis 2: Wirtschaftliche Bedeutung – Impfstoffinventur

Impfstoffe werden zulasten des Sprechstundenbedarfs (SSB) bestellt – also auf Kosten der gesetzlichen Krankenversicherung.

Bei der jährlichen Impfstoffinventur werden u. a. folgende Punkte miteinander verglichen:

- SSB-Bestellungen (Bezug)
- Inventurbestände (alt und neu)

- Abgerechnete Impfziffern → Unplausible Abweichungen können zu Regressforderungen der Kassen führen!

Hinweis 3: Versorgungsqualität

Gute PVS-Systeme erkennen Impflücken, sofern der Impfpass digital erfasst wurde. Automatische Erinnerungen und Hinweise auf fehlende Impfungen unterstützen dabei, sowohl medizinisch sinnvoll als auch abrechnungstechnisch vollständig zu arbeiten.

Weiterführende Literatur

Hermanns, P. M.; von Pannwitz, K. (Hrsg.): EBM 2025 Kommentar. Springer, 2025. DOI: https://doi.org/10.1007/978-3-662-70458-5.

Horváth, P.: Controlling (11. Aufl.). Stuttgart.

Küpper, H.-U.: Controlling – Konzeption, Aufgaben, Instrumente (5. Aufl.). Stuttgart.

Weber, J.; Schäffer, U.: Einführung in das Controlling (12. Aufl.). Stuttgart.

Reichmann, T.: Controlling mit Kennzahlen und Management-Tools (7. Aufl.). München.

Ott, R.; Maier, B.: Controlling im Krankenhaus. Eine systematische Einführung in Fallstudien. Schäffer-Poeschel, Stuttgart.

Rieg, R.: Planung und Budgetierung. Was wirklich funktioniert.

Joos-Sachse, T.: Controlling, Kostenrechnung und Kostenmanagement (4. Aufl.). Stuttgart.

Einheitlicher Bewertungsmaßstab (EBM) – Offizielle Online-Fassung der KBV (mit Suchfunktion und Quartalsstand).

Privatabrechnung nach GOÄ und IGeL: Was Ihre Leistung wirklich wert ist {4}

Die meisten niedergelassen tätigen Ärztinnen und Ärzte arbeiten primär mit gesetzlich Versicherten. Doch gerade in Zeiten wirtschaftlicher Belastung verdient die Privatabrechnung mehr Aufmerksamkeit: Sei es über Privatversicherte, Selbstzahlerleistungen oder Individuelle Gesundheitsleistungen (IGeL) – hier liegt nicht nur wirtschaftliches Potenzial, sondern auch eine Chance zur Professionalisierung der eigenen Praxisführung.

Grundlage für die Privatabrechnung ist die Gebührenordnung für Ärzte (GOÄ). Sie unterscheidet sich in Struktur, Logik und Spielraum deutlich vom EBM. Während Letzterer mit starren Pauschalen operiert, erlaubt die GOÄ eine differenzierte Darstellung ärztlicher Leistungen – inkl. Steigerungsfaktoren, zeitabhängiger Abrechnung und individueller Preisgestaltung bei IGeL.

Wozu dient die GOÄ Die GOÄ regelt die Vergütung ärztlicher Leistungen für:

- Privatversicherte Patient:innen
- Beihilfeberechtigte
- Selbstzahler:innen (z. B. bei Wunschleistungen oder nicht GKV-erstattungsfähigen Verfahren)
- IGeL-Leistungen, sofern sie medizinisch vertretbar und transparent kommuniziert sind

GOÄ-Ziffern, Punktwerte und Steigerung
Jede ärztliche Leistung ist mit einer GOÄ-Ziffer versehen. Diese Ziffer ist mit einer festen Punktzahl verknüpft, z. B. Ziffer 1 (einfache Beratung) mit 80 Punkten. Der Punktwert beträgt aktuell 5,82873 Cent. Die Abrechnung erfolgt mit einem Multiplikationsfaktor, üblicherweise dem 2,3-fachen Satz – in begründeten Fällen bis zum 3,5-fachen möglich (Tab. 4.1).

© Der/die Autor(en), exklusiv lizenziert an Springer-Verlag GmbH, DE, ein Teil von Springer Nature 2026
F. Brokamp, *Arztpraxis effizient führen*, Erfolgskonzepte Praxis- & Krankenhaus-Management, https://doi.org/10.1007/978-3-662-73211-3_4

Tab. 4.1 GOÄ Beispiel Ziffer 1

GOÄ-Ziffer	Beschreibung	Punktzahl	Punktwert (€)	Faktor	Honorar (€)
1	Einfaches Beratungsgespräch	80	0,0582873	2,3	10,72

Die Multiplikation ergibt krumme Beträge – das ist nicht nur zulässig, sondern korrekt. Eine Rundung ist nicht erforderlich.

GOÄ in der Praxis: oft ungenutztes Potenzial

Viele Ärzt:innen verzichten – bewusst oder aus Unsicherheit – auf systematische GOÄ-Abrechnung. Die Sorge vor Unklarheiten oder die Gewohnheit der EBM-Denke führen dazu, dass wertvolle Leistungen nicht dokumentiert oder zu pauschal dargestellt werden.

Dabei erlaubt die GOÄ ein hohes Maß an Differenzierung – und kann durch strukturierte Umsetzung ein wichtiges wirtschaftliches Standbein sein. IGeL-Leistungen wie Reisemedizin, Tauchtauglichkeitsuntersuchungen oder Check-ups bieten zudem Möglichkeiten, hochwertige Leistungen außerhalb der GKV zu erbringen – mit klarer Kommunikation und professioneller Abrechnung.

4.1   Psychologie einer Rechnung

Eine GOÄ-Rechnung ist mehr als eine Zahlungsaufforderung. Sie ist ein stiller Dialog zwischen Arztpraxis und Patient:in – und trägt entscheidend dazu bei, ob die Leistung als wertvoll, nachvollziehbar und gerechtfertigt wahrgenommen wird.

Menge = Wert

Viele Einzelziffern vermitteln Gründlichkeit. Eine Pauschalrechnung wirkt beliebig. Dagegen wirkt eine differenzierte Auflistung professionell und wertschätzend.

Tipp: Auch Ziffern, die sich gegenseitig ausschließen, können mit Faktor 0,0 dokumentiert werden. Das zeigt Systematik und verhindert Rückfragen durch Versicherer oder Beihilfestellen. Diese Praxis ist auch bei externer Abrechnung sinnvoll, da sie die Vollständigkeit demonstriert.

Vertraute Ziffern zuerst

Ziffern wie 1, 3, 5 sind bekannt und schaffen Vertrauen. Beginnt die Rechnung mit einer Beratung oder Untersuchung, ist das für Patient:innen leichter nachvollziehbar als der Einstieg mit „Ziffer 252 – Injektion subkutan".

Optimale Länge

Eine typische Konsultation sollte 6–12 Positionen umfassen. Kürzere Rechnungen wirken möglicherweise oberflächlich, längere können als „aufgebläht" empfunden werden – außer bei komplexeren Leistungen (z. B. Tauchtauglichkeitsuntersuchung). Die Darstellung sollte logisch gegliedert sein, ggf. mit Zwischenüberschriften (z. B. „Beratung", „Untersuchung", „Therapie").

Klartext gezielt einsetzen Wo möglich, sollten Klartexte ergänzt werden – sei es automatisch durch das PVS oder händisch. Zum Beispiel: Ziffer 5 – *Untersuchung eines Organsystems (z. B. Herz-Kreislauf)*.
Das schafft Verständnis – ohne medizinische Überforderung.

Steigerung bewusst, nicht flächendeckend
- 2,3-fach als Regelwert ist etabliert und wird selten beanstandet
- 3,5-fach nur bei Begründung (z. B. erhöhter Zeitaufwand)
- Einzelne niedrigere Faktoren signalisieren Differenzierung
- Eine pauschale Maximalsteigerung auf allen Positionen wirkt übertrieben

Layout = Visitenkarte
Ob Sie selbst abrechnen oder eine externe Firma beauftragen (Details im späteren Abschn. 2) – die äußere Form der Rechnung beeinflusst die Wirkung:

- Praxislogo und Briefkopf
- Überschrift: „Privatärztliche Liquidation gemäß GOÄ"
- Keine Rundungen (z. B. 81,92 € statt „80,00 €")
- Kontaktdaten, Ansprechpartner, Zahlungsziel (z. B. 14 Tage)

Optionaler Zusatz:
„Diese Rechnung können Sie zur Erstattung bei Ihrer privaten Krankenversicherung oder Beihilfestelle einreichen."

4.2 Abrechnungsstelle oder selbst machen? – Was sich wann lohnt

<u>Analysieren</u> Wer GOÄ abrechnet, trägt Verantwortung
Die GOÄ-Rechnung endet nicht mit dem Druck. Wer in der Praxis selbst abrechnet, übernimmt einen komplexen Verwaltungsprozess – oft unterschätzt, aber entscheidend für die Liquidität:

- Rechnung erstellen, prüfen, drucken
- Kuvertieren, frankieren, versenden
- Zahlungseingänge überwachen
- Ggf. Mahnungen schreiben, Fristen setzen
- Bei Zahlungsverzug: Inkasso oder Rechtsweg

Dieser Prozess kostet Zeit – und emotional belastet es, wenn man als Behandler:in gleichzeitig Mahner:in ist. Viele Ärzt:innen empfinden diese Doppelfunktion als unangenehm oder konfliktbehaftet – besonders in familiär geprägten Praxen mit langfristigen Patientenbeziehungen.

<u>Digitalisieren</u> – Abrechnungsstellen übernehmen mehr als Abrechnung
Moderne Abrechnungsdienstleister bieten:

- Vollständigen Rechnungsversand inkl. Mahnwesen
- Vorfinanzierung/Factoring: Die Rechnungssumme (abzüglich Gebühr) wird sofort ausgezahlt – unabhängig vom tatsächlichen Zahlungseingang
- Fachliche Prüfung der GOÄ-Ziffern inkl. Ausschlussregeln und Steigerung
- Inkasso, Rechtsverfolgung, Statusmeldungen – rechtssicher und diskret

Es gibt Vergleichsportale, die bei der Auswahl eines geeigneten Dienstleisters unterstützen, z. B. <u>abrechnungsstelle.com</u>.

Auch wirtschaftlich ist die Lösung meist kalkulierbar: Übliche Gebühren liegen zwischen 2 % und 4 % der Rechnungssumme – abhängig vom Leistungsumfang, der Honorarhöhe und dem gewünschten Servicelevel.

<u>Automatisieren</u> – PVS-Schnittstellen als Schlüssel

Die meisten Praxisverwaltungssysteme (PVS) ermöglichen den direkten Export von GOÄ-Abrechnungsdaten. Damit entfällt die manuelle Rechnungserstellung. Die Datenübermittlung an die Abrechnungsstelle erfolgt meist per Mausklick – ergänzt durch automatische Prüfung auf Vollständigkeit und Ausschlüsse.

Wer regelmäßig privatärztliche Leistungen dokumentiert, kann den gesamten Ablauf digitalisiert und weitgehend automatisiert gestalten – inkl. Rechnungsstellung, Mahnung und Auswertung.

<u>Delegieren</u> – Klare Rollen schaffen Freiraum

Ob Eigenabrechnung oder externer Dienstleister – wichtig ist eine klare interne Struktur:

- Bei Eigenabrechnung: Eine qualifizierte MFA oder Praxismanager:in sollte verantwortlich sein – inkl. Fristenüberwachung und fachlicher Kompetenz in der GOÄ.
- Bei externer Abrechnung: Die Praxis übermittelt nur noch die Leistungen – alle weiteren Schritte übernimmt der Dienstleister.

Wirtschaftlich betrachtet kann sich externe Unterstützung schon dann lohnen, wenn regelmäßig GOÄ- oder IGeL-Leistungen erbracht werden. Gerade bei hoher Patientenzahl, wachsendem Abrechnungsvolumen oder begrenzter Zeit im Praxismanagement entsteht spürbare Entlastung.

Fazit

Als Praxisführungstool ist eine externe Abrechnungsstelle klar zu empfehlen, wenn:

- regelmäßig GOÄ- oder IGeL-Leistungen erbracht werden
- Vorfinanzierung gewünscht ist,
- Mahnungen und Zahlungsdiskussionen delegiert werden sollen.

Die wichtigsten Argumente sind dabei nicht nur wirtschaftlich, sondern auch psychologisch:

- Sie treten nur als Arzt oder Ärztin auf – nicht als Mahnwesen.
- Sie vermeiden Reibung mit Patient:innen bei Zahlungsverzug.
- Sie gewinnen Zeit und Klarheit im Arbeitsalltag.

Auch wenn Sie später zur Eigenabrechnung zurückkehren wollen, verschafft Ihnen die Zusammenarbeit mit einer Abrechnungsstelle wertvolle Einsichten in Optimierung, Struktur und wirtschaftliches Potenzial Ihrer Privatliquidation.

4.3   Die Systematik der GOÄ-Ziffern: Wie sich eine Behandlung korrekt zusammensetzt

Die GOÄ ist kein Pauschalsystem, sondern ein Modulbaukasten: Jede ärztliche Leistung – ob Beratung, körperliche Untersuchung, Technik oder Dokumentation – hat ihre eigene Ziffer und ihren eigenen Wert. Wer privatärztlich abrechnet, sollte deshalb nicht nur wissen, welche Leistungen erbracht wurden, sondern auch wie diese systematisch abgebildet werden.

Eine typische privatärztliche Behandlung setzt sich aus mehreren Leistungskomponenten zusammen. Für eine korrekte und vollständige Abrechnung ist es sinnvoll, diese Bestandteile strukturiert zu betrachten – idealerweise entlang des tatsächlichen Ablaufs eines Arzt-Patienten-Kontakts.

Gespräch: Ziffer 1, 3, 804 etc.

Am Anfang fast jeder Konsultation steht ein Gespräch – sei es anamnestisch, beratend oder klärend.

- Ziffer 1: Kurze, einfache Beratung – auch telefonisch
- Ziffer 3: Eingehende Beratung von mindestens 10 min Dauer
- Ziffer 804: Psychiatrische Behandlung durch eingehendes therapeutisches Gespräch – auch mit gezielter Exploration; relevant bei psychosomatischen Beschwerden oder psychischer Begleiterkrankung

Welche Ziffer angesetzt werden kann, hängt von Dauer, Inhalt und Kontext der Gesprächsführung ab.

Körperliche Untersuchung: Ziffern 5, 6, 7, 8, 800, etc.
Die körperliche und neurologische Untersuchung wird in der GOÄ über mehrere Ziffern differenziert:

- Ziffer 5: Symptombezogene Untersuchung
- Ziffer 6: Vollständige körperliche Untersuchung mindestens eines Organsystems (z. B. Augen, HNO, Mund-Kiefer, Nieren, Gefäße)
- Ziffer 7: Vollständige körperliche Untersuchung anderer Organsysteme (z. B. Haut, Bewegungsapparat, Abdomen, Genitaltrakt)
- Ziffer 8: Ganzkörperstatus (nicht neben 5, 6, 7 oder 800 abrechenbar)
- Ziffer 800: Eingehende neurologische Untersuchung – anwendbar, wenn mindestens drei Teilbereiche wie Reflexe, Motorik, Sensibilität, Koordination etc. untersucht wurden

Die Ziffer 800 schließt Ziffer 8 aus, kann jedoch unter bestimmten Voraussetzungen mit 5, 6 oder 7 kombiniert werden, wenn sich die Leistungsbereiche nicht überschneiden. Eine vollständige neurologische Untersuchung ist für Ziffer 800 nicht erforderlich – wohl aber eine eingehende Befundung mehrerer neurologischer Teilaspekte.

Technische Untersuchungen: EKG, Ultraschall, Spirometrie, …
Viele Diagnoseschritte werden durch technische Verfahren ergänzt:

- EKG: Ziffern 651, 652
- Ultraschall: z. B. Ziffer 410 (Abdomen), 417 (Schilddrüse) etc.
- Lungenfunktion: Ziffer 605
- Weitere technische Leistungen je nach Fachgebiet

Diese Ziffern sind oft kombinierbar mit Gesprächen und körperlicher Untersuchung – müssen aber formal korrekt dokumentiert und angesetzt werden.

Auslagen und Materialien
Neben ärztlichen Leistungen erlaubt die GOÄ auch die Abrechnung von Auslagen nach § 10 GOÄ:

- Verbrauchsmaterialien wie Einmalspritzen, Teststreifen, Schnelltests
- Verbandmittel, sterile Einwegprodukte
- Impfstoffe und Medikamente (sofern nicht über Sprechstundenbedarf)
- Porto, Versand, Fax (z. B. für Arztbriefe oder Befundkopien)

Diese Posten müssen einzeln aufgeführt und belegbar sein. Die Abrechnung erfolgt zum tatsächlichen Einkaufspreis – ohne Aufschlag.

Laboruntersuchungen
Labordiagnostik ist ein wesentlicher Bestandteil vieler hausärztlicher Kontakte. Die Abrechnung richtet sich nach Kapitel M der GOÄ – unterteilt in:

- Basislaborleistungen (M1–M3)
- Speziallabor (z. B. Hormonanalysen, Immunologie)
- Abrechnungsfähig sind auch Laborleistungen externer Labore, sofern sie über das eigene Abrechnungskonto laufen oder ärztlich verantwortet wurden.

Berichte, Bescheinigungen und Dokumentation
Auch Dokumentations- und Berichtspflichten sind abrechenbare Leistungen:

- Ziffer 70: Einfaches ärztliches Zeugnis
- Ziffer 75: Bericht an Versicherung oder Behörde
- Ziffer 80: Ausführlicher Bericht mit Befundauswertung
- Ziffer 85: Spezieller Untersuchungsbericht

Diese Ziffern können eine reguläre Konsultation ergänzen – besonders bei AU-Bescheinigungen, fachärztlichen Mitteilungen oder Gutachtenanfragen.

Eine gute GOÄ-Abrechnung ist keine Verkaufsstrategie, sondern Ausdruck von Struktur, Transparenz und Professionalität. Sie hilft nicht nur beim wirtschaftlichen Arbeiten – sondern auch bei der Selbstwahrnehmung ärztlicher Leistung im Alltag.

4.3.1   Lungenfunktionsdiagnostik (605, 605a)

<u>Analysieren</u>
Die Lungenfunktionsdiagnostik (Spirometrie) ist eine häufige Standarduntersuchung in der hausärztlichen Versorgung – insbesondere bei Patient:innen mit Atemnot, chronischem Husten, Dyspnoe, bekannter COPD oder Asthma bronchiale.

Typischer Fehler:

- Die Untersuchung wird technisch durchgeführt, das Ergebnis liegt in der Akte oder im Fremdsystem vor – aber die GOÄ-Ziffer 605 wird nicht dokumentiert und somit nicht abgerechnet.

<u>Digitalisieren</u>
Die Auswertung erfolgt häufig digital: z. B. über Spirometriemodule, Fremdsoftware oder als PDF. Diese digitalen Kurven oder Werte werden zwar gespeichert, aber nicht automatisch mit dem Abrechnungssystem verknüpft.

Damit entsteht ein Bruch zwischen medizinischer Leistung und GOÄ-Dokumentation.

Automatisieren

Ein funktionierender Weg ist der Einsatz von WENN–DANN-Prüfregeln im PVS oder als Erinnerungslogik:

- WENN eine Lufu-Kurve ODER ein Lufu-Befund digital abgelegt ist DANN Ziffer 605 prüfen
- WENN eine bekannte Diagnose wie COPD ODER Asthma bronchiale vorliegt UND eine Verlaufskontrolle erfolgt DANN Lufu quartalsweise vorschlagen ggf. 605 prüfen
- WENN in derselben Sitzung neben der LuFu eine Sauerstoffsättigungsmessung erfolgt DANN entsprechende Ziffer (Ziffer 602) prüfen (häufig sinnvoll und medizinisch nachvollziehbar)

Delegieren

Die Durchführung der Lufu erfolgt in der Regel durch medizinisches Fachpersonal. Damit die Abrechnung nicht untergeht, sollte eine MFA oder Praxismanagerin in der Routine verankert sein:

- Prüfung, ob GOÄ 605 dokumentiert wurde
- Ggf. auch 605a (Darstellung der Flussvolumenkurve bei spirographischen Untersuchungen) ergänzen
- Ggf. auch 602 (Zusatz bei SpO2-Messung) ergänzen
- Auswertung digital speichern und zuordnen

Diese Aufgabe lässt sich auch in eine Checkliste oder in das Lufu-Protokoll selbst integrieren: „Ziffer dokumentiert: ja/nein".

Hinweise zur Abrechnung:

- GOÄ 605 kann auch bei kurzfristigen Beschwerden (z. B. akute Dyspnoe) genutzt werden, sofern eine echte Auswertung erfolgt.
- Die Ziffer darf nicht pauschal bei jedem Husten angesetzt werden – eine klare medizinische Begründung ist notwendig.

4.3.2   Ruhe-EKG (651)

Analysieren

Das Ruhe-EKG ist eine der häufigsten technischen Untersuchungen in der hausärztlichen Praxis – insbesondere bei Symptomen wie Thoraxschmerz, Palpitationen, Dyspnoe, Synkope oder bei kardialen Risikopatient:innen.

Typische Fehlerquellen:

- Das EKG wird durchgeführt, der Ausdruck liegt vor, vielleicht sogar digital archiviert – aber die GOÄ-Ziffer 651 wird nicht dokumentiert.
- Ebenso fehlen häufig potenziell berechtigte Ergänzungen wie SpO_2 (Ziffer 602), eine Anamnese (Ziffer 1) oder eine körperliche Untersuchung (z. B. Ziffer 5 oder 7).

Digitalisieren

Viele EKG-Geräte liefern heute automatisch interpretierte Kurven, oft mit PDF-Ausgabe oder Integration ins PVS. Trotzdem ist das Abrechnungsfeld nicht automatisch ausgefüllt. Wird die Dokumentation nicht aktiv angestoßen, geht die Leistung „verloren".

Das Problem liegt meist nicht in der Technik – sondern in der fehlenden Routine, die medizinische Leistung mit der GOÄ-Ziffer zu verknüpfen.

Automatisieren

Eine sinnvolle Lösung besteht in WENN–DANN-Prüfregeln:

- WENN ein EKG-Dokument ODER PDF vorliegt DANN 651 prüfen
- WENN eine kardiale Anamnese erfolgt ist z. B. Thoraxschmerz, Synkope (Suchwort in der Karteikarte oder ICD10 R07) DANN 651 prüfen
- WENN während der gleichen Sitzung SpO_2 ODER Blutdruck dokumentiert wurde DANN ergänzende Ziffern prüfen:
    - Ziffer 602 (SpO_2)
    - Ziffer 5 oder 7 (körperliche Untersuchung), falls ärztlich durchgeführt
- WENN EKG mit Verbrauchsmaterial (z. B. Elektroden) DANN § 10-Auslage prüfen (EKG-Elektroden, ggf. Gel, Einmalrasierer etc.)

Delegieren

Das EKG wird häufig von MFAs durchgeführt – die Verantwortung für die Abrechnung liegt aber letztlich beim Arzt bzw. bei der Leitung. Damit kein Bruch entsteht:

- Die MFA, die das EKG durchführt, sollte protokollieren und auf Dokumentation prüfen.
- In der EKG-Checkliste (Papier oder digital) kann ein Feld ergänzt werden: „Ziffer 651 dokumentiert: ja/nein".
- Bei Verwendung von Verbrauchsmaterial: kurze Notiz für die Auslagenerfassung (z. B. „10-mal EKG-Elektroden").

Hinweise zur Abrechnung:

- Ziffer 651 ist nur für das Ruhe-EKG – keine Belastung, keine Langzeitmessung.
- SpO_2-Messung ist eigenständig abrechnungsfähig (Ziffer 602) – z. B. bei Dyspnoe, COVID, COPD, Notfällen.

- Eine Blutdruckmessung hat keine eigene Ziffer, ist aber Teil der körperlichen Untersuchung (z. B. Ziffer 5) und kann so abgedeckt werden.
- Verbrauchsmaterial wie Einmalelektroden kann gemäß § 10 GOÄ als Auslage berechnet werden (Originalpreis ansetzen, keine Pauschale).

Eine vollständige EKG-Dokumentation besteht idealerweise aus:

- Ziffer 651
- Anamnese und medizinische Indikation in der Akte (Ziffer 1)
- Ggf. SpO_2-Messung (Ziffer 602)
- Ggf. körperliche Untersuchung (Ziffer 5 oder 7)
- Ggf. Auslagenposition nach § 10 GOÄ

4.3.3   Ergometrie (652)

<u>Analysieren</u>

Die Ergometrie (Belastungs-EKG) ist eine wichtige Untersuchung zur kardiologischen Risikoabschätzung – insbesondere bei Patienten mit Belastungsdyspnoe, thorakalen Beschwerden, arteriellem Hypertonus, Leistungsabfall oder zur Verlaufskontrolle bei bekannter Herzerkrankung.

Typische Fehlerquellen:

- Die Untersuchung wird ordnungsgemäß durchgeführt, der Ausdruck liegt in der Akte – aber die GOÄ-Ziffer wird nicht dokumentiert.
- Häufig fehlen auch sinnvolle Ergänzungen wie SpO_2-Messung (Ziffer 602), eine körperliche Untersuchung (z. B. Ziffer 5 oder 7) oder Auslagen für EKG-Elektroden.

<u>Digitalisieren</u>

Moderne Ergometriesysteme liefern strukturierte Berichte – häufig inkl. Herzfrequenz, Blutdruck und ggf. SpO_2-Werten. Dennoch erfolgt die GOÄ-Dokumentation nicht automatisch, sondern erfordert einen bewussten Schritt in der ärztlichen Abrechnung.

Auch bei automatischer Archivierung (z. B. PDF oder Fremdsystem): Wird die Ziffer nicht gesetzt, bleibt die Leistung wirtschaftlich unberücksichtigt.

<u>Automatisieren</u>

Hilfreich sind WENN–DANN-Prüfregeln integriert in die Leistungsdokumentation oder als Hinweis im PVS:

- WENN ein Belastungsprotokoll ODER Ergometriebericht vorliegt DANN 652 prüfen
- WENN in der gleichen Sitzung eine SpO_2-Messung dokumentiert ist DANN 602 prüfen
- WENN vor oder nach Belastung eine körperliche Untersuchung erfolgt (z. B. Auskultation, RR-Messung) DANN 5 oder 7 ansetzen

- WENN bei der Durchführung Klebeelektroden oder Rasurmaterialien verwendet wurden DANN § 10 GOÄ-Auslage erfassen

Delegieren

Die Durchführung erfolgt in der Regel durch MFAs unter ärztlicher Aufsicht. Die Verantwortung für die Abrechnung liegt bei der ärztlichen Leitung – sie kann aber organisatorisch gestützt werden:

- MFA trägt die Untersuchung ein und vermerkt: „Ergometrie durchgeführt – 652 dokumentiert?".
- Verbrauchsmaterialien werden auf einem internen Bogen gesammelt oder im System erfasst (z. B. „5-mal Klebeelektroden", „Einmalrasierer").
- SpO_2 oder RR-Werte können automatisch mit dem Bericht verknüpft, aber nur bei bewusster Auslösung auch abgerechnet werden.

Hinweise zur Abrechnung:

- Ziffer 652 umfasst die vollständige Belastungs-EKG-Untersuchung mit Dokumentation und Interpretation.
- SpO_2-Messung kann separat abgerechnet werden (Ziffer 602), sofern medizinisch sinnvoll – z. B. bei Dyspnoe unter Belastung.
- Eine Blutdruckmessung ist nicht separat abrechenbar, aber in Ziffer 5 oder 7 (körperliche Untersuchung) integrierbar.
- Verbrauchsmaterial wie EKG-Elektroden, Gel, Rasiermaterial ist gemäß § 10 GOÄ belegpflichtig – also mit Einzelpreis dokumentiert, nicht pauschal.

Eine vollständige Ergometriedokumentation sollte enthalten:

- GOÄ-Ziffer 652
- Belastungsprotokoll mit Befunden
- Ärztliche Anamnese (Ziffer 1)
- Ggf. SpO_2 (Ziffer 602)
- Ggf. körperliche Untersuchung (Ziffer 5 oder 7)
- Ggf. Auslagenposition nach § 10 GOÄ (z. B. Klebeelektroden)

4.3.4 Sonographie (410, 412–418, 420)

Analysieren

Die Sonographie ist eines der flexibelsten Untersuchungsverfahren in ärztlichen Praxen – geeignet für Akutdiagnostik, aber auch Vorsorge und Verlaufsuntersuchung. Die GOÄ sieht diese Bildgebung wie folgt vor:

- Ziffer 410: Ultraschall eines einzelnen Organs (z. B. Niere, Schilddrüse, Lymphknoten)
- Ziffern 412–418: Zielspezifisch vorgegebene Organzonen (z. B. 417 für Schilddrüse)
- Ziffer 420: Untersuchung bis zu drei weiterer Organe nach Ziffer 410–418 im selben Termin

Die Systematik erlaubt zudem Steigerungen des Faktors bei erhöhtem Aufwand, etwa bei komplexen Multiorgansonographien, Adipositas oder unkooperativen Patient:innen.

Digitalisieren

Sonographiegeräte erstellen heute digitale Befunde, oft mit DICOM oder PDF-Ausgabe. Doch selbst bei automatischer Archivierung im PVS wird die GOÄ-Ziffer nicht automatisch gesetzt – eine auffällige Lücke zwischen medizinischer Leistung und wirtschaftlicher Dokumentation.

Automatisieren

Folgende WENN–DANN-Prüfregeln im PVS können viel bewirken:

- WENN ein Ultraschallbefund (PDF/DICOM) gespeichert wurde DANN GOÄ-Ziffer 410 oder spezifizierte Ziffern prüfen:
    - Ziffer 410 bei einem Organ,
    - Ziffer 420 für bis zu drei weitere Organe
- WENN mehr als drei Organe untersucht wurden DANN prüfen, ob Mehrfachuntersuchung Steigerung über 2,3-fach (bis 3,5) gerechtfertigt ist (z. B. bei Adipositas oder schwieriger Schallbarkeit)

Delegieren

Sonographie wird in der Regel vom Arzt durchgeführt. Dennoch kann Folgendes delegiert werden:

- Medizinische Assistenz legt das Befunddokument ins PVS – ergänzt um Hinweis: „Ziffer 410/417/420 prüfen"
- Am Quartalsende kann eine MFA eine Prüfliste aus dem PVS ziehen, um fehlende Ziffern nachzutragen
- Arzt prüft nachträglich, ergänzt ggf. Steigerungsfaktor (z. B. für komplexe Multiorgansonographie) und unterzeichnet

Hinweise zur Abrechnung:

- Ziffer 410 darf pro Sitzung nur einmal verwendet werden, gefolgt von bis zu drei Ziffern 420 für weitere Organe.
- Jeder untersuchte Organbereich ist in der Leistungsbeschreibung zu nennen – z. B. „Niere li., Niere re., Lymphknoten inguinal".
- Steigerung über 2,3-fach bis 3,5-fach ist möglich bei nachweislich höherem Aufwand (Adipositas, Meteorismus, Demenz).

- Die Untersuchung muss ärztlich durchgeführt und dokumentiert werden – der organisatorische Check der Ziffern kann delegiert werden.

Eine vollständige Sonographieabrechnung erfordert:

- GOÄ-Ziffer 410 (oder ggf. spezifizierte 412–418)
- Ggf. Ziffer 420 für zusätzliche Organe
- Ggf. Multiplikationsfaktor über 2,3 bei hohem Aufwand
- Ärztliche Anamnese (Ziffer 1)
- Dokumentation des Befundes

4.3.5   Langzeit-RR und Langzeit-EKG (654 und 659)

<u>Analysieren</u>
Langzeitmessungen sind fester Bestandteil der (haus)ärztlichen Diagnostik – vor allem bei:

- unklaren Blutdruckwerten oder therapierefraktärer Hypertonie (LZ-RR),
- Palpitationen, Synkopen oder unklaren Rhythmusstörungen (LZ-EKG).

Die GOÄ unterscheidet:

- Ziffer 654: Aufzeichnung und Auswertung eines 24-Stunden-Blutdrucks,
- Ziffer 659: Aufzeichnung und Auswertung eines 24-Stunden-EKGs (inkl. Auswertung)

Typische Fehlerquellen:

- Die Geräte werden angesetzt, die Daten liegen vor – aber die Ziffern werden nicht dokumentiert.
- Oder es fehlen ergänzende Abrechnungspositionen wie Auslagen für Elektroden (beim LZ-EKG).

Langzeit-EKGs können intern ausgewertet werden oder in sogenannte Auswertungszentren zur Auswertung geschickt werden. Zur Auswertung ist spezielle Software notwendig (siehe Abschn. 6.3.1 ff.). Das Auswertungszentrum stellt die Auswertung in Rechnung, jedoch zu einem niedrigeren Wert als dem Erlös der Ziffer.
<u>Digitalisieren</u>
Moderne Geräte exportieren PDF-Berichte oder strukturierte Auswertungen direkt ins PVS. Auch Patiententagebücher werden oft eingescannt.

Problematisch: Die technische Archivierung ersetzt nicht die Abrechnungsdokumentation.

Fehlt der bewusste Schritt zur GOÄ-Zuordnung (Ziffer 654 oder 659), bleibt die Leistung wirtschaftlich ungenutzt.

<u>Automatisieren</u>
WENN–DANN-Prüfregeln können helfen, die Dokumentation abzusichern:

- WENN ein Langzeit-Blutdruck-Bericht (z. B. 24-h-Profil) archiviert wurde DANN GOÄ-Ziffer 654 prüfen
- WENN ein LZ-EKG-Bericht archiviert wurde ODER EKG-Auswertung und Tagebuch vorliegen DANN GOÄ-Ziffer 659 prüfen
- WENN beim LZ-EKG Klebeelektroden verwendet wurden DANN § 10 GOÄ-Auslagen erfassen (Einmalelektroden)
- WENN eine symptomorientierte Kontrolle (z. B. Blutdruck oder Rhythmusstörung) im Vorfeld erfolgt ist DANN prüfen, ob ergänzende Ziffern wie Ziffer 5 (körperliche Untersuchung) oder 602 (SpO_2) anwendbar sind

<u>Delegieren</u>
Die Anlage der Geräte erfolgt durch MFAs – aber die ärztliche Auswertung ist für die Abrechnung unerlässlich. Folgende Aufgaben können organisiert werden:

- MFA legt Gerät an, dokumentiert Startzeitpunkt
- Bei Rückgabe: MFA vermerkt im PVS: „LZ-RR/LZ-EKG komplett – Ziffern 654/659 dokumentiert?"
- Auslagenerfassung (EKG-Elektroden) kann über Checkliste oder Standardtext erfolgen
- Arzt wertet aus, archiviert Bericht, setzt Ziffern – ggf. mit individuellem Steigerungsfaktor (z. B. bei aufwendiger Kurvenanalyse oder unruhigem Signalverlauf)

Hinweise zur Abrechnung:

- Ziffer 654 ist einmalig pro Messung ansetzbar (unabhängig vom Gerätetyp).
- Ziffer 659 umfasst sowohl die Aufzeichnung als auch die ärztliche Auswertung – beides ist für die Abrechnung zwingend notwendig. Die Auswertung kann durch die Praxis selbst erfolgen oder durch ein Auswertungszentrum. Meist stellt in diesem Fall das Auswertungszentrum eine Rechnung an die anfordernde Praxis zu einem geringeren Satz als die 659.
- Für LZ-EKG sind Auslagen nach § 10 GOÄ zulässig (z. B. Klebeelektroden, Einmalrasierer, ggf. Gel).

4.3.6   Duplexverfahren: Ziffer 401 ergänzend ansetzen

<u>Analysieren</u>
Die GOÄ-Ziffer 401 beschreibt die Anwendung eines Duplexverfahrens:
„Zusatz zur sonographischen Untersuchung bei Anwendung der Duplex-Technik zur Darstellung und Beurteilung des Blutflusses oder der Gefäßstruktur".

Die Ziffer wird häufig mit Gefäßuntersuchungen assoziiert – z. B. Karotiden, Beinarterien, Venen –, ist aber nicht darauf beschränkt. Auch bei:

- Lymphknotenbeurteilung,
- Leberraumforderungen (z. B. Hämangiome),
- Gallengangsuntersuchung (z. B. DHC-Darstellung),
- ist die Duplextechnik ein medizinisch sinnvolles Instrument und damit abrechnungsfähig.

Fehlerquelle:

- Das Duplexverfahren wird technisch eingesetzt – z. B. zur Gefäßbeurteilung innerhalb einer Abdomensonographie – aber die Ziffer 401 wird nicht ergänzt.

<u>Digitalisieren</u>
Viele Ultraschallgeräte speichern automatisch, ob ein Duplexmodul aktiviert war – z. B. über Farbdoppler, Power-Doppler oder Spektralmodi. Dennoch erfolgt keine automatische Ziffernverknüpfung im PVS.

Ohne bewusste Dokumentation bleiben der Mehraufwand und die technische Ausstattung unvergütet.

<u>Automatisieren</u>
WENN–DANN-Prüfregeln helfen, gezielt auf die Option der 401 aufmerksam zu machen:

- WENN 410, 417 oder 420 dokumentiert DANN prüfen, ob Duplexverfahren (Ziffer 401) genutzt wurde
- WENN Indikation Leberherd, DHC oder auffälliger Lymphknoten DANN Duplexanwendung prüfen
- WENN Diagnose „Beinvenenthrombose" u. Ä. DANN 401 prüfen

<u>Delegieren</u>
Die Anwendung des Duplexverfahrens ist ärztliche Tätigkeit – ebenso wie die Interpretation. Delegiert werden kann aber Folgendes:

- Technische Protokollierung durch MFA, z. B. Hinweis „Duplex aktiviert: ja/nein"
- Checklistenfeld in der Ultraschalldokumentation: „Farbdoppler angewendet – Ziffer 401 gesetzt?"
- Abschließende Sichtung am Quartalsende durch Praxismanager:in, ob Duplexuntersuchungen ohne 401 erfasst wurden

Hinweise zur Abrechnung:

- GOÄ-Ziffer 401 ist nicht selbstständig ansetzbar – sie ergänzt eine sonographische Hauptziffer (z. B. 410, 417, 420).
- Die technische Nutzung des Duplexverfahrens muss gegeben sein – mit dokumentierter medizinischer Begründung (z. B. Gefäßbeurteilung, Differenzierung eines Befunds).
- Die Ziffer ist auch außerhalb klassischer Gefäßdiagnostik zulässig – z. B. bei:
  - Beurteilung von Hämangiomen in der Leber,
  - Darstellung des Gallenwegsystems (DHC),
  - Differenzierung reaktiver vs. suspekter Lymphknoten.
- Steigerung über den Regelwert (2,3) ist möglich, aber nur bei erhöhtem Aufwand und entsprechender Begründung.

Eine vollständige Duplex-Dokumentation umfasst:

- Hauptziffer für Sonographie (z. B. 410, 417, 420),
- GOÄ-Ziffer 401 bei Duplexeinsatz,
- Indikation oder Beschreibung im Befund („farbkodierte Dopplersonographie", „Darstellung der Perfusion").

4.3.7 Zuschläge bei Duplexsonographie (401, 404, 644, 645)

Unterscheidung der Zusatzziffern

Die Abrechnung einer Duplexsonographie kann auf zwei Wegen erfolgen:

1. Sonographie (410/420) + Duplex-Zuschlag (401) + Spektralanalyse (404)
2. Sonographie (410/420) + Doppler-Ziffern (644, 645)

Die Entscheidung hängt von den in Tab. 4.2 dargestellten Unterschieden ab.

Wichtig: Best-Abrechnung je Einzelfall

- Die widerstreitenden Kombinationen sind zulässig – es zählt der höchstwertige Ansatz für den konkreten Fall.
- Maßgeblich ist nicht die Punktzahl, sondern der Euro-Betrag nach Steigerung – entscheidend für die Honoraroptimierung.

Tab. 4.2 GOÄ-Ziffern Duplexsonographie

Ziffernmodell	Kombinierbar mit	Steigerbar bis	Bemerkung
401 (+ 404)	Nicht kombinierbar mit 644/645	Nicht möglich	401 = Duplex-Zuschlag, 404 = Spektralanalyse
644, 645	Nicht kombinierbar mit 401/404	Bis 2,5-fach	Unterschiedliche Werte für Arterien (644) und intrakranielle Gefäße (645)
410, 420	Hauptziffern	Bis 3,5-fach	Sonographie-Hauptziffern

Tab. 4.3 Beispiele Gefäßsonographie

Untersuchungsanordnung	Ziffern und Steigerung	Honorar (€)
Extremitäten-Duplex (Arterien oder Venen)	410 (2,3×) + 3 × 420 (2,3×) + 401 + 404	96,85
Extremitäten-Duplex (Arterien + Venen)	410 (2,3×) + 3 × 420 (2,3×) + 2 × 644 (2,5×)	111,43
Hirnversorgende Arterien	410 (2,3×) + 3 × 420 (2,3×) + 645 (2,5×)	153,69
Kombi: Hirn- + Extremitätengefäße	410 (2,3×) + 3 × 420 (3,5×) + 644 + 645 (je 2,5×)	196,72
Transkranielle Duplexuntersuchung	410 (2,3×) + 2 × 420 (2,3×) + 649 (3,5×)	180,85

- Empfehlung: Bei mehreren untersuchten Gefäßregionen oder hoher Komplexität ist oft 410 + 3 × 420 + 645 lukrativer als 410 + 3 × 420 + 401 (Tab. 4.3).

Empfehlung für die Praxis:

- Vergleich der Honoraroptionen im Einzelfall
  - Variante A: Sonographie (410/420) + Duplex/Spektral
  - Variante B: Sonographie (410/420) + passende Doppler-Ziffer (644/645)
- Beachte:
  - 401 und 404 sind nicht steigerfähig
  - 644/645 sind bis 2,5× steigerbar – relevant bei komplexen Untersuchungen
- Wähle die Kombination mit höchster Euro-Ausbeute nach Steigerung und Anzahl der Gefäßregionen

Eine „Best-Abrechnung" ist laut Bundesärztekammer technisch und rechtlich zulässig.

4.3.8   Koordination bei chronisch Kranken: GOÄ-Ziffer 15 systematisch nutzen

<u>Analysieren</u>

Die GOÄ-Ziffer 15 lautet:

„Einleitung und Koordination flankierender therapeutischer und sozialer Maßnahmen während der kontinuierlichen ambulanten Betreuung eines chronisch Kranken".

Sie honoriert ärztliche Koordinierungsleistungen, z. B.:

- Regelmäßige Medikationsüberprüfung
- Kommunikation mit Pflegediensten oder sozialen Diensten
- Abstimmung mit Fachärzt:innen oder Krankenhaus
- Betreuung von Patient:innen mit hohem Versorgungsbedarf (z. B. in Pflegeeinrichtungen, mit multimorbidem Verlauf)

Achtung:

- Die Ziffer ist nur einmal jährlich abrechenbar
- Nicht abrechenbar neben Ziffer 4 GOÄ

Typische Fehlerquelle:

- Die Koordination erfolgt – aber Ziffer 15 wird nicht angesetzt, da sie nicht automatisiert erkannt oder bewusst dokumentiert wird.

<u>Digitalisieren</u>

Die Abrechnung dieser „Metaleistung" ist schwierig zu automatisieren, da sie sich über Wochen oder Quartale verteilt. Gerade deshalb kann eine interne digitale Markierung hilfreich sein – z. B. durch:

Pseudoziffer im PVS (siehe Abschn. 3.1.5): Pseudoziffer 99921 „Bewohner: DRK Pflegeheim"

Diese Markierung wird jedes Quartal gesetzt, solange der Patient oder die Patientin im Pflegeheim betreut wird.

<u>Automatisieren</u>

Beispielhafte WENN–DANN-Prüfregeln zur Erinnerung:

- WENN ein Patient als Pflegeheimbewohner markiert ist durch Pseudoziffer UND 15 nicht in den letzten 3 Quartalen DANN prüfen, ob 15 ansetzbar
- WENN im Verlauf mehrfache Kontakte mit Pflege, Klinik, Medikationserneuerung DANN 15 prüfen
- WENN Ziffer 4 im aktuellen Quartal gesetzt DANN 15 im selben Quartal nicht zulässig

Diese Regeln lassen sich manuell oder systemgestützt als Erinnerungslogik etablieren – etwa in der Kartei, im Recall oder in der internen Jahresübersicht.

Delegieren

Die eigentliche Ziffer 15 muss ärztlich verantwortet werden – aber die Identifikation potenzieller Fälle kann delegiert werden:

- Praxismanager:in führt jährliche Übersicht über koordinationsintensive Patient:innen
- MFA markiert bei Pflegediensten, Heimbewohner:innen oder Komplexfällen das „Koordinationspotenzial" mit einer entsprechenden Pseudoziffer
- Checklistenergänzung „Ziffer 15 geprüft?" bei geriatrischem Screening, Medikationsplan, Entlassung

Hinweise zur Abrechnung:

- Nur 1-mal pro Jahr je Patient:in
- Nicht kombinierbar mit GOÄ-Ziffer 4 (Fremdanamnese)
- Bei Multiplikationsfaktor kann der Aufwand (z. B. bei multiplen Ansprechpartnern, schriftlicher Koordination) bis 3,5-fach gesteigert werden – mit Begründung

Fazit

Die GOÄ-Ziffer 15 ist das Bindeglied zwischen medizinischer und sozialer Versorgung – selten angesetzt, aber hochrelevant bei chronisch kranken, betreuungsintensiven Patient:innen. Eine strukturierte Erinnerung und eine pragmatische Pseudozifferlogik helfen, diese Leistung gezielt zu dokumentieren – ohne Mehraufwand im Alltag.

4.3.9   Labor im eigenen Praxislabor (POCT): GOÄ-Leistungen systematisch erfassen

Analysieren

Immer mehr Arztpraxen betreiben ein eigenes kleines Labor – oft mit POCT-Geräten (Point-of-Care-Testing), etwa zur Bestimmung von:

- CRP
- Troponin
- HbA1c
- D-Dimer
- INR
- Vitamin D

Der große Vorteil: Sofortige Ergebnisse, kürzere Wege, mehr Versorgungssicherheit. Der entscheidende Nachteil: Die Leistung muss selbst dokumentiert, verantwortet und vollständig abgerechnet werden.

Typische Fehlerquelle:

- Der Laborwert wird erhoben und besprochen – aber die zugehörige GOÄ-Ziffer fehlt auf der Rechnung. Das führt nicht nur zu Einnahmeverlust, sondern kann bei Privatversicherten auch Rückfragen provozieren.

<u>Digitalisieren</u>
Viele POCT-Geräte liefern automatisierte Ausdrucke oder PDF-Dateien – doch diese Daten werden nicht automatisch in die GOÄ übernommen. Daher muss die Ziffernvergabe manuell oder halbautomatisch erfolgen – idealerweise durch strukturierte Dokumentation und standardisierte Auswertungstabellen im PVS.
<u>Automatisieren</u>
Typische WENN–DANN-Prüfregeln für POCT-Leistungen:

- WENN ein Wert im Laborblatt auftaucht z. B.: CRP DANN GOÄ-Ziffer prüfen
- WENN Laborwert gespeichert DANN Probeentnahme prüfen: Ziffer 298 (Nase) oder 250 (Blutentnahme)

Diese Regeln können in Praxisverwaltungssystemen oder internen Checklisten hinterlegt werden – insbesondere als Teil eines POCT-Protokolls.
<u>Delegieren</u>
Die Laborerhebung darf – je nach Test – durch geschultes Praxispersonal erfolgen. Aber:

- Die ärztliche Befundung und Abrechnung liegt in der Verantwortung der Praxisleitung.
- Delegierbare Aufgaben sind:
  - Dokumentation der durchgeführten POCT-Parameter
  - Zuordnung der richtigen GOÄ-Ziffer (z. B. durch digitale Auswahlmaske)
  - Sammelliste mit Auslösung der Rechnungsstellung am Tag der Abrechnung (Tab. 4.4).

Fazit
POCT lohnt sich – medizinisch und wirtschaftlich. Aber nur, wenn die Leistungen strukturiert dokumentiert und korrekt abgerechnet werden. Nähere Information zur Bewertung und zum Einsatz von POCT-Geräten in einer Praxis sind im entsprechenden Kapitel zu finden (siehe Abschn. 6.3.9).
Die Kombination aus Checkliste, PVS-Ablauf und klarer Verantwortung sorgt dafür, dass keine Leistung verloren geht.

Tab. 4.4 GOÄ-Ziffern typischer POCT-Leistungen

Parameter	GOÄ-Ziffer	Bemerkung/Zusatz
D-Dimer (quant.)	(A)3938	Kein Schnelltest
D-Dimer Schnelltest	3937	Schnelltest
Troponin (quant.)	4291	Kein Schnelltest
Troponin Schnelltest	A3732	Schnelltest
NT-proBNP (quant.)	(A)4062	
CRP (quant.)	3741	
PSA	3908H3	
Vitamin D_3	4138R	
TSH	4030	
HbA1c	3561	
Kreatinin	3585.H1	
U-Stix	3511	
Ferritin	3742	
INR	3530	
Blutentnahme	250	Nur 1-mal pro Blutentnahme
Covid/Influenza/RSV	4648, 4644, 4647	
Probenentnahme (Nase)	298	1-mal je Probeentnahme

Ziffern mit „A" für „analog": Anhang GOÄ (nicht originär im Regelteil, aber anerkannt).

4.3.10 Berichtsziffern nach GOÄ (70, 75, 80, 85)

<u>Analysieren</u>

Die GOÄ enthält spezialisierte Ziffern für schriftliche Leistungen jenseits der unmittelbaren ärztlichen Untersuchung. Es gibt jedoch, anders als in dem EBM, keine gültigen Muster, die einem bestimmten Wert zugeordnet sind (siehe Abschn. 3.11.5 ff.):

- Ziffer 70: Kurze Bescheinigung oder Zeugnis (z. B. Arbeitsunfähigkeitsbescheinigung, Allergiepass, Impfausweis)
- Ziffer 75: Ausführlicher schriftlicher Krankheits- und Befundbericht mit Anamnese, Befund und Epikrise (z. B.: Bericht über präoperative Diagnostik, stufenweise Wiedereingliederung etc.)
- Ziffer 80: Schriftliche gutachterliche Äußerung – d. h. Beurteilungen und Prognosen über den reinen Befund hinaus
- Ziffer 85: Umfangreiches Gutachten mit zeitabhängigem Aufwand, je angefangene Arbeitsstunde
- Ziffer 78 e/78 f: Erstverordnung/Folgeverordnung der spezialisierten ambulanten Palliativversorgung (SAPV) gemäß der Richtlinie des Gemeinsamen Bundesausschusses nach § 37b SGB V

Wichtige Kriterien:

- Ziffer 75 erfordert zwingend epikritische Bewertung und Krankheitsverlauf
- Ziffer 80 enthält gutachterliche Einschätzungen, etwa Prognose- oder Unfallbezug
- Ziffer 85 kommt bei mehr als 30 min Aufwand zum Einsatz und wird je Stunde abgerechnet

Digitalisieren

Immer wenn schriftliche Dokumente erstellt oder archiviert werden (z. B. Bericht. DOCX), sollte geprüft werden, ob eine dieser Ziffern passt.
WENN–DANN-Prüfregeln etwa so:

- WENN ein Dokument mit „Bericht.docx" ODER einem Berichtstyp im PVS gespeichert wurde DANN prüfen: Welche Berichtsziffer ist korrekt?
- WENN Schreiben erstellt wurde UND Versand erfolgt DANN Porto (§ 10 GOÄ) ergänzen
- WENN 80 ODER 85 abgerechnet wird DANN Schreibgebühr 95 (für A4-Seite) und 96 (Kopie) prüfen
- WENN SAPV-Dokument gespeichert DANN GOÄ 78e/f prüfen

Automatisieren

Technisch lassen sich viele Elemente über einfache Workflowregeln strukturieren:

- Berichtvorlagen in PVS mit Pflichtfeldern (Anamnese, Epikrise, Prognose/Hinweis „Ziffer möglich")
- Automatischer Hinweis oder Pop-up beim Speichern: „Bericht gespeichert – Ziffer 70/75/80/85 prüfen?"

Delegieren

- MFA oder Praxismanagerin legt Dokumente ins PVS und markiert Hinweis: „Bericht fertig – Ziffer prüfen"
- Ärzt:in entscheidet, ob Ziffer 70, 75, 80 oder 85 zutrifft – inkl. Faktorwahl und Begründung
- Bei Ziffer 80/85: Textumfang (Anzahl Seiten) dokumentieren, ggf. Kopien- oder Portokosten erfassen

4.3.11 Auslagen gemäß § 10 GOÄ: Was darf berechnet werden – und wie?

Analysieren

Neben den ärztlichen Leistungen erlaubt die GOÄ in § 10 auch die Abrechnung tatsächlich entstandener Auslagen – sofern sie medizinisch notwendig sind und dem Patienten im Zusammenhang mit der Behandlung zur Verfügung gestellt oder für ihn verbraucht wurden.

Abrechenbare Auslagen sind z. B.:

- Materialkosten wie Einmalspritzen, Einmalkatheter, Infusionsbestecke, Kanülen, Verbandmaterial, Medikamente, Impfstoffe, besondere Formulare wie der Leichenschauschein
- Versandkosten wie Porto für Briefe oder Laborproben
- Gerätespezifische Verbrauchsmaterialien, z. B. Filter bei Lungenfunktion, EKG-Elektroden

Wichtig:

- Nur die tatsächlich entstandenen Kosten dürfen angesetzt werden.
- Ein Gewinnaufschlag ist nicht zulässig.
- Bei Beträgen über 25,56 € muss ein Nachweis (Rechnung, Eigenbeleg) beigelegt werden.
- Einige Materialien gelten als mit der Leistung abgegolten (z. B. Mulltupfer, Zellstoff, Desinfektionsmittel, Reagenzien für Oberflächenanästhesie).

Digitalisieren

Auslagen sind oft im PVS erfassbar, werden aber nicht systematisch mit der ärztlichen Leistung verknüpft. Das führt dazu, dass Material zwar eingesetzt wird – aber nicht in Rechnung gestellt wird.

Lösungsansatz:

- Verknüpfung von Leistungen mit vordefinierten Auslagenkomponenten
- Zum Beispiel „Ziffer 659 → 4-mal EKG-Elektrode", „Ziffer 605 → 1-mal Einwegfilter"

Automatisieren

Hier helfen praxisinterne WENN–DANN-Prüfregeln, wie z. B. in Tab. 4.5 dargestellt.

Diese Regeln können im PVS als „vorgeschlagene Auslage" eingeblendet werden – z. B. über Makros oder beim Speichern der Ziffer.

Bakterienfilter der Firma CustoMed© für die CustoSpiroMobile©-Geräte kosten 59 € zzgl. MwSt. für 50 Filter. Damit ergeben sich Auslagen je Filter in Höhe von 1,40 €. In

Tab. 4.5 Auslagen-Prüfregeln

WENN diese Ziffer abgerechnet wurde	DANN folgende Auslage prüfen
271 – Infusion	Infusionsbesteck (Einweg), NaCl/Glucose
252 – Injektion	Verabreichtes Medikament (z. B. B_{12}, Dimetinden)
375 – Impfung	Impfstoff (nur wenn selbst beschafft)
651 – EKG	3–10 Elektroden (Einweg)
659 – Langzeit-EKG	Elektroden + ggf. Rasiermaterial
605 – Lungenfunktion	Filter (Einweg)
200 – Verband	Verbandmaterial (z. B. Pflaster, Mull)
Versand von Befunden/Rezepten	Porto (tatsächliche Kosten, keine Pauschale)

vielen Programmen können entsprechende Ziffern hinterlegt werden, z. B.: FILTER mit einem Wert von 1,40 €. Daraus könnte folgende WENN-DANN-Prüfregel abgeleitet werden:

- WENN 605 abgerechnet DANN FILTER prüfen

Delegieren

Die Erfassung der verbrauchten Materialien kann problemlos an MFA oder Praxismanager:in delegiert werden – z. B. mit:

- Checkliste pro Untersuchung: „Material verwendet: ja/nein"
- Monatsliste mit Standardmaterialien (z. B. Impfstoffe) + Einkaufspreis
- Interne Kalkulationstabelle mit typischen Auslagen je Ziffer

4.3.12 Hausbesuch und Wegegeld (50, 51, 52)

Analysieren

Die GOÄ unterscheidet beim Hausbesuch verschiedene Formen:

- Ziffer 50: Besuch bei einem Patienten – inkl. Beratung und symptombezogener Untersuchung
- Ziffer 51: Mitbesuch bei weiterem Patienten in derselben häuslichen Gemeinschaft (z. B. Ehepartner, Pflegeheimbewohner)
- Ziffer 52: Besuch durch nichtärztliches Personal im Auftrag des Arztes (z. B. Blutentnahme, Verbandwechsel)

Zusätzlich kann gemäß § 8 GOÄ ein Wegegeld angesetzt werden – je nach Entfernung und Tageszeit.

Digitalisieren

PVS-Systeme erfassen häufig die GOÄ-Ziffer 50 – aber das Wegegeld wird oft vergessen, weil es separat dokumentiert und bepreist werden muss.

Typischer Fehler:

- Hausbesuch erfolgt, Ziffer 50 wird dokumentiert – aber § 8 GOÄ wird nicht abgerechnet.

Automatisieren
Pragmatische WENN–DANN-Prüfregeln helfen: Tab. 4.6.
Zusätzlich:

- WENN Besuchszeit 20–8 Uhr DANN Nachtpauschale beim Wegegeld verwenden
- WENN Entfernung >10 km DANN prüfen, ob Höchstsatz (25,56 €) korrekt abgerechnet wurde

Delegieren
Die Durchführung liegt bei Ärzt:innen (Ziffer 50/51) oder beauftragtem Personal (Ziffer 52).
Delegierbare Aufgaben:

- Praxispersonal dokumentiert Besuchszeit und Adresse
- PVS errechnet Entfernung automatisch (bei vorhandener Kartenschnittstelle)
- MFA prüft: Wegegeld berechnet? Zeitstempel korrekt?
- Bei Ziffer 52: Dokumentation des Umfangs für Arztkontrolle

Hinweise zur Abrechnung – Wegegeld nach § 8 GOÄ – gibt Tab. 4.7
In vielen Programmen können entsprechende Ziffer hinterlegt werden, z. B.: WEG1 oder WEG1N mit einem Wert von 3,58 € bzw. 7,16 €. Daraus könnte folgende WENN-DANN-Prüfregel abgeleitet werden:

Tab. 4.6 GOÄ-Wegegeld

WENN diese Ziffer angesetzt wird	DANN Folgendes prüfen
Ziffer 50	Wegegeld nach § 8 GOÄ berechnen
Ziffer 51	Wegegeld wurde bereits mit Ziffer 50 berechnet – nicht erneut ansetzen
Ziffer 52	Kein Wegegeld ansetzbar, da Leistung durch Personal

Tab. 4.7 GOÄ-Wegegeld Tag-Nacht-Unterschied

Entfernung	Wegegeld tagsüber (8–20 Uhr)	Wegegeld nachts (20–8 Uhr)
Bis 2 km	3,58 €	7,16 €
2 bis 5 km	6,65 €	10,23 €
5 bis 10 km	10,23 €	15,34 €
10 bis 25 km	15,34 €	25,56 €

WENN 50 abgerechnet DANN WEG1/WEG1N prüfen:

- Nur einmal Wegegeld pro Besuchsweg
- Ziffer 50 und 51 kombinierbar – aber Wegegeld nur einmal (für Ziffer 50)
- Bei Besuchen durch VERAH/NäPA (Ziffer 52): kein Wegegeld abrechenbar
- Steigerungsfaktor nicht anwendbar auf Wegegeld – es ist pauschal geregelt

Eine vollständige Besuchsabrechnung besteht aus:

- Ziffer 50 (Hausbesuch) oder 51 (Mitbesuch) oder 52 (VERAH/NäPA)
- Wegegeld gemäß § 8 GOÄ bei Ziffer 50
- Besuchszeit zur Unterscheidung Tag/Nacht
- Ggf. Zuschläge oder zusätzliche Leistungen (z. B. Injektion, Blutentnahme)

4.3.13 Zuschläge bei medizinischen Leistungen (A, B, C, D, K1)

<u>Analysieren</u>
Die GOÄ kennt Zuschläge für medizinische Leistungen, die außerhalb der regulären Sprechzeiten oder in Notfällen erbracht wurden – insbesondere relevant bei den Ziffern 1, 3, 4, 5, 6, 7 und 8. Maßgeblich sind die Zuschläge A bis D, ggf. ergänzt durch K1 bei Kindern unter vier Jahren.

- A: außerhalb der Sprechstunde (z. B. Mittwochnachmittag, Samstagvormittag ohne Sprechstunde)
- B: außerhalb der Sprechstunde 20–22 Uhr oder 6–8 Uhr
- C: tiefe Nacht 22–6 Uhr
- D: Samstage, Sonn- und Feiertage (bei Samstagssprechstunde nur halber Satz)
- K1: Kind < 4 Jahre bei körperlicher Untersuchung (Ziffern 5–8)

Wichtige Regeln:

- Zulässig nur mit einfachen Gebührensatz (1,0-fach)
- Pro Inanspruchnahme nur ein Zuschlag A–D oder K1
- Nicht kombinierbar: A–D/K1 nicht mit E–J/K2 (siehe Abschn. 17)

<u>Digitalisieren</u>
Viele PVS erfassen reguläre GOÄ-Ziffern, jedoch keine Zuschläge bei Unzeiten. Häufig vergessen:

- Dokumentation der genauen Uhrzeit der Leistung
- Automatische Zuordnung des korrekten Zuschlags

Daher ist eine Kombination aus zeitlicher Dokumentation und Abrechnungslogik erforderlich.

<u>Automatisieren</u>

Die WENN–DANN-Liste in Tab. 4.8 in kann organisatorisch oder systemgestützt helfen.

Hinweis: Zuschläge müssen direkt unter der Grundleistung auf der Rechnung ausgewiesen werden.

<u>Delegieren</u>

- MFAs erfassen Leistungszeit und Datum
- PVS generiert Hinweisfeld: „Unzeitzuschlag möglich?"
- Praxismanager:in zieht monatlich Liste: Leistungen außerhalb Sprechzeit, noch ohne Zuschlag
- Ärzt:in bestätigt Zuschlag und unterschreibt – ggf. bei Kindern unter 4 zusätzliche Prüfung auf K1 (Tab. 4.9)

Eine korrekte Zuschlagsabrechnung erfordert:

- Korrekte Zeit-/Fallsituationsanalyse
- Ziffer 1/3/5–8 als Basisleistung
- Maximal ein Zuschlag A–D oder K1 pro Einsatzfall
- Auflistung direkt unter der Grundleistung auf der Rechnung.

Tab. 4.8 GOÄ-Zuschläge – Prüfregeln

WENN...	DANN...
Leistung = Ziffer 1/3/4/5/6/7/8 außerhalb regulärer Sprechzeit	Zuschlag A prüfen
Leistung 20–22 Uhr oder 6–8 Uhr außerhalb Sprechzeit	Zuschlag B ansetzen
Leistung 22–6 Uhr	Zuschlag C ansetzen
Leistung an Samstag, Sonntag oder Feiertag	Zuschlag D prüfen
Samstags innerhalb Sprechstunde	Zuschlag D nur ½-fach anwenden
Patient < 4 Jahre UND Ziffer 5–8	Zuschlag K1 prüfen
Zuschlag A–D bereits gesetzt	Nicht erneut kombinieren
Prüfung auf Zuschläge E–J/K2	Keine Kombination mit A–D/K1

Tab. 4.9 GOÄ-Zuschläge – Besonderheiten

Buchstabe	Bedingung/Zeit	Besonderheit
A	Außerhalb Sprechzeit	Nicht mit B–D, K2
B	20–22 oder 6–8 Uhr	Nur außerhalb Sprechstunde
C	22–6 Uhr	Kombinierbar mit D
D	Samstag/Feiertag	Hälfte bei Samstagssprechstunde
K1	Kind < 4 J. + Ziffer 5–8	Zusatz zu Untersuchungen

Alle Angaben bei Einfachsatz. Nur A–D/K1 sind nur mit einfachem Satz abrechenbar. Keine Kombination mit Zuschlägen E–J oder K2.

4.3.14 Besuchszuschläge (E, F, G, H, J, K2)

Analysieren

Bei Hausbesuchen oder Visiten außerhalb der Praxis können zusätzlich zu den Besuchsziffern (z. B. 50, 51, 52) Zuschläge E–J sowie K2 abgerechnet werden. Diese Zuschläge erfassen den besonderen Aufwand bei Besuchen zu ungünstigen Zeiten oder bei besonderen Umständen (z. B. Kleinkinder).

Im Gegensatz zu den Zuschlägen A–D/K1 (nur bei Leistungen nach Ziffer 1–8) sind E–J und K2 miteinander kombinierbar – das heißt: Es darf mehr als ein Zuschlag pro Einsatzfall dokumentiert werden.

Digitalisieren

Viele Praxen dokumentieren Hausbesuche korrekt (z. B. Ziffer 50), vergessen aber:

- den zeitbezogenen Zuschlag (E, F, G)
- den Wochenend-/Feiertagszuschlag (H, J),
- den Zuschlag für Kleinkinder (K2).

Das liegt oft daran, dass diese Zuschläge nicht automatisch vorgeschlagen werden – oder dass ihre Kombination nicht bekannt ist.

Automatisieren

Mit klaren WENN–DANN-Prüfregeln lässt sich die Abrechnung systematisieren (Tab. 4.10).

Beispiel:

Ein Nachtbesuch (22:30 Uhr) an einem Feiertag bei einem 3-jährigen Kind ergibt: Ziffer 50 + F + H + K2

Delegieren

- MFA oder Besuchsteam dokumentiert exakte Besuchszeit und Alter des Patienten
- PVS erzeugt automatischen Hinweis, welche Zuschläge kombinierbar sind

Tab. 4.10 Prüfregeln Besuchszuschläge

WENN...	DANN...
Besuchsleistung (z. B. Ziffer 50, 51 oder 52) dokumentiert	Besuchszuschläge prüfen
Uhrzeit 20–22 Uhr	Zuschlag E (Abend)
Uhrzeit 22–6 Uhr	Zuschlag F (Nacht)
Uhrzeit 6–8 Uhr	Zuschlag G (Früh)
Besuch an Sonntag oder gesetzlichem Feiertag	Zuschlag H
Besuch an Samstag 7–14 Uhr	Zuschlag J
Patient ist unter 4 Jahren	Zuschlag K2
Zwei oder mehr dieser Bedingungen erfüllt	Zuschläge kombinieren (z. B. F + H + K2)

Tab. 4.11 GOÄ-Besuchszuschläge

Zuschlag	Bedingung
E	Besuch 20–22 Uhr
F	Besuch 22–6 Uhr
G	Besuch 6–8 Uhr
H	Besuch an Sonntag/Feiertag
J	Samstag (7–14 Uhr)
K2	Patient unter 4 Jahren

Bei einfachem Satz(1,0-fach); keine Steigerung erlaubt

- Praxismanager:in prüft monatlich Hausbesuche ohne vollständige Zuschläge (z. B. Nachtzeit ohne „F")
- Ärzt:in bestätigt final die Ziffern bei Rechnungserstellung (Tab. 4.11)

Wichtig:

- E–J und K2 dürfen kombiniert werden (z. B. Nacht + Feiertag + Kind < 4 J)
- Nur bei Besuchsleistungen außerhalb der Praxis (Ziffer 50 ff.)
- Nicht kombinierbar mit A–D oder K1

Eine vollständige Besuchsabrechnung kann bestehen aus:

- Ziffer 50 (Hausbesuch)
- Ziffer 51 (Mitbesuch)
- Ziffer 52 (VERAH/NäPA)
- Zuschläge E–J je nach Zeit und Tag
- K2 bei Kleinkindern
- Wegegeld nach § 8 GOÄ (siehe Abschn. 15)

4.3.15 Wundversorgung nach GOÄ: Systematik bei Verband, Tamponade, Fremdkörper & Co.

<u>Analysieren</u>
Wundversorgung im Rahmen der GOÄ kann sehr unterschiedlich ausfallen – von der einfachen Schürfwunde über postoperative Nahtversorgung bis hin zu chronischen oder sekundär heilenden Wunden.
Die GOÄ bietet dafür eine modulare Struktur:

- Ziffern 200–209: Verband, Tamponade, Salbe, Fadenentfernung, Fremdkörper
- Ziffern 2000–2004: Erstversorgung – je nach Größe und Aufwand
- Ziffer 2006: Folgeversorgung sekundär heilender Wunden

- Ziffer 2007: Entfernung von Klammern/Fäden
- Ziffer 2009: Entfernung eines tastbaren Fremdkörpers
- Verbandmittelpauschale (VMP): zusätzlich je Wunde, wenn Material aus der Praxis verwendet wird (Auslagen nach § 10 GOÄ)
- Ggf. Untersuchung und Beratung nach Ziffer 1 bzw. 5, 7 oder 8

Wichtig:

- Die Ziffern gelten je Wunde und Sitzung – bei mehreren Lokalisationen dürfen Positionen mehrfach angesetzt werden.
- Die Kombinierbarkeit ist bei bestimmten Ziffern ausgeschlossen (z. B. 200 nicht mit 2000–2004 kombinierbar).

<u>Digitalisieren</u>
Viele Praxen dokumentieren Wundversorgungen im Freitext – ohne automatische Ziffernerkennung. Dadurch kommt es zu:

- vergessenen Leistungen,
- falscher Kombinatorik (z. B. 200 + 2001),
- vergessenen Auslagen (z. B. VMP).

Lösungsansatz:

- strukturierte Checklisten oder Textbausteine mit automatischer Ziffernvorschlagslogik

<u>Automatisieren</u> (Tab. 4.12)
<u>Delegieren</u>

- MFA übernimmt Dokumentation der Wundzahl und Lokalisation
- Arzt wählt auf Basis von Wundtyp, Lokalisation, Materialverbrauch → passende Ziffernkombination
- PVS-Vorschlag: Bei Eingabe „Wundversorgung" → 5 + Textauswahl: Verband/Tamponade/Fremdkörper/OP-Nachbehandlung/Erstversorgung
- VMP (Verbandmittelpauschale) sollte systematisch ergänzt werden – keine medizinische, sondern dokumentationsbedingte Ziffer

Typische Beispiele aus dem Alltag zeigt Tab. 4.13
Hinweise:

- Bei Wunden an Hand oder Kopf, bei Kindern < 6 Jahren oder bei Wunden > 3 cm Länge/4 cm² → immer „große Wunde" (2003/2004)
- Nicht kombinierbar: Ziffer 200 nicht zusätzlich zu 2000–2004

Tab. 4.12 Prüfregeln Wundmanagement

WENN...	DANN...
Verband angelegt (z. B. Suchwort „Verband")	Ziffer 200 prüfen
Salbe, Tamponade oder Wundauflage verwendet	Ziffer 209 prüfen
Fremdkörper entfernt (z. B. Zecke, Splitter) (erkannt durch ICD10 für Zeckenstich T14.03)	Ziffer 2009 prüfen
Fäden oder Klammern entfernt	Ziffer 2007 (pro Wunde)
Erstversorgung kleiner Wunde ohne Wundverschluss (z. B. Steristrip/Tacker)	Ziffer 2000
Erstversorgung kleiner Wunde mit Wundverschluss	Ziffer 2001
Erstversorgung großer oder stark verschmutzter Wunde ohne Wundverschluss	Ziffer 2003
Erstversorgung großer oder stark verschmutzter Wunde mit Wundverschluss	Ziffer 2004
Folgetermin bei sekundär heilender Wunde	Je Wunde: Ziffer 2006
Verbrauch von Praxisverbandmaterial (erkannt durch 200, 2000 ff. ohne VMP)	Je Wunde: VMP

Tab. 4.13 Abrechnungsbeispiele Wundmanagement

Fallbeschreibung	Ziffernkombination
Zecke entfernt, Salbe aufgetragen, Pflaster, ärztliche Untersuchung und Beratung	1 – 5 – 2009 – 200 – 209 – VMP
Schürfwunde Knie + Hand, erste Versorgung	5 – 2000 (Knie) – 2003 (Hand) – 2 × VMP
17. Verbandwechsel Ulcus cruris 2 unabhängige Stellen	5 – 2 × 2006 – 2 × 200 – 2 × VMP

- Diagnose muss passen, z. B.:
  - T01.0x: Multiple Wunden
  - T81.8: Postoperative Wundheilungsstörung
  - T89.03: Sekundäre Heilung
  - Zeckenbiss: T14.03
- Immer pro Wunde rechnen und pro Termin!

4.3.16 Steigerung der GOÄ-Leistungen: Faktor bewusst nutzen

<u>Analysieren</u>
Die GOÄ erlaubt – je nach Leistungstyp – eine Anhebung des Faktors (Tab. 4.14).

- Bis zum Schwellenwert ist keine schriftliche Begründung nötig (z. B. 2,3-fach).
- Über dem Schwellenwert nur mit fachlich nachvollziehbarer Begründung möglich (z. B. Adipositas, Kleinkind, Demenz, erschwerte Verständigung …).
- Einige Versicherungen (z. B. PostB oder KVB) erlauben KATEGORISCH nur bis 2,2-fach, unabhängig von Begründung. Daher ist bei solchen Kostenträgern die eigene Dokumentationsvorauswahl entscheidend.

Tab. 4.14 GOÄ-Steigerungsfaktoren

Abschnitt	Schwellenwert	Höchstsatz
Ärztliche Leistungen	2,3-fach	3,5-fach
Technische Leistungen (z. B. Sonographie)	1,8-fach	2,5-fach
Labordiagnostik	1,15-fach	1,3-fach

Tab. 4.15 Prüfregeln Steigerungsfaktoren

WENN...	DANN...
ICD-10 E66.x (Adipositas) dokumentiert	Steigerung prüfen
Patient < 4 Jahre (entwicklungsbedingt schwieriger Befund)	Steigerung prüfen
ICD-10-Demenzcodes dokumentiert	Steigerung prüfen
Schwermultimorbide Patient:innen, häufig wechselndes Beschwerdebild	Steigerung auf > 2,3 prüfen
Terminzeit > 20 min	Steigerung entsprechend Staffelung (z. B. 3,5-fach)
Kostenträger erlauben nur bis 2,2-fach (z. B. PostB, KVB)	Maximal 2,2-fach einstellen, egal was indiziert wäre

Digitalisieren – Erinnerungslogik in der Praxis

Fehlende Steigerung als Einnahmeverlust – bzw. Proteste bei exzessiver Erhöhung. Ein digitales Abrechnungssystem kann helfen, strukturierte Logik zu etablieren:

- Hinweisfelder im PVS aktivieren bei diagnosespezifischen Risikofaktoren
- Staffelung des Faktors nach Zeit (z. B. Gesprächsdauer bei Ziffer 3)
- Dokumentation zwingender Diagnosen (ICD) als Basis für automatisierte Hinweise

Automatisieren (Tab. 4.15)

Delegieren

- MFA markiert Risikofaktoren oder Diagnosen im Patientendatensatz
- Hinweis im PVS: „Adipositas?" „Kind < 4 J.?" „Demenz?"
- Arzt prüft bei Rechnungstellung, ob Steigerung gerechtfertigt ist – und dokumentiert den Grund (z. B. „Adipositas erschwert Sonographie", „Kind unruhig")
- Monatsweise Qualitätskontrolle durch Praxisteam bei Fällen mit Steigerung > 2,3

Hinweise zur Abrechnung – Steigerung im Überblick:

- Bei ärztlichen Leistungen ist Standardfaktor 2,3, Höchstsatz 3,5. Bei technischen Leistungen: 2,5 max., Labor: 1,3.
- Über dem Schwellenwert (2,3 bzw. 1,8 bzw. 1,15) muss eine konkrete, nachvollziehbare Begründung erfolgen, z. B. Aufwand durch Adipositas, Demenz, unklare Diagnostik. Floskeln wie „technisch schwierig" genügen nicht.

- Einige Krankenkassen begrenzen den Steigerungsfaktor auf 2,2 – dies ist vertraglich zu prüfen. Rechnungslogik muss den Kostenträger beachten.

Fazit

Mit dieser Logik sichern Sie ab, dass keine leistungsgerechten Steigerungen übersehen werden – aber auch niemand willkürlich zu hohe Faktoren verwendet.

4.3.17 Laborleistungen in der Privatabrechnung (Einsendelabor, Laborsplitting und Abgrenzung zu POCT)

<u>Analysieren</u> – Eigenlabor, POCT oder Einsendelabor?
Nach dem Kapitel zu POCT (siehe Abschn. 12) wird deutlich:

- POCT liefert Sofortdiagnostik in der Praxis und erlaubt die direkte GOÄ-Abrechnung.
- Eigenlabor (M I/M II) umfasst einfache Analysen, die in der Praxis selbst durchgeführt werden.
- Einsendelabor ist notwendig für Spezialanalysen (M III/M IV). Hier rechnet das Labor mit dem Patienten ab – oder die Praxis nutzt das Modell des Laborsplittings.

Wirtschaftlich zeigt sich:

- POCT bringt Geschwindigkeit, Patientenzufriedenheit und unmittelbare Liquidität.
- Einsendelabore bieten oft günstige Einkaufspreise, während die Abrechnung gegenüber dem Patienten nach GOÄ erfolgt – die Differenz ist Praxisgewinn.
- Beispiel: HbA1c per Einsendelabor: Einkauf 4,00 €, GOÄ-Honorar 13,41 € → ca. 9 € Spanne.

Die Entscheidung ist also ein strategischer Mix aus medizinischem Nutzen, Praxisorganisation und Wirtschaftlichkeit.
<u>Digitalisieren</u>
Damit kein Wert verloren geht, müssen beide Wege sauber digital dokumentiert sein:

- POCT: Gerätedaten automatisch ins PVS übernehmen, GOÄ-Ziffer verknüpfen (siehe Abschn. 12)
- Einsendelabor: Ergebnisse elektronisch importieren, im PVS markieren (Eigenleistung/Fremdleistung/Splitting)
- Preislisten (wie die ihres Labors) können digital im System hinterlegt werden, um Transparenz über Einkauf vs. Abrechnung zu schaffen

<u>Automatisieren</u>

- POCT: Automatisierte Ziffernprüfung („WENN CRP gespeichert DANN GOÄ 3741 prüfen")
- Einsendelabor: Automatische Rechnungsstellung über Laborsplitting: Patient erhält eine Rechnung, in der Labor und Praxis getrennt ausgewiesen, aber gemeinsam dargestellt werden
- Kombination: Praxissoftware kann Routinen definieren, wann ein Wert per POCT vs. Einsendelabor angefordert wird (z. B. CRP zeitkritisch dann sofort → POCT; HbA1c, Lipidprofil regelmäßig → Einsendelabor)

<u>Delegieren</u>

- MFA: Zuordnung der Laboranforderungen (POCT vs. Einsendelabor), Eingabe im PVS
- Praxismanagement: Kontrolle der Preislisten und Prüfung der Abrechnungslogik
- Abrechnungsstelle/Labor: technische Umsetzung des Laborsplittings
- Arzt/Ärztin: bleibt verantwortlich für Indikationsstellung, Befundbesprechung und Endkontrolle

Praxistipp:
Die Kombination von POCT für Akutdiagnostik und Einsendelabor für Screening- und Verlaufskontrollen verbindet Patientenorientierung mit wirtschaftlicher Stabilität.

4.4   Strategische Instrumente

In diesem Abschnitt geht es um den beispielhaften Einsatz strategischer Instrumente zur Auswahl und Steuerung von IGeL-Leistungen in der hausärztlichen Praxis.
Individuelle Gesundheitsleistungen (IGeL) sind ein fester Bestandteil moderner hausärztlicher Praxisführung. Sie bieten die Möglichkeit, medizinisch sinnvolle Zusatzangebote zu machen, Prävention zu stärken und unternehmerische Freiräume zu nutzen. Gleichzeitig bergen sie Risiken: Falsche Investitionen, ethisch fragwürdige Angebote oder unklare Wirtschaftlichkeit können die Reputation einer Praxis belasten.

Statt IGeL-Leistungen „aus dem Bauch heraus" anzubieten, empfiehlt sich eine strukturierte, strategisch fundierte Herangehensweise – so wie es in jedem erfolgreichen Unternehmen üblich ist. Ziel ist es, Leistungen zu identifizieren, die medizinisch sinnvoll, organisatorisch machbar und betriebswirtschaftlich tragfähig sind, – und dies regelmäßig zu überprüfen.

In diesem Unterkapitel werden fünf praxistaugliche Instrumente vorgestellt, die Ärztinnen und Ärzte bei der Auswahl, Bewertung und Steuerung von IGeL-Leistungen unterstützen können. Sie stammen aus der Strategielehre, der Gesundheitsökonomie und dem Qualitätsmanagement. Zu jedem Instrument werden zwei exemplarische Leistungen betrachtet:

- Die Untersuchung der Halsschlagader mittels Sonographie
- Die LKW-Tauglichkeitsuntersuchung

Diese beiden Leistungen stehen beispielhaft für viele andere: eine, die Qualifikation und Technik erfordert, – die andere, die Organisation und Prozessoptimierung braucht. An ihnen lassen sich die Anwendung und der Nutzen der folgenden Instrumente gut nachvollziehen:

1. SWOT-Analyse und TOWS-Matrix
2. Value-based Healthcare
3. BCG-Matrix (Portfolioanalyse)
4. Balanced Scorecard
5. Strategische Erfolgspositionen (SEP)

4.4.1   SWOT-Analyse und TOWS-Matrix

Was ist das?
Die SWOT-Analyse ist ein klassisches strategisches Instrument zur Einschätzung der aktuellen Ausgangssituation eines Unternehmens – oder einer Praxis. Der Name steht für:

- Strengths (Stärken)
- Weaknesses (Schwächen)
- Opportunities (Chancen)
- Threats (Risiken)

Die interne Sicht (Stärken/Schwächen) wird mit der externen Sicht (Chancen/Risiken) kombiniert. Daraus entsteht ein vollständiges Lagebild. Die TOWS-Matrix geht einen Schritt weiter: Sie verknüpft die SWOT-Ergebnisse miteinander, um konkrete Strategien daraus abzuleiten – etwa: „Wie kann ich meine Stärken nutzen, um Chancen zu realisieren?" Dazu werden die vier SWOT-Felder gezielt kombiniert: Stärken mit Chancen (SO-Strategien), Schwächen mit Chancen (WO-Strategien), Stärken mit Risiken (ST-Strategien) und Schwächen mit Risiken (WT-Strategien). So wird aus der Momentaufnahme der Lage ein konkreter Maßnahmenplan mit unterschiedlichen Strategieoptionen für die Praxis. In den Beispielen weiter unten finden Sie diese vier Strategietypen als Kürzel (SO, WO, ST, WT) wieder.

Wofür ist es gut?
Dieses Instrument eignet sich besonders für:

- die Einführung neuer IGeL-Leistungen,
- die Entscheidung für oder gegen eine Investition,
- das Abwägen medizinischer, wirtschaftlicher und organisatorischer Aspekte.

Es liefert Klarheit, ob eine Leistung zu den vorhandenen Ressourcen, dem Patientenkreis und der Praxisstrategie passt.

Anwendung in der Praxisführung

Typische Fragen:

- Haben wir fachliche und organisatorische Voraussetzungen für die neue Leistung?
- Gibt es eine Patientennachfrage oder einen erkennbaren medizinischen Bedarf?
- Welchen Wettbewerb oder regulatorischen Rahmen müssen wir berücksichtigen?
- Lohnt sich die Leistung – oder gibt es bessere Alternativen?

Beispiele:

Halsschlagadersonographie (Carotis-Sono)

SWOT-Analyse siehe Tab. 4.16, TOWS-Strategie siehe Tab. 4.17

LKW-Tauglichkeitsuntersuchung

SWOT-Analyse siehe Tab. 4.18, TOWS-Strategie siehe Tab. 4.19.

Tab. 4.16 SWOT Carotissonographie

Kategorie	Einschätzung aus Sicht einer durchschnittlichen Hausarztpraxis
Stärken	Interesse an Prävention, Patientenvertrauen, Grundwissen Sono Abdomen
Schwächen	Keine Qualifikation vorhanden, hoher Zeitaufwand
Chancen	Steigende Nachfrage nach kardiovaskulärer Vorsorge bei 50+
Risiken	Kurs- und Geräteinvestition, Unsicherheit über Nachfrage

Tab. 4.17 TOWS Carotissonographie

Kategorie	Einschätzung aus Sicht einer durchschnittlichen Hausarztpraxis
SO	Investition in Sonographiekurs und Kombinationsangebote mit Check-up
WO	Nur anschaffen, wenn auch für Abdomen/SD verwendbar
ST	Kooperationsangebote mit Kardiologen entwickeln
WT	Zunächst Pilotprojekt mit 5 Patienten, Feedback auswerten

Tab. 4.18 SWOT LKW-Tauglichkeit

Kategorie	Einschätzung
Stärken	Bestehende Laboranbindung, Routine in körperlicher Untersuchung
Schwächen	Kaum Differenzierung zu anderen Anbietern
Chancen	Pflichtuntersuchung, hohe Standardisierbarkeit
Risiken	Geringe emotionale Bindung, geringe Marge, hohe No-Show-Quote

Tab. 4.19 TOWS LKW-Tauglichkeit

Kategorie	Einschätzung aus Sicht einer durchschnittlichen Hausarztpraxis
SO	Paketpreis, kurze Wartezeiten, gezielte Werbung in Fahrschulen/Speditionen
WO	MFA übernehmen Standardteile (Blut, Blutdruck, Anamnese)
ST	Kooperation mit TÜV oder Fahrschulzentren
WT	Nur nach Vorkasse, keine Teilabrechnungen

Fazit

Die SWOT-/TOWS-Analyse ist ein exzellenter Startpunkt, um neue Leistungen strategisch zu planen – besonders bei Leistungen mit Investitionsbedarf oder organisatorischen Veränderungen.

4.4.2 Value-based Healthcare (Wertorientierte Gesundheitsversorgung)

Was ist das? Value-based Healthcare (VBHC) ist ein Konzept aus der Versorgungsforschung und Gesundheitsökonomie. Es wurde von Michael E. Porter entwickelt und stellt die Kernfrage:

„Welchen gesundheitlichen *Nutzen* erzielt eine Leistung im Verhältnis zu ihren *Kosten*?"

Im Zentrum steht also nicht primär die Wirtschaftlichkeit aus Sicht der Praxis, sondern der Mehrwert für die Patient:innen – und damit auch langfristig für das Image, die Zufriedenheit und die Positionierung der Praxis.

VBHC betrachtet zwei Perspektiven:

1. Medizinischer Nutzen – objektiv messbar (z. B. Früherkennung, Risikosenkung, Therapieoptimierung)
2. Subjektiver Nutzen – empfunden von Patient:innen (z. B. Beruhigung, Sicherheit, Aufklärung)

In Kombination mit der Betrachtung von Aufwand und Preis ergibt sich ein verantwortungsvoller Entscheidungsrahmen zur Auswahl und Bewertung von IGeL-Leistungen.

Wofür ist es gut? Dieses Instrument hilft besonders bei:

- der Einführung neuer IGeL-Leistungen (z. B. Bewertung von Sonographieangeboten)
- der regelmäßigen Überprüfung bestehender Leistungen,
- der Abgrenzung medizinisch sinnvoller Angebote von rein umsatzorientierten Leistungen.

Es ist besonders relevant für Ärztinnen und Ärzte, die ihr IGeL-Angebot mit ethischen Grundwerten und einem klaren Qualitätsanspruch verbinden wollen.

Anwendung in der Praxisführung Typische Bewertungsfragen:

- Welchen konkreten medizinischen Nutzen bietet die Leistung für bestimmte Patientengruppen?
- Wie hilfreich oder beruhigend wird die Leistung subjektiv von Patient:innen empfunden?
- Ist der Preis angemessen im Verhältnis zum Aufwand und Nutzen?
- Ergibt sich ein klarer Mehrwert gegenüber der Regelversorgung?

Praxisintern kann das als einfache Bewertungsmatrix aufgebaut werden – mit Ampelsystem, Skalen oder Punktwerten für jede Leistung.

Beispiele:

Halsschlagadersonographie (Carotis-Sono)
Tab. 4.20.

Kommentar: Hoher Wert für Patient:innen mit Risikofaktoren. Lässt sich gut als Bestandteil eines präventionsorientierten Praxisprofils einbinden – medizinisch wie wirtschaftlich sinnvoll.

LKW-Tauglichkeitsuntersuchung
Tab. 4.21.

Tab. 4.20 VBHC Carotissonographie

Bewertungskriterium	Einschätzung
Medizinischer Nutzen	Hoch bei Risikopatient:innen: Erkennung von Stenosen → Schlaganfallprävention. Empfehlenswert z. B. bei erhöhtem Cholesterin, Bluthochdruck, positiver Familienanamnese
Subjektiver Nutzen	Hoch – viele Patient:innen empfinden die Untersuchung als beruhigend, gerade bei bekannten Risiken
Kosten-Nutzen-Ratio	Gerät muss angeschafft und Ausbildung absolviert werden – aber mehrfach nutzbar (auch für Schilddrüse, Abdomen etc.)

Tab. 4.21 VBHC LKW-Tauglichkeit

Bewertungskriterium	Einschätzung
Medizinischer Nutzen	Gering – es handelt sich um eine gesetzlich vorgeschriebene Pflichtuntersuchung für alle Personen, die ihren LKW-Führerschein ab dem 50. Lebensjahr verlängern wollen. Gilt auch für Berufskraftfahrer
Subjektiver Nutzen	Niedrig – die Leistung wird aus formalen Gründen durchgeführt. Patient:innen haben selten ein Gesundheitsinteresse daran
Kosten-Nutzen-Ratio	Sehr gut – keine Investitionen nötig, Routineablauf, hoher Durchsatz möglich. Aufwand planbar, z. B. durch MFA-Unterstützung

Kommentar: Keine medizinisch wertsteigernde Maßnahme, aber wirtschaftlich interessant. Pflichtleistung mit klarem Ablauf – organisatorisch optimierbar. Sollte professionell, aber ressourcenschonend integriert werden.

Fazit

Value-based Healthcare hilft dabei, IGeL-Angebote nicht nur nach wirtschaftlicher Rentabilität, sondern auch nach ihrem gesundheitlichen und ethischen Wert zu beurteilen. Besonders in Zeiten zunehmender Kritik an privatärztlichen Zusatzleistungen ist das ein wichtiger Baustein für Vertrauen, Professionalität und Positionierung.

Empfehlung für die Praxisführung: Führen Sie eine einfache Bewertungsmatrix ein, mit Spalten wie *Medizinischer Nutzen, Patientenzufriedenheit, Kosten/Aufwand* und *Strategischer Wert*. So lassen sich neue und bestehende IGeL transparent steuern.

4.4.3   BCG-Matrix (Portfolioanalyse)

Was ist das? Die BCG-Matrix – benannt nach der Boston Consulting Group – ist ein klassisches Managementwerkzeug zur Portfoliosteuerung. Sie wurde ursprünglich für Produkte in Unternehmen entwickelt und hilft dabei, Leistungen anhand von zwei Kriterien strategisch einzuordnen:

1. Marktwachstum (Wie stark wächst die Nachfrage?)
2. Relativer Marktanteil (Wie stark ist meine Praxis im Vergleich zur Konkurrenz?)

Aus dieser Einteilung ergeben sich die in Tab. 4.22 aufgeführten vier Felder.

Wofür ist es gut? Die BCG-Matrix eignet sich für:

- die strategische Bewertung mehrerer IGeL-Leistungen gleichzeitig,
- Entscheidungen, in welche Leistungen man investieren, welche man bewahren und welche man streichen sollte,
- einen schnellen Überblick über die wirtschaftliche Rolle einzelner Leistungen.

Tab. 4.22 BCG-Matrix 4 Felder

Typ	Bedeutung
Stars	Hoher Marktanteil in wachsendem Markt → investieren
Cash Cows	Hoher Marktanteil in stagnierendem Markt → ernten
Question Marks	Geringer Marktanteil in wachsendem Markt → analysieren
Poor Dogs	Geringer Marktanteil in stagnierendem Markt → abbauen

Anwendung in der Praxisführung Typische Fragen zur Einordnung:

- Wie stark wächst die Nachfrage nach dieser Leistung (z. B. durch Trends, Medien, Gesellschaft)?
- Wie hoch ist der Anteil meiner Praxis an diesem Markt (z. B. durch Bekanntheit, Angebot, Spezialisierung)?
- Wie profitabel ist die Leistung aktuell?
- Wie viel organisatorischer Aufwand steht hinter ihr?

Beispiele:

Halsschlagadersonographie (Carotis-Sono)
Tab. 4.23.

Kommentar: → Question Mark

Entscheidung nötig: Möchte ich hier gezielt investieren (Gerät, Schulung, Werbung), um daraus eine Star-Leistung zu machen?

LKW-Tauglichkeitsuntersuchung
Tab. 4.24.

Kommentar: → Cash Cow

Solide Einnahmequelle bei minimalem Aufwand. Ideal zur Prozessoptimierung. Nicht ausbauen, aber weiter effizient nutzen.

Eine Visualisierung findet sich in Tab. 4.25 und 4.26.

Tab. 4.23 BCG Carotissonographie

Kriterium	Einschätzung
Marktwachstum	Moderat steigend – durch Fokus auf Prävention, Cholesterin, Alterung der Bevölkerung
Relativer Marktanteil	Noch gering – nur wenige Hausärzt:innen bieten es gezielt an, Spezialist:innen dominieren

Tab. 4.24 BCG LKW-Tauglichkeit

Kriterium	Einschätzung
Marktwachstum	Kaum – stabile gesetzliche Pflicht, aber keine Ausweitung
Relativer Marktanteil	Hoch – gut eingeführt, wenig Spezialisierung notwendig

Tab. 4.25 BCG-Visualisierung

	Hohes Marktwachstum	Niedriges Marktwachstum
Hoher Marktanteil	Star	Cash Cow
Niedriger Marktanteil	Question Mark	Poor Dog

Tab. 4.26 BCG-Beispiel

	Hohes Marktwachstum	Niedriges Marktwachstum
Hoher Marktanteil		LKW-Tauglichkeitsuntersuchung
Niedriger Marktanteil	Carotis-Sono	

Kommentar:

In der Praxis tragen Sie jede IGeL-Leistung in das Feld ein, das zur Kombination aus Marktwachstum und relativem Marktanteil passt. Leistungen mit hohem Wachstum und hohem Anteil gehören zu den Stars, stabile Leistungen mit hohem Anteil in einem stagnierenden Markt zu den Cash Cows. Angebote mit geringem Anteil in einem wachsenden Markt sind Question Marks – hier ist eine strategische Entscheidung nötig, ob Sie investieren oder sich eher zurückziehen. Leistungen mit geringem Anteil in einem kaum wachsenden Markt sind Poor Dogs und sollten kritisch überprüft oder mittelfristig abgebaut werden. So entsteht auf einer Seite ein übersichtliches Bild, welche Angebote Sie ausbauen, stabil halten oder reduzieren möchten.

Fazit

Die BCG-Matrix ist ein hervorragendes Tool für die strategische Portfoliosteuerung ihrer IGeL-Leistungen. Sie hilft, sich mit den Ressourcen nicht zu verzetteln und gezielt in die Leistungen zu investieren, die langfristig tragen.

Empfehlung für die Praxisführung:

Legen Sie einmal jährlich eine BCG-Matrix Ihres gesamten IGeL-Angebots an – basierend auf Nachfrage, Konkurrenz und wirtschaftlichem Beitrag. So erkennen Sie, welche Leistungen strategisch „getragen" oder „entwickelt" werden sollten.

4.4.4 Balanced Scorecard (BSC)

Was ist das? Die Balanced Scorecard (BSC) ist ein strategisches Steuerungsinstrument, das von Robert S. Kaplan und David P. Norton entwickelt wurde. Sie wurde ursprünglich für Unternehmen konzipiert, ist aber hervorragend auf den Gesundheitsbereich übertragbar – vor allem auf größere Praxen mit unternehmerischem Anspruch.

Die Grundidee:

Der Erfolg einer Praxis hängt nicht nur von den Finanzen ab, sondern auch von anderen Perspektiven.

Deshalb betrachtet die BSC vier gleichgewichtige („balanced") Perspektiven:

1. Finanzen – Wie wirtschaftlich ist die Leistung?
2. Patienten – Wie zufrieden und gebunden sind die Patient:innen?
3. Interne Prozesse – Wie effizient läuft die Leistungserbringung ab?
4. Mitarbeiter und Entwicklung – Welche Qualifikationen und Ressourcen sind erforderlich?

Wofür ist es gut? Die Balanced Scorecard hilft dabei:

- bestehende IGeL-Leistungen strukturiert zu steuern,
- Ziele und Kennzahlen für jede Perspektive zu definieren,
- langfristig eine balancierte Entwicklung der Praxis sicherzustellen,
- die Effizienz, Akzeptanz und Qualität von Leistungen regelmäßig zu überprüfen.

Besonders nützlich ist sie für Leistungen, die:

- mehrere Schritte oder Akteure (z. B. Ärzt:in, MFA, Labor) beinhalten,
- Investitionen erfordern,
- besonders imagewirksam oder erklärungsbedürftig sind.

Anwendung in der Praxisführung Für jede Perspektive werden spezifische Ziele und Kennzahlen definiert (beispielhaft Tab. 4.27).

Beispiele:

Halsschlagadersonographie (Carotis)
Tab. 4.28.
Kommentar: BSC zeigt frühzeitig, ob sich die Leistung rechnet und ob das Team entlastet oder überlastet wird.

Tab. 4.27 BSC-Beispiele

Perspektive	Typische Fragen	Mögliche Kennzahlen
Finanzen	Deckt die Leistung ihre Kosten?	Deckungsbeitrag, Umsatz, Kosten/Leistung
Patienten	Wie zufrieden sind die Patient:innen?	Wiederbuchungsrate, Beschwerden, Empfehlungsquote
Prozesse	Wie reibungslos ist der Ablauf intern organisiert?	Untersuchungsdauer, Fehlerquote, Wartezeit
Mitarbeiter	Sind Team und Ressourcen geeignet und verfügbar?	Schulungsstand, Mitarbeitereinsatz, Zeitbedarf

Tab. 4.28 BSC Carotissonographie

Perspektive	Ziel	Kennzahlen/Anmerkung
Finanzen	Investition soll sich nach 3–5 Jahren amortisieren	Break-Even-Umsatz, ROI des Ultraschallgeräts
Patienten	80 % sehr zufrieden, 50 % Wiederbuchung in 12 Monaten	Patientenfeedback, Folgeuntersuchungsrate
Prozesse	Standardablauf unter 20 min pro Termin	Zeitmessung, Fehlerquote bei Dokumentation
Mitarbeiter	Ärzt:in in Sonographie qualifiziert, MFA informiert	Fortbildungsnachweis, Teambriefing zu Aufklärung und Ablauf

Tab. 4.29 BSC LKW-Tauglichkeit

Perspektive	Ziel	Kennzahlen/Anmerkung
Finanzen	Gewinn von 30 € pro Untersuchung	Abgerechnete Leistungen, Zeitaufwand pro Fall
Patienten	Reibungsloser Ablauf, keine Beschwerden	No-Show-Quote, Dauer von Anmeldung bis Ergebnis
Prozesse	Standardisierung und Delegation an MFA	Anteil MFA-Vorbereitungen, Ausfallzeiten durch Fehler
Mitarbeiter	MFA können Aufklärung und Blutabnahme eigenständig umsetzen	Zeitersparnis Ärzt:in, Klarheit der Aufgabenverteilung

LKW-Tauglichkeitsuntersuchung Tab. 4.29.

Kommentar: Die BSC bestätigt den Status der LKW-Tauglichkeitsuntersuchung als wirtschaftliche, aber prozessorientierte Routineleistung.

Fazit

Die Balanced Scorecard eignet sich besonders gut zur kontinuierlichen Überwachung bestehender IGeL-Leistungen, insbesondere bei:

- Leistungen mit mehreren Beteiligten oder Schritten,
- medizinisch anspruchsvollen oder erklärungsbedürftigen Angeboten,
- wirtschaftlich kritischen Entscheidungen.

Empfehlung für die Praxisführung:
Nutzen Sie die BSC für die Top-3-IGeL Ihrer Praxis. Definieren Sie je 1–2 Kennzahlen pro Perspektive, die Sie regelmäßig überprüfen – z. B. halbjährlich.

4.4.5 Strategische Erfolgspositionen (SEP)

Was ist das? Strategische Erfolgspositionen (SEP) sind dauerhafte Stärken einer Praxis, die einen nachhaltigen Wettbewerbsvorteil sichern. Im Gegensatz zu kurzfristigen Maßnahmen oder rein ökonomischen Effekten geht es bei SEPs um:

- Spezifische Fachkompetenzen
- Technische Ausstattung
- Einzigartige Abläufe oder Services
- Besondere Reputation oder Patientenzugänge

Ein SEP muss nicht kopierbar, schwer ersetzbar und langfristig wertschöpfend sein. Es beantwortet die Frage:
Wofür steht meine Praxis – und warum sollen Patientinnen genau zu uns kommen?

Wofür ist es gut? SEP-Analysen helfen:

- bei der strategischen Positionierung der Praxis im IGeL-Bereich
- bei der Fokussierung auf Stärken statt beliebiger Leistungsausweitung,
- zu entscheiden, welche Leistungen ausgebaut oder abgegeben werden sollten,
- beim Aufbau einer echten Alleinstellung.

Anwendung in der Praxisführung Typische Bewertungsfragen:

- Welche Leistungen oder Themenfelder kann meine Praxis besser als andere abdecken?
- Was ist nicht leicht zu imitieren – sei es Know-how, Zugang zu Patientengruppen oder Struktur?
- Wofür bin ich bei Patient:innen oder Kooperationspartnern bekannt?
- Welche IGeL-Leistungen verstärken meine strategische Position – und welche passen nicht (mehr) dazu?

Beispiele:

Halsschlagadersonographie (Carotis-Sono) Tab. 4.30

Kommentar: Carotis-Sono hat hohes SEP-Potenzial – besonders als Bestandteil eines modernen Präventionsprofils. Die Leistung kann zur klaren Abgrenzung gegenüber Standardpraxen beitragen.

LKW-Tauglichkeitsuntersuchung Tab. 4.31.

Kommentar: Keine SEP – aber eine nützliche Zusatzleistung zur Auslastung von Routineabläufen. Sollte betriebswirtschaftlich gemanagt, aber nicht strategisch priorisiert werden.

Tab. 4.30 SEP Carotissonographie

Bewertungskriterium	Einschätzung
Einzigartigkeit	Mittel bis hoch – wenige Hausärzt:innen bieten es systematisch an
Schwierigkeit zu imitieren	Hoch – benötigt technische Ausstattung + Qualifikation
Strategischer Nutzen	Hoch – passt zu Positionierung als präventionsorientierte Praxis
Erweiterbarkeit	Sehr gut – kombinierbar mit Check-ups, Herz-Kreislauf-Programmen etc.

Tab. 4.31 SEP LKW-Tauglichkeit

Bewertungskriterium	Einschätzung
Einzigartigkeit	Gering – viele Praxen bieten sie an, kein Differenzierungsmerkmal
Schwierigkeit zu imitieren	Gering – standardisierte Untersuchung mit geringer Einstiegshürde
Strategischer Nutzen	Mittel – sinnvoller Zusatzdienst, aber keine Profilleistung
Erweiterbarkeit	Gering – keine sinnvolle Kombination mit anderen Kernkompetenzen

Fazit

Die Analyse strategischer Erfolgspositionen ist essenziell, wenn Sie Ihr IGeL-Angebot profilbildend und zukunftsfähig gestalten möchten. Statt viele beliebige Leistungen anzubieten, ist es oft sinnvoller, gezielt eine SEP aufzubauen – z. B. im Bereich Herz-Kreislauf-Prävention, Stressmedizin, digitale Gesundheitsberatung oder Schilddrüsensonographie.

Empfehlung für die Praxisführung:

Überlegen Sie sich: *„Welche IGeL-Leistungen unterstützen meine langfristige Positionierung – und welche lenken davon ab?"*

Entwickeln Sie gezielt 1–2 SEPs und stellen ihr Leistungsspektrum auf diese Säulen.

4.4.6   Einordnung der strategischen Instrumente in den ADAD-Zyklus

Die in diesem Kapitel vorgestellten strategischen Werkzeuge sind nicht nur für IGeL-Leistungen relevant, sondern lassen sich auf zahlreiche Fragestellungen der modernen Praxisführung anwenden:

- bei der Einführung neuer medizinischer Angebote (z. B. Prävention, DMP, Videosprechstunde),
- bei Investitionsentscheidungen (z. B. Geräte, Fortbildungen, Personal),
- bei der Optimierung bestehender Prozesse oder Rollenverteilungen,
- bei der strategischen Positionierung und langfristigen Ausrichtung der Praxis.

In ihrer Hauptfunktion unterstützen diese Instrumente den ersten Schritt des ADAD-Zyklus: **Analysieren**. Sie helfen, interne Stärken und Schwächen ebenso wie externe Chancen und Risiken systematisch zu betrachten – als Grundlage für fundierte Entscheidungen.

Gleichzeitig lassen sich viele dieser Werkzeuge auch in den weiteren ADAD-Schritten nutzen:

- **Digitalisieren:** z. B. durch Kennzahlenentwicklung in der Balanced Scorecard
- **Automatisieren:** z. B. durch Prozessstandardisierung und Workflowdesign
- **Delegieren:** z. B. durch klare Rollenverteilung oder gezielte Nutzung von Teamkompetenzen

Die Übersicht in Tab. 4.32 zeigt: Auch wenn der Schwerpunkt vieler Methoden im analytischen Denken liegt, entfalten sie ihre volle Wirkung erst dann, wenn sie mit den weiteren Schritten des ADAD-Modells kombiniert werden.

Wer strategisch denkt, analysiert nicht nur – sondern baut Strukturen, nutzt digitale Daten, entlastet Prozesse und bindet das Team gezielt ein.

Tab. 4.32 Strategische Instrumente im ADAD-Zyklus

Instrument	Analysieren	Digitalisieren	Automatisieren	Delegieren
SWOT/TOWS	✓			
Value-based Healthcare	✓			✓
BCG-Matrix	✓		✓	
Balanced Scorecard (BSC)	✓	✓	✓	✓
Strategische Erfolgsposition (SEP)	✓	✓		✓

Tab. 4.33 Strategische Instrumente – Beschreibung

Instrument	Funktion	Einsatzphase	Typische Anwendung
1. SWOT/ TOWS-Analyse	Analyse interner Stärken/ Schwächen und externer Chancen/Risiken	Vor Einführung neuer Leistungen	Entscheidung für oder gegen Anschaffung und Fortbildung
2. Value-based Healthcare	Bewertung von medizinischem und empfundenem Nutzen im Verhältnis zum Aufwand	Ethik und Nutzenbewertung	Auswahl medizinisch vertretbarer und patientennaher Leistungen
3. BCG-Matrix	Portfolioanalyse nach Marktanteil und Wachstumspotenzial	Überwachung bestehender Leistungen	Identifikation von Stars, Cash Cows, Poor Dogs
4. Balanced Scorecard (BSC)	Ganzheitliche Steuerung über vier Perspektiven (Finanzen, Patienten etc.)	Leistungssteuerung und Optimierung	Qualitäts-, Ablauf- und Wirtschaftlichkeitskontrolle bei komplexeren IGeL
5. Strategische Erfolgsposition (SEP)	Langfristiger Wettbewerbsvorteil durch besondere Leistung oder Kompetenz	Strategische Positionierung	Aufbau eines unverwechselbaren Praxisprofils durch gezielte Leistungsauswahl

4.4.7   Überblick: Strategische Instrumente zur Auswahl und Steuerung von IGeL-Leistungen (Tab. 4.33)

Empfehlungen zur Anwendung:

- Einführungsphase neuer IGeL-Leistungen:
- Beginnen Sie mit einer SWOT/TOWS-Analyse, ergänzen Sie sie durch eine Value-based-Bewertung und prüfen das strategische Potenzial (SEP).
- Steuerung bestehender IGeL-Leistungen:
- Nutzen Sie BCG-Matrix und Balanced Scorecard, um Wirtschaftlichkeit, Prozesse und Patientenzufriedenheit regelmäßig zu überwachen.
- Langfristige Praxisstrategie:
- Entwickeln Sie 1–2 strategische Erfolgspositionen (SEP) – z. B. Prävention, Schilddrüsensonographie, Sportmedizin – und richten Sie Ihr IGeL-Portfolio danach aus.

4.5 IGeL-Leistungen: Individuelle Gesundheitsleistungen bewusst anbieten

Individuelle Gesundheitsleistungen (IGeL) sind ärztliche Leistungen außerhalb des Leistungskatalogs der gesetzlichen Krankenversicherung (GKV). Sie können medizinisch sinnvoll, fachlich vertretbar oder von Patient:innen ausdrücklich gewünscht sein. IGeL-Leistungen werden auf Grundlage der Gebührenordnung für Ärzt:innen (GOÄ) in einem individuellen Vertrag vereinbart und von den Patient:innen privat bezahlt. Typische Beispiele werden in den folgenden Unterkapiteln vorgestellt und im Hinblick auf ihren medizinischen Nutzen, die organisatorische Umsetzung und die wirtschaftlichen Auswirkungen analysiert. Wann ist eine IGeL-Leistung sinnvoll?

IGeL-Leistungen dürfen keine „Verlegenheitsangebote" sein, sondern müssen:

- medizinisch vertretbar,
- transparent erklärt und
- organisatorisch professionell abgewickelt sein.

Sie eignen sich insbesondere:

- bei präventiven Fragestellungen,
- bei erhöhtem Informationsbedürfnis,
- bei medizinischer Beratung über das GKV-Maß hinaus
- oder zur Differenzierung und Profilierung der Praxis.

IGeL sind kein Menü – sondern ein Konzept Die Auswahl an IGeL-Leistungen ist riesig – von Hautscreening bis Mikronährstoffanalytik. Doch nicht alles passt zu jeder Praxis. Deshalb gilt:

Weniger ist mehr – aber professionell.

Die Zusammenstellung sollte sich richten nach:

- eigener Fachkompetenz,
- technischer Ausstattung der Praxis,
- Zielgruppe und Nachfrage in der Region,
- eigener Haltung zu Medizin und Prävention.

Lokale Anpassung ist entscheidend Ein IGeL-Angebot funktioniert in Berlin-Mitte anders als im Allgäu oder im ländlichen Raum. Auch die Preisgestaltung ist regional unterschiedlich. Sie hängt ab von:

- Wettbewerbsumfeld (z. B. viele Anbieter in Großstadt)
- Preisgefühl der Bevölkerung
- Angebotsniveau (einfaches Attest vs. umfassende Diagnostik)

Eine GOÄ-gerechte Preisgestaltung ist Pflicht – innerhalb des zulässigen Rahmens der Steigerungsfaktoren (siehe Abschn. 19). Eine regionale Anpassung ist sinnvoll und legitim.

Die richtigen Fragen zur Leistungsauswahl Bevor Sie eine IGeL-Leistung einführen, helfen Ihnen folgende Fragen zur Reflexion:
Qualifikation:

- Habe ich die notwendige Ausbildung oder Zertifizierung?
- Muss ich sie erwerben (z. B. Fachkurs, DEGUM-Zertifikat)?
- Gibt es gesetzliche Vorgaben (z. B. für Sportmedizin)?

Technische Ausstattung:

- Habe ich die benötigten Geräte oder Infrastruktur?
- Was kostet die Anschaffung?
- Gibt es Wartungs- oder Kalibrierungspflichten?
- Wie hoch sind laufende Materialkosten?

Nachfrage:

- Gibt es eine Patientengruppe, für die diese Leistung relevant ist?
- Wie häufig wird sie voraussichtlich nachgefragt?

Zeit und Ressourcen:

- Passt die Leistung in unseren Praxisablauf?
- Kann ich Teile an MFA delegieren?

Erlös und Wirtschaftlichkeit:

- Wie hoch ist der erwartbare GOÄ-Umsatz?
- Steht der Zeitaufwand in gutem Verhältnis zum Erlös?

Fazit
IGeL-Leistungen sind kein Ärgernis – wenn sie strukturiert, wirtschaftlich und transparent angeboten werden. Sie können eine wertvolle Ergänzung sein:

- für Patient:innen, die mehr Sicherheit, Aufklärung oder Prävention wünschen
- und für Ärzt:innen, die ein solides Zusatzangebot verantwortungsvoll aufbauen möchten.

Ein gutes IGeL-Angebot folgt keiner Verkaufslogik, sondern einer klaren medizinischen und organisatorischen Linie – eingebettet in die Strategie der Praxis.

4.5.1 IGeL-Kategorien

Individuelle Gesundheitsleistungen (IGeL) lassen sich in der hausärztlichen Praxis grob in zwei Hauptgruppen einteilen:

1. Tauglichkeitsuntersuchungen
   Leistungen, die rechtlich, sportlich oder organisatorisch gefordert werden – z. B. für den Führerschein, Sportverbände oder Vereine.
   Charakteristisch: klar definierter Ablauf, standardisierte Kriterien, hohe Planbarkeit.
2. Vorsorge- und Präventionsleistungen
   Leistungen, die der Früherkennung oder Gesundheitsoptimierung dienen, ohne dass eine gesetzliche Pflicht besteht.
   Charakteristisch: medizinische Beratung, individuelle Indikation, teils kontroverse Bewertung, höherer Aufklärungsbedarf.

Warum diese Einteilung hilfreich ist:

- Unterschiedliche Zielgruppen
  Tauglichkeitsuntersuchungen sprechen häufig gesunde Menschen mit formalen Anforderungen an, Vorsorgeleistungen richten sich an Personen mit erhöhtem Risikobewusstsein oder spezifischen gesundheitlichen Fragestellungen.
- Abweichende Praxislogik
  Tauglichkeitsleistungen lassen sich oft weitgehend delegieren und standardisieren. Vorsorgeleistungen benötigen mehr ärztliche Beratung, Einzelfallbewertung und Dokumentation.
- Andere Marketing- und Preisstrategien
  Bei Tauglichkeit steht Verfügbarkeit und reibungsloser Ablauf im Vordergrund. Bei Vorsorge die medizinische Kompetenz, Vertrauen und individuelle Empfehlung.

Beispiele aus diesem Buch:

- Tauglichkeitsuntersuchungen
  - LKW-Führerschein
  - Tauchtauglichkeit
  - Sportboot- oder Sporttauglichkeit
- Vorsorge- und Präventionsleistungen
  - PSA-Test
  - Vitamin-D-Messung
  - Carotissonographie
  - Demenztest
  - Reise- und Impfberatung

Hinweis für die Anwendung In den folgenden Abschnitten werden die Leistungen einheitlich nach dem ADAD-Schema vorgestellt. Innerhalb des Schritts Analysieren wird jeweils ein strategisches Instrument aus Abschn. 21 eingesetzt, um die Entscheidung und Umsetzung zu strukturieren.

So können sie jede Leistung nicht nur verstehen, sondern auch als Vorlage nutzen, um eigene IGeL-Angebote zu entwickeln oder zu optimieren.

Übertragbarkeit auf andere Praxen und Fachgebiete Die in diesem Kapitel vorgestellten Beispiele zu IGeL- und Privatleistungen stammen überwiegend aus der hausärztlichen Versorgung. Die zugrunde liegende Vorgehensweise lässt sich jedoch auf jede Praxis und jedes Fachgebiet übertragen: Analysieren Sie zunächst Ihr bestehendes Leistungsangebot (Analysieren), schaffen Sie klare, digitale und standardisierte Strukturen (Digitalisieren), automatisieren Sie wiederkehrende Schritte, wo immer dies sinnvoll möglich ist (Automatisieren), und delegieren Sie nichtärztliche Aufgaben konsequent an qualifizierte Mitarbeitende (Delegieren). In Kombination mit den beschriebenen Strategie- und Controllinginstrumenten können Sie so auch in anderen Fachrichtungen individuelle Gesundheitsleistungen entwickeln, bewerten und steuern – unabhängig davon, ob es sich um diagnostische, therapeutische oder beratende Angebote handelt.

4.5.2   LKW-Tauglichkeitsuntersuchung

Ärztliche Untersuchung für Berufskraftfahrer ab 50 Jahren.

Kurzbeschreibung der Leistung Die ärztliche Untersuchung zur LKW-Fahrtauglichkeit ist eine gesetzlich vorgeschriebene Maßnahme für alle Personen, die ihren LKW-Führerschein ab dem 50. Lebensjahr verlängern wollen (Führerscheinklassen C, CE, C1, C1E). Die Untersuchung muss alle 5 Jahre wiederholt werden. Sie umfasst:

- Anamnese und Ganzkörperstatus
- Labordiagnostik (Urin, Glukose, Leberwerte, Kreatinin)
- Ggf. ergänzende Blutdruck- oder Sehfunktionstests
- Eine ärztliche Bescheinigung nach Anlage 5 FeV

Die Untersuchung ist keine Kassenleistung und wird privat gemäß GOÄ abgerechnet. Häufig wird sie mit einer augenärztlichen Untersuchung kombiniert.

Analysieren

Relevanz und Zielgruppe:

- Pflichtuntersuchung – kein optionales Angebot
- Planbar, gut standardisierbar
- Zielgruppe: Berufskraftfahrer ab 50 Jahren, gelegentlich auch Sportbootführerschein (analog)

Einsatz eines strategischen Instruments – BCG-Matrix:

- Marktwachstum: Stabil (gesetzlich geregelt)
- Relativer Marktanteil: Hoch (geringe Spezialisierung nötig)
  → Einordnung: Cash Cow

Kommentar: Die Einstufung als Cash Cow zeigt: Die LKW-Tauglichkeitsuntersuchung ist vor allem eine verlässliche Ertragssäule mit stabiler Nachfrage und überschaubarem Risiko. Strategisch geht es weniger um Wachstum, sondern darum, die Leistung effizient zu organisieren und zuverlässig anzubieten – große Marketing- oder Investitionsoffensiven sind hier meist nicht nötig.

<u>Digitalisieren</u>

- Ablauf digital erfassen und strukturieren:
  - Checkliste für Untersuchung als digitale Vorlage hinterlegen
  - GOÄ-Ziffern direkt im PVS hinterlegen (z. B.: Ziffernkette)
- Formulare automatisieren:
  - Offizielle Bescheinigung als Vorlage mit Platzhaltern erstellen
  - Ggf. Serienbrief für Erinnerungssystem für Nachuntersuchung nach 5 Jahren

<u>Automatisieren</u>

- Terminorganisation und Ablaufoptimierung:
  - Terminart „LKW-Tauglichkeitsuntersuchung" im PVS hinterlegen
  - Automatisierte Terminerinnerung (SMS/E-Mail)
- Formularworkflow:
  - Blutabnahme, Urinabgabe, Messung – standardisiert durch MFA gemäß Checkliste
  - Ärztliche Abschlussuntersuchung gemäß Checkliste

<u>Delegieren</u>

- Delegierbare Anteile:
  - Blutabnahme, Urinprobe, Anamneseerhebung, EKG/Vitalparameter durch MFA
  - Ärztliche Kontrolle und Bescheinigung final erforderlich
- Schulung notwendig?
  - Ggf. interne SOP oder kurze Einweisung in Formular und Ablauf

Abrechnung und Preisgestaltung (GOÄ) siehe Tab. 4.34
Hinweis zur Preisgestaltung:
Je nach Region und Praxispositionierung kann ein einfacher Satz (1,0-fach) angemessen sein – bei höherem Erklärungs- oder Dokumentationsaufwand sind 1,8- bis 2,3-fach-Steigerungen nach §5 GOÄ begründbar. In vielen Praxen werden Paketpreise von 35–60 € angesetzt – je nach Umfang, Laborkosten und Zusatzleistungen (z. B. Sehprüfung).

Tab. 4.34 GOÄ-Ziffer LKW-Tauglichkeit

GOÄ-Nr.	Leistung	1-fach (€)	Regelhöchstsatz* (€)	Kommentar
1	Beratung	4,66	10,72	Mündlich, vor Ort
8	Ganzkörperstatus	15,15	34,86	Zentrale ärztliche Leistung
70	Kurze Bescheinigung	2,33	5,36	Für Führerscheinstelle
250	Blutentnahme	2,33	*4,20*	MFA-Leistung
3511	Urinteststreifen	2,91	3,35	Schnelltest
3531	Urinsediment	4,08	4,69	Laborauswertung optional
3560	Blutglukose	2,33	2,68	
3585	Kreatinin	2,33	2,68	
3592	GGT	2,33	2,68	
3594	GOT	2,33	2,68	
3595	GPT	2,33	2,68	

* Der Regelhöchstsatz variiert je nach Leistungsart: Ärztliche Leistungen werden in der Regel bis 2,3-fach, technische Leistungen bis 1,8-fach und Laborleistungen bis 1,15-fach berechnet (Abweichungen sind bei entsprechender Begründung möglich).

Tipps aus der Praxis:

- Terminblöcke für diese Untersuchungen einplanen mit entsprechendem Zeitfenster
- Werbung dezent, aber gezielt: Hinweis im Wartezimmer, Website, Zusammenarbeit mit Speditionen oder TÜV
- Standardisiertes Aufklärungsblatt spart Erklärungszeit

Fazit

Die LKW-Tauglichkeitsuntersuchung ist eine wirtschaftlich interessante Routineleistung, die wenig emotionale Bindung, aber hohes Standardisierungspotenzial bietet. Richtig organisiert, lässt sie sich zeitlich effizient, teilweise delegiert und mit geringer Fehleranfälligkeit durchführen.

Als „Cash Cow" im IGeL-Portfolio dient sie nicht der Profilbildung – aber sehr wohl der Stabilisierung des Praxisalltags.

4.5.3 Tauchtauglichkeitsuntersuchung

Ärztliche Untersuchung nach den Empfehlungen der GTÜM.

Kurzbeschreibung der Leistung Die Tauchtauglichkeitsuntersuchung ist eine medizinische Vorsorgemaßnahme, die vor dem (sportlichen) Gerätetauchen empfohlen wird – nicht verpflichtend, aber international anerkannt. Viele Tauchstationen verlangen eine entsprechende Dokumentation. Die GTÜM (Gesellschaft für Tauch- und Überdruckmedizin) gibt klare Empfehlungen zu Untersuchungsintervallen:

- Alle 3 Jahre für Personen zwischen 16 und 39 Jahren
- Jährlich für Kinder zwischen 8 und 15 Jahren
- Jährlich für Personen ab 40 Jahren

Die Untersuchung umfasst: Anamnese, körperliche Untersuchung, Beratung, Lungenfunktion, ggf. EKG in Ruhe und unter Belastung – je nach Alter, Fitness und Risiko.

Eine Bescheinigung wird auf Basis des GTÜM-Untersuchungsbogens ausgestellt. Die Untersuchung ist nicht GKV-Leistung und wird gemäß GOÄ abgerechnet.

<u>Analysieren</u>

Relevanz und Zielgruppe:

- Freizeitsportler:innen mit Sicherheitsbewusstsein
- Eltern mit tauchinteressierten Kindern
- Reise- oder Clubtaucher mit regelmäßigen Tauchgängen

Einsatz eines strategischen Instruments – Value-Based Healthcare (VBHC):

- Medizinischer Nutzen: Hoch – Früherkennung von Risiken wie Asthma, Bluthochdruck, Kreislaufinstabilität (im Kontext des Tauchsportes)
- Subjektiver Nutzen: Sehr hoch – Sicherheit für Patient:innen, bessere Akzeptanz durch externe Standards (GTÜM)

<u>Digitalisieren</u>

- Erfassungsbogen der GTÜM digital in PVS integrieren
- Dokumentation in PVS mit Vorlagen für Befundtext, Aufklärung und Entscheidung
- GOÄ-Ziffern hinterlegen als Leistungspaket bzw. Ziffernkette

<u>Automatisieren</u>

- Untersuchungslogik im PVS anlegen:
  - Terminart „Tauchtauglichkeit"
  - Laboranforderung, LUFU, EKG automatisch verbinden
- Checklisten hinterlegen:
  - Standarddiagnostik je nach Altersgruppe
  - Erinnerungsfunktion/Serienbrief für entsprechende Kontrolluntersuchung

<u>Delegieren</u>

- Delegierbare Leistungen:
  - Lungenfunktionstest
  - EKG-Anlage
  - Blutdruck, Anamneseerhebung über Bogen

Tab. 4.35 GOÄ-Ziffern Tauchtauglichkeit

GOÄ-Nr.	Leistung	1-fach (€)	Regelhöchstsatz* (€)	Kommentar
1	Beratung	4,66	10,72	
8	Eignungsuntersuchung (Tauchsport)	15,16	34,86	Körperliche Untersuchung
70	Kurze Bescheinigung	2,33	5,36	GTÜM-Bescheinigung
605	Spirometrie	14,11	32,45	Ruhespirographie
605a	Flussvolumenkurve	8,16	18,77	Ergänzung je nach Indikation
651	EKG	14,75	26,54	Ruhe-EKG
652	Belastungs-EKG	25,94	59,66	Ab 40 oder bei Risikopatienten

* Der Regelhöchstsatz variiert je nach Leistungsart: Ärztliche Leistungen werden in der Regel bis 2,3-fach, technische Leistungen bis 1,8-fach und Laborleistungen bis 1,15-fach berechnet (Abweichungen sind bei entsprechender Begründung möglich).

- Ärztliche Kernaufgaben:
  - Beratung, körperliche Untersuchung, Entscheidung zur Tauglichkeit
  - Ausstellung und Unterzeichnung der Bescheinigung

Abrechnung und Preisgestaltung (GOÄ) siehe Tab. 4.35.

Hinweis zur Preisgestaltung:

Paketpreise zwischen 60 und 120 € sind je nach Umfang und Altersgruppe üblich. Einfache Untersuchungen (Kinder, junge Erwachsene) liegen am unteren Ende, ältere Patienten mit Belastungs-EKG und kompletter Diagnostik am oberen.

Tipps aus der Praxis:
- GTÜM-Bogen vorbereiten: online verfügbar, digital ausfüllbar oder als PDF mit Checkfeldern
- Infoblatt im Wartezimmer/auf der Website hinterlegen
- Terminlänge differenzieren: Kinder kürzer, Ü40 mit Belastungstest länger
- Verbindliche Terminvereinbarung mit Vorkasse reduziert Ausfälle
- Bei Kindern: kindgerechte Sprache, Eltern aktiv einbinden

Fazit

Die Tauchtauglichkeitsuntersuchung ist eine medizinisch sinnvolle, gut abrechenbare IGeL-Leistung mit hoher Patientenakzeptanz – besonders bei sicherheitsbewussten Menschen oder Eltern.

Mit der GTÜM als externem Standard können sie sich qualitativ positionieren. Richtig strukturiert, ist die Leistung wirtschaftlich tragfähig – besonders, wenn sie LUFU und EKG in der Praxis abbilden können.

4.5.4   Weitere Tauglichkeitsuntersuchungen – vom Sportbootführerschein bis zur Sportveranstaltung

Kurzbeschreibung Neben LKW- und Tauchtauglichkeit gibt es eine Reihe weiterer Tauglichkeitsuntersuchungen, die in der hausärztlichen Praxis gelegentlich angefragt werden. Dazu zählen z. B.:

- Sportbootführerschein (vor allem bei Hochseesegeln oder Motorboot)
- Sporttauglichkeit für Vereine oder Wettkämpfe
- Durch den Veranstalter geforderte Gesundheitsatteste für sportliche Großveranstaltungen (z. B. Marathon, Triathlon)
- Tauglichkeitsprüfungen für ehrenamtliche oder berufliche Tätigkeiten (z. B. Feuerwehr, Rettungsdienst)

Die Inhalte der Untersuchung richten sich nach den jeweiligen Vorgaben (z. B. Sportverband, Veranstalter) sowie der medizinischen Situation des Patienten. Untersuchungsumfang und Diagnostik werden individuell festgelegt.

Untersuchungslogik:

- Basis: Anamnese + körperliche Untersuchung + Attest
- Erweiterung je nach Indikation, Vorgaben und Vorerkrankung: EKG in Ruhe oder Belastung, Lungenfunktion, SpO_2-Messung, ggf. Labor
- Ziel: Sicherheit für Patient und Veranstalter, rechtliche Absicherung für Arztpraxis

Typische GOÄ-Ziffern siehe Tab. 4.36.

Tab. 4.36 GOÄ-Ziffern Tauglichkeitsuntersuchungen

GOÄ-Nr.	Leistung	1-fach (€)	Regelhöchstsatz* (€)
1	Ärztliche Beratung (kurz)	4,66	10,72
3	Eingehende Beratung (≥10 min.)	8,74	20,11
7	Körperliche Untersuchung eines Organsystems	5,36	12,33
8	Ganzkörperstatus	15,15	34,86
651	Ruhe-EKG	14,75	26,54
652	Belastungs-EKG	25,94	59,66
605	Spirometrie	14,11	32,45
605a	Flussvolumenkurve	8,16	18,77
602	Pulsoxymetrie (SpO_2)	4,66	10,72
75	Ausführliches ärztliches Zeugnis/Attest	11,66	26,81

* Der Regelhöchstsatz variiert je nach Leistungsart: Ärztliche Leistungen werden in der Regel bis 2,3-fach, technische Leistungen bis 1,8-fach und Laborleistungen bis 1,15-fach berechnet (Abweichungen sind bei entsprechender Begründung möglich).

Hinweise:

- Die Auswahl der Ziffern erfolgt individuell je nach durchgeführter Leistung, Vorgabe und Befundlage.
- Bei komplexen Sporttauglichkeiten (z. B. Wettkampfsport ab 40) sind EKG und LUFU oft Standard.
- Klare Kommunikation des Umfangs ist empfehlenswert vor Beginn der Untersuchung.

Fazit

Weitere Tauglichkeitsuntersuchungen sind individuell kombinierbare Leistungen mit meist klaren Vorgaben. Sie sind selten profilbildend, können aber wirtschaftlich interessant sein, wenn sie standardisiert, delegiert und effizient abgerechnet werden.

4.5.5   PSA-Test (prostataspezifisches Antigen)

Kurzbeschreibung der Leistung   Der PSA-Test misst den Blutspiegel des prostataspezifischen Antigens – ein Eiweiß, das von der Prostata gebildet wird. Er dient in erster Linie der Früherkennung eines Prostatakarzinoms, kann aber auch bei gutartigen Veränderungen erhöht sein.

Die Leistung ist nicht Bestandteil der GKV-Früherkennung (außer bei konkretem Verdacht) – wird aber oft von informierten Patienten aktiv nachgefragt.

Hinweis: Der PSA-Test ist medizinisch umstritten – nicht wegen seiner Messgenauigkeit, sondern wegen der möglichen Überdiagnose. Eine informierte Beratung ist hier essenziell.

Analysieren
Zielgruppe: Männer ab etwa 45 Jahren, besonders:

- mit positiver Familienanamnese (Vater/Bruder mit Prostatakrebs),
- mit häufigem Harndrang, Restharngefühl, ältere Männer mit Unsicherheit.

Einsatz eines strategischen Instruments – Value-based Healthcare (VBHC):

- Medizinischer Nutzen: Mittel bis hoch bei Risikopersonen, bei Durchschnittspersonen umstritten
- Subjektiver Nutzen: Hoch – viele Patienten empfinden den Test als „Sicherheitsanker"
- Kosten/Nutzen: Hochstandardisierter Labortest mit geringem Aufwand

Digitalisieren

- Standardtext für informierte Einwilligung im PVS hinterlegen
- Ergebnisdokumentation und Verlaufskurve bei regelmäßiger Wiederholung

<u>Automatisieren</u>

- Laboranforderung im PVS als Favorit anlegen (inkl. GOÄ)
- Musterformular für Aufklärung und schriftliche Einwilligung
- Verlaufskontrolle z. B. via Diagramm (bei eigener Laborauswertung)
- Angebot im Rahmen des regelmäßigen Check-ups

<u>Delegieren</u>

- MFA kann:
  - Blutabnahme durchführen
  - Aufklärungsbogen überreichen
- Ärzt:in muss:
  - Beraten
  - Testergebnis interpretieren und kommunizieren
  - Ggf. Folgeuntersuchung einleiten

Abrechnung und Preisgestaltung (GOÄ) siehe Tab. 4.37.

Tipps aus der Praxis:
- PSA-Werte immer im Kontext besprechen – erhöhte Werte bedeuten nicht automatisch Krebs
- Diagrammverlauf bei Wiederholung ist überzeugend
- Patientenfragebogen zur Vorsorgeeinstellung kann Entscheidung erleichtern
- Kombinierbar mit: Check-up, Testosteron, Vitamin D

Fazit

Der PSA-Test ist eine schnelle, gut strukturierbare IGeL-Leistung mit hoher Nachfrage – vorausgesetzt, sie wird informiert und ohne Panik angeboten.

Richtig integriert ist sie medizinisch vertretbar, wirtschaftlich stabil und patientenzentriert.

Tab. 4.37 GOÄ-Ziffern PSA und Beratung

GOÄ-Nr.	Leistung	1-fach (€)	1,15-fach (€)	1,8-fach (€)	2,3-fach (€)	Kommentar
250	Blutentnahme	2,33	–	4,20	–	MFA-Leistung
3908.H3	PSA (prostataspezifisches Ag)	17,49	20,11	–	–	Speziallabor (H1)
1 oder 3	Beratung bzw. Eingehende Beratung > 10 min.	4,66/8,74	–	–	10,76/20,11	Optional, empfehlenswert

4.5.6 Vitamin-D-Spiegel-Bestimmung

Kurzbeschreibung der Leistung Vitamin D ist an zahlreichen Körperprozessen beteiligt – vor allem an der Knochenmineralisierung, aber auch an Immunfunktion, Muskelfunktion und Stimmungslage. In Deutschland ist ein Vitamin-D-Mangel weit verbreitet, besonders in den Wintermonaten und bei älteren, wenig mobilen oder chronisch kranken Personen.

Die Messung des 25(OH)-Vitamin-D-Spiegels im Blut ist keine GKV-Leistung bei asymptomatischen Patienten, wird aber häufig nachgefragt – auch, weil Vitamin D in den Medien präsent ist.

Analysieren

Zielgruppe:

- Menschen mit chronischer Müdigkeit, Infektanfälligkeit, depressiver Stimmung
- Senioren, Menschen mit Osteoporose, vegetarisch/vegan lebende Personen
- Patienten mit hohem Präventionsinteresse

Einsatz eines strategischen Instruments – Strategische Erfolgsposition (SEP):

- Einzigartigkeit: Niedrig – viele Praxen bieten dies an
- Erweiterbarkeit: Hoch – ideal kombinierbar mit anderen Laborparametern (z. B. Check-up, PSA usw.)
- Strategischer Nutzen: Mittel – geeignet zur Imagebildung als präventionsorientierte Praxis, wenn gut eingebunden

Digitalisieren

- Laboranforderung im PVS als Favorit anlegen (Einzelleistung oder Kombi mit Check-up)
- Standardtext zur Interpretation hinterlegen (z. B. Normbereiche, Empfehlungen)
- Wertverlauf im PVS speichern für Verlaufskontrolle bei Substitution

Automatisieren

- Standardisiertes Aufklärungsblatt zur Substitution und Ernährungsempfehlung
- Kombinationslogik im PVS: z. B. bei Fatigue + Infektanfälligkeit erscheint Vitamin-D-Vorschlag

Tab. 4.38 GOÄ-Ziffern Vitamin D und Beratung

GOÄ-Nr.	Leistung	1-fach (€)	1,15--fach (€)	1,8--fach (€)	2,3-fach (€)	Kommentar
250	Blutentnahme	2,33	–	4,20	–	MFA-Leistung
4138	Vitamin D (25-OH)	27,98	32,17	–	–	
1 oder 3	Beratung oder Eingehende Beratung >10 min.	4,66/8,74	–	–	10,76/20,11	Bei längerer Aufklärung

Delegieren

- MFA kann:
  - Blutentnahme
  - Aufklärung zum Laborprozess
- Ärzt:in muss:
  - Indikation prüfen
  - Ergebnis kommunizieren und evtl. Therapie empfehlen

Abrechnung und Preisgestaltung (GOÄ) siehe Tab. 4.38.

Tipps aus der Praxis:
- Saisonale Nachfrage steigt im Herbst/Winter – Info im Wartezimmer platzieren
- Bei Substitution: Verlaufskontrolle anbieten (nach 3–6 Monaten)
- Kombinierbar mit Check-up-Untersuchung

Fazit

Vitamin D ist eine medizinisch nachvollziehbare, niederschwellige IGeL-Leistung mit hoher Nachfrage – aber auch hohem Erwartungsdruck.

Mit klarer Indikation, strukturierter Durchführung und ehrlicher Kommunikation lässt sich diese Leistung effizient, wirtschaftlich und patientenzentriert anbieten – ohne in Lifestylemedizin abzurutschen.

4.5.7 Carotissonographie

Kurzbeschreibung der Leistung Die Carotissonographie ist eine Ultraschalluntersuchung der Halsschlagadern. Sie dient zur Früherkennung von Gefäßverengungen (Stenosen), die das Risiko für Schlaganfall und Herz-Kreislauf-Erkrankungen erhöhen.

Indikationen aus Präventionssicht:

- Erhöhtes kardiovaskuläres Risiko (z. B. Bluthochdruck, Hyperlipidämie, Diabetes, Nikotin)
- Positive Familienanamnese
- Wunsch nach Früherkennung

Die Leistung ist nicht Bestandteil der GKV-Vorsorge bei asymptomatischen Personen und wird privat nach GOÄ abgerechnet. Die Abrechnung nach EBM ist nur durch niedergelassene Angiologen, Kardiologen oder fachärztlich tätige Internisten möglich.

Analysieren

Zielgruppe:

- Männer und Frauen ab 50 Jahren mit Risikofaktoren
- Jüngere Patienten mit starker Familienanamnese oder auffälligen Laborwerten

Strategische Instrumente – SWOT-Analyse und TOWS-Strategie: siehe Tab. 4.39 und Tab. 4.40.

Digitalisieren

- Standardisierte Befundvorlage im PVS mit Bildspeicherung
- Digitaler Workflow: Dokumentation → Archivierung → Ausdruck für Patienten
- Bildarchivierung in der Ultraschallsoftware mit Patienten-ID

Automatisieren

- Terminart „Carotis-Sono" im PVS mit festgelegter Dauer (z. B. 15 min)
- Automatische Erinnerung an Folgeuntersuchung (z. B. alle 1–3 Jahre)
- Standardtext für Patientenbrief mit Befunderklärung

Tab. 4.39 SWOT Carotissonographie

Kategorie	Praxisrelevante Punkte
Stärken	Hohe Präventionsrelevanz, moderne Technik, Patientenvertrauen
Schwächen	Hoher Zeitaufwand, Schulungsbedarf, Investition in Gerät
Chancen	Zunehmende Nachfrage, Kombinierbarkeit mit Check-up, SEP-Aufbau
Risiken	Unsicherheit über Nachfrage, hoher Anschaffungspreis ohne Auslastung

Tab. 4.40 TOWS Carotissonographie

Kategorie	Praxisrelevante Punkte
SO	Präventionspakete inkl. Carotis-Sono + Labor
WO	Gerät nur anschaffen, wenn auch für Abdomen/Schilddrüse nutzbar
ST	Kooperation mit Kardiologen für Befundabgleich
WT	Pilotphase mit definiertem Patientenkreis

Tab. 4.41   GOÄ-Ziffern Carotissonographie

GOÄ-Nr.	Leistung	1-fach (€)	2,3-fach (€)
410	Ultraschalluntersuchung eines Organs Hier A. Carotis links	11,66	26,81
420	Sonographie eines weiteren Organs Hier A. Carotis rechts	4,66	10,72
401	Anwendung des Duplex-Verfahrens	23,31	–
1	Beratung	4,66	10,72

<u>Delegieren</u>

- Delegierbar: Aufklärungsvorbereitung, Dokumentation von Anamnese und Risikofaktoren, Terminmanagement
- Nicht delegierbar: Ultraschalluntersuchung und Befundinterpretation (ärztliche Kernleistung)

Abrechnung und Preisgestaltung (GOÄ) siehe Tab. 4.41.
Hinweise:

- Meist wird die Kombination aus 410, 420, 401 abgerechnet
- Bei ausführlicher Beratung zur Prävention ist die GOÄ 1 sinnvoll
- Paketpreise zwischen 55 und 90 € sind marktüblich, abhängig von Gerätekosten und Zeitaufwand

Tipps aus der Praxis:
- Kombination mit anderen Präventionsleistungen anbieten (z. B. Check-up, Labor)
- Bei Erstanschaffung: Nutzung auch für Schilddrüse und Abdomen einkalkulieren
- Folgetermine vorschlagen je nach Befund und Risikoprofil (z. B. alle 2–3 Jahre bei unauffälligem Befund)

Fazit
Die Carotissonographie ist eine investitionsintensive, aber profilbildende Vorsorgeleistung mit hohem medizinischem und subjektivem Wert. Richtig positioniert, kann sie als Strategische Erfolgsposition (SEP) dienen – besonders in Kombination mit einem breiten Präventionsangebot.

4.5.8   Demenztest

Kurzbeschreibung der Leistung   Demenztests dienen der strukturierten Erfassung von Gedächtnis-, Sprach-, Orientierungs- und Exekutivfunktionen.

Sie sind hilfreich bei:

- Früherkennung kognitiver Beeinträchtigungen
- Differenzialdiagnostik (z. B. Depression vs. Demenz)
- Verlaufsdokumentation bei gesicherter Diagnose

Die gängigsten Verfahren in der Arztpraxis sind:

- MoCA (Montreal Cognitive Assessment) – sensibel für frühe Stadien, ca. 10–15 min
- MMST (Mini-Mental-Status-Test) – Standardverfahren, ca. 10 min
- Uhrentest – sehr kurze Basisprüfung

Analysieren
  Zielgruppe:

- Patienten mit subjektiven Gedächtnisproblemen
- Angehörige, die Veränderungen im Alltag bemerken
- Risikopatienten (z. B. 65+, Diabetes, Schlaganfall, Depression in der Anamnese)

Strategisches Instrument – Value-based Healthcare (VBHC):

- Medizinischer Nutzen: Hoch – ermöglicht frühes Erkennen und Einleitung weiterer Diagnostik/Therapie
- Subjektiver Nutzen: Hoch – gibt Patienten und Angehörigen Sicherheit oder Klarheit
- Kosten/Nutzen: Sehr günstig, benötigt nur Zeit und strukturiertes Vorgehen

Digitalisieren

- MoCA- oder MMST-Formulare als Vorlage im PVS hinterlegen
- Digitale Erfassung der Ergebnisse → Verlaufskurve bei Folgeuntersuchungen

Automatisieren

- Terminart „Kognitive Testung" im PVS hinterlegen
- Standardtextbausteine für Dokumentation und Befundübermittlung
- Verknüpfung mit Laborprofilen (z. B. B_{12}, TSH, Vitamin D) bei unklaren Befunden

Delegieren

- MFA kann:
    - Testmaterial vorbereiten
    - Uhrentest anleiten

Tab. 4.42 GOÄ-Ziffern Demenztest

GOÄ-Nr.	Leistung	1-fach (€)	1,8-fach (€)	2,3-Fach (€)
857	Psychometrischer Test (z. B. MoCA, MMST)	6,76	12,17	–
1	Ärztliche Beratung	4,66	–	10,72
Ggfs.800	Neurologische Untersuchung	11,37	–	26,14

- Ärzt:in muss:
  - Auswertung und Interpretation
  - Beratungsgespräch führen

Abrechnung und Preisgestaltung (GOÄ) siehe Tab. 4.42.

Tipps aus der Praxis:
- MoCA-Test ist in vielen Sprachen verfügbar – hilfreich für multilinguale Patientengruppen
- Uhrentest als schneller Einstieg nutzbar – bei Auffälligkeit MoCA oder MMST ergänzen
- Immer Gespräch mit Angehörigen einplanen – subjektive Einschätzung wichtig
- Testergebnisse in verständlicher Form an Patienten aushändigen
- Ggf. mit neurologischer Untersuchung kombinieren

Fazit
Demenztests sind niederschwellige, patientennahe Vorsorgeleistungen, die viel Mehrwert für Patienten, Angehörige und die hausärztliche Diagnostik bieten. Der MoCA-Test ist besonders geeignet, um frühe kognitive Veränderungen zu erkennen und rechtzeitig Maßnahmen einzuleiten.

4.5.9 Reisemedizinische Beratung und Impfberatung

Kurzbeschreibung der Leistung Reisemedizinische Beratung ist ein präventives Angebot, das vor Auslandsreisen durchgeführt wird, um gesundheitliche Risiken zu minimieren und Impfungen anzupassen. Sie umfasst je nach Reiseziel:

- Impfempfehlungen nach WHO/STIKO
- Beratung zu Hygienemaßnahmen, Malariaprophylaxe, Höhenanpassung
- Reiseapothekenempfehlung
- Ggf. ärztliche Eignungsuntersuchung für spezielle Reisen (Tauchen, Expeditionen)

Die Beratung und die meisten Impfungen sind nicht Bestandteil der GKV-Leistungen – Ausnahme: bestimmte Impfungen bei besonderer Indikation oder auf Basis landesspezifischer Satzungsleistungen.

Analysieren

Zielgruppe:

- Urlaubs- und Geschäftsreisende in tropische/subtropische Länder
- Reisende mit chronischen Erkrankungen
- Familien mit Kindern, Senior:innen, Langzeitreisende

Strategisches Instrument – Value-based Healthcare (VBHC):

- Medizinischer Nutzen: Hoch – direkte Prävention vermeidbarer Erkrankungen
- Subjektiver Nutzen: Sehr hoch – Sicherheit und Planungshilfe für den gesamten Aufenthalt
- Kosten/Nutzen: Wirtschaftlich interessant, besonders in Kombination mit Impfungen

Digitalisieren

- Checkliste im PVS: Zielregion, Reisedauer, besondere Risiken
- Impfstatus digital erfassen und dokumentieren, ggf. entsprechendes Tool nutzen (siehe Abschn. 6.6)
- Impfpassscan oder -foto ins Patientenarchiv

Automatisieren

- Terminart „Reiseberatung" mit fester Dauer (z. B. 20–30 min)
- Impfserienplanung im PVS mit Fälligkeitsdatum

Delegieren

- MFA kann:
  - Impfpass prüfen
  - Impfstoff vorbereiten
  - Impfungen dokumentieren
- Ärzt:in muss:
  - Beratung durchführen
  - Medizinische Eignungsuntersuchung bei Bedarf
  - Impfentscheidung verantworten

Abrechnung und Preisgestaltung (GOÄ) siehe Tab. 4.43.

Tipps aus der Praxis:
- Onlinedatenbankverknüpfung hinterlegen
- Impfpassprüfung schon vor Termin durch MFA – spart Beratungszeit
- Kombination mit Tauchtauglichkeit, Reiseapothekenverkauf, Vitamin-D-Messung bei Langzeitaufenthalten möglich

Tab. 4.43 GOÄ-Ziffern Reisemedizinische Beratung

GOÄ-Nr.	Leistung	1-fach (€)	Regelhöchstsatz** (€)	Kommentar
34*	Erörterung bei Risiken (analog, mind. 20 min)	17,49	40,22	Analog §6 (2) GOÄ für Reiseberatung
8	Eignungsuntersuchung (Ganzkörperstatus)	15,15	34,86	
375	Reisemedizinische Impfung (parenteral)	4,66	10,72	Je Impfung
376	Reisemedizinische Impfung (oral)	4,66	10,72	Zum Beispiel Typhus
377	Zusatzimpfung parallel (pro weitere Impfung)	2,91	6,70	
250	Blutentnahme (bei Titertest im Labor)	2,33	4,20	Labor rechnet Titer meist direkt mit Patient ab

* Nr. 34 GOÄ ist eine analoge Ziffer nach § 6 (2) GOÄ und sollte mit entsprechender Begründung verwendet werden.

** Der Regelhöchstsatz variiert je nach Leistungsart: Ärztliche Leistungen werden in der Regel bis 2,3-fach, technische Leistungen bis 1,8-fach und Laborleistungen bis 1,15-fach berechnet (Abweichungen sind bei entsprechender Begründung möglich).

Fazit

Reisemedizinische Beratung ist eine hochwichtige Präventionsleistung mit klar messbarem Nutzen. Richtig strukturiert, bietet sie nicht nur medizinische Sicherheit für Patienten, sondern auch wirtschaftliche Stabilität für die Praxis – besonders, wenn Impfungen und Beratungen kombiniert werden.

4.5.10 Bioelektrische Impedanzanalyse (BIA)

Kurzbeschreibung der Leistung Die Bioelektrische Impedanzanalyse (BIA) misst mithilfe schwacher elektrischer Ströme die Körperzusammensetzung. Sie liefert Werte zu:

- Körperfettanteil
- Muskelmasse
- Wasserhaushalt

Der größte Nutzen entsteht im Vergleich über die Zeit – z. B. bei Gewichtsreduktion, Muskelaufbau, Herzinsuffizienz oder Stoffwechselerkrankungen.

Die BIA ist keine GKV-Leistung und wird privat abgerechnet. Sie eignet sich besonders gut als Zusatzmodul zum Check-up, zur Sport- und Ernährungstherapie oder im Rahmen von Gewichtsmanagementprogrammen.

<u>Analysieren</u>

Zielgruppe:

- Patient:innen in Ernährungs- oder Bewegungsprogrammen
- Übergewicht, Adipositas, Sarkopenie
- Sportler:innen mit Leistungsdiagnostik
- Patienten mit Herz- oder Nierenerkrankungen (Flüssigkeitshaushalt)

Strategisches Instrument – Strategische Erfolgsposition (SEP):

- Einzigartigkeit: Mittel – nicht in jeder Praxis verfügbar
- Erweiterbarkeit: Hoch – ideal kombinierbar mit Check-up, Labor, Lifestyleprogrammen
- Strategischer Nutzen: Mittel bis hoch – stärkt Profil in Prävention und Ernährungsmedizin

<u>Digitalisieren</u>

- BIA-Daten direkt in Patientenakte oder Praxissoftware importieren
- Verlaufskurven erstellen und grafisch darstellen
- Standardisierte Auswertungsbögen für Patient:innen ausgeben

<u>Automatisieren</u>

- Automatischer Vergleich der letzten Messung im Auswertungsbogen

<u>Delegieren</u>

- MFA kann:
  - Messung durchführen
  - Daten erfassen
- Ärzt:in muss:
  - Befund interpretieren
  - Beratung durchführen

Abrechnung und Preisgestaltung (GOÄ): Da es keine eigene GOÄ-Ziffer gibt, kann die Abrechnung analog erfolgen, wie z. B. in Tab. 4.44 dargestellt.

Tab. 4.44 GOÄ-Ziffern BIA

GOÄ-Nr.	Leistung	1-fach (€)	1,8-fach (€)	2,3-fach (€)
651A analog*	„Messung der Körperzusammensetzung" (BIA)	14,75	26,54	–
1 oder 3	Beratung oder Eingehende Beratung	4,66/8,74	–	10,72/20,11

*Analogabrechnung nach §6 (2) GOÄ.

Paketpreise zwischen 20 und 40 € für Messung + Auswertung sind denkbar. Im Rahmen von Check-up- oder Lifestylepaketen kann die BIA als Bonusleistung angeboten werden.

Tipps aus der Praxis:
- Größter Mehrwert im Verlauf
- Messung vor Arztkontakt durchführen, damit Ergebnis im Gespräch direkt besprochen werden kann
- Grafische Auswertungen wirken motivierend – besonders bei Gewichts- oder Muskelzielen
- Ideal kombinierbar mit Ernährungsberatung, Trainingsempfehlungen, Laborprofilen, Check-up oder Tauglichkeitsuntersuchungen

Fazit
Die BIA ist eine unkomplizierte, schnelle Vorsorgeleistung mit hohem Visualisierungspotenzial. Sie eignet sich weniger als einmalige Messung, sondern vor allem als Verlaufsinstrument im Rahmen eines individuellen Gesundheitsprogramms. Richtig eingebettet, kann sie die Patientenbindung stärken und das Praxisprofil im Bereich Prävention schärfen.

Weiterführende Literatur

Hauschildt, J.; Salomo, S.; Schultz, C.; Kock, A.: *Innovationsmanagement.* 6., vollständig aktualisierte und überarb. Aufl. Vahlen, München, 2016.

Hermanns, P. M.; Schwartz, E.; von Pannwitz, K. (Hrsg.): *GOÄ 2025 Kommentar, IGeL-Abrechnung.* 19. Aufl. Springer, Berlin/Heidelberg, 2024. ISBN 978–3–662-70383-0.

Horváth, P.: *Controlling.* 12., überarb. Aufl. Vahlen, München, 2011.

Kaplan, R. S.; Norton, D. P.: *Balanced Scorecard – Strategien erfolgreich umsetzen.* Schäffer-Poeschel, Stuttgart, 1997.

Küpper, H.-U.: *Controlling – Konzeption, Aufgaben, Instrumente.* 5., überarb. Aufl. Schäffer-Poeschel, Stuttgart, 2008.

Lombriser, R.; Abplanalp, P. A.: *Strategisches Management: Visionen entwickeln, Erfolgspotenziale aufbauen, Strategien umsetzen.* 7. Aufl. Versus, Zürich, 2018.

Porter, M. E.; Teisberg, E. O.: *Redefining Health Care – Creating Value-Based Competition on Results.* Harvard Business School Press, Boston, 2006.

Vahs, D.; Brem, A.: *Innovationsmanagement – Von der Idee zur erfolgreichen Vermarktung.* 5. Aufl. Schäffer-Poeschel, Stuttgart, 2015. (Hinweis: Inzwischen liegt eine 6. Auflage vor; in vielen Katalogen sind beide Auflagen gelistet.)

Völker, R.; Friesenhahn, A. (Hrsg.): *Innovationsmanagement 4.0 – Grundlagen, Einsatzfelder, Entwicklungstrends.* Kohlhammer, Stuttgart, 2018.

Welge, M. K.; Al-Laham, A.; Eulerich, M.: *Strategisches Management: Grundlagen – Prozess – Implementierung.* 7., überarb. und aktualisierte Aufl. Springer Gabler, Wiesbaden, 2017.

Verordnungen im Spannungsfeld von Medizin und Wirtschaftlichkeit

Mit jeder ärztlichen Unterschrift auf einem Rezept beginnt ein komplexer Prozess: Aus der medizinischen Entscheidung, ein Arzneimittel, Hilfsmittel oder eine Therapie zu verordnen, erwachsen ökonomische Folgen. Diese reichen bis hin zu Prüfungen und Regressen. In Rheinland-Pfalz – beispielhaft für die regionalen Unterschiede der KVen – ist das Verfahren durch Gesetze, G-BA-Richtlinien und regionale Vereinbarungen fest verankert.

Rechtsgrundlagen
- Sozialgesetzbuch V (SGB V):
  Wirtschaftlichkeitsgebot, Leistungsansprüche (Arznei-, Heil-, Hilfsmittel; Transporte), Steuerung und Prüfung (u. a. §§ 12, 31–34, 60, 84, 106a ff.).
- Richtlinien des Gemeinsamen Bundesausschusses (G-BA):
  Arzneimittel-Richtlinie (inkl. Anlagen), Heilmittel-Richtlinie, Hilfsmittel-Richtlinie, Schutzimpfungs- und Fahrkosten-Regelungen.
- Regionale Vereinbarungen in RLP:
  Arznei- und Heilmittelvereinbarungen mit Zielen, Prüfvereinbarung (Wirtschaftlichkeitsprüfungen, Beratung vor Regress, Widerspruch/Beschwerdeausschuss), Abrechnungsprüfungsvereinbarung nach § 106d SGB V. Die Prüfvereinbarung regelt explizit das Widerspruchsverfahren und den Weg zum Beschwerdeausschuss.

Stakeholder und ihre Rollen (inkl. Zusammensetzung/Verfahren)
- Ärztinnen/Ärzte: Therapiehoheit innerhalb des Wirtschaftlichkeitsgebots; Dokumentations- und Begründungspflichten
- Patient:innen: Anspruch auf zweckmäßige, notwendige und wirtschaftliche Versorgung
- KV Rheinland-Pfalz (KV-RLP): ärztliche Selbstverwaltung; führt Prüfungen durch, erlässt Bescheide und organisiert das Widerspruchsverfahren (Beschwerdeausschuss)

F. Brokamp, *Arztpraxis effizient führen*, Erfolgskonzepte Praxis- & Krankenhaus-Management, https://doi.org/10.1007/978-3-662-73211-3_5

- Krankenkassen und Verbände (AOK, vdek/Ersatzkassen, BKK, IKK, Knappschaft, SVLFG): Kostenkontrolle, Anträge auf Prüfungen; arbeiten nach der Abrechnungsprüfungsvereinbarung mit der KV-RLP zusammen (u. a. Fristen, Bagatellgrenzen, gemeinsame Beratungskommission)
- Gemeinsame Prüfungseinrichtung (Prüfungsstelle): paritätisch KV/Kassen; entscheidet in erster Instanz (u. a. über Wirtschaftlichkeitsregresse). Widerspruch geht zum Beschwerdeausschuss
- Beschwerdeausschuss: paritätisch + unparteiische Mitglieder; entscheidet über Widersprüche (mündliche Verhandlung; Fristen/Geschäftsgang geregelt)
- KBV/GKV-Spitzenverband: Rahmenvorgaben, Abrechnungsprüfungsrichtlinien; Grundlage der RLP-Vereinbarung nach § 106d

---

Von der Verordnung bis zum Prüfungsbescheid – der rote Faden

1. Verordnung und Unterschrift → Anspruchsauslösung und potenzielle Prüfrelevanz
2. Abrechnung und Datenfluss (Apotheke/Leistungserbringer → Rechenzentren → Kassen/KV)
3. Monitoring (Trendmeldungen, Zielquotenberichte, Praxisbesonderheiten)
4. Prüfungen:
   - Gesamtbudget auf Landesebene
   - Arztindividueller Fallwert (altersgewichtet, bereinigt um Praxisbesonderheiten)
   - Fachgruppenspezifische Zielquoten (z. B. Generika, Biosimilars, PPI)
   - Einzelfallprüfungen (z. B. Unwirtschaftlichkeit, Off-Label, formale Fehler)
5. Bescheid und Rechtsmittel
   - Widerspruch (Einspruch) zur Prüfungsstelle → Beschwerdeausschuss. Der Widerspruch hat aufschiebende Wirkung: Regress wird bis zur Entscheidung des Beschwerdeausschusses nicht umgesetzt. Eine Klage gegen dessen Entscheidung hat keine aufschiebende Wirkung

---

Budgetlogik und Prüfreihenfolge (RLP-Praxislogik)

- Gesamtbudget (Landesebene): Wird das landesweite Ausgabenvolumen eingehalten → keine statistische Auffälligkeitsprüfung. Bei Überschreitung folgen Prüfungen.
- Stufe 1 – Arztindividueller Fallwert:
- Berechnung anhand fachgruppenspezifischer, altersgewichteter Fallwerte; Bereinigung um Praxisbesonderheiten (regional und bundesweit). Schwellen für die weitere Behandlung einer Auffälligkeit (nach Bereinigung):
- ≤15 % Überschreitung → keine Maßnahmen
- >15–35 % → Information
- ≥35 % → ggf. Einleitung Prüfverfahren

- Stufe 2 – Fachgruppenspezifische Zielquoten:
Bei relevanter Überschreitung des individuellen Fallwerts werden Zielquoten (z. B. Generika/Biosimilars, PPI, Wirkstoffanteile) detailliert betrachtet. Werden sie erfüllt, ist in der Regel eine Beratung vor Regress ausreichend; bei deutlichen Verfehlungen drohen Maßnahmen/Regress. (Vereinbarungen definieren jährlich die Quoten/Prüfgruppen.)

▶ Hinweis: Die Prüfvereinbarungen nennen Ziele und Fallwerte als parallele Prüfmaßstäbe (global/Quoten/Fallwerte) und verankern die Praxisbesonderheitenbereinigung; in diesem Kapitel wird der Ablauf bewusst als „Budget → Fallwert → Zielquoten" dargestellt, weil er der gelebten Praxislogik im Monitoring und ihrer internen Prozesssicht entspricht.

Praxisbeispiel (Hausarztpraxis, Q1/Beispieljahr)
Trendmeldung (Fallwerte und Praxisbesonderheiten):
- Altersgruppenfallwerte (€/Fall) und Fallzahlen u. a.:
16–49 J.: 40,71 € (1269 Fälle);
≥ 65 J.: 250,01 €(929 Fälle).
- Arzneimittelfallwertvolumen: 392.748,38 €;
AM-/VM-Kosten: 307.549,86 €.
- Bereinigung Praxisbesonderheiten (RLP + bundesweit):
15.753,65 € (Summe aus RLP-PB 14.604,46 € + bundesweit 1149,19 €).
- Abweichung zum AM-Fallwertvolumen: −25,70 % → deutlich unter Soll.

Fachgruppenspezifische Zielquoten:

1. Aut-idem-Quote – erreicht
2. Generikaquote – erreicht
3. Opioide (oral/transdermal, Anteil TTS) – erreicht
4. Opioide (BtM-pflichtig, Anteil Tapentadol) – erreicht
5. Antidiabetika (generikafähige Anteile) – nicht erreicht
6. PPI + H2-Blocker (DDD je 100 Fälle) – nicht erreicht
7. GABA-Analoga (Pregabalin-Anteil) – erreicht
8. Kombinationspräparate mit Calciumantagonisten – erreicht
9. Niedermolekulare Heparine (Leitsubstanz Enoxaparin) – erreicht
→ 7 von 9 erfüllt ⇒ keine weitergehende Auffälligkeitsprüfung

Kommen ar: Entscheidend ist nicht nur, dass formal keine regressrelevante Auffälligkeit vorliegt (≥ 7 Zielquoten erreicht), sondern welche Zielquoten verfehlt wurden. Sie markieren die Ansatzpunkte für das interne Monitoring – hier etwa die Generikaanteile bei Antidiabetika und der zurückhaltendere Einsatz von PPI/H2-Blockern.

Regressrisiken – typische Felder (mit Praxisbezug)

- Sprechstundenbedarf (SSB): falsche Packungen oder nicht SSB-fähige Präparate → sachlich-rechnerische Berichtigung (sofortige Rückzahlung)
- Impfstoffe: Toleranzgrenzen, Kleinstmengenregel → Regressverfahren möglich (z. B. Prüfzeitraum 3/22–2/23: 74 Praxen, max. Regressvolumen 418.768 €)
- Verbandmittel: teure Wundauflagen, längere Silberanwendung, fehlende Wunddokumentation (Fotos, ICD-10, Größen/Mengen unplausibel)
- Einzelfallprüfungen (AM/VM): Unwirtschaftlichkeit, Off-Label-Use oder Formfehler (Dosierungsangabe) können Prüfanträge auslösen

Praxisfall: Regressantrag zu Entresto® – und Rücknahme

Ausgangslage: Prüfantrag der SBK (Q 1–3/Beispieljahr) wegen angeblich unwirtschaftlicher Entresto®-Verordnung (Vorerkrankung des Patienten Erstdiagnose KHK und bestehender Diabetes, keine dokumentierte ACE-Vortherapie, Verweis auf G-BA-Nutzenbewertung). Regressforderung: 818,71 €.

Verfahren: Prüfungsstelle fordert Stellungnahme binnen 4 Wochen an, andernfalls automatische Belastung. Widerspruch durch die verordnende Praxis und ausführliche Darlegung der Schwere des vorliegenden Falls und des großen Nutzens der direkten Therapie mit Entresto. Später: Kasse zieht Prüfantrag zurück; Regress wird nicht vollstreckt.

Lerneffekt: Einzelfallprüfungen sind abwehrbar, wenn ärztliche fachliche Begründungen/Dokumente plausibel darlegen, warum die Verordnung im individuellen Fall wirtschaftlich/medizinisch notwendig war.

Widerspruch (Einspruch) und Vollzug

Gegen Entscheidungen der Prüfungsstelle ist Widerspruch möglich (Beschwerdeausschuss, Beteiligtenrechte/Fristen geregelt). Wichtig: Der Widerspruch hemmt die Umsetzung des Regresses bis zur Entscheidung des Beschwerdeausschusses; erst danach ggf. Klage (ohne automatische Hemmwirkung).

Fazit

Rheinland-Pfalz zeigt, wie Budgetsteuerung, arztindividuelle Fallwerte, fachgruppenspezifische Zielquoten und Praxisbesonderheiten zusammenwirken. Der rote Faden „von der Unterschrift bis zum Bescheid" macht sichtbar: Jede Verordnung ist ein medizinischer Akt und Teil eines kontrollierten ökonomischen Systems. Widerspruch mit fachlicher Begründung bleibt das zentrale Schutzinstrument gegen ungerechtfertigte Regresse.

5.1   Arzneimittel: Strategie zur sicheren Verordnungsprüfung

<u>Analysieren</u>

Die Verordnung von Arzneimitteln gehört zum Alltag jeder Arztpraxis – und ist gleichzeitig einer der größten Regressrisikobereiche. Häufig liegt das Problem nicht in der medizinischen Entscheidung, sondern in der fehlenden oder unvollständigen Dokumentation.

Beispiel: Ein Antihypertensivum wird verordnet, die Diagnose „I10.00 – Essentielle (primäre) Hypertonie" ist jedoch nicht hinterlegt.

Für Krankenkassen kann dies wie eine unwirtschaftliche oder unzulässige Verordnung wirken – mit der Folge von Nachfragen, Prüfungen oder sogar Regressen.

Dabei gilt: In der Regel haben Ärzt:innen die Indikation korrekt geprüft – es fehlt lediglich der dokumentierte Nachweis im PVS und damit dem Abrechnungsschein, der bei den Krankenkassen eingereicht wird.

<u>Digitalisieren</u>

Die technische Grundlage für eine systematische Verordnungsprüfung sind die bereits vorhandenen Daten im PVS:

- ATC-Codes aller verordneten Arzneimittelgruppen (standardisierte internationale Klassifikation)
- ICD-10-Codes aus der Dokumentation der Diagnosen
- Verordnungslisten und Arzneimittelstatistiken, die digital abrufbar sind

Durch die Verknüpfung von ATC- und ICD-Codes lässt sich prüfen, ob zu einer bestimmten Verordnung auch eine passende Diagnose vorliegt.

<u>Automatisieren</u>

Ein praxisnahes Beispiel für WENN-DANN-Prüfregeln im PVS:

- WENN ein Medikament aus der Gruppe ATC C02 – Antihypertensiva verordnet OHNE dokumentierte ICD-10-Diagnose I10.00 – Essentielle Hypertonie DANN Warnhinweis anzeigen *„Bitte passende Diagnose ergänzen."*

Diese Logik kann auf viele Arzneimittelgruppen ausgeweitet werden. Typische Felder sind:

- Antihypertensiva ↔ Hypertonie
- Antidiabetika ↔ Diabetes mellitus
- Antikoagulanzien ↔ Vorhofflimmern/Thrombose/künstliche Herzklappe
- Statine ↔ Hypercholesterinämie
- Bisphosphonate ↔ Osteoporose

Tab. 5.1 Beispiele ATC ↔ ICD-10

ATC-Code	Wirkstoffgruppe	Typische Indikation(en)	Passender ICD-10-Code
C02	Antihypertensiva	Arterielle Hypertonie	I10.00 – Essentielle Hypertonie
C03	Diuretika	Hypertonie, Herzinsuffizienz, Nierenödem	I10.–, I50.–, N18.–
C01	Herztherapeutika	Herzinsuffizienz, KHK, Arrhythmien	I50.–, I25.–, I47.–/I48.–
A10	Antidiabetika	Diabetes mellitus Typ 2	E11.9 – Diabetes mellitus Typ 2
B01	Antithrombotische Mittel	Vorhofflimmern, TVT, künstliche Herzklappe	I48.–, I82.–, Z95.2 (Herzklappe)
C10	Lipidsenker (Statine)	Hypercholesterinämie	E78.0 – Reine Hypercholesterinämie
M05	Bisphosphonate	Osteoporose	M81.0 – Postmenopausale Osteoporose

Das Ziel: Keine Verordnung ohne passende dokumentierte Diagnose – nicht aus Misstrauen, sondern als Schutz vor formalen Regressen.

<u>Delegieren</u>

Die Überprüfung muss nicht allein bei den Ärzt:innen liegen. Sinnvolle Delegation ist möglich:

- MFA oder Praxismanagerin führt einmal monatlich einen Diagnosecheck durch (Abgleich ATC ↔ ICD im PVS; Tab. 5.1).
- Automatisierte Listen („Patient:innen mit Verordnung ohne Diagnose") können vorbereitet und zur ärztlichen Nachbearbeitung vorgelegt werden.
- In der täglichen Routine kann das PVS über Hinweisfenster („One-Click-Button") jede:n Verordner:in unterstützen.

So bleibt die ärztliche Therapieentscheidung unberührt – die Dokumentation wird aber lückenlos abgesichert.

Tab. 5.1 kann selbstverständlich beliebig erweitert werden – je nach Fachrichtung, regionalen Prüfbesonderheiten oder individueller Praxisstruktur.

Fazit

Die Verordnung von Arzneimitteln wird vor allem dort regressrelevant, wo Dokumentation und Datenlogik Lücken haben – nicht bei medizinisch begründeten Entscheidungen. Wenn Praxissoftware ATC- und ICD-Codes systematisch verknüpft, WENN-DANN-Prüfregeln hinterlegt sind und Diagnosechecks regelmäßig delegiert werden, lassen sich formale Risiken deutlich reduzieren. So gilt in der Praxis: keine Verordnung ohne passende dokumentierte Diagnose – als wirksamer Schutz vor Regressen, ohne die ärztliche Therapiehoheit einzuschränken.

5.2   Verordnungsvolumen und Zielquoten im Blick behalten

<u>Analysieren</u>

Verordnungen sind mehr als medizinische Entscheidungen – sie sind zugleich Teil eines streng überwachten ökonomischen Systems. Jede Praxis bewegt sich zwischen medizinischer Notwendigkeit, Wirtschaftlichkeitsgebot und Regressrisiken.

Dabei gilt: Auch wenn die Einzelfallentscheidung korrekt ist, können statistische Auffälligkeiten (Fallwerte, Zielquoten) eine Prüfung auslösen. Deshalb lohnt sich ein doppelter Blick: auf das Gesamtvolumen und auf die fachgruppenspezifischen Zielquoten.

Gesamtvolumen – Verordnungsstatistik im PVS

Viele Praxisverwaltungssysteme bieten heute eine Verordnungsstatistik an. Damit lässt sich Folgendes zumindest näherungsweise ablesen:

- Gesamtvolumen der Arzneiverordnungen pro Quartal
- Fallwerte nach Altersgruppen
- Ggf. Abweichungen vom arztindividuellen Sollwert

Diese Auswertungen sind nicht identisch mit den offiziellen Prüfberechnungen (da dort Bereinigungen und Praxisbesonderheiten einfließen) – sie geben aber eine verlässliche Tendenz. So können Ärzt:innen frühzeitig sehen, ob die Praxis im grünen Bereich liegt oder ob Handlungsbedarf besteht.

Praxisbeispiel RLP (Q1/Beispieljahr): Trendmeldung
- Arzneimittelfallwertvolumen: ca. 392.748 €
- Nach Bereinigung: 291.796 €
- Abweichung zum Sollwert: −25,7 %
- Ergebnis: deutlich unter Soll → keine Auffälligkeit

Zielquoten – Steuerung durch Krankenkassen

Neben dem Gesamtbudget spielen die fachgruppenspezifischen Zielquoten eine zentrale Rolle. Diese Quoten sind jährlich neu definiert (z. B. Anteil Generika, Biosimilars, PPI-Verordnungen) und werden für jede Praxis ausgewertet. Sie dienen der steuernden Kontrolle und können – auch bei unauffälligem Gesamtvolumen – zu Auffälligkeiten führen.

Praxisbeispiel RLP (Q1/Beispieljahr): Zielquoten
- 7 von 9 Zielquoten erreicht
- Auffällig:
- Antidiabetika: Generikaanteil 56,3 % (Soll: ≥ 61 %)
- PPI/H2-Blocker: 2483 DDD/100 Fälle (Soll: max. 1800)

- Unauffällig:
- Aut-idem-Quote: 0,14 % (Soll: max. 7 %)
- Generikaquote: 95,48 % (Soll: min. 92 %)
- Transdermal-Darreichung-Anteil der Opiatverordnungen: 18,61 % (Soll: max. 45 %)
- Tapendatol-Anteil der Opiatverordnungen: 5,97 % (Soll: max. 12 %)
- Pregabalin-Anteil der GABA-Analoga-Verordnungen: 64,02 % (Soll: max. 67 %)
- Kombination ACE/AT1-haltiger Präparate mit Calciumantagonistenanteil an allen Verordnungen mit ACE-AT1-haltigen Präparaten 2,01 % (Soll: max. 16,5 %)
- Enoxaparin-Anteil der Niedermolekularen Heparin-Verordnungen 100 % (Soll: min. 73 %)

Kommentar: Keine regressrelevante Auffälligkeit, da >= 7 Zielquoten erreicht wurden, aber Hinweis für internes Monitoring (Fokus auf Diabetes- und PPI-Verordnungen).

Delegation

Während eine Automatisierung der Zielquoten kaum möglich ist, können Praxen mit klaren SOPs, Schulungen und Teamroutinen vorbeugen:

- Praxismanagerin oder Arzneimittelbeauftragte MFA wertet regelmäßig die Quotenberichte aus.
- Ergebnisse werden im Teammeeting kurz vorgestellt.
- Auffälligkeiten führen zu gezielten Erinnerungen oder internen Leitlinien (z. B. bevorzugte Generika, Verordnungsregeln für PPI).

So wird die Verantwortung geteilt – und die Praxis bleibt auch im Arzneimittelbereich steuerungsfähig.

Fazit

Verordnungsvolumen und Zielquoten sind das zentrale Frühwarnsystem für wirtschaftliche Risiken – lange bevor ein offizielles Prüfverfahren startet. Wer das eigene Fallwertniveau im PVS regelmäßig überwacht, Trend- und Zielquotenberichte der KV auswertet und Auffälligkeiten konsequent im Team bespricht, behält die Steuerung in der Hand. Mit klaren Verordnungsleitlinien (z. B. bevorzugte Generika, zurückhaltender PPI-Einsatz) und festen Zuständigkeiten wird aus abstrakten Kennzahlen ein praxisnahes Führungsinstrument – und die Therapie bleibt leitliniengerecht, ohne unnötige Regressgefahr.

5.3   Heilmittelverordnung

Die Verordnung von Heilmitteln gehört zum Alltag jeder hausärztlichen Praxis. Millionen Patientinnen und Patienten in Deutschland erhalten jährlich Heilmittel – sei es zur Unterstützung einer akuten Behandlung, zur Rehabilitation nach Verletzungen oder Operationen oder zur Stabilisierung chronischer Erkrankungen.

Rechtsgrundlage ist die Heilmittel-Richtlinie (HeilM-RL) des Gemeinsamen Bundesausschusses, die zuletzt 2025 aktualisiert wurde. Sie regelt verbindlich, welche Heilmittel ärztlich verordnet werden dürfen, in welchem Umfang dies möglich ist und wie die Zusammenarbeit mit den Heilmittelerbringern (Therapeut:innen) gestaltet wird.

Ziel der Heilmittelverordnung ist stets eine ausreichende, zweckmäßige und wirtschaftliche Versorgung. Heilmittel sollen Krankheiten heilen oder bessern, eine Verschlimmerung verhindern oder Beschwerden lindern. Auch die Vermeidung von Pflegebedürftigkeit gehört ausdrücklich zu den Zielen.

Heilmittelbereiche
Die Heilmittel-Richtlinie unterscheidet fünf große Bereiche:

1. Physiotherapie
   - Krankengymnastik (allgemein, Atemtherapie, Gerät, Bewegungsbad)
   - Manuelle Therapie
   - Massagen (klassisch, Bindegewebs-, Segment-, Periostmassage)
   - Lymphdrainage
   - Wärme- und Kältetherapie
   - Elektrotherapie, Hydrotherapie, Inhalationstherapie
   - Standardisierte Heilmittelkombinationen
2. Stimm-, Sprech-, Sprach- und Schlucktherapie (Logopädie)
   - Stimmtherapie
   - Sprechtherapie
   - Sprachtherapie
   - Schlucktherapie
3. Ergotherapie
   - Motorisch-funktionelle Behandlung
   - Sensomotorisch-perzeptive Behandlung
   - Psychisch-funktionelle Behandlung
   - Hirnleistungstraining/neuropsychologische Behandlung
4. Podologische Therapie
   - Behandlung des diabetischen Fußsyndroms
   - Behandlung eingewachsener Nägel (Nagelkorrekturspangen)
5. Ernährungstherapie
   - Bei seltenen Stoffwechselerkrankungen und Mukoviszidose

Dieses Unterkapitel führt in die Grundlagen der Heilmittelverordnung ein. In den folgenden Abschnitten werden die einzelnen Heilmittelbereiche genauer betrachtet, typische Verordnungsanlässe beschrieben und strategische Überlegungen zur wirtschaftlichen und praxisgerechten Umsetzung aufgezeigt.

5.3.1 Physiotherapie

Die Physiotherapie stellt den größten Bereich der Heilmittelverordnung dar und ist für die hausärztliche Versorgung von zentraler Bedeutung. Sie umfasst aktive (z. B. Krankengymnastik) und passive Maßnahmen (z. B. Massagen, Wärmetherapie), ergänzt durch spezialisierte Verfahren wie manuelle Therapie oder Lymphdrainage.

Physiotherapie soll die Beweglichkeit erhalten, Schmerzen lindern, Funktionsstörungen beheben und die Teilhabe im Alltag verbessern. Sie ist damit nicht nur Akuttherapie, sondern auch wichtiger Bestandteil der Rehabilitation und Chronikerbetreuung.

Für Ärztinnen und Ärzte birgt die Verordnung jedoch ein erhebliches Regressrisiko. Die Wirtschaftlichkeitsprüfung folgt einer dreistufigen Logik (in Rheinland-Pfalz seit 2023 eingeführt und ähnlich der Arzneimittellogik siehe Abschn. 5.1):

1. Landesbudget: Solange das mit den Krankenkassen vereinbarte Heilmittelvolumen für RLP eingehalten wird, erfolgen keine individuellen Prüfungen.
2. Praxisfallwert: Überschreitungen bis 55 % (abzüglich Praxisbesonderheiten) bleiben in RLP folgenlos.
3. Zielquoten: Werden Quoten für bestimmte Untergruppen überschritten (z. B. Massage, teure Wärmetherapie, Ganzbehandlung Lymphdrainage), kann eine Auffälligkeitsprüfung eingeleitet werden.

Zusätzlich gibt es Praxisbesonderheiten, die das Verordnungsbudget entlasten, sowie seit 2024 die Möglichkeit der Blankoverordnung, bei der die wirtschaftliche Verantwortung auf die Therapeuten übergeht.

<u>Analysieren</u> – Wo liegen die Risiken?

- Zielquoten: Für Hausärzte gilt u. a. eine Maximalquote von 7 % für ergänzende Heilmittel (Wärme, Kälte, Elektro, Massage), max. 15 % für Manuelle Therapie, max. 25 % für Ganzbehandlungen der Lymphdrainage.
- Kostenfallen: Manuelle Therapie (31,37 €) und Massagen (20–30 €) sind teurer als Krankengymnastik (26,12 €). Häufige Verordnung erhöht Regressgefahr.
- Praxisbesonderheiten: Langfristiger Heilmittelbedarf (z. B. Parkinson, MS, Schlaganfall), besonderer Verordnungsbedarf (z. B. Lipödeme der Stadien I–III (ICD-10-Code: E88.20–E88.22) oder besonderer Verordnungsbedarf (z. B. onkologische Nachsorge, Post-Covid). Diese Fälle werden aus dem Budget herausgerechnet.
- Blankoverordnungen: Seit Nov. 2024 bei Schulterdiagnosen möglich (z. B. Rotatorenmanschettenläsion, Arthrose, Fraktur) – entlasten das Praxisbudget vollständig.

Digitalisieren – Daten korrekt erfassen

- ICD-Codierung ist entscheidend: Nur korrekt dokumentierte Diagnosen führen zur Anerkennung als BVB/LHB oder zur Blankoverordnung.
- Beispiel: „G35.9 Multiple Sklerose" → LHB, „M19.01 Arthrose Schulter" → Blankoverordnung.
- Praxissoftware: Viele PVS zeigen an, wenn eine Diagnose zu BVB/LHB oder Blanko berechtigt. Diese Funktion sollte aktiv genutzt werden.
- Diagnoselisten digital verfügbar: In der App KBV2GO! ist der komplette Heilmittelkatalog mit Suchfunktion enthalten – nützlich für schnelle Verordnungsprüfung.

Automatisieren – Prüfregeln nutzen

- Kennzeichnung von Praxisbesonderheiten: automatisch bei Eingabe bestimmter ICD-Codes (z. B. MS, Schlaganfall).
- Erinnerungslogik: PVS kann Meldung geben, wenn z. B. bei einer Verordnung die Diagnosegruppe fehlt oder die Höchstmenge überschritten ist.

Delegieren – Team einbinden

- Checklisten erstellen: Welche Diagnosen sind „sicher" budgetentlastend und medizinisch gerechtfertigt (z. B. Schlaganfall, Parkinson, MS, onkologische Nachsorge)?
- Regelmäßige Schulung: Therapeutische Untergruppen und Quoten im Team besprechen, damit die Rezeptausstellung standardisiert abläuft.
- Fallprüfung delegieren: Quartalsweise interne Kontrolle durch eine MFA oder den Praxismanager, ob Zielquoten eingehalten sind.

Fazit

Die Physiotherapie ist einerseits unverzichtbar für Patientinnen und Patienten, andererseits ein zentraler Bereich ärztlicher Wirtschaftlichkeitsprüfung.

Wer die Prüfsystematik kennt, Praxisbesonderheiten und Blankoverordnungen korrekt nutzt und die richtige ICD-Codierung einsetzt, kann Regresse vermeiden. Mit digitaler Unterstützung und klarer Teamorganisation lassen sich Verordnungen wirtschaftlich steuern – ohne die Versorgung einzuschränken.

5.3.2 Manuelle Lymphdrainage (MLD)

Die Manuelle Lymphdrainage (MLD) ist ein zentrales Heilmittel der Physiotherapie bei Lymph- und Lipödemen. Mit speziellen Handgriffen wird der Lymphabfluss gefördert, Ödeme werden reduziert und Komplikationen wie Fibrosen oder Schmerzen gelindert. In Kombination mit Kompressionstherapie bildet MLD die Basis der komplexen physikalischen Entstauungstherapie (KPE).

Für Hausärzte ist MLD eine häufige, aber auch prüfrelevante Verordnung. Da sie oft bei chronischen Erkrankungen indiziert ist, greift in vielen Fällen die Anerkennung als langfristiger Heilmittelbedarf (LHB) oder besonderer Verordnungsbedarf (BVB) – ein wichtiger Schutz vor Regressen.

<u>Analysieren</u>

- Zielquote Ganzbehandlung: z. B. Höchstanteil MLD-60 (+/− Bandagierung) an allen MLD-Verordnungen darf 25 % (Hausärzte) bzw. 17 % (Orthopäden/Chirurgen) nicht überschreiten.
- Kostenstruktur: MLD ist deutlich teurer als KG oder Massage.
- Indikationen: Typisch sind Lymphödeme nach Tumoroperationen, Strahlentherapie oder hereditäre Formen. Lipödeme gelten nur in KPE als BVB.
- Praxisbesonderheiten: Viele Verordnungen ab Stadium II werden in den meisten Bundesländern als LHB/BVB anerkannt und entlasten das Budget.

<u>Digitalisieren</u>

- ICD-Codierung mit Stadium: z. B. I89.01 (Lymphödem, Stadium II) oder E88.21 (Lipödem, Stadium II). Niemals ohne Stadieneinteilung. Nur so werden LHB/BVB korrekt anerkannt.
- Verordnung ohne Zeitangabe: Seit 10/2024 kann bei Angabe des Stadiums auf die konkrete Minutenzahl verzichtet werden. Die Software zeigt dann „MLD" oder „MLD + Kompression" an, der Therapeut entscheidet Dauer (30/45/60 min). Dies wird analog zur Blankoverordnung der Physiotherapie verwendet (siehe Abschn. 5.3.1).

<u>Automatisieren</u>

- Quotenüberwachung im PVS: automatische Prüfung, ob > 25 % MLD-60 verordnet wurden.
- Blankofelder: Software unterstützt bei „MLD ohne Zeitangabe" durch Auswahlhilfe und Kennzeichnung.
- Budgetentlastung automatisiert: PVS rechnet LHB/BVB-Verordnungen automatisch aus dem Praxisbudget heraus.

<u>Delegieren</u>

- MFA und Ärzte schulen: Welche Diagnosen gelten als LHB/BVB (z. B. I97.2 postoperatives Lymphödem, E88.21 Lipödem)?
- Checklisten: Stadium, ICD, Diagnosegruppe immer prüfen, bevor das Rezept unterschrieben wird.
- Kommunikation mit Therapeuten: Bei Blankoverordnungen oder „ohne Zeitangabe" Rückmeldung der Therapeuten einfordern (Therapiebericht).

- Quartalsprüfung: MFA oder Praxismanagerin kontrolliert regelmäßig Quoten und Fallwerte.

Fazit

Die Manuelle Lymphdrainage ist medizinisch unverzichtbar, aber finanziell sensibel. Wer die Zielquoten kennt, korrekte ICDs verwendet und LHB/BVB ausschöpft, minimiert Regressrisiken. Digitale Hilfsmittel und klare Teamstrukturen sichern die wirtschaftliche Verordnung ab – ohne die Patientenversorgung einzuschränken.

5.3.3 Logopädie

Die Logopädie umfasst Therapien bei Stimm-, Sprech-, Sprach- und Schluckstörungen. Sie wird von speziell qualifizierten Therapeuten durchgeführt und spielt eine große Rolle in der Rehabilitation nach Schlaganfällen, bei neurologischen Erkrankungen (z. B. Parkinson, MS), bei Demenzen sowie bei Sprachentwicklungsstörungen im Kindesalter.

In der hausärztlichen Praxis ist die Logopädie zwar weniger häufig als Physiotherapie oder Ergotherapie, aber sie gehört in vielen Fällen zum Behandlungspfad chronisch kranker oder geriatrischer Patienten.

<u>Analysieren</u>

- Hohe Kosten pro Einheit: Gruppentherapie pro Patient meist günstiger als Einzeltherapie.
- Prüfungsrelevanz: Die Menge an Logopädieverordnungen ist im hausärztlichen Bereich gering. Ein Regressrisiko besteht vor allem bei langen Einheiten (60 min) ohne klare medizinische Begründung.
- Besonderheiten: Viele logopädische Indikationen sind als langfristiger Heilmittelbedarf (LHB) oder besonderer Verordnungsbedarf (BVB) anerkannt und entlasten das Budget. Beispiele: Schlaganfall (I63.-, I69.-), degenerative Erkrankungen des Nervensystems (z. B. G20.- Parkinson, G35.- Multiple Sklerose), bestimmte Entwicklungsstörungen bei Kindern.
- Abgrenzung: Sprachförderung (z. B. Deutschnachhilfe bei Kindern mit Migrationshintergrund) ist keine Heilmitteltherapie und nicht verordnungsfähig.

<u>Digitalisieren</u>

- ICD-Codierung: Nur mit korrektem ICD-Code (z. B. I69.3 Folgen eines Schlaganfalls mit Aphasie, F80.1 Expressive Sprachstörung) wird die Verordnung als LHB/BVB anerkannt.
- Praxissoftware: weist häufig auf Blankoverordnungsmöglichkeiten oder Budgetentlastung hin, wenn Diagnosen LHB/BVB hinterlegt sind.

<u>Automatisieren</u>

- Budgetentlastung: Automatische Erkennung von LHB/BVB-ICD10-Codes sorgt für Herausrechnung aus dem Praxisbudget.

<u>Delegieren</u>

- MFA und Ärzte schulen: ICD-Codes für LHB/BVB checken und auf Rezept übernehmen.
- Checklisten: Welche Diagnosen gelten als sicherer Budgetschutz (z. B. Schlaganfall, Parkinson, MS)?
- Kommunikation: Bei Kindern ggf. Rücksprache mit Logopäden, ob Gruppentherapie sinnvoll ist; ggf. Therapiebericht anfordern.
- Organisation: Praxismanager oder MFA kontrollieren quartalsweise, ob Logopädieverordnungen im Soll liegen.

Fazit

Die Logopädie ist in der hausärztlichen Praxis weniger häufig, aber bei neurologischen Erkrankungen und bei Kindern unverzichtbar. Mit der richtigen ICD-Codierung, zurückhaltender Wahl der Behandlungsdauer und Nutzung von Gruppen- oder Teletherapie lassen sich Kosten kontrollieren. Durch die Anerkennung vieler Indikationen als LHB/BVB ist das Regressrisiko gering, wenn die Verordnung korrekt dokumentiert wird.

5.4   Sprechstundenbedarf (SSB)

Der Sprechstundenbedarf (SSB) umfasst alle Arzneimittel, Verband- und Hilfsmittel, die in der Praxis unmittelbar für die Behandlung von Patienten benötigt werden. Typische Beispiele sind Impfstoffe, Verbandmaterial, Teststreifen oder Notfallmedikamente. Die Abrechnung erfolgt nicht zulasten einzelner Patienten, sondern praxisbezogen über die Krankenkassen.

Da es sich um ein budgetiertes Feld handelt, unterliegt der SSB wie Arznei- und Heilmittel der Wirtschaftlichkeitsprüfung. Für Arztpraxen in Rheinland-Pfalz gelten dabei die Regelungen der SSB-Vereinbarung und der dazugehörigen Prüfvereinbarung.

<u>Analysieren</u>

- Durchschnittsprüfung: Die KV vergleicht das Fallwertniveau der Praxis mit dem der Fachgruppe (z. B. Hausärzte/Internisten).
- Prüfschwelle: Auffälligkeit erst bei einer Überschreitung von > 100 % gegenüber dem Fachgruppenwert.
- Maßnahmen: Traditionell Beratungen, seit 2022 sind auch Regresse möglich.
- Regressschutz: Klare Indikationsstellung und Orientierung am Sachverzeichnis der KV schützen vor Beanstandungen.

Praxisbeispiel: Eine Hausarztpraxis lag im Beispieljahr mit 0,57 € pro Fall um 14,24 %
über dem Fachgruppenwert von 0,50 €, blieb damit aber deutlich im unauffälligen Bereich.
Digitalisieren

- PVS-Schnittstelle: Viele Praxissoftwares können SSB-Verordnungen getrennt auswerten, sodass der Fallwert regelmäßig intern überprüft werden kann.
- KV-Informationen online: Sachverzeichnis der SSB-Materialien über die KV-Webseite
abrufbar.
- Digitale Meldungen: Trendmeldungen der KV liefern Vergleichswerte und zeigen frühzeitig Auffälligkeiten.

Automatisieren

- Automatische Auswertung: PVS kann Fallwerte (Gesamtkosten/Fälle) quartalsweise
berechnen.
- Verordnungsmanagement: Standardisierung, welche Materialien über SSB laufen und
welche über Einzelrezepte (z. B. Verbandmittel vs. patientenindividuelle Hilfsmittel).

Delegieren

- MFA einbinden: Klare Anweisung, welche Materialien als SSB bestellt werden dürfen.
- Kontrolle: Praxismanager oder eine MFA kontrolliert monatlich die SSB-Bestellungen
und gleicht sie mit dem Bedarf ab.
- Regelkommunikation: Austausch mit Apotheken über Liefermengen und Ersatz-
produkte, um Fehllieferungen zu vermeiden.
- Dokumentation: Schriftliche SOPs (Standard Operating Procedures) helfen bei
Regressverfahren, eine wirtschaftliche Verordnung darzulegen.

Fazit
Der Sprechstundenbedarf ist für die Praxis unverzichtbar, aber in der Wirtschaftlichkeitsprüfung weniger risikobehaftet als Arznei- oder Heilmittel. Da Auffälligkeiten
erst bei extremen Überschreitungen (> 100 %) relevant werden, stehen meist Beratungs-
gespräche im Vordergrund. Wer regelmäßig Fallwerte überprüft, die KV-Hinweise beachtet und klare interne Strukturen schafft, kann die SSB-Verordnung sicher und effizient
organisieren.

5.5   Verordnung von Heil- und Arzneimitteln bei Privatpatienten

Bei Privatpatienten unterscheidet sich die Verordnungspraxis erheblich von der vertragsärztlichen Versorgung. Während gesetzlich Versicherte durch Richtlinien des G-BA und
das Wirtschaftlichkeitsgebot geschützt, aber auch eingeschränkt werden, besteht bei

Privatpatienten kein Regressrisiko für Ärztinnen und Ärzte. Stattdessen liegt das Risiko einer Nichterstattung bei den Patienten, Krankenversicherungen oder Beihilfestellen.

Analysieren

- Leitliniengerechte Therapie: stützt die Verordnung, erhöht die Erstattungswahrscheinlichkeit.
- Zulassungssituation: Präparate sollten für die Indikation zugelassen sein.
- Off-Label-Use: Problematisch, wenn nicht klar dokumentiert. Hier ist eine ausführliche Begründung notwendig; ggf. sollte eine schriftliche Genehmigung bei der Krankenkassen eingeholt werden.
- Kostenfalle: Sehr teure Medikamente ohne vorherige Kostenübernahmegenehmigung können zu erheblichen Belastungen der Patienten führen.

Digitalisieren

- Rezeptangaben: Diagnose + Therapieziel klar vermerken („Off-Label, basierend auf Fachleitlinie XY, Ziel: …").
- Atteste und Anträge: Atteste für Kostenübernahmeanträge können erstellt und nach GOÄ Ziffer 75 abgerechnet werden.
- Leitlinienzugriff: Über Portale wie AWMF oder Fachgesellschaften sollten aktuelle Leitlinien griffbereit sein.

Automatisieren

- Checklisten: bei teuren Biologika standardisierte Abläufe; vor Erstverordnung → Antrag auf Kostenübernahme.
- Vorlagen: Textbausteine für Begründungen von Off-Label-Use in Praxissoftware oder Vorlagensystem hinterlegen.
- Patienteninfo: automatisierte Ausdrucke mit Hinweisen „Die Erstattung hängt von Ihrem PKV-Tarif ab".

Delegieren

- MFA: Kann Atteste vorbereiten, Anträge und Unterlagen für die PKV sammeln.
- Praxismanagerin: Übernimmt ggf. den Schriftwechsel mit Versicherungen.
- Arztrolle: Endgültige Begründung der Verordnung, Formulierung von Indikation und Ziel.

Fazit

Die Verordnung bei Privatpatienten ist frei von Regressrisiken, erfordert aber umsichtiges Vorgehen, um Erstattungsprobleme zu vermeiden. Entscheidend sind Leitlinienorientierung, klare Dokumentation und ggf. die frühzeitige Einholung einer Kostenübernahmezusage bei teuren Therapien. Mit strukturierten Prozessen und guter Teamorganisation können Patientinnen und Patienten optimal unterstützt werden – ohne dass die Praxis in organisatorische Schwierigkeiten gerät.

Weiterführende Literatur

Geissler, A.; Scheller-Kreinsen, D.; Quentin, W.; Busse, R.: DRG-Systeme in Europa – Anreize, Ziele und Unterschiede in zwölf Ländern. In: Bundesgesundheitsblatt – Gesundheitsforschung – Gesundheitsschutz 55 (2012), S. 633–642.

Gemeinsamer Bundesausschuss (G-BA): Arzneimittel-Richtlinie (AM-RL), Heilmittel-Richtlinie (HeilM-RL), Hilfsmittel-Richtlinie und weitere Richtlinien zur Sicherung der vertragsärztlichen Versorgung – jeweils in aktueller Fassung (online abrufbar über www.g-ba.de).

Kassenärztliche Bundesvereinigung (KBV): Heilmittel – Verordnung in der vertragsärztlichen Versorgung. Online-Portal mit Praxisinformationen zur Heilmittelverordnung (u. a. Blankoverordnung, langfristiger Heilmittelbedarf, besonderer Verordnungsbedarf) sowie der Broschüre *PraxisWissen Heilmittel: Alles Wichtige zur Verordnung*. In: KBV – Praxis | Verordnungen | Heilmittel, laufend aktualisiert.

Kassenärztliche Bundesvereinigung (KBV): Wirtschaftlichkeit bei der Verordnung von Arzneimitteln. Online-Information für Vertragsärztinnen und -ärzte zur Anwendung des Wirtschaftlichkeitsgebots, zu Prüfverfahren und Praxisbesonderheiten in der Arzneimittelversorgung. In: KBV – Praxis | Verordnungen | Arzneimittel – „Wirtschaftlichkeit", laufend aktualisiert.

Schölkopf, M.; Pressel, H.: Das Gesundheitswesen im internationalen Vergleich. Gesundheitssystemvergleich, Länderberichte und europäische Gesundheitspolitik. 4., überarb. Aufl. MWV Medizinisch Wissenschaftliche Verlagsgesellschaft, Berlin, 2020.

Sozialgesetzbuch (SGB V): Gesetzliche Krankenversicherung. In der jeweils aktuellen Fassung, insbesondere §§ 12, 31–34, 60, 84, 106a ff. (Wirtschaftlichkeitsgebot, Arznei-, Heil- und Hilfsmittel, Fahrkosten, Wirtschaftlichkeitsprüfungen).

Geräte und Software   6

Moderne Arztpraxen sind längst nicht mehr nur Orte der sprechenden und untersuchenden Medizin, sondern hoch technisierte Einrichtungen. EKG, Sonographie, Langzeitdiagnostik, POCT-Geräte oder digitale Dokumentations- und Abrechnungstools prägen den Alltag. Für viele Leistungen sind Geräte nicht nur hilfreich, sondern unabdingbar – und ihre Anschaffung oder Pflege stellt eine erhebliche Investition dar.

Geräte und Software sind damit strategische Ressourcen einer Praxis: Sie beeinflussen Qualität, Wirtschaftlichkeit und Außenwahrnehmung gleichermaßen. Gleichzeitig bergen sie Risiken – von Fehlinvestitionen über laufende Wartungskosten bis hin zu Problemen bei Abrechnung und Refinanzierung.

Umso wichtiger ist es, diese Entscheidungen nicht aus dem Bauch heraus, sondern systematisch zu treffen. Genau hier helfen die strategischen Instrumente, die wir bereits im Zusammenhang mit IGeL-Leistungen kennengelernt haben (Abschn. 4.4):

- Mit einer SWOT-Analyse lassen sich Stärken, Schwächen, Chancen und Risiken einer Investition durchleuchten.
- Value-based Healthcare fragt nach dem gesundheitlichen Nutzen im Verhältnis zu den Kosten.
- Die BCG-Matrix zeigt, ob ein Gerät zur Kernleistung der Praxis wird oder nur eine Zusatzoption bleibt.
- Über die Balanced Scorecard können Qualität, Abläufe und Wirtschaftlichkeit im Betrieb überwacht werden.
- Und mit der Analyse von Strategischen Erfolgspositionen (SEP) wird klar, ob ein Gerät zur langfristigen Alleinstellung beitragen kann.

© Der/die Autor(en), exklusiv lizenziert an Springer-Verlag GmbH, DE, ein Teil   201
von Springer Nature 2026
F. Brokamp, *Arztpraxis effizient führen*, Erfolgskonzepte Praxis- &
Krankenhaus-Management, https://doi.org/10.1007/978-3-662-73211-3_6

Die folgenden Abschnitte orientieren sich deshalb an einem logischen Ablauf: Zuerst klären wir Finanzierung und Leasing, dann Wartung und Qualitätssicherung, bevor wir einzelne Gerätegruppen und schließlich Softwarelösungen betrachten. Damit entsteht ein praxisnahes Instrumentarium, das Ihnen hilft, Investitionen klug zu planen, sicher zu betreiben und wirtschaftlich zu steuern.

6.1   Leasing und Finanzierung

<u>Analysieren</u>

Geräte und Software sind eine der größten Investitionsentscheidungen in der ärztlichen Praxis. Ein modernes Sonographiegerät, ein Belastungs-EKG oder eine Archivsoftware kosten schnell mehrere tausend Euro – Geld, das die Liquidität belastet und langfristige Verpflichtungen schafft.

Daher ist die erste Frage: Welche Finanzierungsform passt zu meiner Praxisstrategie, Liquidität und zum geplanten Einsatz des Geräts?

Die wichtigsten Optionen im Überblick:

- Kauf
  - Vorteile: Gerät gehört der Praxis, freie Nutzung, steuerliche Abschreibung möglich, keine langfristigen Bindungen
  - Nachteile: Hoher Einmalaufwand, Liquidität sinkt sofort, technischer Fortschritt macht Geräte schnell „alt"
- Kreditfinanzierung
  - Vorteile: Gerät wird Eigentum, Kosten verteilen sich über Laufzeit, planbare Zinsen
  - Nachteile: Bilanzwirksam, zusätzliche Zinslast, weniger flexibel bei Veränderungen
- Leasing
  - Vorteile: Keine Bilanzierung, planbare Raten, oft Service/Updates enthalten, am Ende Wahl zwischen Kauf oder Rückgabe
  - Nachteile: Höhere Gesamtkosten als Kauf, langfristige Bindung, keine Eigentumsbildung bis Vertragsende
- Miete/Abomodelle
  - Vorteile: Geringe Anfangskosten, kurzfristig kündbar, oft inkl. Service und Updates
  - Nachteile: Dauerhafte Kosten, keine Eigentumsoption, Anbieterwechsel schwierig
- Pay-per-Use
  - Vorteile: Abrechnung pro Nutzung/Test, ideal bei unregelmäßigem Bedarf, keine Fixkosten
  - Nachteile: Auf Dauer teurer, Abhängigkeit vom Anbieter, begrenztes Angebot

Praxisbeispiel: Sonographiegerät für 10.000 €

- Kauf: Einmalzahlung von 10.000 €. Gerät wird Eigentum, Abschreibung über 7 Jahre (ca. 1430 € jährlich). Liquidität sofort belastet, aber keine Folgekosten für Kapitaldienst.
- Kredit (5 Jahre, 4 % Zinsen): Ca. 184 €/Monat. Eigentum bleibt bei der Praxis. Gesamtkosten über 5 Jahre ca. 11.050 €.
- Leasing (5 Jahre, 180 €/Monat): Gesamtkosten ca. 10.800 €. Gerät kann am Ende übernommen oder zurückgegeben werden. Vorteil: planbare Kosten, keine Bilanzierung. Nachteil: kein Eigentum bis Laufzeitende. Kann zum Restwert am Ende der Laufzeit gekauft werden, was weitere Kosten bedeutet. Ein realistischer Restkaufpreis am Ende der Laufzeit liegt häufig bei etwa 10–20 % des ursprünglichen Kaufpreises. In diesem Beispiel bei 1500 €, was die Gesamtkosten für Leasing mit Übernahme auf 12.300 € steigen lassen würde.
- Miete (z. B. 250 €/Monat, kündbar nach 12 Monaten): Hohe laufende Kosten (3000 €/Jahr), aber maximale Flexibilität. Interessant für Pilotphase oder unsichere Nachfrage.
- Pay-per-Use: Für Ultraschall kaum verfügbar – zeigt, dass nicht jede Option für jedes Gerät existiert.

Strategische Frage: Ist Sono ein Kerninstrument (SEP) der Praxis mit langfristiger Bedeutung? Dann lohnt Leasing oder Kauf. Oder ist es ein „Question Mark" (BCG-Matrix), das man erst erproben möchte? Dann könnte Miete sinnvoll sein.

<u>Digitalisieren</u>

Damit Finanzierungsentscheidungen nachvollziehbar und transparent bleiben, lohnt sich die Digitalisierung:

- Vergleichsrechner (z. B. Onlineleasing- und -kreditrechner, Excel-Simulationen) für unterschiedliche Szenarien.
- BWA-Einbindung durch Steuerberater: monatliche Kosten direkt im Finanzreport sichtbar.
- Dokumentenmanagement: Verträge digital hinterlegen, Laufzeiten mit Erinnerungen verknüpfen.
- Kosten-Nutzen-Analyse: Geräte- und Softwarekosten mit abgerechneten Leistungen verknüpfen, z. B. via PVS-Statistik.

So lassen sich Investitionen nicht nur entscheiden, sondern auch fortlaufend überwachen.

<u>Automatisieren</u>

Auch Finanzierungen können von Automatisierung profitieren:

- Fristreminder: automatische Erinnerungen vor Vertragsende oder Kündigungsfristen.
- Buchhaltungsschnittstelle: Raten laufen automatisch ins Kassenbuch ein.
- Leistungszuordnung: Kosten werden direkt den entsprechenden Leistungen (z. B. Sono-Abrechnung) gegenübergestellt.
- Standardisierte Checklisten: Auswahl neuer Geräte stets mit identischen Prüfkriterien (Kosten, Wartung, Abrechnungspotenzial).

Dadurch entfällt das Risiko, dass Entscheidungen zufällig oder unstrukturiert ablaufen.

Delegieren

Die Verantwortung bleibt bei der Praxisleitung, aber viele Schritte können delegiert werden:

- Steuerberater: steuerliche Vorteile/Nachteile einzelner Modelle berechnen.
- Praxismanager:in/MFA Verwaltung: Angebote einholen, Konditionen tabellieren, Fristen pflegen.
- Banken/Leasinggesellschaften: Modelle vorstellen – kritisch prüfen, nicht ungefiltert übernehmen.

So kann die ärztliche Leitung die Entscheidung auf einer klaren Datenbasis treffen, ohne im Detail unterzugehen.

Praxisbeispiele im Überblick
- Sonographiegerät – Leasing: Planbare Kosten, technische Updates, am Ende Kaufoption. Sinnvoll bei hoher strategischer Bedeutung und mittleren Budgets.
- POCT-Gerät – Pay-per-Use: Kosten nur bei Nutzung. Vorteilhaft für unregelmäßige Testanwendungen (z. B. D-Dimer, Troponin).
- Praxissoftware – Mietmodell: Standardlösung, monatliche Abogebühr. Vorteil: Updates und Support inkl., Nachteil: dauerhafte Abhängigkeit.
- Ergometer – Kauf/Kredit: Stabiler Bedarf, überschaubare Kosten. Kauf sinnvoll, Kredit bei Liquiditätsengpässen.

Fazit

Die Wahl zwischen Kauf, Kredit, Leasing, Miete oder Pay-per-Use ist keine reine Rechenaufgabe. Sie hängt von strategischer Bedeutung, Liquidität und Flexibilität ab. Ein Sono-Gerät für 10.000 € ist eine Investition mit langfristigem Nutzen – hier lohnt Leasing oder Kauf. Kleine Geräte mit unsicherer Nachfrage dagegen sind Kandidaten für Miete oder Pay-per-Use.

Wer die Instrumente aus Abschn. 4.4 nutzt (SWOT, BCG, SEP), digitale Tools einsetzt, Prozesse automatisiert und Aufgaben delegiert, trifft bessere Entscheidungen – und schützt die Praxis vor teuren Fehlfinanzierungen.

6.2   Gerätemanagement

Analysieren

Geräte sind in jeder Arztpraxis unverzichtbar – von EKG und Langzeitmessung über POCT bis hin zu Ultraschall und Kühlschrank für Medikamente und Impfstoffe. Sie stellen aber nicht nur eine Investition dar, sondern auch eine rechtliche Verpflichtung: Betreiber müssen jederzeit nachweisen können, dass ihre Geräte sicher, funktionsfähig und korrekt dokumentiert sind.

Allgemeine Rechtsgrundlagen:

- EU-MDR (2017/745): regelt europaweit die Anforderungen an Medizinprodukte, inkl. Dokumentationspflichten und Nachvollziehbarkeit.
- Medizinprodukte-Betreiberverordnung (MPBetreibV): schreibt Einweisung, Dokumentation, Wartung sowie sicherheits- und messtechnische Kontrollen (STK/MTK) verbindlich vor.
- Rili-BÄK: gilt für alle laboratoriumsmedizinischen Verfahren, insbesondere für POCT, und fordert nachvollziehbare Qualitätskontrollen.
- DGUV Vorschrift 3: verpflichtet zu regelmäßigen elektrotechnischen Prüfungen (E-Check).

Spezielle Vorgaben von KV und KBV:

- QS-Vereinbarung Ultraschalldiagnostik (§ 135 Abs. 2 SGB V): regelt Qualifikation, Ausstattung und Prüfpflichten (Abnahmeprüfung, Konstanzprüfung alle 6 Jahre, Bilddokumentation).
- Checklisten (z. B. KV-RLP): legen exakt fest, welche Angaben Bilddokumentationen enthalten müssen (Patienten-ID, Schallkopf, Frequenz, Praxis-ID etc.).
- Gewährleistungserklärungen der Hersteller: Geräte dürfen nur betrieben werden, wenn CE-Kennzeichnung und Konformität für die beantragten Anwendungsklassen nachgewiesen sind.
- Auch für andere Gerätegruppen gibt es vergleichbare Vorgaben: z. B. Hygienenachweise für Sterilisatoren, Eichpflichten für Blutdruckmessgeräte, spezielle QS-Vorgaben für Ergometrie oder Spirometrie.

Praktische Anforderung:

Jedes Gerät benötigt eine digitale Geräteakte, die folgende Punkte abdeckt:

- Stammdaten (Anschaffung, Preis, Standort, Seriennummer, Entsorgung/Ausmusterung)
- Technische Daten (Schutzklasse, CE-Kennzeichen, Medizinproduktklasse, Zuordnung MPBetreibV)
- Wartungsinformationen (Intervalle STK, MTK, Elektroprüfung, Herstellerwartung)
- Dokumente (Bedienungsanleitungen, Prüfprotokolle, Wartungsverträge, ggf. Bilddokumentationen für KV)
- Zusatzdaten (z. B. IP-Adresse, Softwareversion, digitale Netzwerkeinbindung)

<u>Digitalisieren</u>

Ein papierbasiertes Gerätemanagement ist fehleranfällig und unübersichtlich. Mit Systemen wie DocSys© wird jedes Gerät zu einem digitalen Objekt:

- Erfassung aller Geräte mit Seriennummer, Anschaffungsdatum, Hersteller, Standort und Kosten.
- Verknüpfung von Dokumenten: Bedienungsanleitungen (Pflicht nach EU-MDR), Prüfprotokolle, Eichscheine, Bilddokumentationen.
- Planung von Wartungsintervallen: MTK, STK, CE-Prüfungen, Garantie- und Leasingfristen.
- Such- und Filterfunktionen: jederzeitige Übersicht über Gerätestatus, Verantwortliche und Fristen.
- Revisionssichere Ablage: Nachweise stehen bei KV-/MD-Prüfungen sofort digital zur Verfügung.
- Dokumentation: digitale Erfassung von Messwerten aus internen Qualitätskontrollen (Temperaturkontrollen Impfstoffkühlschrank, Messwerte Rili-BÄK-Kontrollen usw.)

Damit wird das Gerätemanagement transparent, gesetzeskonform und praxisnah steuerbar.

<u>Automatisieren</u>

Digitale Systeme ermöglichen es, Prüf- und Wartungsprozesse zu standardisieren:

- Automatische Erinnerungen an Prüffristen (STK, MTK, Elektroprüfung, Konstanzprüfung Ultraschall).
- Aufgabenverknüpfung: Prüfungen werden direkt im Kalender oder Aufgabenmodul hinterlegt.
- Benachrichtigungen an Zuständige: Das System erinnert aktiv, nicht nur passiv.
- Standardisierte Checklisten: für Einweisungen, Wartungen, Bilddokumentationen (z. B. Ultraschallanwendungsklassen nach KV).
- Automatische Protokollablage: Prüfberichte werden direkt am Gerät hinterlegt, keine manuelle Suche mehr.

So wird Gerätemanagement zur laufenden Routine statt zu einer stressigen Prüfungsvorbereitung.

<u>Delegieren</u>
Die Verantwortung für die Einhaltung der Vorschriften bleibt bei der Praxisleitung – die operative Umsetzung kann und sollte aber klar delegiert werden:

- Praxismanager:in/QM-Beauftragte:r: Pflege der Inventardaten, Überwachung von Fristen, Ablage von Dokumenten
- MFA als Gerätepatenschaft: regelmäßige Funktions- und Sichtprüfungen (z. B. Kühlschranktemperaturen, Notfallgeräte)
- Externe Partner: Wartungsfirmen, Prüfdienste, Eichämter für gesetzlich vorgeschriebene Prüfungen
- Praxisleitung: Entscheidung über Neuanschaffungen, Ausmusterungen und strategische Investitionen

Damit sind Zuständigkeiten klar geregelt, Prüfungen laufen zuverlässig, und die Praxisleitung wird entlastet.

Praxisbeispiel
Ultraschallgerät (B-Mode, Abdomen):

- Stammdaten: Anschaffung Beispieljahr, Preis 15.000 €, Inventarnummer 025, Standort Untersuchungsraum
- Technische Daten: Medizinproduktklasse IIa, CE-Kennzeichen, Schutzklasse I
- Wartungsdaten: Konstanzprüfung durch KV alle 2 Jahre, Bilddokumentationen halbjährlich; STK nach Herstellerempfehlung 12 Monate
- Dokumente: Bedienungsanleitung, Gewährleistungserklärung Ultraschall, Prüfprotokolle, Bilddokumentationen in DocSys© hinterlegt
- QS-Vorgaben: Genehmigung durch KV, Nachweis der Anwendungsklassen nach Anlage III der Ultraschall-Vereinbarung

Vorteil: Bei einer KV- oder MD-Prüfung sind alle Nachweise digital abrufbar, inkl. Prüfprotokollen und Bilddokumentationen – revisionssicher und vollständig.

Fazit
Gerätemanagement ist eine Pflichtaufgabe mit hohem Risiko, wenn sie vernachlässigt wird – und eine starke Ressource, wenn sie digitalisiert, automatisiert und delegiert wird. Mit DocSys© als Inventar- und Dokumentationsplattform lassen sich EU-MDR, MPBetreibV, Rili-BÄK und KV-/KBV-Vorgaben praxisnah erfüllen. Jede Praxis gewinnt damit Rechtssicherheit, Struktur und Entlastung – unabhängig davon, ob es sich um Ultraschall, POCT, Kühlschränke oder EKG-Geräte handelt.
Beispiele für Wartungs- und Prüfintervalle in der Arztpraxis zeigt Tab. 6.1.

Tab. 6.1 Beispiele für Wartungs- und Prüfintervalle in der Arztpraxis

Prüfart/Kontrolle	Standardintervall	Typische Geräte/Bereiche	Hinweise/Abweichungen	Rechtsgrundlage/Quelle
MTK (Messtechnische Kontrolle)	Alle 2 Jahre	Blutdruckmessgeräte, Spirometer, Laborgeräte mit Messfunktion	Bei Defekt, auffälligen Abweichungen oder Herstellerangabe ggf. früher	§ 11 MPBetreibV
STK (Sicherheitstechnische Kontrolle)	I. d. R. alle 2 Jahre, max. 5 Jahre	EKG-Geräte, Defibrillatoren, Infusionspumpen, Ergometer	Defibrillatoren und Notfallgeräte oft kürzere Intervalle	§ 11 MPBetreibV
Elektroprüfung (DGUV V3)	1–2 Jahre (medizinische Geräte), bis 4 Jahre bei Bürogeräten	Alle netzbetriebenen Geräte	Häufigere Prüfungen bei starker Beanspruchung	DGUV Vorschrift 3
Konstanzprüfung Ultraschall	Alle 6 Jahre	Ultraschallgeräte	Zusätzlich Bilddokumentationen nach KV-Vorgaben erforderlich	Ultraschall--Vereinbarung KBV/KVen
Impfstofflagerung – Temperaturkontrolle	Mind. 1-mal täglich (morgens/abends empfohlen)	Impfstoffkühlschränke	Dokumentation im Temperaturlogbuch, Aufbewahrung mind. 3 Jahre; ZielBereich +2 °C bis +8 °C, optimal +5 °C	PEI, KV/KBV, BfArM
Impfstofflagerung – Geräteprüfung	Jährlich/nach Herstellerangabe	Medizinische Kühlschränke	Geeignete Thermometer/Datenlogger erforderlich (±0,5 °C, kalibriert)	BfArM, PEI
Rili-BÄK interne Qualitätssicherung (Teil A/B)	Abhängig von Verfahren, i. d. R. täglich/vor jeder Messreihe/wöchentlich	POCT-Geräte (z. B. CRP, INR, Glukose), Laboruntersuchungen	Kontrollproben je nach Messgröße; Ergebnisse dokumentieren	§ 9 Abs. 1 MPBetreibV, Rili-BÄK
Rili-BÄK externe Qualitätssicherung (Ringversuche)	Mind. 2- bis 4-mal pro Jahr (je nach Messgröße)	Labordiagnostik (auch POCT, falls Ringversuch angeboten)	Teilnahme verpflichtend für anerkannte Methoden im GKV--Bereich	Rili-BÄK B-Teile
Herstellerspezifische Wartung	Variabel (z. B. jährlich)	Sonographie, EKG, POCT, Autoklav	Notwendig für Garantie, Zertifizierung oder KV-Zulassung	Herstellerangaben, QS-Vorgaben

Hinweise für die Praxis:

- Intervalle sind Mindestvorgaben – Herstellerangaben oder besondere Beanspruchungen können kürzere Prüfzyklen erfordern.
- Außerplanmäßige Prüfungen sind bei Defekt, Auffälligkeit oder nach Reparatur Pflicht.
- Für Impfstoffe gilt: Kühlschranktemperatur täglich dokumentieren, bei Abweichungen sofort reagieren, ggf. Rücksprache mit PEI/Hersteller halten.
- Rili-BÄK: interne QS täglich, externe Ringversuche regelmäßig – auch für viele POCT-relevante Untersuchungen.

6.3 Gerätegruppen

Nachdem wir uns in den vorangegangenen Abschnitten mit Finanzierung, Wartung und Qualitätssicherung beschäftigt haben, richten wir den Blick nun auf konkrete Gerätegruppen, die den Alltag in nahezu jeder ambulanten Praxis prägen. Anhand typischer Beispiele – vom EKG über Langzeit- und Belastungsdiagnostik, Lungenfunktion und Sonographie bis hin zu Körperzusammensetzungsanalyse und POCT-Geräten – wird deutlich, wie sehr die Wahl, Ausstattung und Einbindung der Technik sowohl medizinische Qualität als auch Wirtschaftlichkeit beeinflussen. Die Beispiele stammen überwiegend aus der hausärztlichen Versorgung, die zugrunde liegenden Überlegungen lassen sich jedoch auf nahezu jede Fachrichtung übertragen: In jedem Abschnitt analysieren wir zunächst Nutzen, Einsatzbereiche und Grenzen der jeweiligen Geräte und zeigen anschließend, wie Sie Prozesse und Schnittstellen digitalisieren, sinnvolle Automatismen etablieren und Aufgaben im Team delegieren können – im Sinne des bekannten ADAD-Schemas. So entsteht ein praxisnaher Leitfaden, mit dem Sie Schritt für Schritt prüfen können, welche Geräte für Ihre Praxis wirklich sinnvoll sind und wie Sie den vorhandenen Gerätepark optimal nutzen.

6.3.1 Kardiologische Diagnostiksoftware

<u>Analysieren</u>

Softwarelösungen wie CustoDiagnostic© bilden in modernen Arztpraxen das Rückgrat der kardiopulmonalen Funktionalitätsdiagnostik. Sie sind kein Erlösbringer, aber ein essenzielles Bindeglied:

- Kein GOÄ- oder EBM-Ziffern-Ansatz möglich – aber entscheidend für workflowffiziente Nutzung der Geräte.
- Verbindet Diagnostikmodule (Ruhe-EKG, Belastungs-EKG, Langzeit-EKG/RR, Spirometrie etc.) unter einer Oberfläche, als medizinisches Betriebssystem verfügbar.
- Sichert den medizintechnischen Workflow digital ab – ohne Medienbrüche zwischen Gerät, PVS und Praxisablauf.

- Ermöglicht standardisierte Abläufe in der Befundung, Patientenverwaltung und Dokumentation.
- Zukunftsfähig durch KI-Integration – z. B. Deep Learning in der EKG-Analyse mit hoher Erkennungsgenauigkeit durch neuronale Netze

Digitalisieren
CustoDiagnostic© bietet eine umfassende digitale Infrastruktur:

- Modulare Softwareplattform, die alle kardiopulmonalen Funktionseinheiten in einer Oberfläche vereint
- Nahtlose Schnittstellenintegration (GDT, BDT, HL7, DICOM) zu PVS, Archivsystemen oder Telemedizinplattformen
- Elektronische Archivierung, zentrale Patientenverwaltung, mehrmandantenfähig – ideal auch für Mehrfachstandorte oder MVZ-Strukturen
- Workflowunterstützung: automatisierte Berichterstellung, durchsuchbare Datenbanken, vernetzte Patientenfolgeprozesse

Automatisieren

- Automatische Befundvorschläge: KI-basierte Auswertung liefert smarte Interpretation, z. B. QRS/VE-Erkennung, Ischämieindizes
- Standardisierte Reportstrukturen: Schnelltexte, Rhythmus- und Trendanalysen per Mausklick
- Schnittstellengetriebene Workflows: Aufnahme → Messung → Befundung → Speicherung → Archivierung → PVS

Delegieren
Auch bei Software gilt Delegation als Erfolgsfaktor:

- MFA können Gerätebedienung, Dokumentation und Datenerfassung übernehmen.
- Softwareadministrator:innen pflegen Nutzerrechte, Updates und Module – mit Nutzendokumentation für die Praxisleitung.
- Praxisleitung bleibt verantwortlich für strategische Softwarewahl, Investitionsrechtfertigung und Integration.

Einschätzung im Gerätproduktportfolio:

- Medizinisch essenziell, da Grundlage für moderne kardiopulmonale Diagnostik.
- Direkt nicht profitabel, aber hoher indirekter Nutzen durch Effizienz, Datenintegration, Delegation und Zukunftssicherheit.
- Macht EKG, Ergometrie, LZ-EKG/RR, Spirometrie erst wirtschaftlich und organisatorisch tragbar – sicherer Workflow ohne Medienbrüche.

Fazit

CustoDiagnostic© ist keine Erlösquelle – aber ein unverzichtbarer Motor für effiziente, moderne medizinische Abläufe in der Praxis. Sie schützt die Praxis vor Medienbrüchen, steigert die Arbeitsqualität und legt den Grundstein für künftige KI-getriebene Diagnostik.

▶ Auch wenn die Beispiele in diesem Abschnitt am konkreten Einsatz einer kardiologischen und pneumologischen Diagnostikplattform orientiert sind, ist die zugrunde liegende Systematik problemlos auf andere Hersteller, Softwarelösungen und Fachgebiete übertragbar. Entscheidend ist nicht, ob Sie mit genau diesem System arbeiten, sondern dass Sie für Ihre Praxis konsequent dieselben Fragen stellen: Welche Untersuchungen möchte ich fachlich aus einer Hand abbilden? Welche Geräte und Module müssen dafür technisch zusammenspielen? Wie gut sind Schnittstellen zu PVS, Archiv und Abrechnung gelöst? Und welche Arbeitsschritte können standardisiert, automatisiert oder delegiert werden? In der Praxis des Autors hat sich gezeigt, dass sich dieses Denken in Funktionsketten – von der Indikationsstellung über die Durchführung bis zur Befundübernahme und Abrechnung – ebenso gut auf andere kardiologische Systeme, Ultraschall- und Lungenfunktionsarbeitsplätze oder auch ganz andere Fachrichtungen übertragen lässt. Wer die eigene Diagnostikplattform unter diesen Gesichtspunkten plant und regelmäßig überprüft, kann unabhängig vom Hersteller nach und nach Medienbrüche reduzieren, Auswertungen beschleunigen und gleichzeitig die Qualität der Befunde erhöhen.

6.3.2 EKG

<u>Analysieren</u>

Das Elektrokardiogramm (EKG) ist ein medizinisches Muss in jeder Hausarztpraxis und in vielen fachärztlichen Praxen. Es dient der Basisdiagnostik bei Thoraxschmerzen, Rhythmusstörungen oder in der Notfallversorgung und ist in Leitlinien fest verankert. Ohne EKG ist eine adäquate Versorgung vieler internistischer Krankheitsbilder nicht denkbar.

Medizinischer Nutzen:

- Akutdiagnostik (z. B. Myokardinfarkt, Rhythmusstörung)
- Verlaufskontrollen (z. B. unter Medikation)
- Voraussetzung für viele fachärztliche Überweisungen und Krankenhauseinweisungen

Betriebswirtschaftliche Bewertung:

- EBM: Keine eigenständige Abrechnungsziffer in der hausärztlichen Versorgung – das Standard-EKG ist in den Pauschalen enthalten.
- GOÄ: Abrechnung möglich, Standard ist der 1,8-fache Satz. Elektroden können als Auslagen geltend gemacht werden.

- IGeL: Ebenfalls möglich, ebenfalls 1,0- bis 1,8-facher Satz. Wird in der Praxis eher selten nachgefragt, da oft durch Kassenleistung abgedeckt.
- Anschaffungskosten: Einfache Ruhe-EKG-Geräte ab ca. 2000–3000 €, ggf. zusätzliche Software (z. B. für Befundung oder digitale Archivierung).
- Wartungskosten: STK/Elektroprüfung alle 2 Jahre, Verbrauchsmaterial (Elektroden).
- Nutzungsfrequenz: Hoch – praktisch täglich im Einsatz.
- Erweiterbarkeit: Je nach Bauart auch für Ergometrien nutzbar. Dafür ist zusätzlich ein Belastungsgerät (Fahrrad oder Laufband) notwendig.
- Strategische Bedeutung (SEP): Pflichtausstattung, weniger zur Profilierung geeignet, aber unverzichtbar.

Praxisbeispiel:
Die CustoDiagnostic©-Software, die EKG, Ergometrie, Langzeit-RR/-EKG und Lungenfunktion in einer Plattform bündelt. Vorteil: einheitliche Bedienung, digitale Archivierung, geringere Schnittstellenprobleme. Nachteil: höhere Einstiegskosten, aber langfristig effizient.

Digitalisieren

Ein modernes EKG sollte in die Praxis-IT eingebunden sein:

- Direkte Schnittstelle zum PVS → Befunde können automatisch gespeichert werden.
- Digitale Archivierung → erleichtert Verlaufsvergleiche, spart Papier und Ablage.
- Softwaremodule (z. B. CustoDiagnostic©) bündeln verschiedene diagnostische Verfahren, reduzieren Schulungsaufwand und steigern Effizienz.

Automatisieren

- Standardisierte Befundung: EKG-Software unterstützt bei Rhythmusanalyse, Achsenberechnung und Verlaufsvergleichen.
- Automatische Dokumentation: Befunde landen direkt in der Patientenakte.
- Checklisten für MFA: Anlage, Elektrodenplatzierung, Dokumentation von Störungen können standardisiert werden.
- Abrechnungsvorlagen: GOÄ-/IGeL-Abrechnung kann im System hinterlegt werden.

Delegieren

Das Schreiben eines Ruhe-EKGs kann vollständig an MFA delegiert werden. Ärztliche Aufgabe bleibt die Befundung.

- MFA: Anlage und Durchführung (nach SOP)
- Arzt/Ärztin: Befundung, Dokumentation und ggf. Einleitung weiterer Diagnostik

Bei Ergometrien gilt: Anlage und Überwachung erfolgen im Team, Befundung durch den Arzt.

Fazit

Das EKG ist medizinisch unverzichtbar, auch wenn es betriebswirtschaftlich nur eingeschränkt lohnend ist. Es gehört zu den „Must-have"-Geräten vieler Praxen. Moderne Systeme wie CustoDiagnostic© bieten durch Integration mehrerer Verfahren (EKG, Ergo, Lufu, LZ-RR/-EKG) zusätzliche Vorteile und rechtfertigen höhere Anschaffungskosten.

In der BCG-Matrix steht das EKG typischerweise als „Cash Cow": wenig Erlössteigerung, aber hohe Nutzung und unverzichtbar für die Basisversorgung.

6.3.3 Langzeit-Blutdruckmessung (Langzeit-RR)

Analysieren

Die Langzeit-Blutdruckmessung ist in Hausarztpraxen, kardiologischen und internistischen Praxen ein unverzichtbares Verfahren zur Diagnostik und Therapieüberwachung bei Hypertonie. Gerade angesichts der hohen Zahl von Patient:innen mit arterieller Hypertonie gehört sie zu den am häufigsten eingesetzten diagnostischen Geräten.

Medizinischer Nutzen:

- Goldstandard zur Diagnosesicherung bei Hypertonie (Vermeidung von „Praxisblutdruck")
- Therapieüberwachung unter Medikation – objektive Werte für Therapieanpassungen
- Erfassung von Tagesprofilen und nächtlichem Blutdruck (wichtiger prognostischer Faktor)

Betriebswirtschaftliche Bewertung:

- EBM: Nur geringe Vergütung, keine besonders erlösstarke Leistung.
- GOÄ: Abrechnung möglich, aber ebenfalls eher niedrig angesetzt.
- IGeL: Selten nachgefragt, da meist medizinisch indiziert und damit GKV-Leistung.
- Einnahmesituation: Kein „großer Gewinnbringer", aber durch hohes Patientenaufkommen ein kontinuierlicher Beitrag zur Praxisfinanzierung.
- Kosten:
  - Anschaffung: ca. 2000–3000 € pro Gerät.
  - Eichung/MTK: jährlich vorgeschrieben.
  - Verschleißteile (Manschetten, Schläuche) müssen regelmäßig ersetzt werden.
- Ärztlicher Aufwand: niedrig, da Auswertung meist softwaregestützt erfolgt und in der Sprechstunde kurz besprochen werden kann.
- Delegationspotenzial: sehr hoch – die Anlage des Geräts kann durch MFA erfolgen.

Strategische Bedeutung:

- Medizinisch (internistisch) ein Must-have, da Hypertonie die häufigste chronische Erkrankung ist.
- Betriebswirtschaftlich eher Cash Cow im Kleinen – kein großer Einzelverdienst, aber stabiler kontinuierlicher Ertrag bei minimalem Aufwand.

Digitalisieren

- Softwaregestützte automatische Auswertung mit grafischer Darstellung, Tagesprofilen und Statistiken.
- Direkter Export ins PVS erleichtert Dokumentation und Archivierung.

Automatisieren

- Standardisierte Abläufe für Anlage, Rückgabe und Befundung.
- Automatische Erstellung von Patientenberichten aus der Software.
- Erinnerungen im System für Kontrolluntersuchungen (z. B. jährliche Verlaufskontrollen bei DMP-Patient:innen).

Delegieren

- MFA legen das Gerät an, instruieren den Patienten und nehmen es nach 24 h wieder ab.
- Arzt/Ärztin sichtet die Softwareauswertung, bespricht die Ergebnisse kurz in der Sprechstunde und entscheidet über Therapieanpassungen.
- QM-Beauftragte/r überwacht Eichungen und MTK.

Fazit

Die Langzeit-Blutdruckmessung ist medizinisch unverzichtbar und gehört zu den am häufigsten eingesetzten Geräten in der Praxis. Betriebswirtschaftlich ist sie kein großer Erlösfaktor, aber ein stiller Dauerläufer: geringer Aufwand, hohe Nachfrage, stetiger Beitrag. Durch MFA-Delegation und softwaregestützte Auswertung ist der ärztliche Zeitbedarf minimal. In Summe eine verlässliche Basisinvestition, die in fast keiner Praxis fehlen darf.

6.3.4 Langzeit-EKG

Analysieren

Das Langzeit-EKG (LZ-EKG) ist ein wichtiges diagnostisches Verfahren zur Abklärung von Herzrhythmusstörungen. Es gehört zum erweiterten Standardrepertoire einer hausärztlichen Praxis mit internistischem Schwerpunkt oder den internistischen fachärztlichen Praxen.

Medizinischer Nutzen:

- Detektion von Rhythmusstörungen (z. B. Vorhofflimmern, Extrasystolen)
- Abklärung von Synkopen, Palpitationen, Schwindel
- Verlaufskontrolle bei Herzrhythmustherapie (z. B. Antiarrhythmika, Antikoagulation)
- Prävention: rechtzeitiges Erkennen von Vorhofflimmern → Schlaganfallprophylaxe

Betriebswirtschaftliche Bewertung:

- EBM/GOÄ:
  - Anlage + Auswertung ergibt eine Vergütung, die deutlich höher liegt als nur das Anlegen.
  - Nur Anlegen (bei externer Auswertung): Vergütung beschränkt sich auf kleine technische Leistung.
- Auswertungsvarianten:
  - Auswertung im Auswertungszentrum:
    - Vorteil: kein ärztlicher Zeitaufwand für Analyse.
    - Nachteil: nur geringe Vergütung, Praxis wird zum „Durchlaufposten".
- Eigenständige Auswertung in der Praxis:
  - Vorteil: höhere Vergütung, medizinisch unmittelbarer Nutzen.
  - Voraussetzung: zusätzliche Auswertungssoftware und ärztliche Zeit.
  - Potenzial: Möglichkeit, auch für andere Praxen Auswertungen anzubieten (Kooperationsmodell).
- Kosten:
  - Gerät: ca. 3000–5000 €.
  - Software zur Auswertung: zusätzliche Lizenzkosten.
  - MTK/Eichung: jährlich vorgeschrieben.
- Ärztlicher Aufwand:
  - Bei Fremdauswertung: minimal, nur Besprechung des Befunds.
  - Bei Eigenauswertung: relevanter Zeitbedarf, aber mit Delegationsmöglichkeiten bei Vorarbeit (z. B. Signalqualität prüfen).

Strategische Bedeutung:

- Medizinisch wichtig, aber nicht in jeder Praxis zwingend (eher internistisch ausgerichtet).
- Betriebswirtschaftlich abhängig vom Auswertungsmodell:
  - Fremdauswertung: „Poor Dog" – kaum Erlös.
  - Eigenauswertung: „Question Mark" oder „Star" – bei hoher Frequenz und guter Organisation lohnenswert.

<u>Digitalisieren</u>

- Moderne Software ermöglicht automatische Voranalyse (Markierung auffälliger Episoden).
- Direkter Datenimport ins PVS, inkl. Befundberichte.
- Cloud-basierte Systeme ermöglichen externen Zugriff und Kooperationsmodelle.

<u>Automatisieren</u>

- Standardisierte Auswerteworkflows: automatisierte Voranalyse + ärztliche Validierung.
- Checklisten für MFA: Gerät anlegen, Patienten instruieren, Daten hochladen.
- Automatisierte Befundberichte: lassen sich im PVS hinterlegen und als PDF exportieren.
- Fristmanagement: automatische Erinnerung an regelmäßige Kontrollen bei Risikopatienten.

<u>Delegieren</u>

- MFA: Anlage des Geräts, technische Prüfung der Aufzeichnung, Patienteninstruktion.
- Arzt/Ärztin: Befundung und Interpretation (bei Eigenauswertung).
- Option Fremdauswertung: Auswertung durch ein externes Zentrum, Praxisleitung erhält fertigen Befund zur Besprechung.

Fazit

Das Langzeit-EKG ist medizinisch ein wertvolles Instrument zur Rhythmusdiagnostik. Betriebswirtschaftlich hängt die Entscheidung stark vom Auswertungsmodell ab:

- Bei Fremdauswertung ist der Nutzen für die Praxis eher gering, da nur die technische Leistung vergütet wird.
- Bei Eigenauswertung ist der Aufwand höher (Software + ärztliche Zeit), aber die Vergütung verbessert sich deutlich – und bietet die Chance, zusätzliche Leistungen auch für andere Praxen zu übernehmen.

Insgesamt gilt: Das Langzeit-EKG lohnt sich vor allem dann, wenn die Praxis ein hohes kardiologisches Patientenaufkommen hat und die Auswertung selbst übernimmt.

6.3.5 Ergometrie

<u>Analysieren</u>

Die Ergometrie (Belastungs-EKG mit Fahrrad- oder Laufbandergometer) ist ein etabliertes diagnostisch-funktionelles Verfahren in der hausärztlichen und kardiologischen Diagnostik.

Medizinischer Nutzen:

- Wird eingesetzt zur Diagnostik einer koronaren Herzkrankheit (KHK) sowie zur Abschätzung der Ischämie bei Belastung (insbesondere bei mittlerer klinischer Wahrscheinlichkeit).
- Erkennung von Belastungshypertonie (Blutdruckanstieg unter Belastung) oder versteckter Bluthochdruckprobleme.
- Detektion von Herzrhythmusstörungen, die nur unter Belastung auftreten.
- Beurteilung der körperlichen Leistungsfähigkeit und Belastbarkeit – etwa nach Myokardinfarkt, in der Kardiologie zur Verlaufskontrolle.
- In bestimmten Fällen auch als IGeL-Leistung: z. B. Tauglichkeitsuntersuchungen, Tauchsport etc. (wenn vom Patienten gewünscht und medizinisch vertretbar) (Tab. 6.2).

<u>Digitalisieren</u>

- Software für Belastungssteuerung, EKG-Aufzeichnung unter Belastung, Puls- und Blutdruckverlauf.
- Schnittstellen zur Praxissoftware („PVS") für Archivierung, Befundberichte.
- Digitale Protokolle ermöglichen saubere Dokumentation und erleichtern Verlaufskontrollen.

Tab. 6.2 Betriebswirtschaftliche Bewertung Ergometrie

Aspekt	Bewertung/Risiko
Anschaffungskosten	Ein Ergometer + Belastungs-EKG-Komponente kostet erheblich mehr als ein Ruhe-EKG. Hinzu kommen ggf. Kosten für den Raum.
Erlösmöglichkeiten	Sowohl in EBM als auch GOÄ ansetzbar.
Kosten vs. Zeitaufwand	Die Untersuchungen dauern länger – Vorbereitungszeit, Belastungsstufen, Überwachung, Nacharbeiten. Arzt ist aktiv beteiligt, nicht delegierbar außer Vorbereitungen. Daher sind die Personalkosten und Zeitaufwand höher.
Ausbildungskosten	Bedienung, Sicherheit (Notfallmanagement), Interpretation unter Belastung erfordert Erfahrung oder spezielle Weiterbildung.
Delegationsmöglichkeiten	Vorbereitungen und Geräteaufbau durch MFA; Überwachung und Auswertung beim Arzt. Ärztlicher Aufwand kann je nach Praxisorganisation spürbar sein.
Nutzungsfrequenz	Bei hohem Patientenauftrag und internistischem Schwerpunkt kann sie häufig genutzt werden; in kleineren Hausarztpraxen seltener, was die Kosten pro Nutzen verschlechtert.

<u>Automatisieren</u>

- Standardisierte Belastungsprotokolle (z. B. definierte Wattstufen bzw. Protokolle), Erinnerungen für Wartung/Kalibrierung.
- Automatisierte Datenexporte, Voranalyse von Rhythmusstörungen durch Algorithmen.
- Checklisten zur Vorbereitung und Patientensicherheit.

<u>Delegieren</u>

- MFA können den Patienten vorbereiten, Geräte aufbauen, Sicherheitschecks durchführen (EKG-Elektroden, Überwachung der Sensorik etc.).
- Arzt bleibt verantwortlich für Überwachung während Belastung, Interpretation und Entscheidung über weitere Diagnostik.

Fazit

Die Ergometrie ist medizinisch wertvoll, besonders für KHK-Abklärung, Leistungsdiagnostik und Verlaufskontrollen. Als IGeL-Leistung kann sie zusätzlichen Nutzen bringen, z. B. bei Sport- oder Tauglichkeitsuntersuchungen.

Betriebswirtschaftlich ist sie aber anspruchsvoll: hohe Investitionen, erheblicher Zeitaufwand, hoher ärztlicher Einsatz und nicht für jede Praxisgröße oder jedes Patientenspektrum sinnvoll. Bei richtiger Organisation (z. B. häufiger Einsatz, gute Software, MFA-Delegation) kann sie sich dennoch dauerhaft lohnen – als Teil des diagnostischen Portfolios, nicht unbedingt als Haupterlösfaktor.

6.3.6　Lungenfunktionsdiagnostik (LuFu)

<u>Analysieren</u>

Die Lungenfunktionsdiagnostik gehört zum klassischen diagnostischen Repertoire einer hausärztlichen oder internistischen Praxis. Sie wird für akute Erkrankungen, chronische Krankheitsbilder und beispielsweise Tauglichkeitsuntersuchungen eingesetzt. Medizinischer Nutzen:

- Diagnostik akuter bronchialer Erkrankungen (z. B. obstruktive Bronchitis, Pneumoniedifferenzierung)
- Verlaufskontrolle bei chronischen Atemwegserkrankungen wie COPD und Asthma bronchiale
- Fester Bestandteil von DMP-Programmen (COPD, Asthma)
- Einsatz in Tauglichkeitsuntersuchungen (z. B. Tauchtauglichkeit, Führerschein, Sportmedizin)
- Ergänzung zur kardiologischen Diagnostik: Abgrenzung kardialer vs. pulmonaler Dyspnoe

Betriebswirtschaftliche Bewertung:

- EBM: Abrechenbar, moderate Vergütung, aber in Kombination mit DMP häufig notwendig → kontinuierlicher Ertrag.
- GOÄ: Abrechnung möglich, insbesondere bei Privatpatient:innen und im Rahmen von Check-ups.
- IGeL: möglich bei Tauglichkeitsuntersuchungen (Tauchen, Sport).
- Kosten:
  - Gerätepreis meist niedriger als bei EKG oder Sonographie (ca. 1000–2000 €);
  - Wartung: MTK/Eichung alle 2 Jahre;
  - Filter als Verbrauchsmaterial zu jeder Untersuchung;
  - Software: oft integrierbar in bestehende Systeme (z. B. CustoDiagnostic©).
- Nutzungsfrequenz: hoch in Praxen mit vielen COPD-/Asthmapatient:innen, in anderen eher seltener.
- Delegierbarkeit: Anlage und Durchführung können vollständig durch MFA erfolgen. Ärztlicher Aufwand besteht in der Interpretation und Besprechung der Ergebnisse.

Strategische Bedeutung:

- Medizinisch sehr sinnvoll, besonders in hausärztlich oder internistisch geprägten Praxen mit chronischen Patient:innen.
- Betriebswirtschaftlich stabil, da Kombination aus GKV-DMP, Privatleistungen und IGeL.

<u>Digitalisieren</u>

- Integration in PVS zur automatischen Archivierung von Befunden.
- Softwaregestützte Vergleichsfunktion für Verlaufskontrollen (COPD/Asthma).
- Einheitliche Bedienoberfläche in kombinierten Systemen (z. B. CustoDiagnostic©) reduziert Schulungsaufwand.

<u>Automatisieren</u>

- Standardisierte Abläufe: Messung nach festen SOPs, automatische Protokollerstellung.
- Softwarealgorithmen: liefern Normwerte, Soll-Ist-Vergleiche, Verlaufsgrafiken.
- Regelmäßige Erinnerungen für Verlaufskontrollen (z. B. DMP).

<u>Delegieren</u>

- MFA: können die Untersuchung eigenständig durchführen, inkl. Anleitung der Patienten.
- Arzt/Ärztin: prüft die Messqualität, interpretiert die Ergebnisse und bespricht diese im Rahmen der Sprechstunde.
- QM-Beauftragte: überwachen Prüfintervalle und Eichungen.

Fazit

Die Lungenfunktionsdiagnostik ist medizinisch unverzichtbar in der Betreuung von Patient:innen mit Atemwegserkrankungen und fester Bestandteil von DMP-Programmen. Betriebswirtschaftlich ist sie attraktiv durch ihre niedrigen Anschaffungskosten, abrechenbare Ziffern (EBM, GOÄ) und zusätzliche IGeL-Möglichkeiten. Die Untersuchung ist zudem stark delegierbar, sodass sie sich mit geringem ärztlichem Zeitaufwand umsetzen lässt.

6.3.7 Bioelektrische Impedanzanalyse (BIA)

<u>Analysieren</u>

Die Bioelektrische Impedanzanalyse (BIA) dient der Bestimmung der Körperzusammensetzung – also Fettmasse, Muskelmasse, Körperwasser. Sie gewinnt zunehmend an Bedeutung in der Präventionsmedizin, Ernährungsberatung und im Lifestylesegment. Medizinischer Nutzen:

- Hilfreich bei Gewichtsmanagement (Adipositastherapie, Ernährungsumstellungen).
- Verlaufskontrolle bei Lifestyle- und Präventionsprogrammen.
- Ergänzung zu Check-up-Untersuchungen.
- Keine direkte Relevanz für die Akutdiagnostik – eher präventiv und beratend.

Betriebswirtschaftliche Bewertung:

- Abrechnung: reine IGeL-Leistung, keine EBM-Ziffer. Analogabrechnung meist über GOÄ-Ziffer 651 (EKG), Faktor 1,0–1,8.
- Einnahmesituation: abhängig von Nachfrage – interessant in Praxen mit Präventions- oder Ernährungsfokus.
- Kosten: hochwertige Geräte ab ca. 2000–5000 €. Für seriöse Beratung sollte ein medizinisch validiertes Gerät genutzt werden (keine simplen Fitness- oder Waagenmodelle).
- Ärztlicher Aufwand: gering – Durchführung und erste Auswertung delegierbar, Interpretation erfolgt im ärztlichen Beratungsgespräch.

Strategische Bedeutung:

- Kein „Must-have" im klassischen ärztlichen Alltag, aber als Profilierungsinstrument in Prävention und Lifestyle interessant.
- Kann SEP (Strategische Erfolgsposition) schaffen, wenn gezielt in Check-up- oder Ernährungsprogramme integriert.

<u>Digitalisieren</u>

- Geräte bieten oft Software zur Verlaufskontrolle und Diagrammerstellung.
- Ergebnisse können digital in Patientenakten eingebunden und bei Folgeterminen verglichen werden.

<u>Automatisieren</u>

- Standardisierte Auswertungsprotokolle erleichtern Vergleichbarkeit.
- Wiederholungstermine (z. B. alle 3–6 Monate) können automatisiert in Recallsystemen hinterlegt werden.

<u>Delegieren</u>

- MFA können Messung durchführen.
- Arzt/Ärztin übernimmt Interpretation und Beratung im Rahmen von Lifestyle-, Ernährungs- oder Check-up-Gesprächen.

Fazit

Die BIA ist medizinisch eher ergänzend, aber für Prävention, Ernährungsmedizin und Lifestyle attraktiv. Betriebswirtschaftlich hängt der Nutzen stark von der Nachfrage ab: Als reine IGeL-Leistung kann sie ein Zusatzangebot darstellen, insbesondere im Rahmen hochwertiger Check-up-Programme.

6.3.8 Sonographie

<u>Analysieren</u>

Die Sonographie ist eines der vielseitigsten und wichtigsten diagnostischen Verfahren in der modernen Medizin. In der Hausarztpraxis beispielsweise erlaubt sie schnelle, risikoarme und strahlungsfreie Diagnostik – sowohl in der Akutsituation als auch in der Vorsorge.

Medizinischer Nutzen:

- Breites Einsatzspektrum: Abdomen, Schilddrüse, Gefäße, Herz (Echo), Notfallsonographie, Brustdrüse, Geburtshilfe und vieles mehr.
- Vorteile: strahlenfrei, schnell, wiederholbar, in Akut- und Präventionsmedizin einsetzbar.
- Notfall: Sofortdiagnostik beispielsweise bei Bauchschmerzen, Dyspnoe, Trauma.
- Vorsorge/Check-up: Carotis-Sono, Abdomenscreening, Schilddrüsenuntersuchungen.
- Zukunft: Erweiterung der Indikationen in Entwicklung, z. B. Fraktursonographie bei Kindern.

Betriebswirtschaftliche Bewertung:

- Anschaffungskosten: abhängig von Gerät und Ausstattung. Basissysteme ab ca. 10.000 €, High-End-Systeme >50.000 €.
  - Schallköpfe sind die größten Kostentreiber:
    Echoschallkopf für Herzuntersuchungen,
    Curved-Schallkopf für Abdomen,
    Linearschallkopf für Schilddrüse und Gefäße,
    spezielle fachärztlich genutzt Schallköpfe z. B.: Vaginalschallkopf.
- Wartung/QM: regelmäßige Konsistenzprüfung und Qualitätskontrollen verpflichtend.
- Abrechnung EBM:
  - Abhängig von Genehmigung durch die KV und der Qualifikation des Arztes.
  - Möglich ist Schilddrüse und Abdomen für Hausärzte und die meisten fachärztlichen Internisten.
  - Echokardiographie und Gefäßsonographie in der Regel Fachärzten (Kardiologie, Angiologie) vorbehalten.
  - Spezielle Sonographie für die jeweiligen Fachrichtungen, z. B. transvaginale Sonographie.
- Abrechnung GOÄ: Deutlich weniger Einschränkungen, breiter nutzbar.
- IGeL: Carotisscreening, Vorsorgesonographien, Check-ups.
- Einnahmesituation:
  - Bei GKV häufig gedeckelt durch Genehmigung, Budgets und Indikationsstellung.
  - Bei Privatpatienten und IGeL großes Potenzial.
- Ausbildungskosten:
  - Zwingend: Ultraschallkurs(e) nach KV-Vorgabe für GKV-Abrechnung.
  - Optional wertvoll: hochwertige Kurse nach DEGUM-Standard.
  - Fortbildungen müssen regelmäßig aktualisiert werden.

Strategische Bedeutung:

- Medizinisch: enormes Spektrum, kaum ein anderes Gerät bietet so viel diagnostischen Mehrwert.
- Betriebswirtschaftlich: lohnend in Praxen mit hohem internistischem Anteil, Privatanteil oder Präventionsausrichtung.

Digitalisieren

- Moderne Systeme bieten digitale Archivierung der Bilder und Befunde.
- Schnittstellen zum PVS ermöglichen Integration in Patientenakten.
- Automatische Dokumentation für KV und GOÄ.
- Daten können für Forschung, Studien oder KI-gestützte Auswertungen genutzt werden.

<u>Automatisieren</u>

- Standardisierte Untersuchungsprotokolle z. B. für Abdomen, Schilddrüse oder Gefäße.
- Konsistenzprüfungen lassen sich softwaregestützt dokumentieren.
- Automatische Speicherung und Archivierung der Bilder im PACS oder PVS.
- Zunehmend KI-Integration: Hilfestellung bei Befundung und Bildauswertung.

<u>Delegieren</u>

- MFA: können vorbereiten (Patientenlagerung, Gel, Geräteeinstellungen), Dokumentation.
- Arzt/Ärztin: führt die Untersuchung selbst durch – nicht delegierbar.
- Praxismanagement/QM: überwacht Prüffristen, Fortbildungen, Dokumentation.

Fazit

Die Sonographie ist medizinisch unverzichtbar und bietet ein enormes diagnostisches Potenzial. Sie ist sicher, vielseitig, patientenschonend und in vielen Situationen die Methode der Wahl.

Betriebswirtschaftlich ist sie anspruchsvoll: hohe Anschaffungskosten, regelmäßige Prüfungen, teure Schallköpfe und verpflichtende Fortbildungen. Doch das Potenzial durch GOÄ und IGeL – insbesondere bei Privatpatienten und Prävention – ist erheblich.

In Summe: medizinisch riesiger Nutzen, ökonomisch selektiv lohnend – und strategisch oft ein Aushängeschild für die Praxis.

6.3.9 Point-of-Care-Testing (POCT)

<u>Analysieren</u>

Point-of-Care-Testing (POCT) beschreibt Laboruntersuchungen, die direkt in der Praxis durchgeführt und sofort ausgewertet werden. Typische Parameter sind CRP, D-Dimer, Troponin, HbA1c, INR oder Infektions-Panel (RSV, Influenza, Covid).

Medizinischer Nutzen:

- Notfallversorgung: schnelle Diagnostik bei Brustschmerz (Troponin), Dyspnoe (D-Dimer, NT-proBNP), Fieber (CRP).
- Vorsorge und Chronikerversorgung: HbA1c bei Diabetes/DMP, INR-Monitoring, PSA im Check-up.
- Patientenzufriedenheit: Ergebnis und Beratung in einer Sitzung („One-Stop-Shop").

Betriebswirtschaftliche Bewertung:

- EBM: Vergütung oft so niedrig, dass selbst laufende Kosten (Testkit + QC) nicht gedeckt sind.
- GOÄ und IGeL: Deutlich bessere Erlöse (bis zu 10-fach höher als EBM); insbesondere für Vorsorge und Privatpatienten interessant.
- Wirtschaftlichkeit:
  - abhängig vom Parameter-Mix,
  - hoher ROI pro Jahr ist möglich – allerdings nur bei Multiparametersystemen mit ausreichender Fallzahl und einer Mischkalkulation aus Routine-, Notfall- und Privatleistungen.
- Kosten: Anschaffung für Multiparametergeräte mehrere Tausend Euro. Laufende Kosten durch Testkits, Kontrolllösungen und QC.

Strategische Bedeutung:

- Medizinisch ein klarer Zugewinn für Notfall- und Chronikerdiagnostik.
- Ökonomisch nur sinnvoll, wenn die richtigen Parameter angeboten werden und die Patientenstruktur passt.
- In Praxen mit vielen Privatpatienten, hoher Chronikerzahl und Bereitschaft zur IGeL-Nutzung sehr attraktiv.

<u>Digitalisieren</u>

- Einbindung der Ergebnisse in das Praxisverwaltungssystem (PVS).
- Digitale Speicherung für DMP, Verlaufskontrollen und KV-Dokumentation.

<u>Automatisieren</u>

- Ergebnisse in Echtzeit für sofortige Arzt-Patienten-Gespräche.
- Automatische Dokumentation: Befunde fließen direkt in die Patientenakte.
- Standardisierte QC-Workflows: Wöchentliche Kontrollen werden vom System erinnert und protokolliert.

<u>Delegieren</u>

- MFA führen Probenentnahme, Testdurchführung und Dokumentation der QC durch.
- Ärztin/Arzt interpretiert die Ergebnisse, bespricht sie mit dem Patienten und leitet ggf. die Therapie ein.

Fazit

POCT ist medizinisch hoch relevant – vor allem für Akut- und Vorsorgeleistungen. Betriebswirtschaftlich hängt der Erfolg entscheidend von der Praxisstruktur ab:

- Unter reinem EBM-Blickwinkel oft defizitär.
- Mit Mischkalkulation (Routine + Notfall + IGeL/GOÄ) und Multiparametersystemen sehr lohnend (siehe Abschn. 8.4).

Damit ist POCT ein typisches Beispiel für eine Leistung, die medizinisch ein Gewinn, ökonomisch aber selektiv ist – und bei richtiger Strategie zu einem echten Erfolgsmodell werden kann.

6.3.10 BCG-Matrix – Geräte und Software in der Hausarztpraxis

In den vorangegangenen Abschnitten haben Sie die wichtigsten Geräte und Softwaresysteme Ihrer Praxis einzeln betrachtet – mit Blick auf medizinischen Nutzen, Wirtschaftlichkeit und Organisation. Abschließend lohnt sich ein strategischer Blick auf das Gesamtbild: Welche Technik ist für Ihren Alltag unverzichtbar, wo steckt Entwicklungspotenzial – und welche Systeme sind eher „nice to have" oder sogar Kandidaten für Entlastung oder Outsourcing?

Die BCG-Matrix hilft dabei, das Geräte- und Softwareportfolio Ihrer Praxis auf einer Seite zu ordnen. Ausgehend von Nutzen, Nachfrage und wirtschaftlicher Bedeutung lassen sich typische Kategorien unterscheiden – von Stars mit hoher Strahlkraft über solide Cash Cows bis hin zu Question Marks und Poor Dogs, bei denen eine bewusste Entscheidung über Ausbau, Veränderung oder Rückbau notwendig ist. Tab. 6.3 zeigt exemplarisch, wie sich die in diesem Kapitel beschriebenen Geräte und Systeme einordnen lassen.

Tab. 6.3 BCG-Matrix Hausarztpraxis

Quadrant	Geräte/Systeme	Begründung
Stars (hoher Nutzen, hohes Potenzial)	Sonographie, POCT	Enorme medizinische Relevanz, wirtschaftlich attraktiv bei richtiger Nutzung (Privat/IGeL, Mischkalkulation)
Cash Cows (Basisgeräte, stabil)	EKG (Ruhe), Langzeit-RR, LuFu	Pflichtgeräte, tägliche Nutzung, ökonomisch solide – keine großen Gewinne, aber unverzichtbar. GOÄ mehr als EBM. EKG nur GOÄ!
Question Marks (abhängig von Strategie)	Langzeit-EKG, Ergometrie, BIA	Medizinisch sinnvoll, aber ökonomisch unsicher. Lohnend bei Eigenauswertung (LZ-EKG), hohem Patientenvolumen (Ergometrie) oder Lifestylepositionierung (BIA).
Poor Dogs	(Langzeit-EKG bei Fremdauswertung)	Medizinisch sinnvoll, wirtschaftlich aber defizitär.

In der Tabelle sehen Sie die Einordnung der im Kapitel beschriebenen Geräte und Systeme in die vier Felder der BCG-Matrix. Die Kategorien Stars, Cash Cows, Question Marks und Poor Dogs stehen dabei für unterschiedliche Rollen im Praxisalltag: Stars sind Leistungen mit hohem Nutzen und Wachstumspotenzial, Cash Cows sichern zuverlässig den laufenden Betrieb, Question Marks benötigen eine klare strategische Entscheidung und Poor Dogs sollten kritisch geprüft werden.

Für Ihre Praxis bedeutet das: Sonographie und POCT sind typische Stars – sie erfordern Investitionen in Technik, Qualitätssicherung und Fortbildung, bieten bei passender Patientenstruktur und kluger IGeL-/GOÄ-Strategie aber ein hohes Profilierungs- und Erlöspotenzial. EKG, Langzeit-RR und LuFu fungieren als robuste Cash Cows: Sie laufen täglich mit, sichern eine leitliniengerechte Versorgung und tragen durch ihre hohe Nutzungsfrequenz zur Stabilität der Praxisfinanzen bei – ohne selbst große „Gewinnbringer" zu sein.

Langzeit-EKG, Ergometrie und BIA erscheinen als Question Marks: Sie können – je nach Auswertungsstrategie, Patientengut und Positionierung Ihrer Praxis – entweder zu Stars reifen oder im Alltag eher Randangebote bleiben. Entscheidend ist, ob Sie Auswertung und Beratung konsequent in der Praxis bündeln, Abläufe standardisieren und die Leistungen in ein stimmiges Profil (z. B. kardiologisch-internistische Schwerpunktpraxis oder Präventionspraxis) integrieren. Langzeit-EKG bei Fremdauswertung ist dagegen ein typischer Poor Dog: medizinisch sinnvoll, ökonomisch aber defizitär, wenn der überwiegende Teil der Wertschöpfung im Auswertungszentrum liegt. In solchen Konstellationen sollten Sie bewusst entscheiden, ob Sie das Angebot reduzieren, anders bepreisen oder die Auswertung (wieder) in die eigene Praxis holen.

Praxistipp: Nutzen Sie die BCG-Matrix nicht nur einmalig, sondern als jährlichen Check: Tragen Sie Ihre wichtigsten Geräte und Module in eine einfache Tabelle ein, schätzen Sie deren Position gemeinsam mit Praxismanagement und MFA ein und überlegen Sie, welche Schritte für jedes Feld sinnvoll sind – Stars pflegen und ausbauen, Cash Cows effizient halten, Question Marks aktiv entscheiden, Poor Dogs ehrlich prüfen. So wird aus der Geräteübersicht ein strategisches Steuerungsinstrument für Ihre Praxis.

6.4   Server und Datenmanagement

<u>Analysieren</u>
Die Wahl zwischen Cloud-basierten Servern und lokalen Praxisservern ist eine strategische Entscheidung mit direkten Auswirkungen auf Sicherheit, Verfügbarkeit und Wirtschaftlichkeit.

Cloud-Lösung – Vorteile:

- Keine eigene Hardwarepflege notwendig.
- Automatische Updates und Sicherheits-Patches.
- Standortunabhängiger Zugriff auf Patientendaten.
- TI-Anbindung (Telematikinfrastruktur) wird zentral verwaltet.

Cloud-Lösung – Nachteile:

- Abhängigkeit vom Internet: bei Ausfall kein Zugriff.
- Bei Stromausfall in der Praxis ebenfalls Stillstand.
- Laufende Kosten (monatliche Gebühren statt einmaliger Investition).
- Datenschutzfragen: Datenhaltung außerhalb der Praxis, Vertrauen in Anbieter erforderlich.

Lokaler Praxisserver – Vorteile:

- Zugriff auf Patientendaten auch bei Internetausfall.
- Volle Datenhoheit.
- Stabile Performance im Praxisalltag, unabhängig von Internetausfällen oder Verbindungsgeschwindigkeit.

Lokaler Praxisserver – Nachteile:

- Anschaffung und regelmäßige Hardwareerneuerung erforderlich.
- Wartung (IT-Service, Updates, Back-up) liegt in Praxisverantwortung.

Digitalisieren

- Cloud-Systeme: standortübergreifender Zugriff, mobile Nutzung, zentrale, eher einfachere Benutzerverwaltung.
- Lokale Systeme: erfordern ergänzende Lösungen (VPN, Remote-Desktop) für externe Zugriffe.
- Back-up-Lösungen: digitale Sicherungen sind Pflicht – egal ob lokal oder in der Cloud.

Automatisieren

- Cloud: Updates, Back-ups und Sicherheitsmaßnahmen erfolgen automatisch durch den Anbieter.
- Lokal: Back-up- und Updateprozesse können durch IT-Skripte oder Wartungsverträge automatisiert werden.

Automatisierte Datensicherung ist Pflicht. Mögliche Lösungen sind:

- Cloud-Back-up: tägliche Sicherung in verschlüsselten Rechenzentren.
- NAS-Lösungen: lokales Speichersystem mit automatisiertem Back-up.
- Spiegelung: zweite Back-up-Einheit an einem anderen Standort schützt vor Brand, Diebstahl oder Totalausfall.

- Hybridmodelle: Kombination aus lokalem und Cloud-Back-up vereint schnelle Verfügbarkeit und maximale Sicherheit.
- Restore-Test: regelmäßige Rücksicherungskontrolle – nur getestete Back-ups sind echte Sicherheiten.

Zur Planung sollten unbedingt Softwarepartner und der Datenschutzbeauftragte hinzugezogen werden.

Delegieren

- Cloud: Anbieter übernimmt Wartung, Praxis verwaltet nur Nutzerrechte.
- Lokal: IT-Dienstleister übernimmt Wartung, Updates, Back-ups.
- Praxisleitung: bleibt verantwortlich für Auswahl des Modells, Kostenkontrolle und Datenschutzaufsicht.

Fazit

Ob Cloud oder lokaler Server – beide Modelle haben Stärken und Schwächen.

- Cloud eignet sich für Praxen mit mehreren Standorten oder geringer IT-Ressource.
- Lokal bietet Unabhängigkeit bei Netzstörungen und volle Datenkontrolle.

Unabhängig vom Modell ist eine automatisierte Datensicherung mit Standorttrennung zwingend notwendig, um im Ernstfall den Betrieb schnell wieder aufnehmen zu können.

6.4.1   Schnittstellensoftware und Bildgrabber

Diagnostische Geräte wie Ultraschallgeräte erzeugen Bilddaten, die für Dokumentation, Verlaufskontrollen und KV-Anforderungen archiviert werden müssen. Häufig bleiben diese Daten aber zunächst im Gerät. Damit sie im Praxisverwaltungssystem (PVS) oder Bildarchiv (PACS) verfügbar sind, kommen Schnittstellen- oder Grabberlösungen zum Einsatz.
Medizinischer Nutzen:

- Vollständige Dokumentation direkt in der Patientenakte.
- Vergleichbarkeit bei Verlaufskontrollen.
- Erfüllung von QS-Vorgaben (z. B. Ultraschallbilddokumentation).

Ökonomischer Nutzen:

- Kein direkter Erlös, aber erhebliche Zeitersparnis durch Wegfall manueller Zwischenschritte.
- Minimierung von Fehlern oder Datenverlust.
- Kosten meist überschaubar (Lizenzgebühr oder Zusatzmodul).

Praxisorganisation:

- Viele Hersteller bieten eigene Softwaremodule zur direkten Übertragung an – diese sind in der Regel stabiler und besser integriert als Fremdlösungen.
- Alternativ gibt es universelle Grabbersysteme, die Bildschirminhalte oder Videosignale erfassen und automatisch dem Patienten zuordnen.
- Anlage, Kontrolle und Dokumentation können durch MFA erfolgen; Einrichtung und Pflege übernimmt der Hersteller oder ein IT-Dienstleister.

Fazit
Schnittstellensoftware oder Grabber sind kein Luxus, sondern Pflicht, wenn Bilder aus Geräten wie Ultraschall rechtssicher, vollständig und effizient in der Praxisdokumentation landen sollen.

6.4.2   Archivsoftware

Analysieren
Die zunehmende Digitalisierung in Arztpraxen macht Archivsoftware unverzichtbar. Ziel ist die papierlose Praxis: Alle Dokumente, die noch in Papierform eingehen oder entstehen, sollten digitalisiert werden. Dazu gehören Arztberichte, Befunde von Fachärzten, Laborergebnisse oder auch Patientenunterlagen.
Wichtige Anforderungen an Archivsoftware:

- Speicherung als PDF oder Bilddatei, idealerweise durchsuchbar (OCR).
- Einheitliche Ablage im Patientenprofil.
- Sichere, revisionsfeste Dokumentation für KV, GOÄ und QM.

Nutzen:

- Zeitersparnis durch Wegfall von Papierakten.
- Platzgewinn in der Praxis (weniger Archivräume, weniger Papierordner).
- Schneller Zugriff auf alle Dokumente – auch standortübergreifend.

Digitalisieren

- Scannerintegration: Papierdokumente werden direkt ins PVS oder Archivsystem importiert.
- Dateiimport: Externe Befunde (z. B. PDF aus Kliniken, Laborberichte per E-Mail, Arztbriefe) können direkt übernommen werden.
- DICOM-Anbindung: ermöglicht direkte Integration von Ultraschall- oder Bilddaten; macht zusätzliche Grabber teilweise überflüssig.

- TI-/EPA-Anbindung: direkte Übernahme von Dokumenten aus der elektronischen Patientenakte oder der Telematikinfrastruktur.

Automatisieren

- Automatische Dokumentenzuordnung zum Patienten (z. B. per Barcode oder QR-Code).
- OCR-Erkennung: durchsuchbare PDF-Dateien, erleichtert spätere Recherche.
- Archivierungsworkflows: definierte Kategorien (Labor, Radiologie, Arztberichte), automatische Verschlagwortung.
- Back-up-Lösungen: revisionssichere Ablage, Anbindung an die Praxis-Back-up-Routinen (lokal/Cloud).

Delegieren

- MFA übernehmen Scannen, Dateiimport und Dokumentenzuordnung im Alltag.
- Praxismanager:in/QM-Beauftragte:r überwachen Archivierungskonzepte und Vollständigkeit.
- IT-Dienstleister richtet Schnittstellen ein und überprüft Back-ups.

Fazit

Archivsoftware ist ein zentraler Baustein der papierlosen Praxis. Sie reduziert Arbeitsaufwand, spart Platz und verhindert Systembrüche durch Anbindung an PVS, Geräte (DICOM), Dateiimporte und TI/EPA. Wer hier konsequent digitalisiert und automatisiert, gewinnt langfristig Effizienz, Transparenz und Rechtssicherheit.

6.5   Praxissoftware

Analysieren

Die Praxissoftware – oder das Praxisverwaltungssystem (PVS) – ist das Herzstück jeder modernen Arztpraxis. Sie steuert Abläufe von der Terminvergabe über die Dokumentation bis zur Abrechnung. Der Markt ist groß, unübersichtlich und heterogen: Neben allgemein verbreiteten Lösungen existieren zahlreiche Spezialangebote für einzelne Facharztgruppen.

Die Zi-Studie von 2024 zeigt, wie entscheidend die Wahl des Systems für die Zufriedenheit im Praxisalltag ist:

- Viele Praxen berichten von Störungen mehrmals pro Woche, die Abläufe massiv beeinträchtigen.
- Usability (Benutzerfreundlichkeit) und Systemstabilität sind eng mit der Zufriedenheit verknüpft.
- Die Wechselbereitschaft steigt, wenn die Software die Praxisarbeit eher behindert als unterstützt.

Damit wird klar: Eine gute Software allein reicht nicht. Support und Betreuung durch den Hersteller oder Vertriebspartner vor Ort sind oft noch wichtiger. Denn wenn ein System Probleme macht, entscheidet nicht die Funktionsliste, sondern ob sich schnell jemand kümmert.

Für die Praxisführung entscheidend sind folgende Kriterien:

- Funktionsumfang und Modularität (Terminplanung, Dokumentation, Abrechnung, Zusatzmodule)
- Schnittstellenfähigkeit (Geräte, Bilddaten/DICOM, TI, Archivsoftware)
- Stabilität und Updatemanagement
- Usability – intuitive Bedienung, logische Menüführung
- Support – Erreichbarkeit, Reaktionsgeschwindigkeit, Servicequalität
- Kosten – Anschaffung, laufende Lizenzgebühren, Preise für Zusatzmodule
- Anpassbarkeit – Möglichkeit, eigene Abfragen und Reports zu programmieren (z. B. für Abrechnungsanalysen, siehe Abschn. 3.1.2)

Ein Praxisbeispiel: Der Autor dieses Buches hat jahrelang erfolgreich mit x.isynet© gearbeitet. Entscheidend war nicht nur die Funktionsvielfalt, sondern die gute Betreuung durch den Vertriebspartner vor Ort und die Möglichkeit, eigene Auswertungen für Abrechnungszwecke einzurichten.

Digitalisieren

Ein modernes PVS muss alle digitalen Anforderungen abbilden:

- TI-Anbindung: eRezept, eAU, ePA
- Dokumentenmanagement: Scannen, Dateiimport, Archivierung als durchsuchbare PDF
- Geräteschnittstellen: Integration von EKG, Ultraschall (über DICOM), LuFu oder POCT
- Auswertungsfunktionen: Abrechnungsstatistiken, Controllingtools, Qualitätskennzahlen
- Flexibilität: Anbindung an Zusatzmodule (Impfmanagement, Recallsysteme, Abrechnungsunterstützung).

Eine Software, die diese Punkte nicht erfüllt oder zu Systembrüchen führt, wird im Alltag schnell zum Problem.

Automatisieren

Viele Prozesse lassen sich direkt über das PVS standardisieren:

- Routineabläufe: Quartalsabrechnung, Abrechnungsvorlagen, IGeL-Abrechnung
- Workflows: automatische Dokumentenablage, Verknüpfung von Laborwerten, Einbindung von Gerätedaten
- Erinnerungssysteme: Recall für Vorsorgeuntersuchungen oder DMP-Kontrollen
- Back-up-Prozesse: automatische Datensicherung (lokal oder Cloud), regelmäßige Prüfungen

Damit wird die Praxissoftware vom reinen Verwaltungsprogramm zum zentralen Steuerungsinstrument.

<u>Delegieren</u>

Die Praxissoftware kann – richtig eingesetzt – die Arbeitsteilung im Team unterstützen:

- MFA übernehmen Terminverwaltung, Dokumentenimport, Routineabrechnungen.
- Praxismanager:in überwacht Prozesse, erstellt Reports, kontrolliert Abrechnung und QM-Kennzahlen.
- Arzt/Ärztin konzentriert sich auf Befundung, Therapieentscheidungen und strategische Entscheidungen zur Weiterentwicklung der Praxis.
- Vertriebspartner/Support: unterschätzter Erfolgsfaktor. Gute regionale Ansprechpartner sind oft wichtiger als das letzte Softwarefeature.

Fazit

Die Praxissoftware ist das Nervenzentrum der Praxisorganisation. Medizinisch ermöglicht sie eine vollständige, digitale und sichere Dokumentation; ökonomisch ist sie der Schlüssel zu Abrechnung, Controlling und Effizienz.

Doch die beste Software nützt wenig ohne verlässlichen Support. Für die Praxisleitung bedeutet das: Bei der Auswahl eines Systems nicht nur auf Funktionen und Kosten achten, sondern auch auf Service, Anpassbarkeit und langfristige Verlässlichkeit. Eine stabile Software mit guter Betreuung vor Ort ist mehr wert als ein hoch gepriesenes System, bei dem man im Problemfall niemanden erreicht.

6.6 Impfmodul

<u>Analysieren</u>

Impfungen gehören zu den wichtigsten präventiven Leistungen in der Arztpraxis. Ein Impfmodul, das in die Praxissoftware integriert oder per Schnittstelle angebunden ist, erleichtert Organisation, Dokumentation und Abrechnung erheblich.

Wichtige Funktionen:

- Bidirektionale Schnittstelle: Übergabe der Patientendaten an das Modul, Rückgabe der Impfdaten (Leistungsziffer, Impfstoff, Charge, Datum) an das PVS.
- Lagerverwaltung: Übersicht über vorhandene Impfstoffe, Verfallsdaten und Bestandsführung.
- Wissensdatenbank: Impfempfehlungen für Standard-, Indikations- und Reiseimpfungen, inkl. berufsbedingter Impfungen.
- TI- und ePA-Integration: Vorbereitung auf einen digitalen Impfpass.
- Updates: regelmäßige Aktualisierung der Impfempfehlungen und STIKO-Richtlinien.

Nutzen:

- Medizinisch: sicheres Impfmanagement, vollständige Dokumentation.
- Betriebswirtschaftlich: weniger Zeitaufwand, fehlerfreie Abrechnung, bessere Planbarkeit von Impfstoffbeständen.

<u>Digitalisieren</u>

- Integration ins Praxisverwaltungssystem oder per Schnittstelle (GDT/HL7/DICOM).
- Digitale Impfpläne und Impfstatus in der Patientenakte.
- Automatische Datenübertragung an ePA oder künftige digitale Impfregister.
- Verknüpfung mit Bestell- und Lagerverwaltungssystemen.

<u>Automatisieren</u>

- Recallsysteme für fällige Impfungen (z. B. Tetanus, FSME, Grippeimpfung).
- Automatische Abrechnung mit Übergabe von GOÄ- oder EBM-Ziffern.
- Lagerwarnungen: Erinnerung bei niedrigem Impfstoffbestand oder nahendem Verfallsdatum.
- Updates der Impfempfehlungen und Reisewarnungen im Hintergrund.

<u>Delegieren</u>

- MFA können Impfungen dokumentieren, Lagerbestände prüfen und Recalllisten verwalten.
- Praxismanager:in koordiniert Impfstoffbestellungen und kontrolliert Lagerhaltung.
- Arzt/Ärztin übernimmt Indikationsstellung, Beratung und Durchführung.

Fazit

Ein Impfmodul ist mehr als ein Add-on: Es macht Impfmanagement sicherer, effizienter und zukunftsfähig. Durch Anbindung an PVS, TI und ePA kann es die Basis für einen digitalen Impfpass schaffen. In der Praxis erleichtert es die Lagerverwaltung, sichert die Dokumentation und sorgt für fehlerfreie Abrechnung – ein Gewinn für Patienten, Team und Praxisorganisation.

6.7 DMP-Manager

<u>Analysieren</u>

Disease-Management-Programme (DMP) für chronische Erkrankungen wie Diabetes, KHK, Asthma, COPD sind fester Bestandteil der haus- und fachärztlichen Versorgung. Sie erfordern jedoch eine umfangreiche und formal strenge Dokumentation.

Ein DMP-Tool oder DMP-Manager erleichtert die Arbeit durch digitale Unterstützung:

- Bidirektionale Schnittstelle: Patientendaten werden aus dem PVS übernommen, ausgefüllte DMP-Bögen mit Diagnosen, Befunden und Abrechnungsziffern zurückgespielt.
- Exportfunktion: direkte Weiterleitung der Dokumentationen zur KV zur Abrechnung.
- Formularmanagement: digitale Einschreibeformulare, Verlaufsdokumentationen, Verlängerungen.
- Updates: regelmäßige Anpassung an KV-Vorgaben und neue Leitlinien.

Nutzen:

- Medizinisch: strukturierte Betreuung chronisch Kranker nach einheitlichen Standards.
- Ökonomisch: erleichtert Abrechnung und vermeidet Rückfragen oder Ablehnungen durch die KV.
- Organisatorisch: spart Zeit, regelt das Formularwesen und reduziert Fehlerquellen bei der Dokumentation.

Digitalisieren

- Integration ins PVS: idealerweise voll eingebettet, alternativ per Schnittstelle (z. B. GDT/HL7).
- Automatische Übernahme von Stammdaten, Diagnosen, Medikation.
- Digitale Formulare statt Papierdokumentation.
- Direkte elektronische Übermittlung an die KV.

Automatisieren

- Erinnerungsfunktionen für fällige Dokumentationen (z. B. Quartals- oder Jahresbögen).
- Automatische Prüfung auf Vollständigkeit der Formulare.
- Übergabe der Abrechnungsziffern direkt ins PVS.
- Regelmäßige Updates sichern KV-Konformität.

Delegieren

- MFA können die Formulare vorbereiten, Basisdaten erfassen und Kontrolltermine im System anlegen.
- Praxismanager:in überwacht Fristen und Vollständigkeit.
- Arzt/Ärztin prüft, ergänzt und unterzeichnet die finalen DMP-Bögen.

Fazit

Ein DMP-Manager ist ein zentraler Baustein der digitalen Praxisorganisation. Er reduziert Bürokratie, spart Zeit, sorgt für fehlerfreie Abrechnung und stellt sicher, dass Patient:innen leitliniengerecht betreut werden.

Am besten ist das Tool direkt ins PVS integriert – so entstehen keine Systembrüche, und die Praxis profitiert von einem nahtlosen Workflow zwischen medizinischer Dokumentation und Abrechnung.

6.8 Externe Abrechnungshelfer

<u>Analysieren</u>

Neben den Funktionen der Praxissoftware selbst können externe Abrechnungshelferprogramme eingesetzt werden. Diese Tools arbeiten mit den Abrechnungsrohdaten (meist im CON-Dateiformat) und prüfen die Abrechnung vor Einreichung bei der KV.

Funktionsweise:

- Analyse ausschließlich von ICD-10-Codes und Abrechnungsziffern.
- Prüfung auf innere Konsistenz (z. B. Plausibilität zwischen Diagnose und Leistung).
- Erkennen von typischen Fehlern (falsche Kombinationen, fehlende Angaben, Ausschlusskriterien).
- Hinweise auf optimale Ziffernkombinationen, die sonst übersehen würden.

Wichtiger Hinweis:

- Diese Programme greifen nicht auf Patientenakten oder Behandlungsinhalte zu. Sie arbeiten ausschließlich mit den exportierten Abrechnungsdaten. Hier unterscheiden sie sich von den selbsterstellten WENN-DANN-Prüfregeln aus Kap. 3 und 4, die explizit auf die Patientenakte zugreifen, z. B. bei der Suche nach bestimmten Keywords.
- Die inhaltliche Verantwortung für Kodierung und medizinische Dokumentation bleibt vollständig in der Praxis.

Nutzen:

- Reduzierung von Fehlerrückläufen bei der KV-Abrechnung.
- Minimierung des Risikos von Honorarkürzungen oder Regressprüfungen.
- Zeitersparnis durch automatisierte Prüfung großer Datenmengen.

Digitalisieren

- Einbindung über Datenexport (CON-Datei) aus dem PVS.
- Import in das externe Prüfprogramm.
- Ergebnisse erscheinen als Fehler- oder Hinweisliste mit konkreten Änderungsoptionen.

Automatisieren

- Automatische Routinen: Prüfung kann vor jeder Quartalsabrechnung standardmäßig erfolgen.
- Regelupdates: Programme werden regelmäßig aktualisiert, um Änderungen in EBM/ GOÄ und ICD-10 zu berücksichtigen.
- Standardisierte Prüfberichte: Dokumentation für QM oder Abrechnungsmanagement.

Delegieren

- MFA/Praxismanager:in: Durchführung der Prüfungen und Sichtung der Fehlerlisten.
- Arzt/Ärztin: Prüfung medizinisch relevanter Hinweise und Entscheidung, ob Anpassungen vorgenommen werden.
- Externe Dienstleister (Abrechnungszentren): können diese Tools ebenfalls nutzen, um die Daten für die Praxis vorzubereiten.

Fazit

Externe Abrechnungshelfer sind keine Konkurrenz zur Praxissoftware, sondern eine sinnvolle Ergänzung. Sie erhöhen die Abrechnungssicherheit, reduzieren Rückfragen und sparen Zeit. Ihre Limitierung liegt klar in der Datenbasis: Sie prüfen nur ICD-10 und Abrechnungsziffern, nicht die inhaltliche Patientenakte. Die Verantwortung für die korrekte Dokumentation und medizinische Begründung bleibt beim Praxisteam.

6.9   DocSys© – Praxisbetriebssystem für Organisation und QM

Analysieren

Die zunehmende Digitalisierung in Arztpraxen verlangt nach zentralen Lösungen, die mehr können als ein klassisches Praxisverwaltungssystem. Während das PVS primär Abrechnung und Dokumentation abdeckt, bietet z. B. DocSys© der Firma DocMedicus GmbH eine Plattform für Organisation, Qualitätsmanagement und Controlling.

Die Funktionsvielfalt reicht von Dokumenten- und Wissensmanagement über Inventarverwaltung und Gerätemanagement bis hin zu Aufgabensteuerung, Personalcontrolling, Urlaubsplanung und Zeiterfassung. Auch Innovationsprozesse und internes Feedback lassen sich über DocSys© strukturieren. Damit entwickelt sich das System zu einer Art „Betriebssystem der Praxisführung".

Nutzen für die Praxisführung:

- Zentrale Plattform statt Insellösungen.
- Revisionssicherheit bei QM und Audits.
- Entlastung der Praxisleitung durch klare Delegation von Aufgaben.

<u>Digitalisieren</u>
DocSys© bildet nahezu alle praxisrelevanten Prozesse digital ab:

- Dokumentenmanagement: revisionssichere Ablage von QM-Handbüchern, Protokollen, Formularen (siehe Abschn. 2.9).
- Inventar- und Gerätemanagement: lückenlose Erfassung inkl. Bedienungsanleitungen, Prüfprotokolle, Wartungsintervalle (siehe Abschn. 6.2).
- Strategische Steuerung durch Kennzahlen und Controlling (siehe Abschn. 2.3.2).

<u>Automatisieren</u>
Besonders stark ist DocSys© bei der Automatisierung von Routineaufgaben:

- Erinnerungsfunktionen für MTK, STK, Elektroprüfungen und QM-Kontrollen.
- Urlaubsplanung und Zeiterfassung: Genehmigungsworkflows, automatische Übersichten für die Leitung.
- Abrechnungscontrolling: Analyse von ICD- und EBM-/GOÄ-Daten zur frühzeitigen Erkennung von Abweichungen.
- Wissensmanagement: Bereitstellung und Verwaltung von Dokumenten.

<u>Delegieren</u>
DocSys© erleichtert die klare Aufgabenverteilung im Team:

- MFA übernehmen Dokumentation, Gerätekontrollen, Scans und Alltagsaufgaben über das Aufgabenmodul.
- Praxismanager:innen steuern Urlaubsplanung, Personalcontrolling, QM-Prozesse.
- Ärztinnen und Ärzte behalten den Überblick über Kennzahlen und strategische Entwicklungen, ohne sich in Details zu verlieren.
- Mitarbeiter:innen können über Ideenmanagement und Feedbacksystem aktiv zur Praxisentwicklung beitragen (siehe Abschn. 2.3.3).

Fazit
DocSys© ist weit mehr als ein Dokumenten- oder Inventarsystem. Es ist eine integrierte Organisationsplattform, die operative, taktische und strategische Aufgaben abbildet: vom QM über Gerätemanagement bis hin zu Controlling, Urlaubsplanung und Innovationsprozessen.

Für die Praxis bedeutet das: mehr Transparenz, mehr Sicherheit und mehr Effizienz – und eine deutliche Entlastung der ärztlichen Leitung.

6.10   Ausblick: KI-Tools

Künstliche Intelligenz (KI) wird die Arbeit in Arztpraxis verändern – nicht als Ersatz, sondern als Assistenzsystem, das Dokumentation erleichtert, Entscheidungen unterstützt und Versorgungsqualität verbessert.

<u>Analysieren</u>
Schon heute gibt es erste Anwendungen, die den Praxisalltag spürbar entlasten:

- Diktiersoftware wandelt Sprache zuverlässig in Text um und spart damit Zeit bei Anamnese und Dokumentation.
- Decision-Support-Systeme schlagen auf Basis von Leitlinien oder eingegebenen Symptomen mögliche Diagnosen oder Therapieoptionen vor.
- Arztbriefgeneratoren erstellen standardisierte Zusammenfassungen aus vorhandenen Befunden.

In Zukunft könnten Systeme noch weiter gehen:

- Sie könnten Arzt-Patienten-Gespräche in Echtzeit mitschreiben, automatisch dokumentieren und Diagnosen oder Abrechnungsziffern vorschlagen.
- Durch die Analyse von Big Data ließen sich Muster erkennen – innerhalb einer Praxis, einer Region oder sogar über Ländergrenzen hinweg. So könnten Infektionshäufungen schneller auffallen oder individuelle Risikoprofile präziser bestimmt werden.

Doch es gilt klare Grenzen zu beachten: KI ist immer nur unterstützend. Entscheidungen und Verantwortung bleiben in der Hand der Ärztin oder des Arztes.
<u>Digitalisieren</u>
Damit KI sinnvoll genutzt werden kann, muss sie nahtlos in die digitale Infrastruktur eingebunden sein:

- Integration ins PVS oder in Module wie Arztbriefschreiber oder Abrechnungsprogramme.
- Schnittstellen zu Labor, Bilddaten, ePA und TI.
- Sprachschnittstellen für Diktat und Transkription.

<u>Automatisieren</u>
KI kann helfen, Routineaufgaben weitgehend zu standardisieren:

- Erstellung von Arztbriefen und standardisierten Befunden.
- Vorschläge für Diagnosen und Abrechnungsziffern.
- Alarmfunktionen bei auffälligen Laborwerten oder Risikomustern.
- Recallsysteme für Vorsorgen und DMP, priorisiert nach Risikoprofil.

<u>Delegieren</u>
KI-Tools eröffnen neue Möglichkeiten der Arbeitsteilung:

- MFA nutzen Dokumentationshilfen und automatisierte Protokolle.
- Praxismanager:innen setzen KI-gestützte Abrechnungs- oder QM-Prüfungen ein.
- Ärztinnen und Ärzte behalten die Verantwortung für Befundung, Therapieentscheidungen und die Kontrolle aller KI-Vorschläge.

Fazit

KI-Tools sind schon heute spürbare Helfer in der Dokumentation und Abrechnung. In Zukunft könnten sie Gespräche mitschreiben, Diagnosen vorschlagen oder große Datenmengen auf Krankheitsmuster hin analysieren.

Doch entscheidend bleibt: KI unterstützt – der Arzt entscheidet. Datenschutz, Verlässlichkeit und ärztliche Verantwortung sind nicht verhandelbar. Wer diese Grundsätze beachtet und Entwicklungen Schritt für Schritt einführt, kann die Chancen nutzen, ohne Risiken einzugehen.

Weiterführende Literatur

Appelfeller, W.; Feldmann, C. (2018): Die digitale Transformation des Unternehmens. Systematischer Leitfaden mit zehn Elementen zur Strukturierung und Reifegradmessung. Springer Gabler, Berlin/Heidelberg.

Goodfellow, I.; Bengio, Y.; Courville, A. (2016): Deep Learning. MIT Press, Cambridge, MA.

Haring, R. (Hrsg.) (2018): Gesundheit digital: Perspektiven zur Digitalisierung im Gesundheitswesen. Springer, Wiesbaden.

Häusler, E.; Erbsland, M. (Hrsg.) (2018): Digitalisierung und Big Data: Aspekte digitaler Transformation im Gesundheitswesen. Verlag Wissenschaft & Praxis, Sternenfels.

Kruse, R.; Borgelt, C.; Braune, B.; Klawonn, F.; Moewes, C.; Steinbrecher, M. (2015): Computational Intelligence – Eine methodische Einführung in Künstliche Neuronale Netze, Evolutionäre Algorithmen, Fuzzy-Systeme und Bayes-Netze. 2., überarb. Aufl. Springer Vieweg, Wiesbaden.

Landrock, H.; Gadatsch, A. (2018): Big Data im Gesundheitswesen kompakt: Konzepte, Lösungen, Visionen. Springer Vieweg, Wiesbaden.

Langkafel, P. (Hrsg.) (2014): Big Data in Medizin und Gesundheitswirtschaft: Diagnose, Therapie, Nebenwirkungen. medhochzwei, Heidelberg.

Peters, R.; Nauroth, M. (2018): Process-Mining: Geschäftsprozesse: smart, schnell und einfach. Springer Vieweg, Berlin/Heidelberg.

Thiel, R. et al. (2018): #SmartHealthSystems: Digitalisierungsstrategien im internationalen Vergleich. Bertelsmann Stiftung, Gütersloh.

van der Aalst, W. (2016): Process Mining: Data Science in Action. 2. Aufl. Springer, Berlin/Heidelberg.

Führung, Personal und Organisation

Fachlich gut zu arbeiten, reicht heute nicht mehr aus, um eine Praxis stabil und zukunftsfähig zu führen. Die größten Herausforderungen liegen zunehmend dort, wo Medizin, Organisation und Menschen aufeinandertreffen: im Team, in der täglichen Zusammenarbeit und in der Frage, wer wann welche Verantwortung übernimmt. Personalmangel, steigende Erwartungen von Patient:innen, komplexere Abrechnung und Digitalisierung treffen auf begrenzte Zeit und Energie – insbesondere bei der Praxisleitung.

In den vorhergehenden Kapiteln lag der Schwerpunkt auf Strukturen, Zahlen und Systemen: Abrechnung, Geräte, Software, Kennzahlen. Dieses Kapitel richtet den Blick auf die „weiche" Seite der Praxisführung – die sich in der Realität jedoch als harter Erfolgsfaktor erweist. Denn Personal ist nicht nur der größte Kostenblock, sondern zugleich die wichtigste Ressource Ihrer Praxis. Wie gut Führung, Personalentwicklung und Organisation funktionieren, entscheidet direkt über Wartezeiten, Stimmung im Team, Fluktuation, Qualität der Versorgung und letztlich über die wirtschaftlichen Ergebnisse.

Führung wird dabei nicht als angeborene Charaktereigenschaft verstanden, sondern als gestaltbare Aufgabe. Im Zentrum steht eine Haltung, die Verantwortung teilt, Entwicklung ermöglicht und klare Rahmenbedingungen schafft – statt alles an der Praxisleitung festzumachen. Die im Buch eingeführte Methodik bleibt dabei unverändert: Auch in der Personalarbeit und Organisationsentwicklung orientieren wir uns an den vier Schritten Analysieren – Digitalisieren – Automatisieren – Delegieren. So werden Führungsfragen greifbar und in konkrete, umsetzbare Maßnahmen übersetzt.

Dieses Kapitel spannt den Bogen von der persönlichen Führungsrolle bis zur strukturierten Personalarbeit: Es beginnt mit Servant Leadership als moderner Form dienender Führung und zeigt, wie Kompetenzteams und Rollenarchitektur Personalentwicklung im Alltag verankern. Es beleuchtet Teambuilding und Kulturpflege, die besondere Rolle des geschäftsführenden Arztes, den Umgang mit Veränderung (Change-Management) und den

F. Brokamp, *Arztpraxis effizient führen*, Erfolgskonzepte Praxis- & Krankenhaus-Management, https://doi.org/10.1007/978-3-662-73211-3_7

systematischen Umgang mit Innovation und Ideen. Darauf aufbauend geht es um Organisationsentwicklung, gewaltfreie Kommunikation als zentrales Werkzeug in Konflikten sowie um Personalplanung, Dienstpläne, Personalgewinnung und -erhalt – jeweils mit konkreten Beispielen aus der hausärztlichen Praxis.

Ziel dieses Kapitels ist es, Ihnen als Praxisleitung Werkzeuge an die Hand zu geben, mit denen Führung entlastet, Verantwortung verteilt und Zusammenarbeit planbar wird. Wenn Sie die beschriebenen Konzepte mit der ADAD-Brille betrachten und Schritt für Schritt umsetzen, entsteht eine Praxis, in der sich Menschen entwickeln können, Abläufe verlässlich funktionieren – und Sie als Leitung den Kopf wieder frei haben für das, was nur Sie tun können: gute Medizin.

7.1   Servant Leadership in der Arztpraxis

Die Arztpraxis ist ein Ort mit hoher Taktung, viel Verantwortung – und wachsendem Personalmangel. Gleichzeitig steigen die Erwartungen an Qualität, Digitalisierung und Teamführung. In dieser Situation braucht es eine neue Art der Führung: eine, die Orientierung gibt, Vertrauen schafft und Zusammenarbeit fördert. Servant Leadership, also „dienende Führung", bietet genau diesen Ansatz. Sie stellt nicht die Führungskraft, sondern das Team und die gemeinsame Aufgabe in den Mittelpunkt – und hat sich in vielen Praxen als wirksam erwiesen.

<u>Analysieren</u>

Führungsprobleme in der Praxis entstehen oft nicht aus bösem Willen, sondern aus historisch gewachsenen Strukturen. In vielen Praxen wird Führung „nebenbei" gemacht – zwischen Notfall, Telefonat und Hausbesuch. Verantwortlichkeiten sind unklar, Kommunikationswege ineffizient, Konflikte schwelen. Typische Symptome:

- Mitarbeitende fühlen sich überfordert oder nicht gehört.
- Entscheidungen verlaufen intransparent.
- Führungskräfte übernehmen zu viel – und wirken selbst überlastet.
- Gute Ideen versanden, weil niemand sie strukturiert aufgreift.

Dazu kommt: Medizinische Ausbildungen bereiten kaum auf Führungsaufgaben vor. Weder MFA noch Ärzt:innen lernen im Regelfall, wie man ein Team leitet, Feedback gibt oder eine Kultur der Zusammenarbeit etabliert.

Servant Leadership: Haltung und Handwerkszeug

Servant Leadership stellt die klassische Vorstellung von Führung auf den Kopf. Die Führungskraft dient dem Team – nicht umgekehrt. Sie schafft die Bedingungen, unter denen Mitarbeitende selbstwirksam handeln, sich entwickeln und Verantwortung übernehmen können.

Tab. 7.1 SCARF-Modell in der Praxisführung

Element	Bedeutung in der Praxisführung
Status	Anerkennung zeigen, Verantwortung übertragen, Kompetenzen sichtbar machen
Certainty	Klarheit über Rollen, Prozesse und Erwartungen schaffen
Autonomy	Entscheidungen ermöglichen, Handlungsspielräume zulassen
Relatedness	Teambindung stärken, gemeinsame Erfolge feiern
Fairness	Gleichbehandlung sicherstellen, transparente Kommunikation fördern

Konkret heißt das:

- Zuhören statt Anweisen
- Fragen statt Festlegen
- Räume geben statt Kontrolle ausüben

Der Nutzen zeigt sich im Alltag: Mitarbeitende entwickeln mehr Eigenverantwortung, Entscheidungen werden besser mitgetragen, die Atmosphäre verbessert sich spürbar.

Orientierung durch das SCARF-Modell

Ein praxistaugliches Werkzeug für dienende Führung ist das SCARF-Modell (Status, Certainty, Autonomy, Relatedness, Fairness). Es beschreibt fünf psychologische Grundbedürfnisse, die in der Führung berücksichtigt werden sollten (Tab. 7.1).

Ein Beispiel für gelebte Relatedness ist das Prinzip der „immer offenen Tür": Führungskräfte machen sich bewusst zugänglich für Rückfragen, Impulse oder Kritik – auch außerhalb formaler Strukturen. Das senkt Hemmschwellen, fördert Dialog auf Augenhöhe und signalisiert Vertrauen in die Eigenverantwortung der Mitarbeitenden. Besonders in kleinen Teams ist diese Form der Führung ein wichtiger kultureller Anker.

In der konkreten Umsetzung bedeutet das z. B.:

- Einführung einer sichtbaren Führungsstruktur mit klaren Rollen (z. B. Praxismanager:in, Hygienebeauftragte).
- Gemeinsame Auswertung von Praxiskennzahlen, um Beteiligung zu fördern.
- Regelmäßige Teamsitzungen, bei denen jedes Kompetenzteam mitreden kann.
- Feedbackstrukturen, bei denen auch Kritik willkommen ist – etwa über ein digitales Terminal oder offene Gesprächsrunden.

<u>Digitalisieren</u>

Moderne Praxisführung braucht digitale Werkzeuge – nicht als Selbstzweck, sondern als Unterstützung für Transparenz und Zusammenarbeit. Eine zentrale Rolle spielt dabei ein internes Praxisportal, das folgende Funktionen vereint:

- Ideenmanagement: Vorschläge aus dem Team werden gesammelt, bewertet und verfolgt.
- Dokumentenmanagement: Arbeitsanweisungen, Fortbildungsunterlagen und interne Abläufe sind strukturiert auffindbar.
- Aufgabensteuerung: Wiederkehrende Aufgaben werden klar zugewiesen und überwacht.
- Lesebestätigung: Wichtige Neuerungen werden verbindlich kommuniziert.
- Rollenrechte: Unterschiedliche Zugriffsrechte je nach Funktion im Team.

Diese Funktionen lassen sich mit geeigneten Systemen (z. B. DocSys) umsetzen. Entscheidend ist dabei nicht das Tool selbst, sondern seine konsequente Anwendung im Alltag.

Automatisieren

Viele Führungsaufgaben sind wiederkehrend – und lassen sich mit Technik erleichtern:

- Feedback sammeln: Smiley-Terminals oder Onlineumfragen reduzieren die Schwelle für Rückmeldungen von Patient:innen und Team.
- Fortbildungsplanung: Über digitale Tools können Angebote gesammelt, Termine koordiniert und Teilnahmen dokumentiert werden.
- Wissensspeicherung: Probleme und Lösungen werden in einer Datenbank gesammelt – das vermeidet ständiges Nachfragen und beschleunigt Einarbeitung.

Das Ziel ist nicht „kalte Digitalisierung", sondern mehr Raum für persönliche Führung. Routineaufgaben werden automatisiert, damit die Führungskraft dort präsent sein kann, wo sie gebraucht wird: im Dialog mit dem Team.

Delegieren

Servant Leadership bedeutet nicht, alles abzugeben – sondern gezielt Verantwortung zu teilen. Erfolgreiche Praxen etablieren dafür z. B.:

- Praxismanager:innen, die operative Aufgaben übernehmen und das Bindeglied zwischen Team und Leitung sind,
- Kompetenzteams, die selbstständig Bereiche wie Labor, Abrechnung oder Hygiene organisieren,
- Regelkommunikation, in der Entscheidungen vorbereitet und reflektiert werden.

Damit Delegation funktioniert, braucht es klare Rollen, Rückmeldeschleifen und das Vertrauen, dass Fehler als Lernchance verstanden werden. Ein gutes Delegationsklima erhöht die Motivation und entlastet die Führung.

Fazit

Gute Führung in der Arztpraxis ist heute mehr als fachliche Autorität. Sie bedeutet, den Rahmen zu schaffen, in dem Teams wachsen, Verantwortung übernehmen und gemeinsam Lösungen finden können. Servant Leadership bietet dafür einen wirksamen, modernen und praxisnahen Ansatz. In Verbindung mit digitalen Werkzeugen lässt sich so eine

Führungskultur etablieren, die Klarheit, Vertrauen und Zusammenarbeit in den Mittelpunkt stellt.

Der Wandel beginnt nicht mit einem Softwaretool – sondern mit einer Haltung: Führung ist Dienstleistung am Team. Und manchmal beginnt sie ganz einfach – mit einer offenen Tür.

7.2 Situatives Führen im Praxisalltag

Führungsstile nach Rolf Wunderer

Führung in der Arztpraxis ist selten „one size fits all".

In der Reanimation brauchen sie jemanden, der das Kommando übernimmt.

In der Teambesprechung zur Praxisentwicklung wollen Sie Ideen hören.

Das Modell von Wunderer hilft, Führungsverhalten bewusst zur jeweiligen Situation zu wählen. Es unterscheidet fünf Führungsstile – je nachdem, wer das Ziel und wer den Weg vorgibt (Tab. 7.2).

Im Folgenden wird dieses Modell in den ADAD-Zyklus eingeordnet:

Analysieren – Digitalisieren – Automatisieren – Delegieren.

<u>Analysieren</u>

Der erste Schritt ist, Führung als Situation zu verstehen, nicht als Charaktereigenschaft.

Direktiver Führungsstil – „Ziel und Weg vorgeben"

Typische Situationen in der Arztpraxis:

- Notfälle in Praxis oder Heim
  - Beispiel: Reanimation im Sprechzimmer
    Arzt/Ärztin am Kopf übernimmt klar die Leader-Rolle.
    Klare, knappe Kommandos („Frau X – Herzdruckmassage!", „Herr Y – Notruf 112!").

Tab. 7.2 Führungsstile in der Arztpraxis

Führungsstil (nach Wunderer)	Zielvorgabe	Weg (Vorgehen)	Kurzbeschreibung
Direktiver Führungsstil	Führung	Führung	„Ich sage, was wir tun und wie wir es tun."
Ausbildender Führungsstil	Führung	Gemeinsam	„Ich gebe Ziel und Rahmen – wir erarbeiten den Weg gemeinsam."
Delegativer Führungsstil	Führung	Team	„Ich gebe das Ziel vor – ihr entscheidet, wie ihr dort hinkommt."
Kooperativer Führungsstil	Gemeinsam	Team	„Wir verständigen uns auf Ziel & Weg im Dialog."
Unternehmerischer Führungsstil	Team	Team	„Ihr definiert Ziel & Weg selbst – ich halte den Rahmen und kontrolliere grob."

Keine Diskussion, keine Abstimmung – Fokus auf Geschwindigkeit und Sicherheit.
- Akute Gefahrensituationen
  - Aggressiver Patient, Brandalarm, IT-Ausfall mitten in der Sprechstunde.
- Neue, noch unsichere Mitarbeitende in kritischen Prozessen
  - z. B. erste Soloschicht am Tresen bei vollem Wartezimmer.

Beschreibung: Sie geben Ziel und Weg vor. Das Team folgt. Diskussionen werden bewusst vertagt („Wir sprechen nachher darüber").

Ausbildender Führungsstil – „Ziel vorgeben, Weg gemeinsam erarbeiten"
Typische Situationen:

- Einarbeitung neuer MFA
  - Beispiel: Neue Kollegin lernt das Impfmanagement.
    Ziel: „Sie sollen sicher alle Impfungen nach STIKO-Empfehlung managen können."
    Weg: gemeinsam SOPs durchgehen, Impfbücher üben, zunächst unter Aufsicht durchführen.
- Einführung eines neuen Prozesses
  - z. B. neues Recallsystem, neuer Check-up-Ablauf, neue Telefonstruktur.
- Fehleranalyse und Lernschleifen
  - z. B. Verwechslung von Befunden, Doppelbestellungen.

Beschreibung: Sie geben das Ziel und den groben Rahmen vor, entwickeln den Weg mit dem Team.
Es ist Führung mit starkem Lern- und Coachingelement.

Delegativer Führungsstil – „Ziel vorgeben, Weg dem Team überlassen"
Typische Situationen:

- Entwicklungsaufgaben mit klaren Zielen
  - Beispiel: „Wir wollen in 12 Monaten die Telefonerreichbarkeit von 60 % auf 85 % steigern."
    Sie definieren Ziel und Kennzahlen.
    Das Empfangsteam entscheidet selbst: Rückrufzeiten, Telefonleitfaden, interne Abläufe.
- Klar umrissene Projekte
  - z. B. „Einführung Onlineterminvergabe bis 31.12", „Neugestaltung Wartezimmer".
- Praxisorganisation im Verantwortungsbereich einer „Leit-MFA"
  - z. B. Materiallager, Impfsprechstunde, Hausbesuche planen.

Beschreibung: Sie sagen, wohin, das Team entscheidet, wie.
Sie bleiben ansprechbar und kontrollieren Ergebnisse, mischen sich aber nicht in jeden Zwischenschritt ein.

Kooperativer Führungsstil – „Ziel und Weg gemeinsam festlegen"
Typische Situationen:

- Teamklausur oder Praxisstrategie
  - z. B. Entscheidung: „Wollen wir eine weitere Arztstelle schaffen?" oder „Bieten wir eine neue IGeL-Leistung an?"
- Konfliktlösung im Team
  - Spannungen zwischen Tresen und Labor, Kommunikationsprobleme im Heim.
- Qualitätszirkel intern
  - z. B. „Wie reduzieren wir Doppelkontakte und unnötige Laufwege?"

Beschreibung: Ziel und Weg entstehen im Dialog.
Sie bringen medizinischen und wirtschaftlichen Rahmen ein, das Team bringt Alltagspraxis und Ideen ein. Am Ende steht eine gemeinsam getragene Entscheidung.

Unternehmerischer Führungsstil – „Ziel und Weg beim Team"
Typische Situationen:

- Hochreife Teilbereiche
  - z. B. ein eingespieltes DMP-Team, eine erfahrene VERAH/NÄPA mit eigenem Tourenplan.
- „Miniunternehmen" innerhalb der Praxis
  - Impfsprechstunde, Wundsprechstunde, Heimbetreuung, Labororganisation.
- Innovation aus dem Team heraus
  - z. B. MFA entwickelt Konzept für Schulungen von Chroniker:innen.

Beschreibung: Ein Bereich arbeitet fast wie ein eigenes „kleines Unternehmen".
Das Team definiert Ziele, Maßnahmen und Kennzahlen selbst – Sie prüfen nur, ob es in die Gesamtstrategie der Praxis passt und rechtliche/qualitative Vorgaben erfüllt.

Kurzzusammenfassung: Führungsstil – Situation – Beschreibung
- Direktiv: Notfälle, akute Krisen – *maximale Klarheit, keine Diskussion, Sie geben Ziel und Weg vor.*
- Ausbildend: Lern- und Einarbeitungssituationen – *Sie geben Ziel vor und erarbeiten den Weg mit den Mitarbeitenden.*
- Delegativ: Entwicklungsaufgaben mit klarer Zielvorgabe – *Sie definieren das Ziel, das Team gestaltet den Weg.*
- Kooperativ: Strategie- und Konfliktthemen – *Ziel und Weg werden gemeinsam im Team entwickelt.*
- Unternehmerisch: hochreife, stabile Teilbereiche – *Team definiert Ziel und Weg, Sie begleiten und geben den Rahmen.*

<u>Digitalisieren</u>

Digitalisieren heißt hier nicht „Führung per E-Mail", sondern: Führung sichtbar und nachvollziehbar machen.

Beispiele aus der Arztpraxis:

- Direktiver Stil im Notfall digital unterstützen
  - Digitale Notfall-SOPs in der Praxissoftware oder auf dem Tablet:
  Klare, leicht abrufbare Algorithmen („ABCDE", Reanimationsschema, Medikamentencheck)
  Rollenverteilung hinterlegt („Leader", „Medikamentenverantwortliche:r", „Dokumentation")
  - Checklisten für Notfallkoffer digital pflegen:
  MFA kann per Tablet abhaken, wer wann kontrolliert hat.
- Ausbildender Stil mit Lernplattformen kombinieren
  - Wiederkehrende Schulungen (Hygiene, Datenschutz, Impfungen) über:
  kurze E-Learning-Module oder Videos,
  Quizfunktionen zur Selbstkontrolle,
  dokumentierte Teilnahme in der Personalakte.
  - Neue MFA erhalten digital hinterlegte Onboardingchecklisten:
  Sie erkennen auf einen Blick, was bereits gelernt wurde und wo noch Anleitung nötig ist.
- Delegativer Stil mit Aufgaben- und Projekttools stärken
  - Nutzung einfacher digitaler Tools:
  Aufgabenlisten in der Praxissoftware
  Kanban-Board („To do – In Arbeit – Erledigt")
  Gemeinsame Ablage für Projektunterlagen (z. B. Onlineterminvergabe)
  - Sie sehen, wie das Team den Weg gestaltet, ohne jede Einzelentscheidung selbst zu treffen.
- Kooperativer Stil durch transparente Dokumentation
  - Protokolle von Teamsitzungen digital ablegen:
  Gemeinsam vereinbarte Ziele
  Zuständigkeiten
  Zeitplan und nächste Schritte
  - So wird klar: *Was haben wir gemeinsam beschlossen – und was ist nur eine Idee gewesen?*
- Unternehmerischer Stil mit Kennzahlen hinterlegen
  - Für „Miniunternehmen" (z. B. Impfsprechstunde) einfache Dashboards:
  Anzahl Impfungen
  No-Show-Rate
  Rückrufquote bei Impferinnerungen
  - Das Team kann selbst steuern – Sie sehen, ob der Bereich auf Kurs ist.

<u>Automatisieren</u>

Automatisieren bedeutet: Führung so in Prozesse einbauen, dass sie auch funktioniert, wenn Sie nicht danebenstehen.

Führungsrollen standardisieren
- Notfallrollenplan:
  - z. B. „Wer jeweils in der Praxis ist, übernimmt standardmäßig Rolle X",
  - klar geregelt in Dienstplänen und SOPs, im Team geschult.
- Schichtleitungen am Tresen:
  - Pro Schicht eine MFA als Ansprechpartnerin – Entscheidungen müssen nicht immer zu Ihnen eskaliert werden.

Regelkommunikation fest einplanen
- Wöchentliche Teamsitzung (10–15 min):
  - Kurze Lagebesprechung: Was lief gut? Was steht an? Wo brauchen wir Entscheidungen?
  - Hier wird vor allem kooperativ geführt.
- Monatliches Entwicklungsgespräch pro Bereich:
  - z. B. mit Leitung Empfang, Labor, DMP.
  - Fokus auf delegativen/unternehmerischen Stil: Ziele, Kennzahlen, Unterstützung.

Standardentscheidungen in Checklisten überführen
- Telefon- und Tresenleitfäden:
  - Wann darf die MFA selbst entscheiden?
  - Wann muss der Arzt/die Ärztin gefragt werden?
- Freigabeprozesse:
  - Bestimmte Entscheidungen werden bis zu einem Betrag X oder in definierten Fällen automatisch von der Leit-MFA getroffen,
  - dadurch weniger Rückfragen, mehr Eigenverantwortung.

Schulung als wiederkehrenden Prozess organisieren
- Onboardingpfade für neue Mitarbeitende:
  - Standardisierte Reihenfolge von Einweisung, Shadowing, ersten eigenen Aufgaben.
  - Ausbildender Führungsstil wird damit systematisiert, nicht „zum Zufall".

<u>Delegieren</u>

Der letzte Schritt im ADAD-Zyklus heißt nicht nur „Aufgaben abgeben", sondern:

- Führungsrollen im Team entwickeln.
- Bereichsverantwortliche („Miniunternehmer:innen") etablieren.

Beispiele:

- Leitung Empfang/Telefon
  - Ziel: Erreichbarkeit und Patientenfluss optimieren.
  - Führungsstil: vor allem delegativ und später unternehmerisch.
- Leitung DMP/Chronikerprogramme
  - Ziel: Einschreibequoten, Qualität der Verlaufsdokumentation, Recall.
- Hygienebeauftragte/QMB
  - Ziel: Audits bestehen, Praxisstandard halten, Team schulen.

Sie definieren den Rahmen (Qualität, Recht, Wirtschaftlichkeit) – die Bereichsleitung setzt Ziele und Weg in ihrem Verantwortungsbereich eigenständig.

Stile transparent machen

Hilfreich ist es, dem Team offen zu sagen, in welchem Stil Sie gerade führen – z. B.:

- „Im Notfall führe ich direktiv – da diskutiere ich nicht."
- „In dieser Teamentwicklungssitzung möchte ich kooperativ mit ihnen entscheiden."
- „Bei diesem Projekt übergebe ich Ihnen die Verantwortung – hier führe ich delegativ/ unternehmerisch."

Das schafft Sicherheit: Es wird klar, dass wechselnde Stile kein Zeichen von Inkonsequenz sind, sondern von bewusster, situativer Führung.

Entwicklungspfade anbieten

Nicht jede MFA möchte oder kann sofort unternehmerisch führen. Sinnvoll ist ein Entwicklungspfad:

- Mitarbeiten im Bereich (ausbildend geführt)
- Übernahme klar definierter Aufgaben (delegativ geführt)
- Übernahme eines Teilbereichs (kooperativ abgestimmt)
- Volle Bereichsverantwortung mit eigenen Zielen und Kennzahlen (unternehmerischer Stil)

Fazit

- Führungsstile nach Wunderer helfen, Führung als Werkzeugkasten zu sehen.
- Im Praxisalltag wechseln die Stile je nach Situation:
  - direktiv im Notfall,
  - ausbildend beim Lernen,
  - delegativ bei klaren Zielen,
  - kooperativ bei Strategie und Konflikten,
  - unternehmerisch bei reifen Bereichen.

- Über den ADAD-Zyklus werden diese Stile:
  - analysiert (Welche Situation liegt vor?),
  - digitalisiert (Strukturen und Tools machen sie sichtbar),
  - automatisiert (Routinen und Rollen verankern sie im Alltag),
  - delegiert (Führungsaufgaben werden im Team verteilt).

7.3 Strukturierte Mitarbeitergespräche als Führungsinstrument

Neben Haltung und Führungsstil sind strukturierte Mitarbeitergespräche eines der wirksamsten Werkzeuge der Führung in der Arztpraxis. Sie übersetzen Ihre Rolle als Praxisleitung in konkrete, planbare Kommunikation – weg vom Zuruf im Flur, hin zu klaren Entwicklungs- und Klärungsformaten.

<u>Analysieren</u>

Unter Mitarbeitergesprächen verstehen wir geplante, strukturierte Gespräche zwischen Praxisinhaber:in und Mitarbeitenden mit einem klaren Ziel. Sie unterscheiden sich vom „kurzen Zuruf im Flur" durch:

- Klare Rollen: Sie als Führungskraft, Ihre Mitarbeiterin/Ihr Mitarbeiter als Gesprächspartner:in auf Augenhöhe
- Klare Ziele: z. B. Rückmeldung geben, Entwicklung planen, Probleme lösen
- Klare Struktur: Vorbereitung, roter Faden, Dokumentation

Typische Formen von Mitarbeitergesprächen in der Arztpraxis sind z. B.:

- Jahres- bzw. Entwicklungsgespräch
- Feedback- oder Kritikgespräch
- Einführungs-/Probezeitgespräch
- Rückkehrgespräch nach Krankheit oder Elternzeit
- Belastungs- und Gesundheitsgespräch (Stress, Überlastung, Teamkonflikte)
- Kurze, regelmäßige „Check-ins" (z. B. alle 3 Monate 15 min)

Wozu sind Mitarbeitergespräche gut?

- Sie erhöhen die Teamstabilität:
  - Unzufriedenheit und Missverständnisse werden früh sichtbar.
  - Mitarbeitende erleben Wertschätzung und Aufmerksamkeit.
- Sie verbessern Qualität und Patientensicherheit:
  - Fehler und Beinahefehler können in Ruhe besprochen werden.
  - Konkrete Maßnahmen (Checklisten, Schulungen, Zuständigkeiten) werden vereinbart.

- Sie unterstützen Delegation und Personalentwicklung:
  - Stärken und Entwicklungswünsche werden sichtbar.
  - Neue Aufgabenbereiche (z. B. Impfmanagement, QM, Social Media) können gezielt übergeben werden.
- Sie entlasten Sie als Ärztin/Arzt:
  - Weniger „Dauerfeuer" zwischen Tür und Angel.
  - Themen werden gebündelt im Gespräch geklärt.

Merksatz: Reden hilft – strukturiert reden hilft besser.

Digitalisieren – Wie bereiten Sie Mitarbeitergespräche vor?

Damit Mitarbeitergespräche nicht im Alltag untergehen, lohnt sich eine einfache digitale Struktur.

Vorbereitungsvorlagen nutzen

Legen Sie für Ihre Praxis einfache Vorlagen an, z. B.:

- Vorbereitungsbogen für Mitarbeitende
  - „Was lief in den letzten Monaten gut?"
  - „Wo sehen Sie Probleme oder Engpässe im Praxisalltag?"
  - „Wo möchten Sie sich weiterentwickeln?"
- Leitfaden für Sie als Führungskraft
  - Beobachtungen (positiv wie kritisch)
  - Rückmeldungen aus dem Team
  - Auffälligkeiten bei Abläufen, Fehlern, Stimmung
- Gesprächsprotokoll/Vereinbarungsbogen
  - „Worüber haben wir gesprochen?"
  - „Was haben wir konkret vereinbart?"
  - „Wann prüfen wir das wieder?"

Diese Dokumente können Sie:

- als Word-Vorlage auf dem Praxisserver speichern,
- in der Praxissoftware hinterlegen z. B. in DocSys.

Termine digital planen

- Legen Sie für jede Mitarbeiterin/jeden Mitarbeiter einen jährlichen Termin für das Entwicklungsgespräch an.
- Ergänzen Sie bei Bedarf weitere kurze Gespräche (z. B. nach der Probezeit, nach Rückkehr aus Elternzeit).
- Nutzen Sie die Erinnerungsfunktion Ihres Kalenders, damit Gespräche nicht „untergehen".

▶   Praxistipp: Planen Sie Mitarbeitergespräche nicht direkt vor oder nach der Sprechstunde. Ein ruhiger Rahmen (z. B. Mittagszeit mit „Puffer") erhöht die Qualität des Gesprächs deutlich.

<u>Automatisieren</u> – Standardabläufe für Mitarbeitergespräche
Sie müssen das Rad nicht jedes Mal neu erfinden. Vieles lässt sich durch einfache Standards teilautomatisieren.

Standardablauf für das Jahresgespräch
Ein bewährter Ablauf könnte z. B. so aussehen:

- Einstieg und Ziel des Gesprächs klären
  - „Danke, dass Sie sich Zeit nehmen. Mir ist wichtig, heute auf Ihre Aufgaben, Ihre Situation und unsere Zusammenarbeit zu schauen – und am Ende konkrete Vereinbarungen zu haben."
- Selbstbild der Mitarbeiterin/des Mitarbeiters
  - „Wie blicken Sie auf die letzten Monate?"
  - „Was lief für Sie gut, was war eher schwierig?"
- Fremdbild der Führungskraft
  - Positives zuerst: Stärken, Erfolge, besondere Leistungen
  - Dann konkrete Kritikpunkte – immer anhand konkreter Beispiele, nicht allgemein („immer", „nie")
- Gemeinsame Analyse
  - Woran liegen Probleme? (Ressourcen, Strukturen, Einarbeitung, Kommunikation?)
  - Wo gibt es Missverständnisse über Zuständigkeiten oder Prioritäten?
- Ziele und Maßnahmen vereinbaren
  - Wenige, konkrete Punkte
  - Wer macht was bis wann?
  - Wie messen wir, ob es besser geworden ist?
- Abschluss
  - „Was nehmen Sie aus dem Gespräch mit?"
  - „Was wünschen Sie sich von mir in den nächsten Wochen?"

Diesen Ablauf können Sie als Checkliste hinterlegen und für jedes Gespräch wiederverwenden.

Typische Gesprächsanlässe standardisieren
Sie können für wiederkehrende Situationen kleine „Gesprächsbausteine" entwickeln, z. B.:

- Probezeitgespräch (Woche 4 und Woche 12)
- Rückkehrgespräch nach Krankheit/Elternzeit
- Belastungsgespräch, wenn jemand immer wieder sagt „Das ist mir zu viel"
- Fehlergespräch nach einem relevanten Beinahe- oder tatsächlichen Fehler

Jeder Baustein hat:

- 3–5 Leitfragen
- 2–3 typische Vereinbarungsmöglichkeiten
- Platz für individuelle Absprachen

Damit wird aus „Wie fange ich das jetzt an?" ein routinierter, sicherer Ablauf.

Delegieren – Wer führt welche Gespräche?

Sie müssen nicht alle Gespräche selbst führen. Wichtig ist, dass klar ist, wer welche Art von Gespräch übernimmt.

Was bleibt bei Ihnen als Ärztin/Arzt/Praxisinhaber:in?

In der Regel sollten Sie selbst führen:

- Jahres- und Entwicklungsgespräche
- Gespräche zu Gehalt und Vertragsänderungen
- Schwerwiegende Konfliktgespräche
- Gespräche mit strategischer Bedeutung (z. B. neue Rolle als Praxismanager:in)

Was kann an Praxismanagerin/leitende MFA delegiert werden?

Gut delegierbar sind z. B.:

- Einarbeitungsgespräche mit neuen Mitarbeitenden (nach 1–2 Wochen, nach 3 Monaten)
- Fachlich-organisatorische Rückmeldungen zum Alltag (Abläufe am Empfang, Labor, Telefon)
- Kurze Check-ins zur Stimmung im Team („Wie läuft es bei euch im Labor gerade?")

Sie bleiben hier oft zweite Instanz:

- Praxismanagerin/leitende MFA führt das erste Gespräch,
- Sie sind bei Bedarf im zweiten Schritt dabei (oder entscheiden über Maßnahmen).

Delegation als Entwicklungschance

Mitarbeitergespräche können selbst ein Entwicklungsbaustein für Führung im Team sein:

- Eine erfahrene MFA, die zur Praxismanagerin wächst
- Eine leitende MFA für den Empfang
- Eine „Teamleitung Labor".

Indem Sie Gesprächsführung schrittweise übergeben (z. B. zunächst bei Einarbeitungsgesprächen), entwickeln Sie Führungskompetenz im Team – und entlasten sich selbst.

Praxisbeispiele aus der Arztpraxis
Beispiel 1: Wiederkehrende Abrechnungsfehler

- Problem: Eine MFA macht regelmäßig Fehler bei bestimmten Ziffern.
- Analysieren: Im Gespräch stellt sich heraus, dass sie nie eine strukturierte Einarbeitung in die Abrechnung bekommen hat und am Empfang ständig unterbrochen wird.
- Digitalisieren: Sie legen mit ihr gemeinsam eine kleine Checkliste für genau diese Ziffern an.
- Automatisieren: Die Checkliste wird dauerhaft am Arbeitsplatz hinterlegt, zwei Wochen lang nehmen Sie stichprobenartige Kontrollen vor.
- Delegieren: Die leitende MFA bekommt den Auftrag, künftig neue Kolleg:innen an diesem Arbeitsplatz nach dem gleichen Muster einzuarbeiten.

Beispiel 2: Mitarbeiterin möchte mehr Verantwortung

- Problem (eigentlich Chance): Eine erfahrene MFA wünscht sich mehr Verantwortung.
- Analysieren: Im Gespräch wird klar, dass sie organisatorisch stark ist und Interesse an Impfmanagement und QM hat.
- Digitalisieren: Ihr neues Aufgabenprofil wird kurz schriftlich festgehalten.
- Automatisieren: Es wird vereinbart, dass sie z. B. vierteljährlich einen Impfreport vorbereitet.
- Delegieren: Sie trägt die Verantwortung für Organisation und Nachverfolgung von Impfungen, Sie treffen weiterhin die medizinischen Entscheidungen.

Fazit
Strukturierte Mitarbeitergespräche sind:

- ein zentrales Führungsinstrument in Ihrer Praxis,
- ein wichtiger Bestandteil Ihres ADAD-Zyklus
- und ein wirksamer Hebel, um Teamkultur, Qualität und Delegation zu verbessern.

Sie kosten Zeit – aber sie sparen auf Dauer deutlich mehr Zeit, Konflikte und Nerven, als sie verbrauchen.

7.4 Personalentwicklung: Kompetenzteams und Rollenarchitektur

Gute Mitarbeiter:innen fallen nicht vom Himmel – sie wachsen. Doch Wachstum braucht Raum, Struktur und Vertrauen. In vielen Praxen beschränkt sich Personalentwicklung auf Fortbildungstage oder verpflichtende Schulungen. Das greift zu kurz. Wirkliche Entwicklung entsteht, wenn Menschen Verantwortung übernehmen dürfen, wenn Kompetenzen sichtbar und nutzbar werden – und wenn es ein System gibt, das diese Entwicklung begleitet.

Ein solches System lässt sich mit Kompetenzteams und einer durchdachten Rollenarchitektur schaffen. Personalentwicklung wird dann nicht zu einem Extra, sondern zum integralen Bestandteil des Praxisalltags.

Analysieren

Viele Mitarbeitende haben mehr Potenzial, als sie zeigen dürfen. Oft liegt das nicht an ihnen, sondern an der Organisation:

- Aufgaben sind nicht klar verteilt – alle machen irgendwie alles.
- Es fehlt an Zeit, Neues auszuprobieren oder Bestehendes zu verbessern.
- Verantwortung bleibt an der Praxisleitung hängen – aus Sorge, etwas abzugeben.
- Führungskräfte sind überlastet und verfallen in Mikrosteuerung.

Solche Muster bremsen nicht nur die persönliche Entwicklung – sie belasten auch die Praxis insgesamt. Die Folge: Frust, Fluktuation, Stagnation.

Kompetenzteams – Verantwortung im Kleinen stärken

Ein bewährtes Modell sind Kompetenzteams: kleine, klar umrissene Gruppen mit definierten Aufgaben, Entscheidungsrechten und sichtbarer Verantwortung.

Typische Kompetenzbereiche am Beispiel einer Arztpraxis sind z. B.:

- Labor und Impfungen – inkl. Materialnachbestellung, Gerätekontrolle, Schnelltests, Impfstoffmanagement und Umsetzung der STIKO-Empfehlungen
- Abrechnung – inkl. Regelchecks, EBM-Updates, Quartalsprüfung, Honorarstatistik
- Hygiene – inkl. Protokolle, Schulungen, Umsetzungsnachweise
- Verbände und Wundversorgung – inkl. Material, Technik, Dokumentation
- Anmeldung und Rezeption – inkl. Begrüßung, digitale Terminsteuerung, Formularwesen, Telefonmanagement
- EDV/Technik – inkl. Störmeldungen, First-Level-Support, Schulung neuer Kolleg:innen

Das Prinzip ist einfach: Zuständigkeit statt Zuständiger. Nicht nur „Person X macht das", sondern: „Das Team trägt gemeinsam die Verantwortung – mit klarer Rollenverteilung".

Empowerment entsteht durch:

- Entscheidungsräume im Alltag (z. B. eigenständige Auswahl von Materialien oder Softwaretools),
- Repräsentation im Team (z. B. Vorstellung von Neuerungen in der Teamsitzung),
- Feedback und Sichtbarkeit (z. B. Erfolgsmeldung „Dokumentation zu 100 % vollständig").

Praxismanager:in – Leitung unterhalb der Leitung
Der/die Praxismanager:in ist zentrale Führungsfigur im Alltag – als Koordinator:in, Schnittstelle, Rückhalt und Sprachrohr. Seine/ihre Aufgaben reichen von Personalplanung über Controlling bis hin zur Steuerung der Kompetenzteams.
Typische Aufgabenbereiche:

- Koordination der Kompetenzteams und Ansprechpartner:in für deren Anliegen
- Organisation von Teamsitzungen und Fortbildungen
- Controlling von Arbeitszeiten, Urlaubsplanung, Aufgabenverteilung
- Umsetzung von QM-Maßnahmen und digitalen Prozessen
- Eskalationsinstanz bei Konflikten oder Regelabweichungen

Die Rolle ist nicht als „Minichef:in" gedacht, sondern als Strukturgeber:in für das Team. Die Praxisleitung bleibt inhaltlich und strategisch zuständig – der/die Praxismanager:in sorgt dafür, dass es im Tagesgeschäft läuft.
<u>Digitalisieren</u>
Digitale Werkzeuge sind ein wichtiger Baustein, um Personalentwicklung strukturiert umzusetzen:

- Aufgabenportale helfen bei der Zuteilung und Nachverfolgung teambezogener Aufgaben.
- Dokumentenplattformen ermöglichen geteiltes Arbeiten an SOPs, Checklisten und Wissensartikeln.
- Lesebestätigungen sichern Informationsverarbeitung und Compliance.
- Feedback- und Ideenmodule fördern kontinuierliche Verbesserung.

Wenn ein Kompetenzteam z. B. das Hygieneprotokoll überarbeitet, kann der Ablauf im digitalen QMS abgelegt, freigegeben und vom Team bestätigt werden. Der/die Praxismanager:in sieht, was aktiv ist – und wo nachgesteuert werden muss.
<u>Delegieren</u>
Die Weiterentwicklung von Personal betrifft nicht nur Teams – sondern auch einzelne Rollen, die systematisch gestärkt oder neu geschaffen werden:

NäPa/VERAH

Nichtärztliche Praxisassistent:innen können Hausbesuche durchführen, Schulungen übernehmen oder Sprechstunden vorbereiten – eine gezielte Förderung bringt sofort Entlastung.

Spezialfunktionen innerhalb der Teams: beispielsweise eine Kollegin im Laborteam,
die Impfstofflogistik und -dokumentation koordiniert („Impfverantwortliche") oder ein
Mitglied des Rezeptionsteams, das die Schulung neuer Mitarbeitender übernimmt.
Solche Rollen schaffen Klarheit und fördern Weiterentwicklung im eigenen Verantwortungsbereich.

Physician Assistant (PA) – Blick in die Zukunft

In anderen Gesundheitssystemen längst etabliert, in Deutschland im stationären Bereich
angekommen – in der ambulanten Versorgung jedoch noch ohne klaren Rechtsrahmen.
Die Rolle wäre perspektivisch geeignet für erweiterte Tätigkeiten wie Anamnese, Diagnostik oder delegierte Aufklärung. Der rechtliche Rahmen muss allerdings erst geschaffen werden.

Weitere Rollen

Auch administrative oder organisatorische Rollen (z. B. Datenschutzbeauftragte:r, QM-
Verantwortliche:r, Ideenmanager:in) lassen sich gezielt entwickeln – oft aus den
Kompetenzteams heraus.

Fazit

Personalentwicklung beginnt nicht mit einem Fortbildungskalender, sondern mit einer
strukturierten Organisation. Kompetenzteams und eine durchdachte Rollenarchitektur ermöglichen echte Verantwortung, nachhaltige Entwicklung und Entlastung der Leitung.
Wer Führung teilt, gewinnt Engagement – und behält die Steuerung.

Digitale Werkzeuge machen diese Strukturen sichtbar und steuerbar. Und auch wenn
nicht jede neue Rolle sofort rechtlich eindeutig ist – der Weg zu einem multiprofessionellen,
selbstverantwortlichen Praxisteam ist eingeschlagen. Wer ihn konsequent geht, wird die
Praxis zukunftsfest machen – personell wie organisatorisch.

7.5   Teambuilding und Kulturpflege in der Arztpraxis

Eine gute Praxis erkennt man nicht nur an den Zahlen – sondern an der Stimmung im
Team. Wer Wertschätzung, Zusammenhalt und Entwicklung erlebbar macht, gewinnt Mitarbeitende, die bleiben, mitdenken und Verantwortung übernehmen. Gerade im Fachkräftemangel wird deutlich: Eine starke Teamkultur ist kein Luxus – sondern Voraussetzung
für eine stabile, moderne Praxis.

Teambuilding beginnt dabei nicht bei Teamevents – sondern bei Haltung, Strukturen
und Beteiligung. Eine aktiv gepflegte Praxiskultur kann Fachkräfte binden, Konflikte reduzieren und die Zufriedenheit aller Beteiligten spürbar steigern.

<u>Analysieren</u>

Jede Praxis hat eine Kultur – ob gewollt oder nicht. Sie zeigt sich im Umgangston, im Vertrauen, in der Fehlerkultur, in Ritualen und Entscheidungen.

Typische Beobachtungen in unklar gepflegter Kultur:

- Teamevents wirken aufgesetzt – weil sie die Realität nicht widerspiegeln.
- Mitarbeitende fühlen sich nicht beteiligt – oder nur punktuell gefragt.
- Konflikte schwelen – weil Feedback fehlt oder ignoriert wird.
- Fortbildungen sind Pflicht – nicht Förderung.

Dazu kommt: Wer Kultur dem Zufall überlässt, verliert Gestaltungsspielraum – und häufig auch Personal.

Kulturpflege: sichtbar, verlässlich, gemeinschaftlich

Eine tragfähige Teamkultur entsteht nicht durch Einzelmaßnahmen, sondern durch ein Zusammenspiel aus Haltung, Symbolik und Beteiligung. Dazu gehören:

Gemeinsame Erlebnisse – Geschichte verbindet:

- Jährliche Praxisfeste (z. B. Sommerfeier, Neujahrsbrunch)
- „Legendäre" Momente bewusst würdigen – z. B. die erste digitale Abrechnung, ein gemeisterter Ausfall, das Jubiläum einer Kollegin
- Fotowände oder Jahresrückblicke im internen Bereich (digital oder physisch).

Symbolik und Identität – Wir gehören zusammen:

- Einheitliche Praxisbekleidung im Corporate Design – klare Wiedererkennung nach außen, aber auch Identitätsstiftung nach innen
- Kulturregeln oder Leitsätze sichtbar machen – z. B. „Wir sprechen miteinander, nicht übereinander"
- Rollen mit Symbolwirkung – z. B. „die Hygienebeauftragte mit Plan", „die Impfverantwortliche mit System"

Beteiligung fördern: Kompetenzteams gestalten Kultur mit

Teambindung entsteht dort, wo Menschen gestalten dürfen. Kompetenzteams können mehr als nur Aufgaben übernehmen – sie können Kultur mitentwickeln:

- Das Laborteam organisiert das Sommerfest.
- Das Hygieneteam richtet einen Clean-Day mit Frühstück aus.
- Das Rezeptionsteam erstellt Begrüßungskarten für neue Mitarbeitende.
- Das Abrechnungsteam erklärt im Teammeeting die neue Pauschale mit anschaulichem Beispiel.

▶ Wichtig: Die Geschäftsführung unterstützt – logistisch, finanziell und durch Vertrauen. Nicht alles muss perfekt sein. Aber es muss aus dem Team kommen dürfen.

Anerkennung konkret: Wertschätzung braucht Ausdruck

Wertschätzung ist mehr als ein Lob – sie braucht auch sichtbare Zeichen. Beispiele aus der Praxis:

- Individuelle Fortbildungen werden großzügig finanziert – inkl. Übernahme von Teilnahmegebühren, Übernachtungskosten oder eines Tankgutscheins für die Anfahrt
- Bonuszahlungen am Jahresende – orientiert an Engagement, Verantwortung und Zuverlässigkeit, nicht nur an Ziffernerlös
- Dankeschön-Karten oder kleine Geschenke bei besonderen Einsätzen (z. B. Urlaubsvertretung, Notfallhilfe)
- Geburtstagsrituale, z. B. Frühstück für das Team oder ein freier Nachmittag

Nicht jeder Impuls muss Geld kosten – aber jeder Impuls sollte bedeutsam sein.

Digitalisieren

Ein internes Wissensportal kann helfen, Kultur sichtbar und lebendig zu halten:

- Ideenliste für Vorschläge aus dem Team
- Eventkalender mit gemeinsamen Terminen
- Dankewand oder Lobbox
- Umfragen zur Stimmungslage
- Fotogalerie vergangener Veranstaltungen

Kulturpflege ist kein analoges Relikt – sie funktioniert digital genauso gut, wenn der menschliche Gedanke dahinter spürbar bleibt.

Fazit

Teambuilding ist kein Event – sondern Ergebnis. Wer Kultur bewusst gestaltet, schafft Zugehörigkeit, Motivation und Verlässlichkeit. Eine Praxis mit starker Kultur wirkt nach innen stabil und nach außen attraktiv. Dabei zählt nicht nur der große Bonus, sondern das tägliche Signal: Du bist gesehen. Du bist wichtig. Wir sind ein Team.

Praxisführung heißt heute auch: Kulturführung.

7.6 Geschäftsführender Arzt: Medizin und Management verbinden

Die Leitung einer modernen Arztpraxis ist eine doppelte Aufgabe: ärztliche Exzellenz sichern und zugleich die Praxis als Unternehmen führen. Während die medizinische Ausbildung höchste fachliche Standards vermittelt, bleiben zentrale Managementthemen oft unberührt: Betriebswirtschaft, Controlling, Personalführung, Marketing oder Prozessoptimierung.

Gerade in größeren Praxen oder Berufsausübungsgemeinschaften zeigt sich: Ohne fundiertes Managementwissen stößt auch die beste medizinische Kompetenz an Grenzen. Hier liegt die Rolle des geschäftsführenden Arztes – er verbindet medizinische Verantwortung mit betriebswirtschaftlicher Steuerung.

<u>Analysieren</u>

Viele Führungskräfte im Gesundheitswesen erleben typische Engpässe:

- Finanzielle Steuerung: Budgets, Kennzahlen und Abrechnungslogik sind komplex und erfordern kaufmännische Kenntnisse.
- Personalmanagement: Arbeitsrecht, Motivation, Teamführung und Konfliktlösung gehören nicht zum Curriculum des Medizinstudiums.
- Strategische Entscheidungen: Investitionen in Geräte, Digitalisierung oder neue Leistungen brauchen fundierte Markt- und Kostenanalysen.
- Gesundheitspolitische Rahmenbedingungen: Änderungen im EBM, GKV-Finanzierung oder Datenschutz wirken direkt auf die Praxisführung.

Ohne zusätzliche Qualifikation droht die Gefahr, dass Entscheidungen rein intuitiv oder zu kurzfristig getroffen werden.

<u>Digitalisieren</u>

Eine wirksame Möglichkeit, die eigene Leitungskompetenz zu stärken, liegt in einer akademischen Weiterbildung im Gesundheitsmanagement – etwa in Form eines MBA oder MHBA.

Solche Studiengänge vermitteln praxisnahes Wissen zu:

- Betriebswirtschaft und Controlling im Gesundheitswesen
- Personalmanagement und Leadership
- Strategischem Praxis- und Projektmanagement
- Rechtlichen Rahmenbedingungen (Arbeitsrecht, Medizinrecht, Datenschutz)
- Gesundheitsökonomie und Finanzierung

Viele Programme sind berufsbegleitend konzipiert und erlauben es, das Gelernte unmittelbar in den Praxisalltag zu übertragen.

<u>Automatisieren</u>

Das Ziel ist nicht, dass Ärzt:innen alle Managementaufgaben selbst erledigen. Im Gegenteil: Mit solidem Hintergrundwissen können sie besser entscheiden, welche Aufgaben delegiert werden – etwa an eine Praxismanagerin, ein Controllingtool oder externe Beratungsdienste.

Die Weiterbildung schafft das Fundament, Routinen systematisch aufzubauen, Verantwortung gezielt zu übertragen und die eigene Rolle klarer zu definieren.

<u>Delegieren</u>

Ein geschäftsführender Arzt mit Managementkompetenz ist kein „Chef alter Schule", sondern versteht sich als Partner im Führungsteam. Mit klaren Zahlen, soliden Konzepten und fundierten Argumenten kann er:

- auf Augenhöhe mit Praxismanager:in und Team sprechen,
- die Praxis strategisch positionieren (z. B. bei Investitionen, Kooperationen, IGeL-Angeboten)
- und die ärztliche Gesamtverantwortung mit unternehmerischem Blick verbinden.

Fazit

Der geschäftsführende Arzt ist mehr als ein Organisator – er ist der strategische Kopf der Praxis. Medizinische Exzellenz allein reicht nicht aus; erst in Kombination mit Managementkompetenz entsteht Zukunftsfähigkeit. Ein MBA- oder MHBA-Studium bietet hierfür einen strukturierten Rahmen, um betriebswirtschaftliche und organisatorische Kenntnisse aufzubauen und die Praxis professionell zu steuern.

7.7   Change-Management in der Arztpraxis

Nichts ist so beständig wie der Wandel. Für Arztpraxen gilt das in besonderem Maße: Digitalisierung, neue gesetzliche Vorgaben, Fachkräftemangel, Patientenbedürfnisse – all das verändert den Alltag kontinuierlich. Change-Management beschreibt die Kunst, diesen Wandel aktiv zu gestalten, statt nur auf äußere Veränderungen zu reagieren.

Während viele Veränderungen unbewusst passieren („Wir machen es ab morgen anders"), braucht es für nachhaltigen Wandel einen strukturierten Prozess. Gutes Change-Management sorgt dafür, dass das Team mitgenommen wird, Widerstände früh erkannt und Chancen genutzt werden.

Analysieren

Veränderungen scheitern selten an der Idee, sondern am Umgang mit den Betroffenen. Typische Hürden in Arztpraxen:

- Zeitdruck: „Wir haben dafür keine Kapazität."
- Verlustängste: „Was bedeutet das für meinen Arbeitsplatz?"
- Komfortzone: „Das haben wir schon immer so gemacht."
- Unklare Kommunikation: Informationen kommen zu spät oder gar nicht.

Modelle wie das Greiner-Wachstumsmodell zeigen: Organisationen durchlaufen Phasen von Wachstum und Krise. Jede Wachstumsstufe (z. B. Professionalisierung, Delegation, Expansion) bringt typische Spannungen mit sich. Erfolgreiches Change-Management erkennt diese Muster und reagiert rechtzeitig.

Tipp: Beginnen Sie jede Veränderung mit einer klaren Diagnose – Was genau soll sich ändern? Welche Stakeholder sind betroffen? Wo entstehen Ängste oder Konflikte?

<u>Digitalisieren</u>
Digitale Werkzeuge sind im Change-Prozess entscheidend:

- Intranet oder Praxisportal: Alle Infos zu geplanten Änderungen zentral abrufbar.
- Feedbacktools: Kurze Onlineumfragen oder digitale Stimmungsbarometer geben Rückmeldung, ob das Team die Veränderung mitträgt.
- Projektmanagementsoftware: Aufgabenlisten, Verantwortlichkeiten und Deadlines sichtbar machen.
- Kommunikationskanäle: z. B. die offene Tür („Ask me anything" mit der Praxisleitung).

So entstehen Sicherheit und Klarheit – zwei zentrale Faktoren, um Angst in Akzeptanz zu verwandeln.

<u>Automatisieren</u>
Wandel ist kein einmaliges Projekt, sondern Dauerzustand. Deshalb braucht es Standards, die Veränderung verstetigen:

- Regelmäßige Reviews: z. B. halbjährliche „Praxischecks", bei denen Team, Prozesse und Kennzahlen überprüft werden.
- Change-Standards: Jede größere Veränderung läuft nach demselben Schema (Ankündigung, Beteiligung, Pilotphase, Feedback, Roll-out).
- Erfolgsmessung: Definieren Sie Kennzahlen (KPIs), die den Nutzen sichtbar machen – z. B. reduzierte Wartezeiten, höhere Patientenzufriedenheit, weniger Überstunden.

Damit wird Change „Teil des Systems" – nicht abhängig vom Engagement einzelner Personen.

<u>Delegieren</u>
Veränderung gelingt nur, wenn sie mit dem Team passiert. Erfolgreiche Praxen etablieren deshalb Change Agents:

- Kompetenzteams übernehmen Teilprojekte (z. B. digitales Terminmanagement, Impflogistik).
- Praxismanager:in fungiert als Koordinator:in für Change-Prozesse.
- Pilotgruppen testen neue Verfahren, bevor sie für alle eingeführt werden.

Das Prinzip: Verantwortung teilen, Beteiligung ermöglichen, Erfolge sichtbar machen. Modelle wie das SCARF-Modell helfen, psychologische Grundbedürfnisse zu berücksichtigen: Status (Anerkennung), Certainty (Klarheit), Autonomy (Handlungsspielraum), Relatedness (Teamgefühl), Fairness (Transparenz).

Fazit
Change-Management in der Arztpraxis bedeutet, Wandel als Normalzustand anzuerkennen – und ihn systematisch zu gestalten.

- Analysieren: Widerstände erkennen und Muster verstehen.
- Digitalisieren: Transparenz und Kommunikation sichern.
- Automatisieren: Standards etablieren und Erfolge messen.
- Delegieren: Verantwortung ins Team geben.

So wird Veränderung nicht zur Belastung, sondern zur gemeinsamen Chance. Praxen, die Change-Kompetenz entwickeln, gewinnen Stabilität im Alltag und Zukunftsfähigkeit im Wettbewerb.

7.8 Innovations- und Ideenmanagement in der Arztpraxis

Eine erfolgreiche Praxis lebt nicht nur von stabilen Abläufen – sondern auch von neuen Ideen. Ob es um digitale Terminbuchung, die Einführung einer IGeL-Leistung oder neue Abläufe im Labor geht: Innovation entsteht im Alltag. Die Herausforderung: Viele gute Impulse gehen im Stress verloren oder versanden.

Ein systematisches Ideen- und Innovationsmanagement sorgt dafür, dass Einfälle nicht dem Zufall überlassen bleiben, sondern sichtbar, bewertbar und umsetzbar werden. So entsteht eine Kultur, in der Veränderung Teil des Alltags ist – ohne Chaos, sondern mit Struktur.

<u>Analysieren</u>

Typische Schwächen in Praxen:

- Ideen entstehen „zwischen Tür und Angel" und werden nicht dokumentiert.
- Gute Vorschläge versanden, weil niemand zuständig ist.
- Entscheidungen wirken intransparent („Warum wurde das so entschieden?").
- Innovation hängt an Einzelpersonen – fallen diese weg, verschwindet auch die Idee.

Ein wirksames Innovationsmanagement beantwortet drei Fragen:

1. Wo sammeln wir Ideen?
2. Wie bewerten wir sie?
3. Wer entscheidet über Umsetzung und Ressourcen?

<u>Digitalisieren</u>

Digitale Werkzeuge helfen, Ideen transparent und verbindlich zu steuern. Ein Praxisportal wie DocSys© (siehe Abschn. 2.3.3) oder vergleichbare Systeme bietet:

- Ideenbox digital: Jede:r Mitarbeitende kann Vorschläge eingeben.
- Bewertungssystem: Vorschläge werden nach Nutzen, Aufwand und Dringlichkeit bewertet.

- Aufgabenworkflow: Aus Ideen werden automatisch To-dos mit Verantwortlichen und Deadlines.
- Dokumentation: Umgesetzte Ideen landen direkt in SOPs oder Prozesshandbüchern.

So entsteht eine lebendige Ideenkultur, bei der Vorschläge nicht in Schubladen verschwinden, sondern den Praxisalltag verbessern.

<u>Automatisieren</u>

Damit Innovation nicht vom Zufall abhängt, braucht es Standards:

- Fester Ablauf: Idee → Bewertung → Pilot → Roll-out → Review
- Regeltermine: z. B. alle drei Monate ein „Innovationsmeeting"
- Kennzahlen: Anteil umgesetzter Ideen, Zeit von Vorschlag bis Umsetzung, Zufriedenheit im Team

Automatisierung bedeutet hier: Der Innovationsprozess läuft immer nach dem gleichen Muster – unabhängig von der Person, die ihn anstößt.

<u>Delegieren</u>

Erfolgreiche Praxen setzen auf Teambeteiligung:

- Kompetenzteams prüfen und bewerten Vorschläge in ihrem Bereich (z. B. Hygiene, Abrechnung, Empfang).
- Praxismanager:in koordiniert den Gesamtprozess, moderiert und dokumentiert.
- Pilotgruppen testen neue Abläufe (z. B. digitale Patientenaufnahme).

Dabei gilt: Nicht jede Idee muss umgesetzt werden – aber jede Idee verdient eine Antwort. Das steigert Motivation und fördert Verantwortungsgefühl.

Fazit

Innovations- und Ideenmanagement macht aus spontanen Einfällen einen klaren Prozess.

- Analysieren: Wo gehen Ideen bisher verloren?
- Digitalisieren: DocSys© & Co. als Plattform für Ideen und Umsetzung.
- Automatisieren: Feste Abläufe und Standards.
- Delegieren: Teams und Praxismanager:in gestalten aktiv mit.

So entsteht eine Praxis, die Stabilität mit Dynamik verbindet: zuverlässig im Alltag, offen für Neues. Innovation wird vom Zufallsprodukt zur gemeinsamen Kulturleistung – und macht die Praxis fit für die Zukunft.

7.9   Organisationsentwicklung in der Arztpraxis

Organisationen sind keine statischen Gebilde – auch eine Arztpraxis nicht. Personalwechsel, neue Patientengruppen, Digitalisierung, Gesundheitsreformen: all das verändert Strukturen und Abläufe. Organisationsentwicklung (OE) bezeichnet die geplante Weiterentwicklung einer Organisation – mit dem Ziel, Stabilität und Anpassungsfähigkeit in Balance zu halten.

Für Arztpraxen bedeutet das: nicht nur kurzfristig auf Probleme reagieren, sondern Veränderung systematisch und langfristig gestalten.

<u>Analysieren</u>

Eine Praxis ist mehr als die Summe ihrer Mitarbeitenden. Sie umfasst drei Subsysteme:

- Struktur: Aufbauorganisation (Hierarchien, Rollen, Zuständigkeiten)
- Kultur: Werte, Normen, Umgang miteinander
- Prozesse: Abläufe, Ressourcen, Kommunikation

Häufige Engpässe:

- Strukturen sind gewachsen, aber nicht mehr passend.
- Kultur wird dem Zufall überlassen.
- Prozesse sind ineffizient oder nicht dokumentiert.

Modelle wie das Greiner-Wachstumsmodell oder das Phasenmodell nach Glasl zeigen: Jede Organisation durchläuft Wachstums- und Krisenphasen – und braucht angepasste Lösungen.

<u>Digitalisieren</u>

Organisationsdiagnostik ist der erste Schritt jeder Weiterentwicklung:

- Mitarbeiterbefragungen: Stimmung, Belastung, Verbesserungsvorschläge
- Prozessanalysen: Wo hakt es im Ablauf (z. B. Patientenaufnahme, Impfmanagement)?
- Kennzahlen: Wartezeiten, Fehlzeiten, Fluktuation, Patientenzufriedenheit

Digitale Tools (z. B. Umfragesysteme, Prozess-Apps, DocSys) machen diese Daten sichtbar und helfen, Prioritäten zu setzen.

<u>Automatisieren</u>

OE ist kein Einmalprojekt, sondern ein Kreislauf: Diagnose → Intervention → Evaluation → Anpassung.

Für Praxen bedeutet das:

- Regelmäßige Teamworkshops (z. B. 1-mal jährlich „Praxisstrategietag")
- Verbindliche Reviews von Prozessen und Rollen
- Standardisierte Change-Methoden (z. B. 6-Phasen-Modell, Feedbackschleifen)

So entsteht ein Rhythmus, in dem Veränderung zum Normalfall wird.

<u>Delegieren</u>

Organisationsentwicklung gelingt nur partizipativ. Typische Ansätze:

- Kompetenzteams übernehmen Verantwortung für einzelne OE-Projekte (z. B. „Digitalisierung", „Patientenkommunikation").
- Praxismanager:in koordiniert, dokumentiert und vermittelt.
- Externe Moderation (z. B. für Strategieworkshops), um blinde Flecken aufzudecken.

Beteiligung erhöht Akzeptanz – und verhindert, dass OE als „Top-down-Projekt" wahrgenommen wird.

Fazit

Organisationsentwicklung in der Arztpraxis heißt, Wandel aktiv zu gestalten – mit klarem Blick auf Strukturen, Kultur und Prozesse.

- Analysieren: Diagnose von Stärken und Schwächen
- Digitalisieren: Transparenz schaffen
- Automatisieren: Routinen etablieren
- Delegieren: Verantwortung teilen

So wird aus der Arztpraxis ein lernendes System: stabil im Alltag, flexibel in der Zukunft.

7.10   Gewaltfreie Kommunikation in der Arztpraxis

(Nach Marshall B. Rosenberg)

Gute Kommunikation ist die unsichtbare Infrastruktur jeder Praxis. Sie entscheidet, ob Zusammenarbeit gelingt, Konflikte konstruktiv gelöst werden und Patient:innen sich verstanden fühlen. Doch gerade im hektischen Praxisalltag geraten Sprache und Haltung schnell unter Druck – Zeitmangel, Stress, Emotionen.

Die Gewaltfreie Kommunikation (GFK) nach Marshall B. Rosenberg bietet einen klaren, wertschätzenden Rahmen, um auch in schwierigen Situationen verständlich, respektvoll und lösungsorientiert zu bleiben. Sie verbindet Haltung und Technik: Verständnis statt Urteil, Zuhören statt Verteidigung, Bedürfnisse statt Schuldzuweisung.

In der Arztpraxis kann GFK helfen,

- Spannungen im Team zu entschärfen,
- Feedbackgespräche konstruktiv zu gestalten,
- mit Patient:innen empathischer zu kommunizieren
- und eine Kultur gegenseitiger Wertschätzung zu verankern.

<u>Analysieren</u>

Konflikte entstehen selten durch „schlechte Menschen", sondern durch unglückliche Kommunikation.

Typische Muster:

- Bewertungen statt Beobachtungen („Du bist immer unpünktlich" statt „Heute hast du die Anmeldung um 8:10 Uhr geöffnet")
- Forderungen statt Bitten („Mach das endlich richtig!" statt „Könntest du bitte prüfen, ob …")
- Verteidigung statt Verständnis („Aber ich habe doch …")
- Unausgesprochene Bedürfnisse (z. B. Sicherheit, Anerkennung, Struktur)

Rosenberg beschreibt vier Schritte, die aus solchen Mustern herausführen:

1. Beobachtung – Was ist tatsächlich passiert?
2. Gefühl – Wie fühle ich mich dabei?
3. Bedürfnis – Was brauche ich oder ist mir wichtig?
4. Bitte – Was wünsche ich mir konkret vom Gegenüber?

Beispiel aus dem Praxisalltag:

„Wenn ich sehe, dass die Laborliste heute nicht vollständig ist (Beobachtung), bin ich angespannt (Gefühl), weil mir eine verlässliche Dokumentation wichtig ist (Bedürfnis). Könntest du bitte heute Nachmittag noch einmal prüfen, ob alle Werte eingetragen sind? (Bitte)."

Diese Struktur verhindert Vorwürfe, klärt Verantwortung und ermöglicht Lösungen auf Augenhöhe.

<u>Digitalisieren</u>

GFK lebt von Übung und Transparenz. Digitale Werkzeuge können helfen, wertschätzende Kommunikation systematisch im Praxisalltag zu verankern:

- Teamportal/DocSys-Modul: gemeinsame Kommunikationsleitlinien („So sprechen wir miteinander"), Feedbackvorlagen oder Gesprächsleitfäden hinterlegen.
- Digitales Feedbacksystem: anonyme Rückmeldungen zum Miteinander oder zu Verbesserungswünschen.
- Lernplattform/Wiki: kurze Schulungsvideos oder Beispielgespräche bereitstellen („GFK in der Anmeldung", „GFK im Arzt-Patient-Gespräch").

So wird aus einem „weichen Thema" ein sichtbarer Bestandteil von Qualitäts- und Personalentwicklung.

<u>Automatisieren</u>
Wertschätzende Kommunikation lässt sich trainieren und ritualisieren. Beispiele:

- Wöchentlicher Team-Check-in: Jede:r teilt kurz, was gut lief und was herausfordernd war.
- Feedbackformate: z. B. „2 Plus, 1 Wunsch" – zwei Dinge, die positiv auffielen, ein konkreter Verbesserungswunsch.
- Konfliktleitfaden: Standardprozess bei Unstimmigkeiten (Gesprächsanfrage → gemeinsame Klärung → Follow-up).
- Mitarbeiterjahresgespräche mit GFK-Struktur (Beobachtung – Gefühl – Bedürfnis – Bitte – Vereinbarung).

Solche Routinen senken die Hemmschwelle, Probleme früh anzusprechen, bevor sie eskalieren.

<u>Delegieren</u>
Kommunikation ist keine Chefaufgabe – sie ist Teamkompetenz.

Praxisleitung und Praxismanager:in können den Rahmen schaffen, aber jede:r im Team trägt Verantwortung dafür, wie gesprochen und zugehört wird.

Praktische Umsetzung:

- Kommunikationspaten im Team: Kolleg:innen, die auf Sprache achten und moderierend unterstützen
- Schulungstage oder Miniworkshops zu GFK-Themen (z. B. „Feedback geben – ohne zu verletzen")
- Reflexion in Teamsitzungen: kurze „GFK-Momente" mit realen Beispielen aus der Woche

So entsteht eine gemeinsame Sprache, die Vertrauen und Kooperation stärkt.

Fazit

Gewaltfreie Kommunikation ist kein Luxus, sondern ein Führungs- und Organisationsinstrument.

sie ermöglicht, Konflikte als Quelle von Information zu nutzen, nicht als Störung. Wer GFK konsequent in der Praxis lebt,

- reduziert Missverständnisse,
- stärkt Respekt und Motivation
- und verbessert sowohl die Team- als auch die Patientenkommunikation.

GFK ist damit ein Schlüssel zu moderner, menschlicher und zugleich effizienter Praxisführung – ganz im Sinne des ADAD-Prinzips: Analysieren, Digitalisieren, Automatisieren, Delegieren – mit Empathie.

7.11   Personalplanung und Dienstpläne in der Arztpraxis

Eine moderne Arztpraxis ist ein komplexes System aus medizinischen, organisatorischen und menschlichen Abläufen. Damit dieses System stabil bleibt, braucht es eine vorausschauende Personalplanung. Sie ist die Schnittstelle zwischen Organisation, Qualität und Teamkultur – und eines der wichtigsten Steuerungsinstrumente in Zeiten von Fachkräftemangel, Teilzeitstrukturen und wachsender Leistungsverdichtung.

Dienstpläne sind dabei weit mehr als Tabellen. Sie sind Ausdruck von Wertschätzung, Fairness und Verlässlichkeit. Ein gut geplanter Dienstplan schafft Klarheit, senkt Konfliktpotenzial und erhöht die Zufriedenheit aller Beteiligten – vom Empfang bis zur ärztlichen Leitung.

Fehlt dagegen Struktur, entstehen Unzufriedenheit und Reibungsverluste: Doppelte Besetzungen, Lücken in der Versorgung, ungerechte Arbeitsverteilung oder spontane Änderungen belasten das Klima und die Produktivität.

Personalplanung in der Arztpraxis bedeutet deshalb: transparente Strukturen, digitale Unterstützung und partizipative Verantwortung.

<u>Analysieren</u>

Jede Planung beginnt mit einer ehrlichen Analyse:

- Welche Aufgaben fallen regelmäßig an (Sprechstunde, Labor, Hausbesuche, Dokumentation, Telefon, Impfungen)?
- Wann sind welche Ressourcen nötig (z. B. Stoßzeiten am Montag, Schulungstermine, DMP-Tage)?
- Welche Qualifikationen werden pro Bereich gebraucht (VERAH, MFA, Praxismanager:in, Auszubildende, ärztliche Besetzung)?

Eine einfache Soll-Ist-Analyse zeigt schnell Engpässe:

- Wie viele Stunden sind im Monat tatsächlich besetzt?
- Wo häufen sich Überstunden oder Leerzeiten?
- Wie viele Ausfälle entstehen durch Urlaub, Krankheit oder Fortbildungen?

Ergänzend kann eine Belastungsanalyse sinnvoll sein: Arbeitszeiten, Patientenaufkommen und Kommunikationsaufwand sollten im Verhältnis stehen. Praxen, die regelmäßig Daten auswerten (z. B. Termindichte oder Arbeitszeitberichte), können die Personaleinsatzplanung datenbasiert steuern – statt „nach Gefühl".

<u>Digitalisieren</u>

Digitale Werkzeuge machen Dienstplanung effizient, transparent und nachvollziehbar. Besonders praxisnah sind Systeme wie DocSys, die Personal- und Einsatzplanung direkt in die Praxisorganisation integrieren:

- Kalenderfunktionen für Arzt- und MFA-Einsatz (Wochen-, Monats- oder Raumansicht)
- Rollenbasierte Dienstplanung: Zuweisung nach Aufgaben (z. B. Labor, Empfang, Hausbesuch, Impfsprechstunde)
- Urlaubs- und Fortbildungsplanung mit Genehmigungsworkflow
- Vertretungsmanagement mit automatischer Benachrichtigung
- Schnittstelle zur Zeiterfassung und Auslastung

Ein digitaler Plan ist immer aktuell und für alle Beteiligten einsehbar. Änderungen (z. B. kurzfristige Krankmeldung) werden sofort sichtbar – und können durch das System kompensiert werden.

<u>Automatisieren</u>

Ein erheblicher Teil der Personalplanung wiederholt sich. Automatisierung hilft, Routineprozesse zu vereinfachen:

- Standarddienstpläne für wiederkehrende Muster (z. B. Laborteam jeden Dienstag, Hausbesuchsdienst freitags).
- Regelbasierte Planung: Urlaubsanträge und Vertretungen werden automatisch auf Überschneidungen geprüft.
- Wiederkehrende Aufgaben wie Impf- oder DMP-Termine lassen sich mit Erinnerungslogik koppeln.
- Schichtvorschläge auf Basis historischer Auslastung („Wer war in den letzten Quartalen wann im Einsatz?").

So bleibt die Planung konsistent, auch wenn sie delegiert oder bei Abwesenheit fortgeführt wird. Die Automatisierung schafft Entlastung, reduziert Konflikte und sorgt für Planbarkeit – sowohl im Team als auch im Führungskreis.

<u>Delegieren</u>

Personalplanung ist keine Einzeldisziplin der Praxisleitung, sondern eine gemeinsame Führungsaufgabe. In erfolgreichen Praxen übernimmt die Praxismanagerin oder ein Mitglied des Kompetenzteams Organisation die operative Planung:

- Erstellung des Monatsplans und Koordination von Urlaubszeiten
- Abstimmung mit Ärzt:innen über Schwerpunkte (z. B. Vertretungsregelungen, Sondersprechstunden)
- Kommunikation im Team: „Wer übernimmt wann welche Funktion?"
- Monitoring von Arbeitszeiten und Rückmeldungen an die Leitung

Die Praxisleitung bleibt steuernd beteiligt, legt Prioritäten und Rahmenbedingungen fest, greift aber nur im Ausnahmefall korrigierend ein.

Zur Unterstützung eignen sich kurze Jour-fixe-Termine („Planungsmeeting 15 min") sowie digitale Feedbackkanäle im Teamportal, um Änderungswünsche oder Optimierungsideen einzubringen.

Fazit

Personalplanung ist die unsichtbare Grundlage eines funktionierenden Teams. Sie schafft Verlässlichkeit, schützt vor Überlastung und sorgt für einen fairen, nachvollziehbaren Ausgleich zwischen Anforderungen und Ressourcen.

Im Sinne des ADAD-Prinzips gilt:

- Analysieren – Bedarf und Kapazitäten erfassen
- Digitalisieren – Dienstpläne transparent abbilden
- Automatisieren – Wiederkehrendes standardisieren
- Delegieren – Planungskompetenz ins Team geben

So wird Personalplanung zu einem Führungsinstrument, das Sicherheit und Stabilität schafft – und gleichzeitig Raum lässt für das, was in der Praxis wirklich zählt: Medizin, Menschlichkeit und Zusammenarbeit.

7.11.1 Beispielanalyse: Personalplanung in der Hausarztpraxis (Einzelpraxis)

Personalplanung ist ein zentrales Führungsinstrument – sie verbindet medizinische, organisatorische und wirtschaftliche Aspekte. Das folgende Beispiel zeigt, wie eine hausärztliche Einzelpraxis ihre Personalstruktur systematisch nach dem ADAD-Prinzip (Analysieren, Digitalisieren, Automatisieren, Delegieren) gestalten kann. Ziel ist es, den realistischen Personalbedarf zu bestimmen, Verantwortlichkeiten zu ordnen und daraus eine belastbare Wochenstruktur abzuleiten.

Analysieren

Öffnungszeiten:

- Vormittags: Mo–Fr 7:30–12:30 → 5 h × 5 Tage = 25 h
- Nachmittags: Mo 16–19 Uhr, Di 15–18 Uhr → 6 h pro Woche
- Gesamtöffnungszeit: 31 h pro Woche

Diese 31 h bilden die reine Patientenzeit.

Vor- und Nacharbeiten (Praxisvorbereitung, Systemstart, Materialpflege, Dokumentation) fallen einmal täglich an – typischerweise je 30 min vor und nach der Öffnung.

Diese Zeiten werden in der Basisplanung berücksichtigt (Tab. 7.3).

Damit ergibt sich in der Grundstruktur ein Basisbedarf von rund 3,5–4 MFA-Vollzeitäquivalenten (VZÄ), um Anmeldung, Labor, OP und ärztliche Assistenz zuverlässig abzudecken.

Hinweis:

Diese Berechnung beruht auf einer praxisorientierten Analyse der Aufgaben und Räume.

Tab. 7.3 Basisplanung nach Funktionsbereichen

Bereich	Aufgaben	Wochenzeiten/ Besonderheiten	Gesamtstunden/ Woche
Anmeldung	Empfang, Telefon, Terminmanagement, Abrechnung	31 h Öffnungszeit +5-mal 0,5 h Vorbereitung + 5-mal 0,5 h Nachbereitung	36 h
Labor	Blutentnahmen 7:30–11:30 + Nacharbeiten bis 12:30 (Blutabholung 11:30 Uhr)	5 × 5 h = 25 h + 0–2 h Dokumentation	≈ 25–27 h
OP/Verband	Wundversorgung, Impfungen, kleine Eingriffe	Mo–Fr 7:30–12:30	25 h
Springer/ Assistenz	Begleitung des Arztes, Patientenführung, Vertretung bei Stoßzeiten	Durchgehend an ärztlicher Seite	≈ 31 h

Sie beschreibt den tatsächlichen Organisationsbedarf einer Einzelpraxis mit klassischen Öffnungszeiten.

Ärztliche Arbeitslast als Bezugsgröße

Offizielle Daten bieten Orientierung:

1. Statistisches Bundesamt (Destatis, 2024): Ein Hausarzt versorgt im Durchschnitt 1264 Einwohner:innen (Spannweite 1114–1436).
2. Kassenärztliche Bundesvereinigung (KBV, 1/2023): Ø 881 Behandlungsfälle pro Arzt und Quartal.

Bei 31 h Öffnungszeit entspricht das ca. 13–15 Patient:innen pro Praxisstunde bzw. rund 400–450 Kontakten pro Woche.

Praxisbenchmarks (z. B. von KBV, Zi, apoBank, PVS-Hersteller) zeigen:

1 Vollzeitarzt benötigt 2,5–3,0 Vollzeit-MFA.

Begründung:

- 1 MFA begleitet ≈ 250–300 Patientenkontakte pro Monat.
- Ein Arzt mit ≈ 900 Fällen pro Quartal benötigt 2,5–3 MFA für Anmeldung, Labor, DMP, Verwaltung etc.
- Bei digital optimierten Praxen (E-Rezept, DMP-Automation, Onlinetermine) sinkt der Faktor auf 2,0–2,3.

Für die hier betrachtete Einzelpraxis ergibt sich somit ein Personalbedarf von etwa 3 VZÄ MFA, plus Puffer für Vertretung.

Beide Ansätze sind sinnvoll und ergänzen sich:

- Die organisationsbezogene Berechnung dient der Ablaufplanung und Personalverteilung.
- Die kennzahlenorientierte Berechnung unterstützt Controlling und Kostenbewertung.

In der Praxis liegt der reale Bedarf meist zwischen beiden Werten, abhängig von Öffnungszeiten, Laborumfang, Digitalisierungsgrad und Teamstruktur.

Eigenständige Arbeitsbereiche – rechtliche Delegation

Die einzelnen Bereiche arbeiten weitgehend eigenständig, jedoch immer unter ärztlicher Gesamtverantwortung und im Rahmen der rechtlichen Delegation:

- Labor: arbeitet nach Plan oder Auftrag; führt Arbeiten eigenverantwortlich aus, bleibt aber fachlich delegiert.
- Anmeldung: nimmt Patient:innen auf, steuert Wartezimmer und Dokumentation eigenständig.
- Arzt: arbeitet autonom im Sprechzimmer, benötigt aber Unterstützung bei Nacharbeiten (z. B. Terminvereinbarung, Atteste). Diese Aufgaben sollten bewusst delegiert werden, damit ärztliche Zeit für Diagnostik und Gespräch frei bleibt.
- Raumkonzept: Zwei Behandlungszimmer pro Arzt erhöhen den Durchsatz – ein Patient wird behandelt, der nächste bereitet sich im zweiten Zimmer vor. Fehlt ein zweiter Raum, übernimmt die MFA diese Koordination (z. B. über ein „Vorzimmer").

Je nach Patientenzahl und Raumstruktur steigt dadurch der Springer- und Assistenzbedarf, insbesondere an Stoßtagen oder bei DMP-/Impfaktionen.

<u>Digitalisieren</u>

Digitale Praxisführung schafft Kapazitäten, weil Abläufe schneller gehen, nicht doppelt gemacht werden müssen und manche Arbeiten zeitversetzt erledigt werden können. Sie ermöglicht damit eine bessere Planbarkeit und gleichmäßigere Auslastung.

Beispiele für digitale Entlastung:

- Rezepthotline oder E-Mail-Postfach: Anfragen werden gesammelt und gebündelt bearbeitet.
- KI-basierter Telefonassistent: nimmt Anrufe an, erkennt Anliegen, priorisiert Rückrufe.
- Onlineterminbuchung und interaktive Website: reduzieren Telefonaufkommen deutlich.
- DocSys© oder Praxisportal: zentral für Dienstplanung, QM, Aufgabenmanagement und Prozesshandbücher.

Erfahrungswerte zeigen: Durch Digitalisierung werden 10–15 % MFA-Kapazität frei – durch effizientere Abläufe und zeitliche Entzerrung.

<u>Automatisieren</u>

Tab. 7.4 Abwesenheit

Abwesenheitsgrund	Anteil an Jahresarbeitszeit
Urlaub (30 Tage)	≈12 %
Krankheit (Ø 8–10 Tage)	≈3–4 %
Fortbildung/Schulung	≈2 %
Gesamt	15–18 %

Strukturierte Planung

Wiederkehrende Abläufe werden planbar, wenn sie standardisiert sind:

- Grundbesetzung: 3 MFA vormittags, 1–2 nachmittags.
- Stoßzeiten: Montag und Freitagvormittag +1 Springer
- Rotation: Labor ↔ Anmeldung ↔ OP alle 3 Monate zur Flexibilisierung
- Fixe Start- und Endzeiten: Beginn 30 min vor Öffnung, Ende 30 min nach Schließung

Pufferzeit für Urlaub und Krankheit

Ohne Puffer keine Stabilität. Der durchschnittliche Ausfall liegt bei 15–18 % pro Jahr, zusammengesetzt wie aus Tab. 7.4 ablesbar.

Beispiel:

3 VZÄ MFA × 0,15 = 0,45 VZÄ-Ausfallquote → mind. 0,5 VZÄ zusätzlich einplanen.

Mögliche Umsetzungen:

- Springerpool oder Teilzeitkraft (für Urlaub, Krankheit, Stoßzeiten)
- Minijobmodell zur kurzfristigen Unterstützung
- Arbeitszeitkonten für planbare Plusstunden mit Ausgleich

Dieser Puffer ist betriebliche Notwendigkeit – nicht Luxus – für verlässliche Versorgung und zufriedene Teams.

<u>Delegieren</u>

Rollen im Planungsprozess:

- Praxismanager:in/leitende MFA – erstellt den Plan, pflegt Vertretungen, dokumentiert Ausfälle.
- Laborleitung – meldet Auslastung (QC, Impfaktionen, DMP-Tage).
- Arzt/Ärztin – setzt Prioritäten (Hausbesuche, Fortbildungen, Vertretungen).

Planung ist kein Kontrollinstrument, sondern Ausdruck von Vertrauen und gemeinsamer Verantwortung.

Ein Team, das in Planungsprozesse einbezogen ist, trägt sie mit und erkennt früh Optimierungspotenziale.

Tab. 7.5 ADAD-Zyklus in der Personalplanung

Schritt	Ziel	Ergebnis
Analysieren	Aufgaben & Zeiten erfassen	Klare Mindestbesetzung mit Stundenbezug
Digitalisieren	Prozesse & Tools nutzen	Zeitgewinn und flexible Bearbeitung
Automatisieren	Standards & Puffer etablieren	Stabilität bei Urlaub und Stoßzeiten
Delegieren	Verantwortung im Team verankern	Transparenz & Akzeptanz

Fazit und Wirtschaftlichkeitsprüfung

Die dargestellte Personalstruktur stellt eine Bedarfsplanung dar – sie zeigt, welche Ressourcen erforderlich sind, um eine stabile Versorgung zu gewährleisten. Im nächsten Schritt muss sie mit den betriebswirtschaftlichen Kennzahlen (Personalkostenquote, Umsatz, Fallzahlen) abgeglichen werden. So lässt sich entscheiden, ob Bestände optimiert, digital unterstützt oder neu verteilt werden sollten (Tab. 7.5).

Eine Praxis, die so plant, arbeitet vorausschauend – effizient im Alltag, stabil in Ausfällen und attraktiv als Arbeitgeber.

7.12　Personalgewinnung und -erhalt in der Arztpraxis

Der Fachkräftemangel ist längst keine abstrakte Statistik mehr, sondern tägliche Realität in Arztpraxen. Gut ausgebildete Medizinische Fachangestellte, VERAHs oder Praxismanager:innen sind schwer zu finden – und noch schwerer zu halten. Eine Praxis kann heute nur dann bestehen, wenn sie nicht nur medizinisch überzeugt, sondern auch als Arbeitgeber attraktiv ist.

Personalgewinnung und Mitarbeiterbindung sind dabei zwei Seiten derselben Medaille: Wer seine Mitarbeitenden gut führt, entwickelt und wertschätzt, gewinnt zugleich neue – weil sich Qualität herumspricht. Gleichzeitig verlangt der Wettbewerb um Fachkräfte nach neuen Strategien: flexible Arbeitsmodelle, faire Bezahlung, digitale Prozesse, Sinn, Sicherheit und Wertschätzung.

<u>Analysieren</u>

Bevor Maßnahmen geplant werden, lohnt sich der Blick auf die Erwartungen: Laut aktuellen Befragungen unter MFA und VERAHs stehen ganz oben – nicht nur das Gehalt, sondern auch:

- Wertschätzung und Anerkennung – durch Vorgesetzte und Patient:innen
- Teamklima und Fairness – respektvoller Umgang, transparente Entscheidungen
- Work-Life-Balance – verlässliche Arbeitszeiten, wenig Überstunden
- Fortbildungsmöglichkeiten – fachlich wie persönlich
- Sicherheit und Stabilität – langfristige Perspektive

Eine einfache Mitarbeitendenbefragung (digital oder anonym) kann helfen, die aktuelle Stimmung zu erfassen: Was läuft gut? Wo gibt es Unzufriedenheit? Welche Wünsche sind realistisch umsetzbar? Diese Analyse ist die Basis jeder nachhaltigen Personalstrategie – denn Motivation entsteht nicht durch Zufall, sondern durch gezieltes Zuhören.

Digitalisieren

Ein attraktiver Arbeitsplatz ist heute auch ein digitaler Arbeitsplatz. Junge Bewerber:innen erwarten professionelle Strukturen:

- Onlinebewerbung und digitales Onboarding – vom Bewerbungsformular bis zur digitalen Einarbeitungsmappe
- Zeit- und Dienstplan-Apps – planbare Arbeitszeiten, transparente Vertretungsregelungen
- DocSys© oder Praxisportal – Wissensmanagement, Schulungen, Feedbacktools
- Kommunikationskanäle – Chat- oder Portalfunktionen für interne Abstimmungen

Digitalisierung schafft nicht nur Effizienz, sondern sendet auch eine klare Botschaft:
„Hier arbeitet man modern, klar strukturiert und mit Zukunftsperspektive."
Damit wird die Praxis auch für jüngere Generationen attraktiver – gerade, wenn Homeoffice-Optionen für Verwaltung oder Abrechnung möglich sind.

Automatisieren

Mitarbeiterbindung darf kein Zufallsprodukt sein. Sie lässt sich in Strukturen und Routinen einbetten:

- Jährliche Mitarbeitergespräche mit Zielvereinbarungen und Entwicklungsplan
- Bonussysteme – z. B. für Teamziele, Qualitätskennzahlen oder besondere Einsätze
- Standardisierte Einarbeitung – Checklisten, Mentor:innensystem, Feedback nach 3 Monaten
- Gesundheitsförderung und Benefits – z. B. praxisfinanziertes Fitnessstudio, Jobrad, Obstkorb, ergonomische Arbeitsplätze
- Fortbildungsbudgets und Funktionsrollen – z. B. Hygienebeauftragte, Qualitätsmanager:in

Wer diese Elemente fest in die Praxisstruktur integriert, schafft Verlässlichkeit – und signalisiert:
„Hier wirst du gesehen, gefördert und fair behandelt."

Delegieren

Mitarbeiterbindung ist nicht allein Aufgabe der Praxisleitung.
Jede Ebene trägt Verantwortung:

- Praxismanager:in koordiniert Bewerbungen, Einarbeitung und Fortbildung.
- Teamleitungen oder Kompetenzteams übernehmen Patenschaften für neue Kolleg:innen.
- Ärztliche Leitung setzt den Rahmen – Finanzen, Werte, Kommunikation – und lebt die Kultur vor.

Zentral ist dabei die Haltung: Vertrauen statt Kontrolle, Dialog statt Ansage. Ein funktionierendes Bindungssystem lebt davon, dass alle mitziehen.

Fazit

Die Gewinnung und die Bindung von Mitarbeitenden entscheiden über die Zukunft jeder Praxis.

Gehalt und Arbeitszeiten sind nur die Basis – entscheidend sind Kultur, Entwicklung und Fairness.

Im Sinne des ADAD-Prinzips heißt das:

- Analysieren – Erwartungen und Bedürfnisse verstehen.
- Digitalisieren – Prozesse modern gestalten
- Automatisieren – Strukturen für Wertschätzung schaffen
- Delegieren – Verantwortung im Team verankern

Wer so führt, gewinnt nicht nur Fachkräfte, sondern Loyalität. Und Loyalität ist – gerade in der Arztpraxis – der wertvollste Rohstoff überhaupt.

Weiterführende Literatur

Bornewasser, M.: *Organisationsdiagnostik und Organisationsentwicklung.* Kohlhammer, Stuttgart, 2009.

Kotter, J. P.: *Leading Change. Wie Sie Ihr Unternehmen in acht Schritten erfolgreich verändern.* Vahlen, München, 2011.

Lauer, T.: *Change Management. Grundlagen und Erfolgsfaktoren.* 2. Auflage. Springer Gabler, Berlin/Heidelberg, 2014.

Malik, F.: *Führen Leisten Leben. Wirksames Management für eine neue Welt.* Campus Verlag, 2019.

Meifert, M. T. (Hrsg.): *Strategische Personalentwicklung. Ein Programm in acht Etappen.* 3., korrigierte Auflage. Springer Gabler, Wiesbaden, 2013.

North, K.; Reinhardt, K.; Sieber-Suter, B.: *Kompetenzmanagement in der Praxis. Mitarbeiterkompetenzen systematisch identifizieren, nutzen und entwickeln.* 3. Auflage. Springer Gabler, Wiesbaden, 2018.

Preuß-Scheuerle, B.: *Praxishandbuch Kommunikation. Überzeugend auftreten, zielgerichtet argumentieren, souverän reagieren.* Springer Gabler, Wiesbaden, 2016.

Schirmer, U.; Woydt, S.: *Mitarbeiterführung.* 3., aktualisierte und erweiterte Auflage. Springer Gabler, 2016.

Vahs, D.; Brem, A.: *Innovationsmanagement – Von der Idee zur erfolgreichen Vermarktung.* 5., überarbeitete Auflage. Schäffer-Poeschel, Stuttgart, 2015.

Watzlawick, P.; Beavin, J. H.; Jackson, D. D.: *Menschliche Kommunikation. Formen, Störungen, Paradoxien.* Hogrefe, Bern, 13., unveränderte Auflage 2017.

Praxiszahlen verstehen und steuern 8

Eine erfolgreiche Praxisführung erfordert nicht nur medizinische Kompetenz, sondern auch einen klaren Blick auf die wirtschaftliche Situation der Praxis. Viele Ärztinnen und Ärzte verlassen sich dabei auf ihr Bauchgefühl oder die Einschätzungen des Steuerberaters. Doch für eine langfristig stabile und wachstumsfähige Praxis ist es entscheidend, die eigenen Zahlen zu kennen, richtig zu interpretieren und daraus konkrete Handlungen abzuleiten.

Während die Buchhaltung und die BWA (betriebswirtschaftliche Auswertung) zunächst nach „Pflichtaufgabe" klingen, sind sie in Wahrheit ein wertvolles Steuerungsinstrument. Sie zeigen nicht nur, wie die Praxis in der Vergangenheit gewirtschaftet hat, sondern geben auch Hinweise auf künftige Entwicklungen. Ergänzt durch Kosten- und Deckungsbeitragsrechnungen, Kennzahlensysteme und praxisgerechte Controllingmethoden entsteht ein Cockpit, mit dem die Praxisleitung ihre Entscheidungen fundiert treffen kann.

In diesem Kapitel lernen Sie, wie Sie Ihre Praxis wirtschaftlich im Blick behalten:

- Zuerst werden die Grundlagen der BWA-Interpretation erläutert (Abschn. 1) – also, wie Sie Umsatz, Kosten, Ergebnisquoten und Liquidität auswerten und mit typischen Zielkorridoren vergleichen können.
- Im zweiten Schritt betrachten Sie Praxisfälle und Umsätze (Abschn. 2): Wie verteilen sich Fälle und Umsätze auf GKV und PKV, wie entwickeln sich Fallzahlen, Fallwerte und der PKV-Anteil – und was bedeutet das für Ihre Praxisstrategie?
- Darauf aufbauend lernen Sie in der Kostendeckungsrechnung (Abschn. 3), wie Sie einzelne Leistungen oder Geräte betriebswirtschaftlich bewerten – mit Deckungsbeiträgen, Break-even-Analysen und ROI-Betrachtungen.

© Der/die Autor(en), exklusiv lizenziert an Springer-Verlag GmbH, DE, ein Teil von Springer Nature 2026
F. Brokamp, *Arztpraxis effizient führen*, Erfolgskonzepte Praxis- & Krankenhaus-Management, https://doi.org/10.1007/978-3-662-73211-3_8

- Abgerundet wird das Kapitel durch eine Fallstudie (Abschn. 4) am Beispiel eines POCT-Systems, in der BWA, Fallzahlen und Kostendeckungsrechnung zusammengeführt und in konkrete Entscheidungen übersetzt werden.

Das Ziel ist, Ihnen einen praxisnahen Werkzeugkasten an die Hand zu geben, mit dem Sie Ihre Praxiszahlen nicht nur verstehen, sondern auch aktiv zur Steuerung einsetzen können.

8.1   BWA richtig lesen

Die betriebswirtschaftliche Auswertung (BWA) ist eines der zentralen Instrumente, um die wirtschaftliche Lage einer Praxis zu beurteilen. Sie wird in der Regel monatlich oder quartalsweise durch das Steuerbüro erstellt und zeigt die Entwicklung von Umsatz, Kosten und Ergebnis. Für viele Ärztinnen und Ärzte bleibt die BWA jedoch ein Dokument „für den Steuerberater". Dabei ist sie der Schlüssel, um die Praxis aktiv zu steuern – ähnlich einem Cockpit, das jederzeit Auskunft über Geschwindigkeit, Tankfüllung und Kurs gibt.

Eine BWA gliedert sich in wenige, aber aussagekräftige Blöcke:

- Umsatzerlöse: Alle Einnahmen aus ärztlicher Tätigkeit
- Material- und Wareneinsatz: Kosten für Medikamente, Verbrauchsmaterial oder Laborleistungen
- Rohertrag: Umsatz minus Materialeinsatz – die eigentliche Wertschöpfung der Praxis
- Personalkosten: Löhne, Gehälter, Sozialabgaben
- Raumkosten: Miete, Nebenkosten, Reinigung
- Sonstige Kosten: Versicherungen, Werbung, IT, Beratung etc.
- Betriebsergebnis: Das Ergebnis nach Abzug aller Kosten vor Steuern

Beispiel: BWA einer hausärztlichen Praxis (1. Quartal Beispieljahr)
(Tab. 8.1) zeigt typische Werte aus einer fiktiven Praxis-BWA für das 1. Quartal des Beispieljahres (Januar bis März).

Tab. 8.1 Beispiel-BWA

Kennzahl	Wert (Q1 Beispieljahr)	Quote am Umsatz
Umsatz	320.746 €	100 %
Material-/Wareneinsatz	32.850 €	10,2 %
Rohertrag	287.896 €	89,8 %
Personalkosten	122.308 €	38,1 %
Raumkosten	27.148 €	8,5 %
Sonstige Kosten	25.218 €	7,9 %
Gesamtkosten	174.674 €	54,5 %
Betriebsergebnis	113.222 €	35,3 %

Interpretation

Die Werte der Beispielpraxis lassen sich wie folgt einordnen:

- Der Material-/Wareneinsatz von 10,2 % liegt im oberen Normalbereich für viele fachärztliche Praxen mit diagnostischem Aufwand.
- Die Personalkostenquote von 38,1 % liegt im typischen Bereich hausärztlicher Praxen mit mehreren Mitarbeitenden. Eine deutliche Steigerung sollte Anlass sein, Prozesse oder Stellenbesetzungen zu prüfen.
- Die Raumkostenquote von 8,5 % zeigt einen soliden Wert. Steigt dieser über 10 %, kann dies – je nach Lage und Mietniveau – die Wirtschaftlichkeit spürbar belasten.
- Die Betriebsergebnisquote von 35,3 % ist gut. Sie zeigt, dass die Praxis nach Abzug aller Kosten wirtschaftlich solide arbeitet.

Vergleiche mit Vorjahreswerten oder dem Fachgruppendurchschnitt helfen, Abweichungen zu erkennen. So lässt sich feststellen, ob steigende Kosten z. B. auf Tarifsteigerungen, zusätzliche MFA, erhöhte Mietausgaben oder auf stagnierende Einnahmen zurückzuführen sind.

Orientierungswerte (Prozentkorridore)

Für viele haus- und fachärztliche Einzelpraxen ohne angestellte Ärztinnen und Ärzte haben sich als grobe Daumenregel folgende Korridore bewährt:

- Personalkosten (nur nichtärztliches Personal): ca. 25–35 % des Umsatzes
- Material-/Wareneinsatz: ca. 3–8 % des Umsatzes
- Raumkosten: ca. 5–10 % des Umsatzes
- Sonstige Kosten: grob 5–15 % des Umsatzes
- Gesamtkosten: häufig 60–70 % des Umsatzes
- Betriebsergebnis/Gewinn: entsprechend ca. 30–40 % des Umsatzes

Diese Korridore sind Orientierungshilfen, keine Norm. Je nach Praxisgröße, Region, Privatanteil und Digitalisierungsgrad können die Werte nach oben oder unten abweichen. Entscheidend ist, dass Sie Ihre eigene Praxis über die Zeit beobachten und bei Trends – etwa einer zunehmenden Personalkostenquote oder einem rückläufigen Betriebsergebnis – frühzeitig nach Ursachen suchen.

Fachgruppenspezifische Unterschiede

Die Kostenstruktur ist je nach Fachrichtung sehr unterschiedlich. Vergleiche sind deshalb nur sinnvoll, wenn Sie sich an Fachgruppen-Benchmarks orientieren.

- Hausärztliche Praxen:
  - Tendenziell moderater Materialeinsatz
  - Personalkosten oft im oberen Bereich, da viel Organisations- und Beratungsaufwand über MFA läuft
  - Raumkosten stark standortabhängig

- Technik- und geräteintensive Fächer (z. B. Kardiologie mit umfangreicher Diagnostik, Radiologie, Ophthalmologie):
  - Höherer Material- und Gerätekostenanteil (Verbrauchsmaterial, Wartung, Leasing)
  - Teilweise höhere Raumkosten (größere Flächen, spezielle Räume)
  - Insgesamt oft höhere Gesamtkostenquote – die Wirtschaftlichkeit entsteht über ein hohes Leistungsvolumen
- Zahnärztliche Praxen und vergleichbare Bereiche:
  - Sehr hoher Material- und Laboranteil
  - Personalkosten je nach Anzahl der Assistenz- und Prophylaxeteams ebenfalls hoch relevant
- Psychotherapeutische Praxen:
  - Nahezu keine Materialkosten
  - Schwerpunkte bei Personalkosten (sofern Mitarbeitende vorhanden) und Raumkosten

Für Ihr Controlling bedeutet das: Nutzen Sie nach Möglichkeit Auswertungen Ihrer Steuerberatung, der Kassenärztlichen Vereinigung oder spezialisierter Praxis-Benchmark-Tools, die Kennzahlen für Ihre Fachgruppe ausweisen – und vergleichen Sie sich nicht mit „irgendeiner Durchschnittspraxis".

Besonderheiten bei angestellten Ärztinnen und Ärzten
Sobald angestellte Ärztinnen und Ärzte in der Praxis tätig sind, verändert sich die Interpretation der BWA-Kennzahlen deutlich:

- Personalkostenquote steigt systematisch:
  Die Gehälter angestellter Ärztinnen und Ärzte (inkl. Arbeitgeberanteilen und ggf. variabler Vergütungsanteile) werden voll den Personalkosten zugerechnet. Dadurch ist eine Personalkostenquote von 40 % oder mehr in einer Praxis mit mehreren angestellten Ärztinnen und Ärzten häufig völlig normal und kein Alarmzeichen.
- Trennung von ärztlichem und nichtärztlichem Personal:
  Für ein sinnvolles Controlling ist es hilfreich, die Personalkosten intern aufzuteilen in
  - ärztliches Personal (angestellte Fachärztinnen/-ärzte, Weiterbildungsassistenz) und
  - nichtärztliches Personal (MFA, Praxismanagement, Verwaltung, Reinigung).

So wird sichtbar, ob die Praxis „zu viel Verwaltung" oder „zu viel Arztgehälter" für den erwirtschafteten Umsatz trägt – oder ob die Struktur ausgewogen ist.

- Deckungsbeitrag je angestellter Ärztin/angestelltem Arzt:
  In Praxen und MVZ mit angestellten Ärztinnen und Ärzten reicht der Blick auf die Gesamtpersonalkostenquote allein nicht aus. Ergänzend sollte pro Ärztin/Arzt geprüft werden:
  - Wie hoch ist der persönlich erwirtschaftete Honorarumsatz (KV, PKV, IGeL)?

– Welche direkten Kosten fallen an (Bruttogehalt, Arbeitgeberanteile, Fortbildung, ggf. Dienstwagen)?
– Welche anteiligen Gemeinkosten (MFA-Zeit, Raum, Geräte, IT) sind zurechenbar? Der daraus resultierende Deckungsbeitrag zeigt, ob sich die Stelle betriebswirtschaftlich trägt und welchen Beitrag sie zum Gesamtgewinn der Praxis leistet.

• Vergleichbarkeit eingeschränkt:
Klassische Kennzahlenkorridore für Einzelpraxen ohne angestellte Ärztinnen und Ärzte lassen sich auf solche Strukturen nur eingeschränkt übertragen. Sinnvoll ist hier der Vergleich mit ähnlich organisierten Praxen oder MVZ.

In einem Satz zusammengefasst: In Praxen mit angestellten Ärztinnen und Ärzten ist eine höhere Personalkostenquote meist keine Verschwendung, sondern die logische Folge der Struktur. Entscheidend ist, ob jede Ärztin und jeder Arzt einen positiven Deckungsbeitrag erwirtschaftet und die Gesamtergebnisquote stabil bleibt.

Anwendung im ADAD-Schema

<u>Analysieren</u>

Lesen Sie die BWA regelmäßig und achten Sie auf zentrale Kennzahlen (Materialquote, Personalkostenquote, Raumkostenquote, Betriebsergebnisquote). Vergleichen Sie Ihre Werte mit dem Vorjahr und – soweit verfügbar – mit geeigneten Fachgruppen-Benchmarks. Wenn Sie angestellte Ärztinnen und Ärzte haben, werten Sie die Personalkosten getrennt nach ärztlichem und nichtärztlichem Personal aus und prüfen Sie den Deckungsbeitrag je Ärztin/Arzt.

<u>Digitalisieren</u>

Nutzen Sie digitale Systeme (z. B. DATEV© UnternehmenOnline©, DocSys© oder Praxissoftware), die BWA-Daten automatisch erfassen und grafisch aufbereiten. Dashboards, die Personalkosten, Material, Raumkosten und Ergebnisquote visualisieren, erleichtern das Verständnis und helfen, Entwicklungen früh zu erkennen.

<u>Automatisieren</u>

Richten Sie Standardberichte ein, die automatisch Kennzahlen berechnen, Abweichungen zu festgelegten Korridoren markieren und Entwicklungen über mehrere Jahre zeigen. So sehen Sie schnell, ob Kosten oder Umsätze „aus dem Ruder laufen", ob sich die Einführung einer neuen Leistung rechnet oder ob eine zusätzliche Arztstelle wirtschaftlich tragfähig ist.

<u>Delegieren</u>

Übergeben Sie die operative Erstellung der BWA und erste Auswertungen an Steuerbüro oder Praxismanagerin. Diese können auch Vorjahresvergleiche und Fachgruppenbenchmarks vorbereiten. Ihre Aufgabe als Praxisleitung bleibt die Interpretation, die Festlegung der Zielkorridore und die Entscheidung, welche Maßnahmen folgen.

Fazit

Die BWA ist mehr als eine Pflichtübung für den Steuerberater – sie ist ein zentrales Steuerungsinstrument für Ihre Praxis. Wer die Zahlen kennt, sie mit sinnvollen Korridoren und Fachgruppenwerten vergleicht und regelmäßig prüft, kann rechtzeitig reagieren, Kosten im Griff behalten, Investitionen gezielt planen und den Einsatz von Mitarbeitenden – einschließlich angestellter Ärztinnen und Ärzte – betriebswirtschaftlich fundiert steuern.

8.2 Praxisfälle und Umsätze strukturiert auswerten

Im vorangegangenen Abschnitt haben Sie gesehen, wie sich mithilfe der BWA Umsatz, Kosten und Ergebnis Ihrer Praxis einordnen lassen – inkl. typischer Korridore für Material-, Personal- und Ergebnisquoten.

Die BWA beantwortet jedoch noch nicht die Frage, womit dieser Umsatz zustande kommt: Wie viele Fälle werden über die GKV abgerechnet, wie viele über PKV/privat? Und welchen Beitrag leisten diese Bereiche zum wirtschaftlichen Ergebnis?

In diesem Abschnitt geht es deshalb um den nächsten Schritt der Stufenanalyse:

1. Gesamtblick: BWA mit Kosten- und Ergebnisquoten (Abschn. 8.1).
2. Fall- und Umsatzstruktur: Verteilung von Fällen und Umsätzen auf GKV und PKV (Abschn. 8.2).
3. Feinanalyse einzelner Bereiche: Auswahl einer Leistung oder eines Geräts für eine detaillierte Kostendeckungsrechnung – davon handelt Abschn. 8.3.

Ziel ist eine einfache Auswertung, die Sie mit Bordmitteln (KV-Unterlagen, Praxissoftware, BWA) mindestens einmal pro Quartal durchführen können – ohne sich in EBM-Details zu verlieren.

Fallzahlen und Umsätze einer fiktiven hausärztlichen Praxis (Q1/Beispieljahr)
Die Übersichten in Tab. 8.2, 8.3 und 8.4 knüpfen an die BWA-Beispielpraxis aus Abschn. 8.1 an und zeigen Fallzahlen und Umsätze für das 1. Quartal Beispieljahr im Vergleich zum Vorjahr.

Was sagen diese Zahlen aus?

Schon dieser einfache Blick liefert mehrere wichtige Einsichten:

- Die Gesamtfallzahl ist leicht gesunken (von 4001 auf 3893 Fälle).
- Die GKV-Fälle gehen moderat zurück, die PKV-Fälle etwas stärker.

Tab. 8.2 Fallbeispiel Abrechnungsscheine

Kennzahl	Q1/Beispieljahr	Q1/Vorjahr
EBM-Fälle (GKV)	3.168	3.235
PKV-Fälle	725	766
Fälle gesamt	3.893	4.001
PKV-Anteil an den Fällen	ca. 18,6 %	ca. 19,1 %

Tab. 8.3 Fallbeispiel PKV-Umsätze

Kennzahl	Q1/Beispieljahr	Q1/Vorjahr
PKV-Umsatz	83.957 €	91.462 €
PKV-Fallwert (Umsatz je PKV-Fall)	ca. 116 €	ca. 119 €

Tab. 8.4 Fallbeispiel GKV-Umsätze

Kennzahl	Praxis Q1/Beispieljahr	Praxis Q1/Vorjahr
GKV-Fallzahl	3.124	3.226
GKV-Umsatz	254.088 €	254.677 €
GKV-Fallwert	81,33 €	78,95 €

- Der PKV-Umsatz sinkt von 91.462 € auf 83.957 €, der PKV-Fallwert bleibt aber auf hohem Niveau (gut über 100 € je Fall).
- Der GKV-Fallwert steigt von 78,95 € auf 81,33 € – bei nahezu konstantem GKV-Umsatz.

Damit wird sichtbar:

- GKV trägt die Grundlast: stabile Umsätze bei leicht sinkenden Fallzahlen.
- PKV ist ein Ergebnishebel: weniger Fälle, aber deutlich höherer Erlös je Fall – entsprechend sensibel reagiert das Gesamtergebnis auf Veränderungen im Privatbereich.

Die entscheidende Frage für Ihre eigene Praxis lautet:

„Entspricht das Verhältnis von GKV- und PKV-Anteil meinem Versorgungsauftrag und meinen wirtschaftlichen Zielen – oder möchte ich es bewusst verändern?"

Es geht nicht darum, die Praxis auf Privatmedizin „umzustellen", sondern das bestehende Profil zu kennen und gezielt zu steuern.

Vergleich mit der Arztgruppe (GKV) Ein besonders hilfreicher Blick ist der Vergleich mit der eigenen Arztgruppe – z. B. über Auswertungen wie „Mein Praxis-Check" der KV.

Für die Beispielpraxis ergibt sich im Quartal 1/Beispieljahr das in Tab. 8.5 dargestellte Bild.

Die Botschaft:

- Die Praxis behandelt deutlich weniger GKV-Fälle als der Fachgruppendurchschnitt (−21 %),
- erzielt aber pro Fall einen höheren Erlös (+6,7 %) und erbringt mehr Leistungen je Fall (+6,3 %).

Das kann auf eine eher intensive Betreuung einzelner Patientinnen und Patienten hinweisen – z. B. durch mehr Gesprächsleistungen, Chronikerprogramme oder Prävention. Gleichzeitig bedeutet es: Spielräume für Umsatzsteigerungen liegen eher in einer

Tab. 8.5 Fallbeispiel „Mein Praxis Check"

Kennzahl	Praxis	Arztgruppe
GKV-Fallzahl	3.124	3.953
GKV-Umsatz	254.088 €	301.346 €
Fallwert	81,33 €	76,24 €
Leistungen je Fall	657	618
Durchschnittlicher Punktwert	11,79 Cent	11,79 Cent

moderaten Fallzahlausweitung oder einer gezielten Erweiterung des Leistungsspektrums – nicht unbedingt im „Mehr desselben" je Fall.

Für PKV- und IGeL-Leistungen gibt es in der Regel keinen Fachgruppenvergleich durch die KV. Hier dienen Ihre eigenen Vorjahreswerte als zentraler Maßstab.

Kosten und Ergebnis je Fall – Größenordnungen verstehen

Aus der BWA wissen wir, wie hoch die Gesamtkosten und das Betriebsergebnis des Beispielquartals sind:

- Umsatz: 320.746 €
- Material-/Wareneinsatz: 32.850 €
- Personalkosten: 122.308 €
- Betriebsergebnis: 113.222 €

Verteilt man diese Größen grob auf die rund 3900 Fälle, ergeben sich:

- Personalkosten je Fall: ca. 31 €
- Material-/Wareneinsatz je Fall: ca. 8 €
- Betriebsergebnis je Fall: ca. 29 € Gewinn

Diese Werte sind bewusst als Orientierung gedacht – sie unterscheiden nicht zwischen GKV und PKV. Sie zeigen aber, in welcher Größenordnung sich die Praxis bewegt:

- Liegt der durchschnittliche Erlös je Fall (über alle Kostenträger) deutlich unter Ihren Kosten je Fall, ist die Struktur langfristig nicht tragfähig.
- Neue Leistungen oder Geräte sollten einen erwarteten Deckungsbeitrag bieten, der über diesen Durchschnittswerten liegt, damit sich der zusätzliche Aufwand lohnt.

Die in Abschn. 8.1 beschriebenen Korridore helfen bei der Einordnung:

- Personalkosten von 38,1 % liegen im oberen Bereich des Orientierungsbandes von ca. 25–35 % (Einzelpraxis ohne angestellte Ärztinnen/Ärzte).
- Material von 10,2 % liegt am oberen Rand des dort genannten Korridors von 3–8 %, was für diagnostisch aktive Praxen typisch sein kann.
- Das Betriebsergebnis von gut 35 % befindet sich innerhalb des Zielkorridors von etwa 30–40 %.

Gerade in Praxen mit angestellten Ärztinnen und Ärzten ist wichtig, diese Quoten im Zusammenhang zu sehen: Eine höhere Personalkostenquote ist dann nicht per se „schlecht", solange pro Ärztin/Arzt ein ausreichender Deckungsbeitrag erzielt wird – darauf geht Abschn. 8.1 bereits ein.

Wo ist jetzt der nächste Schritt? Auswahl eines Analysefeldes Wenn Fallzahlen, Umsätze und Kostenquoten bekannt sind, stellt sich die Frage:
„Welchen Bereich schaue ich mir als Nächstes genauer an?"
Typische Ansatzpunkte:

- ein konkretes Gerät (z. B. POCT-System, Ultraschall, Spirometrie),
- eine Leistungsgruppe (z. B. DMP, Check-up, Hausbesuche),
- oder ein Privat-/IGeL-Angebot (z. B. reisemedizinische Beratung, Vorsorgepakete).

Aus betriebswirtschaftlicher Sicht kommen vor allem Bereiche infrage, die:

- einen spürbaren Anteil am Umsatz haben,
- besondere Kosten verursachen (Anschaffung, Wartung, Verbrauchsmaterial)
- oder strategisch bedeutsam sind (z. B. Qualitätsprofil der Praxis, Positionierung nach außen).

Im nächsten Schritt – der Kostendeckungsrechnung – wird dann geprüft:

- Welche Fixkosten hängen an der Leistung (Geräte, Wartung, Qualitätskontrollen)?
- Welche variablen Kosten fallen pro Fall an (Material, MFA-Zeit)?
- Welche Erlöse sind realistisch (GKV, PKV, IGeL)?
- Ab welchem Volumen trägt sich die Leistung – und wie hoch ist der Deckungsbeitrag?

Genau das wird in Abschn. 8.3 am Beispiel eines POCT-Systems durchgerechnet.

Anwendung im ADAD-Schema
Analysieren
Ermitteln Sie mindestens quartalsweise die Fallzahlen von GKV- und PKV-Patientinnen und -Patienten sowie die dazugehörigen Umsätze. Berechnen Sie einfache Kennzahlen wie PKV-Anteil an den Fällen und am Umsatz, durchschnittlichen Erlös je Fall und – grob – Personalkosten und Gewinn je Fall. Vergleichen Sie diese Werte mit den in Abschn. 1 beschriebenen Korridoren und mit Ihrer eigenen Entwicklung über mehrere Jahre.
Digitalisieren
Nutzen Sie die Auswertungsfunktionen Ihrer Praxissoftware, die KV-Berichte (z. B. „Mein Praxis-Check") und die BWA-Daten Ihres Steuerbüros. Richten Sie feste Kennzahlen ein (z. B. PKV-Anteil, Erlös je Fall, Ergebnisquote), die automatisiert aktualisiert werden. Ein

einfaches Dashboard, in dem BWA-Kennzahlen neben GKV- und PKV-Auswertungen stehen, erleichtert den Überblick.

<u>Automatisieren</u>

Lassen Sie Standardberichte nach jedem Quartal automatisch erzeugen – idealerweise mit Vorjahresvergleich und Fachgruppenbenchmark für den GKV-Bereich. So erkennen Sie z. B. früh, ob der PKV-Anteil zurückgeht, ob der Fallwert sinkt oder ob sich eine neue Leistung rechnet. Ergänzend können Auswertungen zu einzelnen Geräten oder Leistungsgruppen vorbereitet werden, die dann in die Kostendeckungsrechnung einfließen.

<u>Delegieren</u>

Übergeben Sie die operative Datensammlung (BWA, KV-Berichte, Praxissoftwareauswertungen) an Steuerbüro, Praxismanagerin oder eine entsprechend geschulte MFA. Ihre Aufgabe als Praxisleitung ist es, die Kennzahlen zu interpretieren, Schwerpunkte zu setzen und zu entscheiden, welche Bereiche in einer detaillierten Kostendeckungsrechnung genauer untersucht werden sollen.

Fazit

Die BWA zeigt, wie wirtschaftlich Ihre Praxis insgesamt arbeitet. Erst im Zusammenspiel mit Fallzahlen und der Aufteilung von Umsätzen auf GKV und PKV entsteht jedoch ein wirkliches Steuerungscockpit:

- Sie sehen, ob Sie eher „viele Fälle mit schlankem Fallwert" oder „weniger Fälle mit intensiver Betreuung" haben.
- Sie erkennen, welchen Anteil der Privatbereich an Umsatz und Ergebnis hat – und ob das zu Ihrer Praxisstrategie passt.
- Sie können Kosten- und Ergebnisgrößen grob auf den einzelnen Fall herunterbrechen und so ein Gefühl für betriebswirtschaftlich tragfähige Leistungen entwickeln.

Die nächste logische Stufe ist die Kostendeckungsrechnung einzelner Leistungen oder Geräte: Dort wird aus der strukturierten Übersicht eine konkrete Entscheidungshilfe – etwa für die Frage, ob ein POCT-System, eine neue Diagnostik oder ein zusätzliches IGeL-Angebot sich unter Ihren Praxisbedingungen tatsächlich lohnt.

8.3   Kostendeckungsrechnung: Wirtschaftlichkeit greifbar machen

Die betriebswirtschaftliche Auswertung (BWA) bietet einen Überblick über die Gesamtsituation der Praxis. Für konkrete Investitionen oder einzelne Leistungsbereiche reicht dieser Blick jedoch oft nicht aus. Hier setzt die Kostendeckungsrechnung an.

Sie ermöglicht es, die Wirtschaftlichkeit einzelner Geräte oder Leistungen differenziert zu bewerten. Im Zentrum steht die Frage:

Deckt diese Leistung ihre Kosten – und trägt sie zur Verbesserung des Praxisgewinns bei?

Mithilfe von Deckungsbeiträgen, Break-Even-Analysen und ROI-Betrachtungen lassen sich Investitionen nicht nur medizinisch, sondern auch wirtschaftlich begründen.

Praxisbeispiel: Wie die Kostendeckungsrechnung konkret in einer Hausarztpraxis angewendet werden kann, zeigt Abschn. 8.4 am Beispiel eines Point-of-Care-Testsystems (POCT).

Theorie kompakt: Fixkosten, variable Kosten und Deckungsbeiträge
Die Kostendeckungsrechnung unterscheidet grundsätzlich zwischen Fixkosten und variablen Kosten:

- Fixkosten fallen unabhängig von der Auslastung an – z. B. Miete, Leasingraten, Systemchecks oder Wartungsverträge.
- Variable Kosten entstehen direkt mit jeder Untersuchung – etwa für Testkits, Reagenzien oder Verbrauchsmaterial.

Aus dieser Unterscheidung ergibt sich der Deckungsbeitrag (DB) – die entscheidende Kennzahl für Wirtschaftlichkeitsanalysen:

- Deckungsbeitrag I (DB I): Erlös minus variable Kosten.
  → Beispiel: Ein Test bringt 25 € Erlös, das Testkit kostet 18 €. Der DB I beträgt 7 €.
- Deckungsbeitrag II (DB II): DB I minus testspezifische Fixkosten (z. B. wöchentliche Kontrolllösungen).
- Deckungsbeitrag III (DB III): DB II minus geräte- oder bereichsbezogene Fixkosten (z. B. Systemchecks).

Die stufenweise Betrachtung zeigt, auf welcher Ebene Wirtschaftlichkeit entsteht oder verloren geht.

Break-Even-Point (BEP)
Der Break-Even-Punkt markiert den Moment, ab dem die Erlöse die Gesamtkosten decken.

- Unterhalb des BEP arbeitet die Leistung defizitär.
- Oberhalb trägt jeder zusätzliche Euro direkt zum Gewinn bei.

Formel:

$$x = \frac{K_{fix}}{db}$$

(Fixkosten geteilt durch Deckungsbeitrag pro Stück)

Return on Investment (ROI)

Der ROI beschreibt die Rentabilität einer Investition:

$$ROI = \frac{Gewinn}{Investition} \times 100$$

Ein ROI von 200 % bedeutet, dass pro investiertem Euro ein Gewinn von zwei Euro erzielt wurde.

Diese Kennzahlen machen Investitionen vergleichbar und helfen, medizinisch sinnvolle und wirtschaftlich tragfähige Entscheidungen zu treffen.

Die Kostendeckungsrechnung im ADAD-Zyklus

Wie bei allen Themen dieses Buches lässt sich auch die Kostendeckungsrechnung systematisch nach dem ADAD-Modell strukturieren:

<u>Analysieren</u>

Ziel ist die Erfassung aller Kosten- und Erlösgrößen einer Leistung oder eines Geräts.

- Welche Fixkosten fallen an (Anschaffung, Wartung, Qualitätskontrollen)?
- Welche variablen Kosten entstehen pro Untersuchung?
- Welche Abrechnungsmöglichkeiten bestehen (EBM, GOÄ, IGeL)?
- Wie hoch sind die Deckungsbeiträge I–III?

Die Analyse ist der Ausgangspunkt jeder Investitionsentscheidung.

<u>Digitalisieren</u>

Die Wirtschaftlichkeitsdaten sollten in digitaler Form erfasst und regelmäßig ausgewertet werden.

- Verbrauchs- und Leistungsdaten können direkt aus der Praxissoftware exportiert werden.
- Excel-Tabellen ermöglichen automatische Deckungsbeitragsrechnungen und Break-Even-Analysen.
- Standardisierte Reports schaffen Transparenz für die Praxisleitung.

<u>Automatisieren</u>

Wirtschaftliche Kennzahlen lassen sich in digitale Workflows überführen:

- Automatische Hinweise im PVS, wenn ein Test im EBM-Bereich nicht kostendeckend ist.
- Digitale Prüfregeln zur Fallzahlüberwachung.
- SOPs (Standard Operating Procedures) zur Durchführung und Abrechnung von Leistungen.

<u>Delegieren</u>
Die Kostendeckungsrechnung ist Teamarbeit:

- MFA dokumentieren Verbräuche und Auslastung.
- Verwaltung oder Buchhaltung liefern Fixkosten und Erlösdaten.
- Die Praxisleitung interpretiert Ergebnisse und entscheidet über Investitionen oder Anpassungen im Leistungskatalog.

Fazit

Die Kostendeckungsrechnung erweitert den betriebswirtschaftlichen Blick der BWA um eine präzise Einzelanalyse. Sie macht sichtbar, welche Leistungen wirtschaftlich tragfähig sind und welche – trotz medizinischer Relevanz – Kostenfallen darstellen.

Sie ist damit ein unverzichtbares Werkzeug für strategische Praxisführung und gezielte Investitionsentscheidungen.

Wie diese Methode in der Praxis konkret angewendet wird, zeigt Abschn. 4 am Beispiel eines POCT-Systems.

8.3.1   Fallstudie: Kostendeckungsrechnung am Beispiel eines POCT-Systems

Point-of-Care-Testing (POCT) ermöglicht Laboranalysen direkt in der Praxis. Medizinisch steigert das die Versorgungsqualität (siehe Abschn. 6.3.9); wirtschaftlich hängt der Nutzen stark von den Abrechnungsmöglichkeiten ab.

Dieser Abschnitt zeigt, wie eine Kostendeckungsrechnung in der Praxis durchgeführt und bewertet werden kann – von der Planung bis zur realen Umsetzung.

Planungsphase
Ziel:

Vor der Anschaffung wird geprüft, welche Parameter wirtschaftlich tragfähig sind. Dazu werden die Deckungsbeiträge I–II für jedes Testverfahren berechnet, getrennt nach EBM und GOÄ. Der medizinische Nutzen wird durch entsprechende Instrumente bewertet (siehe Abschn. 4.4).

Grundlagen (Tab. 8.6, 8.7 und 8.8):

- Variable Kosten/Test: Testkit + Reinigung = z. B. 3,12 € (je nach Parameter)
- Fixkosten: wöchentliche Qualitätskontrolle (QC) – unabhängig von Testzahl – zwischen 7 € und 22 € je Parameter
- Anschaffungskosten Gerät: 5948,81 €

Tab. 8.6 Erlöse und Deckungsbeiträge EBM Jahr 1

Parameter	Erlös/Test (€)	Var. Kosten (€)	DB I/Test (€)	QC/Woche (€)	BEP (Tests/ Woche)	Bewertung
CRP	1,15	3,12	−1,97	3,77	–	Nie kostendeckend
HbA1c	4,00	3,60	+0,40	3,63	≈ 10	Erst ab hoher Frequenz
D-Dimer	15,30	9,40	+5,90	6,54	≈ 2	Rasch positiv
Troponin	11,25	9,40	+1,85	6,54	≈ 4	Moderat
NT-proBNP	19,40	17,83	+1,57	10,75	≈ 7	Eher hoch

Tab. 8.7 Erlöse und Deckungsbeiträge GOÄ

Parameter	Erlös/ Test (€)	Var. Kosten (€)	DB I/Test (€)	QC/ Woche (€)	BEP (Tests/ Woche)	Bewertung
CRP	13,41	3,12	+10,29	3,77	1	Nach 1 Test positiv
HbA1c	13,41	3,60	+9,81	3,63	1	Sofort positiv
D-Dimer	24,13	9,40	+14,73	6,54	1	Sofort positiv
Troponin	23,47	9,40	+14,07	6,54	1	Sofort positiv
NT-proBNP	32,18	17,83	+14,35	10,75	1	Sofort positiv
TSH *(GOÄ-only)*	16,76	11,93	+4,83	15,60	≈ 4	Braucht Volumen
PSA *(GOÄ-only)*	20,11	7,17	+12,94	10,84	1	Sofort positiv
Vitamin D *(GOÄ-only)*	21,45	17,88	+3,57	22,30	≈ 7	Nur bei hoher Frequenz

Tab. 8.8 Erlöse und Deckungsbeiträge EBM Jahr 2

Parameter	Erlös/Test (€)	Var. Kosten (€)	DB I/Test (€)	QC/Woche (€)	BEP (Tests/ Woche)	Bewertung
CRP	1,12	3,12	−2,00	3,77	–	Unverändert defizitär
HbA1c	2,67	3,60	−0,93	3,63	–	Deutlich schlechter
D-Dimer	15,30	9,40	+5,90	6,54	≈ 2	Stabil
Troponin	11,25	9,40	+1,85	6,54	≈ 4	Stabil
NT-proBNP	11,90	17,83	−5,93	10,75	–	Jetzt defizitär

Nutzung nach 12 Monaten:

- 4350 Tests insgesamt
- 32 % EBM, 68 % GOÄ
- Betriebsergebnis + 12.313 €
- Break-Even nach 1418 Tests
- ROI 307 %

Kumuliert nach 24 Monaten:

- Rund 8700 Tests
- Gesamtergebnis + 37.466 €
- ROI $\approx$ 630 %

Erweiterung der Parameter und Änderung der EBM-Vergütung zwischen Jahr 1 und Jahr 2

Im zweiten Jahr wurden weitere Tests in das Angebot aufgenommen – z. B. Ferritin, Testosteron, Covid, Influenza und RSV.

Diese wurden aufgrund identischer Planungslogik nur im GOÄ-Bereich angeboten.

Trotz zusätzlicher QC-Anforderungen verbesserte sie durch hohe Nachfrage und stabile Vergütung das Gesamtergebnis deutlich.

Die Wirtschaftlichkeit des Systems stieg nochmals spürbar, da sich die Fixkosten auf ein größeres Leistungsspektrum verteilten.

Analyse:

- Die Senkung der HbA1c-Vergütung (−33 %) und die massive Kürzung beim NT-proBNP haben die EBM-Erträge spürbar reduziert.
- GOÄ-Leistungen kompensierten die Verluste vollständig, neue Parameter verstärkten diesen Effekt.
- Ohne GOÄ-Portfolio wäre das Gerät im zweiten Jahr defizitär geworden.

Diskussion

Der medizinische Nutzen überwiegt die Wirtschaftlichkeit bei Notfallparametern: Troponin, D-Dimer und NT-proBNP bleiben unverzichtbar für akute Diagnostik – auch wenn der Deckungsbeitrag unter Druck steht.

Durch selektiven Einsatz, hohe Auslastung und gemeinsame QC-Nutzung entsteht dennoch ein positiver Gesamteffekt.

Strategische Lehren:

- EBM-Leistungen nur bei klarer Indikation; keine Routine-CRPs.
- GOÄ-Leistungen gezielt ausbauen, da sie konstante Margen liefern.
- QC-Fixkosten bleiben gleich – daher möglichst breite Nutzung verschiedener Tests.
- Neue GOÄ-Parameter (z. B. Ferritin, Testosteron, COVID) steigern Wirtschaftlichkeit weiter.
- Kennzahlensteuerung mit Break-even und ROI als fester Bestandteil des Controllings etablieren.

Tab. 8.9 Einordnung Deckungsbeitragsrechnung in ADAD

Phase	Methode/Instrument	Ziel/Ergebnis
Analysieren	SWOT-Analyse, Planungsphase der Deckungsbeitragsrechnung	Identifikation geeigneter Geräte und Leistungen, Definition von Einsatz und Wirtschaftlichkeit
Digitalisieren	Umsetzung der Kalkulation in Excel oder PVS-Systemen	Transparente Datenerfassung und Vergleichbarkeit
Automatisieren	Formelhinterlegte Tabellen, automatische Kennzahlen (Break-even, ROI)	Laufende Überwachung ohne Mehraufwand
Delegieren	Controllingphase der Deckungsbeitragsrechnung, Einordnung in BCG	Strategische Steuerung durch regelmäßige Bewertung und Priorisierung

Ausblick

- Integration der Kalkulation in digitale Auswertungstools (z. B. Excel mit Formeln).
- Jährliche DB-Analyse als Controllinginstrument.
- Übertragbarkeit auf andere Geräteinvestitionen wie Sonographie, LuFu oder BIA.

Fazit

Die Fallstudie zeigt, dass Wirtschaftlichkeit planbar ist:

Durch strukturierte Planung, selektive Nutzung und digitale Auswertung konnte das POCT-System medizinisch wie betriebswirtschaftlich überzeugen.

Die Absenkung der EBM-Vergütung verdeutlicht, wie wichtig eine Mischkalkulation mit GOÄ-Anteilen bleibt.

So bleibt das Gerät trotz veränderter Rahmenbedingungen eine medizinisch und ökonomisch sinnvolle Investition (Tab. 8.9).

Zusammenfassung

Die Deckungsbeitragsrechnung bildet den operativen Kern der Wirtschaftlichkeitsanalyse, die über Controlling und BCG-Matrix in eine strategische Gesamtsteuerung mündet. So wird aus Zahlenmanagement eine echte Führungsaufgabe – im Sinne des ADAD-Zyklus von Analyse bis Delegation.

Weiterführende Literatur

Deimel, K.; Isemann, R.; Müller, S. (2006): *Kosten- und Erlösrechnung. Grundlagen, Management-aspekte und Integrationsmöglichkeiten der IFRS.* Pearson Studium, München.

Fischbach, S. (2006): *Grundlagen der Kostenrechnung. Mit Prüfungsaufgaben und Lösungen.* 4. Auflage, Landsberg am Lech.

Gruber, T.; Ott, R. (2022): *Rechnungswesen im Krankenhaus. Finanzbuchhaltung, Bilanzierung, Kosten- und Erlösmanagement.* 2. Auflage, Medizinisch Wissenschaftliche Verlagsgesellschaft, Berlin.

Hentze, J.; Kehres, E.; Maier, B. (2022): *Kosten- und Leistungsrechnung in Krankenhäusern. Systematische Einführung.* 6., überarb. Auflage, Kohlhammer, Stuttgart.

Mayr, A. (2012): *Grundlagen der finanziellen Unternehmensführung. Band II: Kosten- und Leistungsrechnung.* 2. Auflage, Linde, Wien.

Ott, R.; Maier, B. (2020): *Controlling im Krankenhaus. Eine systematische Einführung in Fallstudien.* Schäffer-Poeschel, Stuttgart.

Penter, V.; Siefert, B.; Brennecke, B. (Hrsg.) (2022): *Kompendium Krankenhaus-Rechnungswesen. Grundlagen, Beispiele, Aktuelles, Trends.* 4., aktualisierte Auflage, mgo Fachverlage, Kulmbach.

Preißner, A. (2010): *Praxiswissen Controlling. Grundlagen – Werkzeuge – Anwendungen.* 6., überarb. Auflage, Hanser, München.

Reichmann, T. (2006): *Controlling mit Kennzahlen und Management-Tools. Die systemgestützte Controlling-Konzeption.* 7. Auflage, Vahlen, München.

Rieg, R. (2008): *Planung und Budgetierung. Was wirklich funktioniert.* Gabler Verlag, Wiesbaden.

Nachwort

9

Meisterschaft ist ein Weg, kein Zustand.

Praxisführung ist kein Projekt mit festem Enddatum, sondern ein kontinuierlicher Prozess. Wenn Sie dieses Buch bis hierher gelesen haben, haben Sie viele Facetten dieses Prozesses kennengelernt: von Abrechnung und Leistungssteuerung über Geräte- und Softwareentscheidungen, Qualitätsmanagement und Organisation bis hin zu Führung, Personalentwicklung und Praxiszahlen. Hinter all diesen Themen steht dieselbe Frage: Wie kann eine Praxis so gestaltet werden, dass gute Medizin, tragfähige Strukturen und ein gesundes Teamleben zusammenpassen?

Die in diesem Buch vorgestellte ADAD-Systematik – Analysieren, Digitalisieren, Automatisieren, Delegieren – ist dabei kein starres Modell, sondern ein Denk- und Arbeitsrahmen. Sie können ihn auf ganz unterschiedliche Bereiche anwenden: auf EBM- und GOÄ-Abrechnung, auf den Einsatz von POCT, auf Dienstpläne, QM-Workflows oder auf Ihr eigenes Führungsverhalten. Entscheidend ist nicht, dass alles perfekt durchstrukturiert ist, sondern dass Sie beginnen, wiederkehrende Muster zu sehen und bewusst zu gestalten.

Vielleicht ist Ihre Praxis an manchen Stellen bereits gut aufgestellt, an anderen fühlen Sie sich noch im „Dauerfeuerwehrmodus". Das ist normal. Wählen Sie ein oder zwei Bereiche aus, in denen Sie in den nächsten Monaten konkret etwas verändern wollen – z. B. eine bestimmte Abrechnungssituation, ein Gerät, ein Teamprozess oder ein Kennzahlenset. Arbeiten Sie dort mit ADAD: Zustand ehrlich analysieren, Informationen und Abläufe digitalisieren, wo möglich automatisieren und dann klar delegieren. Kleine, konsequent umgesetzte Schritte sind wirksamer als große Umbaupläne, die im Alltag stecken bleiben.

Die Rahmenbedingungen im Gesundheitswesen werden sich weiter verändern – ökonomisch, rechtlich, digital. Auf vieles davon haben Sie keinen direkten Einfluss. Worauf Sie jedoch Einfluss haben, ist die Art und Weise, wie Ihre Praxis intern organisiert ist: wie

© Der/die Autor(en), exklusiv lizenziert an Springer-Verlag GmbH, DE, ein Teil von Springer Nature 2026
F. Brokamp, *Arztpraxis effizient führen*, Erfolgskonzepte Praxis- & Krankenhaus-Management, https://doi.org/10.1007/978-3-662-73211-3_9

Sie Verantwortung verteilen, wie transparent Informationen fließen, wie Sie mit Fehlern und Ideen umgehen und wie Sie Zahlen nutzen, um Entscheidungen zu treffen. Eine Praxis, die sich als lernendes System versteht, bleibt auch unter Druck handlungsfähig.

Wenn dieses Buch Ihnen an einigen Stellen geholfen hat, Zusammenhänge klarer zu sehen, Entscheidungen bewusster zu treffen oder den nächsten konkreten Schritt zu planen, hat es seinen Zweck erfüllt. Die beschriebenen Werkzeuge und Beispiele sind als Einladung gedacht, nicht als Dogma. Nehmen Sie das mit, was zu Ihrer Praxis passt, lassen Sie weg, was nicht hilfreich ist – und entwickeln Sie Ihre eigene, stimmige Form der Praxisführung.

Am Ende geht es darum, dass Ihre Praxis ein Ort bleibt, an dem gute Medizin möglich ist: für Ihre Patientinnen und Patienten, für Ihr Team – und auch für Sie selbst.

Stichwortverzeichnis

MIX
Papier aus verantwortungsvollen Quellen
Paper from responsible sources
FSC® C105338

If you have any concerns about our products,
you can contact us on
ProductSafety@springernature.com

In case Publisher is established outside the EU,
the EU authorized representative is:
Springer Nature Customer Service Center GmbH
Europaplatz 3, 69115 Heidelberg, Germany

Printed by Libri Plureos GmbH
in Hamburg, Germany